죽석관유집

한국고전번역원 한국문집번역총서

죽석관유집 3

竹石館遺集

서영보 지음
徐榮輔

허벽 옮김

일러두기

1. 이 책의 번역 대본은 한국고전번역원에서 간행한 한국문집총간 269집 소재《죽석관유집(竹石館遺集)》으로 하였다. 번역 대본의 원문 텍스트와 원문 이미지는 한국고전종합DB(http://db.itkc.or.kr)에서 확인할 수 있다.
2. 내용이 간단한 역주는 간주(間註)로, 긴 역주는 각주(脚註)로 처리하였다.
3. 한자는 필요한 경우 이해를 돕기 위하여 넣었으며, 운문(韻文)은 원문을 병기하였다.
4. 맞춤법과 띄어쓰기는 한글 맞춤법과 표준어 규정을 따랐다.
5. 이 책에서 사용한 부호는 다음과 같다.
   ( ) : 번역문과 음이 같은 한자를 묶는다.
   〔 〕 : 번역문과 뜻은 같으나 음이 다른 한자를 묶는다.
   " " : 대화 등의 인용문을 묶는다.
   ' ' : " " 안의 재인용 또는 강조 부분을 묶는다.
   「 」 : ' ' 안의 재인용을 묶는다.
   『 』 : 「 」 안의 재인용을 묶는다.
   《 》 : 책명 및 각주의 전거(典據)를 묶는다.
   〈 〉 : 책의 편명 및 운문·산문의 제목을 묶는다.
   □ : 원문이 결락된 자리를 나타낸다.

차례

죽석관유집 제6책

계 啓

의議

공이公移

죽석관유집 제7책

잡저 雜著

외편 外篇

죽석관유집 제8책

예기차록 禮記箚錄

죽석관유집

제6책

계 啓

의 議

공이 公移

책문 策問

계 啓

상신에 행하는 기곡제[1]의 날짜에 대해 널리 상고한 내각의 계 계축년(1793, 정조17) 12월

內閣以上辛祈穀時日博考啓 癸丑十二月

내각이 아뢰기를 "예조 판서 민종현(閔鍾顯)의 거조(擧條)에 대한 비지(批旨)에서, 상신(上辛)에 행하는 기곡제(祈穀祭)의 날짜에 대해 널리 상고하여 초기(草記)하라는 명이 있었습니다. 신들이 삼가 살피건대, 국조(國朝)의 기곡 의식은 숙묘(肅廟) 계해년(1683, 숙종9)에 처음으로 대신 김수흥(金壽興)의 차자로 정하여 시행되었으며, 숙종 22년(1696) 1월에 또 친향(親享)의 예를 행하였습니다. 《속오례의(續五禮儀)》의 시일조(時日條)에 '맹춘(孟春 1월)의 첫 신일(辛日)에 기곡(祈穀)하고 사직(社稷)에 제사 지낸다.'라고 하였으니, 그 시기에서 단지 세수(歲首)의 맨 첫 번째 신일이라는 것만 취하고 입춘의 전후를 따지지 않은 것은 그 취사(取捨)한 데에 반드시 근거한 바가 있었을 것이나 지금은 상고할 수가 없습니다.

1 상신(上辛)에 행하는 기곡제(祈穀祭) : 매년 음력 1월 첫 신일(辛日)에 그해의 풍년(豐年)을 빌기 위하여 사직단(社稷壇)에서 임금이 친히 지내는 제사를 말한다.

삼가 고전(古典)을 상고해 보면, 《예기》 〈월령(月令)〉의 맹춘지월조(孟春之月條)에 '이달에 천자(天子)가 원일(元日)에 상제(上帝)에게 기곡제를 지낸다.'라고 하였는데, 이에 대해 정현(鄭玄)은 '상신에 교외에서 하늘에 제사 지내는 것을 말한다. 《춘추전(春秋傳)》에 이르기를 「교외에서 후직(后稷)에게 제사 지내는 것은 농사가 잘되기를 비는 것이니, 이 때문에 계칩(啓蟄 경칩(驚蟄))이 되면 교제(郊祭)를 지내고 교제를 지내고 나서 논밭을 간다.」 하였다.'라고 하였습니다. 공영달(孔穎達)은 '갑·을·병·정 등은 날〔日〕을 말하는 것이고, 교제를 지내는 데 신일을 쓰는 것을 원일이라고 한다. 《예기》 〈교특생(郊特牲)〉에서는 「교제를 지내는 데 신일을 쓴다.」라고 하여 교제는 말하고 기곡제는 말하지 않았고, 〈월령〉에서는 기곡제는 말하고 교제는 말하지 않았는데도, 정씨(鄭氏)는 두 개의 제사를 하나로 보았기 때문에 이 주(註)에서 상신에 교외에서 하늘에 제사를 지내는 것이라 말하고 《춘추전》을 끌어다 증명한 것이다.'라고 하였습니다.

또 《예기》 〈교특생〉에 '교제를 지내는 데 신일을 쓰는 것은 주(周)나라가 처음 교제를 지낸 것이 동짓날이기 때문이다.'라고 한 데 대하여 정현은 '그날이 주나라가 하늘에 교제를 지내는 달에 들어 있으면서 동지였고, 이때 양기(陽氣)가 새로 용사(用事)하므로 이에 순응하여 신일을 쓴 것이라고 말한 것인데, 이 설(說)은 옳지 않다. 하늘에 교제를 지내는 달에 동지가 드는 것은 노(魯)나라의 예이다.'라고 하였습니다.

남조(南朝)의 제(齊)나라 무제(武帝) 영명(永明) 원년(483)에는 입춘 전에 교사(郊祀)를 지냈는데, 왕검(王儉)이 아뢰기를 '살피건대 송(宋)나라 경평(景平) 원년(423) 1월 3일 신축일(辛丑日)에 남교(南郊)에서 교제를 지냈는데, 그해는 11일이 입춘이었고, 원가(元嘉) 16년

(439)에는 1월 6일 신미일(辛未日)에 교제를 지냈는데, 그달 8일이 입춘이었습니다. 이것은 근대의 분명한 사례로, 먼저 교제를 지내고 뒤에 입춘이 드는 것을 혐의로 여기지 않았으니, 번거롭게 날짜를 바꾸지 마소서.' 하니, 무제가 그대로 따랐습니다. 양나라 무제(武帝)는 남교(南郊)에 단(壇)을 만들고 1월 첫 신일에 제사를 지냈는데, 오조지(吳操之)가 아뢰기를 '계칩에 교제를 지내는 것이니 교제는 응당 입춘에 지내야 합니다.' 하였고, 하동지(何佟之)가 아뢰기를 '지금의 교사는 지난해의 은공을 갚고 올해의 복을 비는 것이므로 세수의 첫 신일을 취하는 것이고 입춘보다 먼저냐 나중이냐 하는 것에는 구애받지 않습니다.' 하였습니다.

송나라 경덕(景德) 3년(1006)에 진팽년(陳彭年)이 아뢰기를 '계칩에 교제를 지내는 것은 곧 삼대(三代)의 떳떳한 법이고, 입춘 전에 교제를 지내는 것은 곧 후세의 변례(變禮)입니다. 왕검의 변변찮은 논의를 답습하여 《좌전(左傳)》의 분명한 글을 어기는 것은 예(禮)로 보아 온당치 못하니 마땅히 옛것을 따라야 합니다.' 하니, 이에 조칙을 내려 유사(有司)에게 상정(詳定)하게 하였습니다. 송나라 진종(眞宗) 천희(天禧)[2] 원년(1017)에 예의원(禮儀院)에서 말하기를 '내년 1월 17일 기곡제를 지내기 2일 전에 태조(太祖)의 사당에 이를 아뢰는데, 이것은 해마다 1월 15일에 옥청궁(玉淸宮)과 소응궁(昭應宮)에 조배(朝拜)를 하기 때문이다. 경덕 4년(1007) 이전에는 기곡제를 지내는 데에 첫 신일만 썼으나 그 이후에는 입춘 후의 신일을 썼으니, 이는 그 당시

2 진종(眞宗) 천희(天禧) : 대본에는 '仁宗天禧'로 되어 있는데, 천희는 진종 때의 연호이므로 '仁'을 '眞'으로 바로잡아 번역하였다.

에는 궁관(宮觀)에 조배하는 의식이 없었기 때문이다. 왕검은 「먼저 교제를 지낸 뒤에 입춘이 들어도 혐의로 여기지 않습니다.」라고 아뢰었고, 남조 송나라 무제(武帝) 때의 유사는 「위(魏)나라 때는 하늘에 교제를 지낼 때 비가 오면 다시 그다음 신일이나 혹은 첫 신일을 쓰기도 하여, 제사에 방해되는 일이 있으면 모두 허용하여 번갈아 썼다는 내용이 예전(禮典)에 있으니 진실로 혐의될 것이 없습니다.」라고 아뢰었다.' 하였습니다. 송나라 휘종(徽宗) 대관(大觀) 4년(1110)에 예국(禮局)에서 입춘 후 첫 신일에 기곡제를 지내는 것으로 의논하여 정하였으나, 황제가 조서를 내려 '올해 맹춘의 첫 신일은 축일(丑日)이고 다음 신일은 해일(亥日)이다. 축일에 기곡제를 지내지 않고 해일에 지내는 것은 예가 아니다.' 하고 끝내 거행하지 않았습니다.[3]

명(明)나라 초기에는 기곡제를 지낸 적이 없고, 가정(嘉靖) 10년(1531)에 처음으로 맹춘의 첫 신일에 대사전(大祀殿)에서 기곡의 예를 행하였는데, 얼마 되지 않아 바꾸어서 경칩절(驚蟄節)을 썼습니다. 가정 12년 경칩절에 무정후(武定侯) 곽훈(郭勛)에게 명하여 대신 제사를 지내게 하니, 급사중(給事中) 섭홍(葉洪)이 아뢰기를 '기곡제와 대보제(大報祭)는 제사의 명칭은 같지 않으나 하늘에 교제를 지내는 점에서는 마찬가지입니다. 조종(祖宗)들께서 친히 교제를 지내지 않은 분이 없었으며, 성화(成化)·홍치(弘治) 연간에는 혹시 사정이 있으면 차라리 3월까지 연기했습니다.' 하였습니다.

삼가 생각건대 이것이 바로 전대에 이미 시행했던 전례이고 선유들

3 끝내 거행하지 않았습니다 : 대본에는 '乃果行'으로 되어 있는데, 《정조실록(正祖實錄)》 17년 12월 7일 기사에 의거하여 '乃' 뒤에 '不' 1자를 보충하여 번역하였다.

의 각기 다른 의론인데, 서로가 어긋나서 하나로 통합할 수 없습니다. 그 가운데 정현, 오조지, 진팽년 등 몇 사람의 설은 바로 입춘 후에 기곡제를 지내야 한다는 것을 주장하는데, 정현의 경우는 단지 《좌전》의 '계칩에 교제를 지낸다.'라는 한 구절을 따라, 〈월령〉을 해석할 적에는 곧바로 기곡제가 교제라 하고 〈교특생〉을 해석할 적에는 곧바로 주나라의 교제를 노나라의 예(禮)라고 하였습니다. 대저 교제와 기곡제는 제사의 명칭이 다르니, 똑같이 하늘에 지내는 제사라는 이유로 마침내 그것을 하나의 제사라고 하는 것이 옳은지 감히 알지 못하겠습니다. 《좌전》의 말이 비록 믿을 만하지만 〈교특생〉 또한 경문(經文)이니, 《좌전》의 말을 지나치게 믿어서 마침내 〈교특생〉을 그르다고 하는 것 역시 옳은지 알지 못하겠습니다. 오조지와 진팽년의 경우는 좌씨와 정씨의 여론(餘論)을 답습하여 자신의 견해를 세운 것입니다. 삼왕(三王) 시대 교사의 예에 대하여 감히 정씨의 주석을 반드시 따라야 한다고 할 수 없고 보면, 아득히 오래된 일이라 상고하기 어려워서 질정하여 말할 수 없는 점이 있습니다.

그 뒤로 여러 왕조에서 다만 세수의 첫 신일만을 취하고 입춘보다 먼저냐 나중이냐에 구애받지 않은 것은 위에서 말한 것처럼 전기(傳記)에 역력히 나와 있습니다. 입춘 후에 기곡제를 지낸 것은 다만 송나라 경덕 연간에 진팽년의 주청(奏請)으로 인하여 시행하였으나 천희 연간에 이르러 곧바로 예전대로 시행하여 그 기간이 10여 년에 불과합니다. 위나라와 송나라의 경우는 입춘 후의 신일과 첫 신일을 모두 허용하여 번갈아 썼고, 명나라의 경우는 처음에 첫 신일을 쓰다가 얼마 안 있어 경칩으로 바꾸었으니, 이는 먼저 교제를 지내고 뒤에 입춘이 드는 것을 전혀 혐의로 여기지 않았기 때문입니다. 근거할 만한 역대의 전례(典禮)는 이와 같습니다. 감히 아룁니다." 하였다.

당시 기곡제를 지내는 날짜에 대해 널리 상고하라는 어명을 내렸으므로, 제학(提學) 정민시(鄭民始)와 동료들이 모여 논의하면서 나에게 글을 써서 보여 달라고 요청하였다. 내가 대개 위와 같이 기록하여 보내면서 마음으로 동료들이 이 글에 부연(敷衍)해 주기를 바랐으나, 동료들은 내가 써서 보낸 글을 그대로 등사(謄寫)하여 상에게 올렸는데, 뒤에 이 글에 허술한 데가 있는 것을 알고서 매양 아쉬워하였다.

향사 음복의 당부에 대해 대신에게 자문하기를 청한 예조의 계 을축년(1805, 순조5)

禮曹祀享飮福當否 請詢大臣啓 乙丑

효안전(孝安殿)[4]의 연제(練祭) 전에는 전례(前例)에 따라 크고 작은 향사(享祀)의 음복례(飮福禮)를 마련하지 않았습니다만, 연제 뒤에 백관들이 상복을 벗었으니 의당 음복하는 절차가 있어야 할 것입니다. 삼가 등록(謄錄)을 살펴보니, 무인년(1758, 영조34)에 휘령전(徽寧殿)[5]의 담제(禫祭)를 지낸 것이 효소전(孝昭殿)[6]의 연제 뒤였는데, 당시에 예조의 당상관이 상에게 음복을 행하시도록 청하였으나, 하교에 따라 거행하지 않았습니다. 이것으로 살펴보면, 섭향(攝享)하는 사람이 음복례를 행하였다는 것을 미루어 알 수 있을 듯합니다만, 예문(禮文)에 명백하게 기록된 것이 없고 보니, 본조에서 감히 마음대로 처리하지 못하겠습니다. 대신들에게 문의하여 상에게 여쭈어 처리하는 것이 어떻겠습니까?

4 효안전(孝安殿) : 영조의 계비 정순왕후(貞純王后) 김씨(金氏)의 혼전(魂殿)을 말한다.

5 휘령전(徽寧殿) : 영조의 비 정성왕후(貞聖王后) 서씨(徐氏)의 혼전을 말한다.

6 효소전(孝昭殿) : 숙종의 두 번째 계비 인원왕후(仁元王后) 김씨(金氏)의 혼전을 말한다.

경모궁의 제향에 음악 사용 당부를 대신에게 자문하기를 청한 예조의 계 병인년(1806, 순조6)

禮曹景慕宮用樂當否 請詢大臣啓 丙寅

효안전(孝安殿)의 연제(練祭) 후에는 예문(禮文)에 의거하여 중사(中祀)[7]에 모두 음악을 씁니다만, 경모궁(景慕宮)의 경우에는 3년 상기(喪期) 안에 음악을 쓰는지에 대해 의거할 만한 전례가 없고, 더구나 친제(親祭)를 행하시는 때가 되어서 더욱 어려운 점이 많습니다.

삼가 상고해 보니, 휘령전(徽寧殿)의 담제(禫祭)를 지낸 것이 효소전(孝昭殿)의 3년 상기 안이었는데, 음악을 쓰는 것이 가당한지를 대신들에게 문의하였습니다. 그러나 대신들이 헌의(獻議)한 내용이 서로 같지 않은 데다 또 전(殿) 안에서 음악을 쓰지 않는다는 규칙이 정해진 뒤로는 3년 상기 안에 음악을 쓰는 문제가 애당초 논의될 수 없었으므로, 그 문의한 내용이 《상례보편(喪禮補編)》[8]에 실리지 않았습니다. 그래서 비록 참고할 수 없었지만, 당시에 의견을 하나로 모으지 못하였다는 것은 미루어 알 수 있습니다.

이제 효안전 연제 후에 있을 경모궁의 제향에 음악을 쓰는 것이 가당한지에 대해 본조에서 감히 하나로 지목하여 연석(筵席)에서 여쭈어

7 중사(中祀) : 국가에서 지내는 제사를 경중에 따라 대, 중, 소의 세 등급으로 나눈 것 가운데서 둘째 등급의 제사를 이른다. 풍운뇌우(風雲雷雨), 악(嶽), 해(海), 독(瀆) 및 공자(孔子)의 사당(祠堂), 역대 시조(始祖) 등에게 지내는 제사가 여기에 해당한다.

8 상례보편(喪禮補編) : 조선 영조 때 《오례의(五禮儀)》의 〈상례〉 부분을 보완하여 궁중 상례의 지침서로 찬집된 《국조상례보편(國朝喪禮補編)》을 가리킨다.

정하지 못하니, 대신들에게 문의하여 상에게 여쭈어 처리하는 것이 어떻겠습니까?

관서에서 전지에 응하여 올린 계

關西應旨啓

전정을 총괄하여 논함 田政摠論

지방 고을의 중요한 정사는 전정(田政)과 군정(軍政)과 조정(糶政), 이 세 가지일 뿐이므로, 수령들이 폐단을 말하는 데에 이 삼정(三政)에 대한 것이 많습니다. 그러나 본도(本道)는 전정의 등급이 가장 아래에 있고 세금이 또 매우 적습니다. 비록 전지(田地)를 개량(改量)한 연수가 오래되어 경계(經界)를 분명하게 하기는 어려우나, 결역(結役)[9]을 근심하는 백성은 대체로 드무니, 삼정의 폐단을 말하면서 전정에 대한 말이 제일 간략한 것은 이 때문입니다.

지금 중화(中和)에서는 가을이 되면 개량을 하여 균일하게 세금을 매기되, 이미 매긴 세금은 지금 논할 수 없지만 이 뒤로는 그해에 개간하는 전지에 대해 특별히 세금을 감면해 주기를 청하였으며, 삭주(朔州)에서는 가을이 되면 전지를 측량하기를 청하였습니다. 태천(泰川)에서는 크게는 개량을 하고 작게는 사정(査正)을 하기를 청하였으며, 창성(昌城)과 영유(永柔)에서는 지금부터는 개간하는 전지별로 실제 작황을 조사하여 세금을 매기기를 청하였습니다. 안주(安州)에서는 청천강(淸川江)으로 떨어져 나간 전지에 대해 백지징세(白地徵稅)[10]

9 결역(結役) : 전결(田結)에 따른 부역(賦役)과 이를 대신하여 내는 돈이나 곡식을 말한다.

한 것을 해서(海西) 연안(延安)의 예에 따라 탈하(頉下)해 주기를 청하였으며, 희천(熙川)에서는 갑자년(1804, 순조4)의 큰물에 쓸려 나간 민전(民田)에 대해 상례(常例)에 구애받지 말고 특별히 세금을 감면해 주기를 청하였습니다. 함종(咸從)에서는 바닷가의 염해(鹽害)를 입은 전지에 대해서 산사태로 없어진 전지의 예에 따라 허복(虛卜)[11]을 탕감해 주기를 청하였으며, 자산(慈山)에서는 산속에서 묵히거나 큰물에 떨어져 나가서 세금을 낼 땅이 없는 경우에는 적간(摘奸)하여 세금을 감면하고, 도로 경작한 땅에 대해 해마다 가복(加卜)[12]한 경우에는 다시 억지로 징수하지 말 것을 청하였습니다. 삼화(三和), 용강(龍岡), 증산(甑山) 세 고을에서는 진전(陳田 묵히는 토지)에 대한 백지징세와 도로 경작한 땅에 대한 근거 없는 비총(比摠)[13]을 모두 감면해 주기를 청하였으며, 맹산(孟山)에서는 원결(元結)의 부족분을 영구히 속진전(續陳田 계속하여 묵히는 토지)에 붙이고, 화세(火稅 화전(火田)에 매기는 세금) 중에서 일부를 군향(軍餉)으로 이보(移補)하는 폐단을 없애 주기를 청하였습니다.

10 백지징세(白地徵稅) : 조세를 면제한 땅이나 납세 의무가 없는 사람에게 세금을 물리는 일을 말하는데, 여기서는 강으로 떨어져 나가 없어져 버린 전지에 대해서 부당하게 세금을 매긴 일을 말한다.

11 허복(虛卜) : 땅을 가지지 못한 사람에게 허위로 땅을 가진 것으로 만들어 세금을 매기는 것을 말한다.

12 가복(加卜) : 가부(加負), 가결(加結)의 뜻이다. 전세(田稅)를 매기는 기준이 되는 논밭의 면적을 나타내는 단위인 결부(結負)를 더하여 매기는 것, 또는 더하여 매긴 결부를 말한다.

13 비총(比摠) : 그해의 기후와 작황을 참고하고 기준 년과 비교하여 전세(田稅)의 총액을 결정하는 일을 말하며, 그렇게 하여 결정된 총액을 말하기도 한다.

인정(仁政)은 반드시 경계(經界)를 바르게 하는 데서 시작하는 것이니,[14] 전안(田案 토지 대장)이 분명하지 않으면 실결(實結)을 은루(隱漏)하여 나라의 재정이 줄어들고 허결(虛結)에 대한 백지징세를 행하여 백성의 폐해가 불어납니다. 예로부터 묘당(廟堂)의 대신들과 번얼(藩臬)의 신하들 중에 누군들 이 일을 근심하지 않았겠습니까마는, 끝내 아무도 그 시행을 경솔하게 논의하지 못하였던 것은 참으로 이 정사가 지극히 중요하고 이 일이 지극히 어려워 쉽게 논의할 수가 없으며, 혹시라도 가벼이 거론하였다가 조금이라도 차질이 생기면 그 폐해가 도리어 크기 때문입니다. 그다음은 사진(査陳)[15]이니, 사진을 잘 시행하면 허위로 징수되는 세금을 메꿀 수 있고 국가의 전결을 보탤 수 있습니다만, 이 또한 반드시 굳세고 민첩하게 일 처리를 할 수 있는 사람이 있고 나서야 성공할 수가 있습니다. 그러므로 개량하는 일은 논의할 수가 없고 사진 또한 시행하기가 쉽지 않은 것입니다. 이 때문에 해마다 가기(加起)[16]하는 규정을 두는 것이니, 그 액수를 가벼운 쪽으로 정하고 그 효과를 천천히 도모한다면 어찌 변통하는 좋은 방법이 아니겠습니까. 그러나 단지 군(郡)과 현(縣)의 봉행(奉行)에만 의존하고 진실한 마음으로 추진해 나가지 못한다면, 해가 거듭되어도

14 인정(仁政)은……것이니 : 《맹자》 〈등문공 상(滕文公上)〉에 "인정은 반드시 경계를 바르게 하는 데서 시작하는 것이니, 경계가 바르지 않으면 정지가 균등하지 못하며, 곡록이 공평하지 못하게 된다.〔夫仁政 必自經界始 經界不正 井地不均 穀祿不平〕"라고 한 구절에서 따온 것이다.

15 사진(査陳) : 묵힌 전지의 실제 상태를 조사하는 일을 말한다.

16 가기(加起) : 오래 묵혔거나 폐기되었다가 다시 경작하는 전지를 조사하여 원래의 전결에 추가하는 일을 말한다.

이루어지는 효과는 요원할 것이며 지상공문(紙上空文) 때문에 백성들은 그 폐해를 입을 것이니, 참으로 통탄할 만한 일입니다. 새로 경작하는 전지를 추가하는 일은 개량하는 일에 비하면 쉽고 어려움에 큰 차이가 있는데, 그 쉬운 일을 잘하지 못하고서야 그 어려운 일을 또 어찌 논의할 수 있겠습니까. 그러니 개량을 하고자 하는 청원은 가벼이 시행하기 어려울 듯합니다.

새로 경작하는 전지와 도로 경작한 땅에 대한 규정은 시행한 지가 몇 년이 되어 이미 명백한 법령이 되고 일의 체모가 가볍지 않으니, 큰물에 쓸려 나간 전지를 영구히 탈하해 주는 일과 묵힌 땅과 염해를 입은 땅에 대해 세금을 감면해 주는 일에 대해서는 사진으로 충당하기 전에 다른 논의를 받아들이기가 어렵습니다. 그리고 맹산의 화세를 이전하여 군향을 보충하는 일에 대해서는 신에게 어리석은 생각이 있습니다. 이 맹산현은 평안도에서 가장 쇠잔한 고을이라, 관부(官府)는 초라하여 모양새를 갖추지 못하였고 민호(民戶)는 피폐하여 점차 흩어져 없어지고 있습니다. 이것은 비단 이 고을 관(官)과 민(民)의 근심일 뿐만이 아니니, 무릇 군과 현을 설치하고 조정에서 임명한 관리를 두었으면서도 곤궁하여 스스로 일어나지 못하게 놔둔다면 이 어찌 나라의 체면에 손상되는 점이 없겠습니까. 지금 이 55섬의 속미(粟米)는 군향으로서는 그리 큰 손익이 없는 수량이지만 맹산현의 입장에서 말하면 역시 이 속미의 유무에 따라 형편이 좋아지고 나빠지니, 지금 백성의 고통을 살피시는 때에 관대한 정사를 베푸심이 합당할 것입니다. 원결에 대한 일은 일의 체모가 매우 중하므로 신이 감히 앙청하지 못하니, 아울러 묘당으로 하여금 상에게 여쭈어 처리하게 하소서.

군정을 총괄하여 논함 軍政摠論

신이 보건대 도내의 민폐 중에서 가장 고통스러우면서도 바로잡기가 지극히 어려운 것이 바로 군정입니다. 각 고을에서 논열(論列)한 것이 천 마디 백 마디의 말로도 다하지 못할 정도이니, 궐액(闕額)을 말하고 첩역(疊役 중첩된 부역)을 말하고 황구백골(黃口白骨)[17]을 말하고 징린징족(徵隣徵族)[18]을 말하고 모탈은피(冒頉隱避)[19]를 말하여, 그 폐단이 너무 많아 다 세기 어려운 것이 이와 같을 뿐만이 아니며, 호총(戶摠 가구의 수)과 군총(軍摠 군정(軍丁)의 수)의 비율이 원래부터 맞지 않는다고 말하는 것은 거의 모든 고을이 그러합니다. 그러나 이를 바로잡고 구제할 방도로서 진달하는 것은 대부분이 점차로 바로잡는 데 대한 말이고 크게 해결할 수 있는 계책은 거의 없으니, 이는 참으로 오래 묵은 고질병에 대해서 사람마다 약을 써서 낫게 할 수가 없는 것과 같습니다.

이 가운데서 그 말한 내용이 시행할 수 있는 방도에 조금 가까운 것을 말씀드리겠습니다. 개천(价川)에서는 유생(儒生)과 향임(鄕任 향청(鄕廳)에 직책을 가진 자)과 무교(武校 관아에 소속된 무인(武人))를 막론하

17 황구백골(黃口白骨) : 황구첨정(黃口簽丁)과 백골징포(白骨徵布)를 말한 것으로, 5세 이하의 어린아이를 군적(軍籍)에 올리거나 죽은 자에게 군포(軍布)를 징수하는 것을 말한다.

18 징린징족(徵隣徵族) : 군포(軍布)를 납부해야 할 당사자가 납부하지 못하면 그 군포를 이웃에 징수하거나 친족에게 징수하는 것을 말한다.

19 모탈은피(冒頉隱避) : 속임수를 써서 군역(軍役)에서 빠지거나 군역을 피하여 숨어 버리는 것을 말한다.

고 고강(考講)과 시사(試射)를 하여 잘하지 못하는 자를 군오(軍伍)로 보내기를 청하였으며, 상원(祥原)에서는 고을에 소속된 수포 군관(收布軍官)[20]을 1000명을 한도로 인원수를 줄여 정군(正軍)의 빈자리를 채우고, 군관의 신포(身布)는 결역(結役)에서 나오는 잉여분으로 방납(防納)해 주기를 청하였습니다. 희천(熙川)에서는 운산(雲山)과 영원(寧遠)에서 옮겨 온 군사를 각각의 해당 고을로 돌려보내기를 청하였으며, 태천(泰川)과 위원(渭原)에서는 영원에서 옮겨 온 군사를 해당 고을로 돌려보내기를 청하였습니다. 삼등(三登)에서는 모양전(某樣錢 어떤 명색의 돈) 5000냥을 1년 기한으로 대출하여 운용하고 이자를 취하여 번포(番布)[21]를 방납하고, 납번(納番)하는 역정(役丁)을 옮겨서 허액(虛額)을 채우기를 청하였으며, 증산(甑山)에서는 군관 중에서 한두 자리를 줄여 군오(軍伍)의 빈자리를 채우고 군관이 납부할 신포를 적절하게 급대(給代)하기를 청하였습니다.

삼화(三和)에서는 유군(遺軍) 100명에 대해 본 고을부터 먼저 군액(軍額)을 줄이고 황구(黃口)를 군적(軍籍)에서 탈하하며, 감영과 병영에 속한 군병 중 730명을 호구(戶口)가 많고 군병이 적은 고을로 이송하고, 이송하기가 어려우면 마병(馬兵) 2개 초(哨)를 혁파하기를 청하였습니다. 강서(江西)에서는 평양부(平壤府)에서 옮겨 온 군정(軍丁)에 대해 본현(本縣)에서 징포(徵布)를 대신 떠맡는 것은 다른 고을에는 없는 사례이므로 해당 부(府)로 하여금 편리한 대로 변통하게 해 주기를 청하였으며, 은산(殷山)에서는 이대정(里代定)의 제도[22]를 군

20 수포 군관(收布軍官) : 군포를 거두어 급료를 주는 군관을 말한다.

21 번포(番布) : 군정(軍丁)이 번(番)을 서는 대신 바치는 베를 말한다.

이 고집하지 않고 그 마을에 만약 한정(閑丁)이 없으면 근처 마을의 남는 군정을 점차 그쪽으로 옮기고, 병영의 난후사(攔後士)[23]는 인원 수를 나누어 병영 근처의 군액이 적은 고을로 옮겨 보내기를 청하였습니다.

개천에서 말한 시사와 고강을 통하여 직책에 그대로 두거나 물러나게 하는 일은, 교생(校生) 중에 낙강(落講)한 자를 군역에 충정(充定)하는 일은 원래 법전에 있는 것이지만 유생과 향임과 무교를 시사와 고강을 통해 그대로 두거나 물러나게 하는 일은 전례가 없으므로 새로 시행하기 어려우며, 상원에서 말한 방결(防結)[24]을 조사하여 군포를 채우고 군관의 수를 줄여서 정군의 수를 대신 채우는 일은 비록 떳떳한 법이 아니기는 하지만 족히 임시방편은 되니 일단 시행하도록 허락하는 것이 무방할 듯합니다. 희천 등의 고을에서 올린 옮겨 온 군사를 돌려보내고자 하는 청원은, 당초에 옮겨 온 것이 해당 고을이 군사를 감당하기 어려워서 이런 변통을 하였을 것인즉, 지금에 와서 돌려보내는 일은 실로 가벼이 논의하기가 어렵습니다. 삼등과 증산 두 고을에서 말한 공화(公貨)를 꾸어 주어 번포를 방납하고, 수포 군관을 줄여 군오의 빈자리를 채우는 일은 비록 폐단을 해결할 방도에 가깝기는 하지만,

22 이대정(里代定)의 제도 : 영조 때부터 관서 지방에서 시행한 제도로, 각각의 마을에 일정한 수의 군정(軍丁)을 할당하고 이에 근거하여 군역에 징발하거나 군포를 징수하는 법을 말한다.

23 난후사(攔後士) : 부대의 뒤쪽을 방어하는 것을 임무로 하는 군사로서, 조선 후기 영조 때 평안도 지방에 설치하였다.

24 방결(防結) : 고을 아전이 백성에게 논밭의 세금을 감액(減額)해 주고, 기한 전에 받아서 아전끼리 돌려서 쓰거나 사사로이 융통해 쓰는 일을 말한다.

번포를 급대하는 일은 실행할 수가 없으니 모두 우선 그대로 두소서.

삼화에서 말한 유군의 군액을 줄이는 일은 조금이나마 폐단을 구제하는 것이라 할 수 있겠지만, 군병을 다른 고을로 이송하고 마병의 초(哨)를 줄이는 일이라면 지금 각 고을 중에 백성은 적고 군액이 많음을 걱정하지 않는 고을이 어디 있겠습니까. 그러므로 군병을 이송하겠다는 청원은 결코 논의할 것이 못 됩니다. 마병의 초를 줄이는 일에 대해서는, 그 고을 수령이 논한 내용에 비록 "차라리 정예하면서 수가 적은 것이 낫다."라고 하였으나 지금의 형세는 실상 그렇지 않습니다. 백성 중에 조금이라도 기력이 있는 자들은 백방으로 도피할 궁리를 하여 군적에서 누락되니, 이런 습속을 크게 바꾸어 기력 있는 자들을 기꺼이 초에 나아가게 하지 않고서는 마병의 수가 많아도 변변찮고 적어도 변변찮으며 수를 늘려도 변변찮고 줄여도 변변찮아서, 정예하게 될 리가 만무합니다. 그리고 옛사람이 해변의 방영(防營)에 마병을 둔 것이 원래 깊은 의도가 있는 것인데, 지금 만약 이것을 갑자기 없앤다면 어찌 국가의 비상사태에 대한 대비에 흠이 나는 것이 아니겠습니까. 이 일은 수령으로 있는 자가 군사의 일에 마음을 쓰고 군적의 누락을 단속하여 군오를 채우는 데 달려 있을 뿐이니, 청원한 바는 시행을 허락하기가 어려울 듯합니다.

강서에서 청원한 평양에서 옮겨 간 군정에 대한 징포를 대신 떠맡은 것을 평양부에서 변통하는 일에 대한 것입니다. 근래에 군역을 고의로 회피하는 일은 이미 열읍(列邑)의 공통된 근심거리인데, 평양의 경우는 사방으로 땅이 접한 데가 모두 여덟 고을이라 거주지를 옮겨 군역을 고의로 모면하는 간사한 자들이 이렇게 많습니다. 이처럼 거주지를 옮기는 바람에 양정(良丁 양민 출신의 장정)의 숫자가 날로 줄어들고 군오에 빈자리가 많아져서, 남은 백성들로는 군역을 지탱할 수 없게 됩니다. 정묘년(1807, 순조7) 연간에 전전(前前) 도신(道臣) 이면긍(李勉兢)이 이런 폐단을 바로잡기 위하여 먼저 군오에 빈자리가 가장 많은 서쪽 지역에 속한 여섯 개 면(面)을 가지고 여러 가지로 조사해 보니, 거주지를 옮겨 간 자가 1850여 명이요 잡탈(雜頉)[25]이 420여 명이었습니다. 그러므로 잡탈로 빠진 사람을 대신 채울 데가 없는 경우에는 각양의 군관과 보군(保軍)[26]을 변통하여 옮겨 오후(伍後)[27]를 채웠고 군관과 보군의 신포(身布)는 재물을 출연(出捐)하고 이자를 취하여 매년 방납할 밑천을 마련하였습니다. 거주지를 옮겨 간 군정(軍丁)들에게는 매년 군포를 걷되, 옮겨 간 이후로 부족분을 채우는 일은 모두 당시에 군정이 거주하는 고을에서 거행하는 것을 정식(定式)으로 정해 놓았다고 하므로 당시에 군정이 거주하는 고을이 그 노고를 분담하는 것을 고통스럽다고 말하는 것은 마땅합니다. 그러나 평양부의 군폐(軍弊)가 이미 고질병이 되고 치료하기 어려운 지경에 이르러 이와 같은 변통이 만부득이한 상황에서 나왔을뿐더러, 인근의 각 고을들 역시 이와 같이 조치할 수밖에 없다는 것을 알았으므로, 딴말 없이 그대로 시행하여 지금 몇 년이 되었습니다. 그런데 강서 한 고을이 좀 불편하다고 해서 지금에 와서 이것을 바꾸는 것은 논의할 만한 일이 아닙니다.

그런데 신이 이 일로 인하여 아뢸 말씀이 있습니다. 군정(軍丁)에

25 잡탈(雜頉) : 여러 가지 사고를 이유로 군적에서 떨어 버리는 것을 말한다.

26 보군(保軍) : 정군(正軍)에 편입되지 않고 그 대신 보포(保布)를 바치는 장정을 말한다.

27 오후(伍後) : 군진(軍陣)의 후방을 방어하는 군사를 말한다.

대한 이대정의 제도는 옛사람이 당시의 폐단을 바로잡기 위한 좋은 방법이었지만 시행한 지가 이미 오래되었고, 시행한 지가 오래되다 보니 폐단이 생기게 되었습니다. 이로 말미암아 열읍의 수령들 중에 간혹 이 규정을 곧이곧대로 지키기가 어렵다고 말하는 자가 있으면, 신은 그때마다 이에 대신할 좋은 대책이 나오기 전에는 이 규정을 바꾸는 일을 함부로 논의해서는 안 된다고 말합니다. 그러나 평양 각 지역의 군정이 군역을 면하려고 거주지를 옮기는 풍습으로 말하면, 이는 참으로 중대한 일이라 통상적인 사례로써 논의해서는 안 될 것입니다. 그 이른바 옮겨 간다는 것이 정말로 먼 데로 이사하는 것이 아니고, 바로 평야 지대의 경계가 접한 곳에서 작은 언덕 하나를 넘기도 하고 작은 길 하나를 건너기도 하여, 이것을 다른 고을이라 이르고 이것을 이사하였다고 이릅니다. 집은 다른 고을로 옮겼으나 농사일은 그대로 평양에서 하고 있는데, 이와 같은 것을 옮겨 갔다고 말하면서 해당 지역의 군오가 비는 것을 가만히 앉아서 보고만 있고, 간사한 백성들의 술책을 내내 그대로 놔두면서 달리 대처할 방도를 생각하지 않으니, 민간의 풍습이 지극히 교활한데 누군들 이러한 삼굴(三窟)의 꾀[28]를 부리려 하지 않겠습니까. 그러니 전전 도신이 당시에 군정이 거주하는 동네에서 군포의 징수를 대신하게 한 것은 참으로 여기에 말미암은 것입니다. 지금 평양부의 궐액(闕額)은 단지 서쪽 지역 여섯 개 면뿐만

28 삼굴(三窟)의 꾀 : 교활한 토끼가 퇴로(退路)를 확보하기 위하여 땅속에 세 개의 굴을 미리 뚫어 놓는 것을 비유한 말로, 《전국책(戰國策)》 〈제책(齊策)〉에 "교활한 토끼는 세 개의 굴을 파 놓고서 죽음을 면할 방도를 강구한다.〔狡兎有三窟 僅得免其死耳〕"라고 하였다.

아니라 다른 면도 모두 그렇지 않은 곳이 없으므로, 신 또한 해당 부(府)에서 논하여 보고한 바에 따라 전전 도신이 이미 만들어 놓은 규정에 의거하여 이 정식이 경내의 각 지역과 인접한 각 고을에 똑같이 시행되도록 하고자 합니다.

가까운 마을끼리 변통하여 군액을 보충하고자 한 은산이 올린 청원에서 참으로 군정(軍丁)을 관리하는 어려움이 이 정도에 이르렀다는 것을 알 수 있습니다. 그러나 그 이대정(里代定)의 제도를 시행한 지가 이미 오래되었으니, 다른 마을과 변통하게 되면 또 다른 폐단이 생길 듯합니다. 난후사를 이송(移送)하고자 하는 청원으로 말하면, 은산현 난후사의 숫자가 이처럼 많은 것은 폐단이라고 할 만하지만, 군총(軍摠)의 분정(分定)은 그것을 시행한 지가 오래되었고, 군총은 많고 백성의 수가 적은 것은 모든 고을이 다 그러하므로, 크게 개혁하고 크게 시비를 가리지 않고서 임시변통하는 자잘한 정사를 하고자 한다면 공연히 소란만 불러올 것이니, 이익은 없고 손해만 있을 것입니다. 그러므로 이렇게 보나 저렇게 보나 역시 시행하도록 허락하기가 어렵습니다.

영변에서는 군교(軍校)와 무관(武官)에 이름을 걸어 놓은 자와 음직을 이어받아 군역을 면한 부류를 향교와 서원에 입속(入屬)시키고 제강생(除講生)[29]의 예에 따라 군포를 징수함으로써 친족과 마을 사람으로 허액(虛額)을 채우는 폐단을 없애고, 호적도 없고 공문도 없이 다른 고을로 옮겨 간 자는 향민(鄕民), 천민(賤民)을 따지지 말고 곧바로

29 제강생(除講生) : 향교나 서원의 제생 중에 고강(考講)에서 낙방하여 제생의 자격을 잃은 사람을 말한다.

군역에 충당하고 백성을 모집하는 신설 읍진(邑鎭)의 연호잡역(煙戶雜役)[30]을 그들에게 곧바로 담당하도록 한다면, 백성들이 군역을 피하고자 하는 병폐를 막을 수 있으며 이것을 족히 도내에 공통으로 시행할 만하다는 내용으로 청원하였습니다. 그 말이 일리가 없지 않으나 대체로 이것은 시폐(時弊)를 구제하기 위한 권도(權道)의 정사이니, 우선 영변부로 하여금 이대로 시행하게 하고 그 효과를 시험하면서 천천히 논의하는 것이 타당할 듯합니다.

무릇 지금 민폐(民弊)를 말하는 자가 반드시 군폐(軍弊)와 환폐(還弊 환곡(還穀)의 폐단)를 가지고 말하는 것은, 이것이 심한 고질이기 때문입니다. 신이 일찍이 고을 수령들과 이 두 가지 폐단 중에 어느 쪽이 더 심한지에 대해 논의해 보니, 모두가 "환폐는 그래도 해결할 방도가 있지만 군폐는 실로 손을 대기가 어렵습니다."라고 하였습니다. 무릇 환곡의 정사는 후세에 시작되었으니, 곡식을 수납하고 방출하는 과정에서 도움과 폐단이 함께 생기는 것이 당연합니다. 그러나 군정으로 말하면 옛날부터 있었던 것이며, 당나라 때의 조용조(租庸調)[31]는 삼대(三代)의 유의(遺意)에 가장 가깝습니다. 그리고 사람이 있으면 반드시 용(庸)이 있어서 일찍이 용이 없는 사람이 없으므로, 이러한 용이 폐단이 된다는 것은 원래 생각지도 못한 것인데, 하물며 그 폐단이 환폐보다 더 심하다니 참으로 이상하지 않습니까.

30 연호잡역(煙戶雜役) : 민가에 대하여 집집마다 부과하던 여러 가지 부역을 말한다.

31 조용조(租庸調) : 중국의 수·당 시대에 완성된 조세체계로, 조는 토지에 부과하여 곡물을 징수하고, 용은 사람에게 부과하여 역역(力役) 또는 베나 무명을 징수하고, 조는 호(戶)에 부과하여 토산품을 징수하였다.

그 까닭이 어디에 있는가 하면 군정을 행하면서 올바른 방법을 쓰지 않는 데에 있습니다. 양역(良役)[32]의 총수를 정한 것은 옛날의 일이었는데, 옛날에는 이 고을이 백성의 수는 적고 군총은 많음을 걱정한 적이 없었으나 지금은 인구가 날로 늘어나는데도 도리어 군역을 치를 사람이 적음을 근심하는 것은 어째서입니까? 군역을 피하여 이웃 고을로 흩어졌기 때문이라고 하기에는 이웃 고을의 백성이 더 많아지지 않았고, 다른 도로 흩어졌다고 하기에는 다른 도의 백성 또한 더 많아지지 않았으니, 그렇다면 이 사람들이 도대체 어디로 갔습니까? 그 까닭은 알기가 어렵지 않습니다.

지난날 영묘(英廟) 기묘년(1759, 영조35)에 묘당에 영을 내려 각 고을의 군총을 참작하여 정하고 간책(刊冊)으로 만들어 이것을 팔도에 반포하여 감히 어기지 못하게 하였으며, 본도(本道)의 경우에는 이대정(里代定)의 제도를 두어 마을마다 민호(民戶)의 쇠잔함과 번성함을 감안하고 그 수가 많고 적음에 차등을 두어 얼마라고 액수(額數)를 정하였습니다. 이 법은 고(故) 상신(相臣) 이종성(李宗城)이 발의하고 고 판서 이태중(李台重)이 결단을 내리고 시행하여, 마침내 수십 년 동안 탈 없이 잘 지켜졌습니다. 그런데 근래에는 민심이 날로 방탕해져서, 군보(軍保)[33]의 아들과 손자가 이름이 군적에 오르는 것을 수치로

32 양역(良役) : 조선 시대에 16세부터 60세까지의 양인 장정에게 부과하던 공역(公役)으로, 노역에 종사하는 요역(徭役)과 군사적인 목적의 군역(軍役)이 있었다.

33 군보(軍保) : 조선조 때 정병(正兵)을 돕기 위하여 둔 보정(保丁)을 말한다. 원래는 병역(兵役)을 면제받는 대신에 현역병의 농작(農作)에 노동력을 제공하도록 했으나, 후에 군대의 비용으로 쓰기 위하여 역(役)을 면제해 주는 대가로 삼베나 무명 따위를 받아들였다.

여겨 온갖 방법으로 군역을 면하려 하고 탐욕스러운 수령이 이 기회를 이용하니, 뇌물의 문이 열리고 벼슬길이 혼탁해졌습니다. 유생(儒生)과 향임(鄕任)과 무교(武校) 세 부문의 여러 자리는 아침저녁으로 사람이 바뀌는데, 한번 그 자리에 이름이 오르면 길이 그 자손들이 군역을 면하게 되니, 지극히 쇠잔하고 지극히 못난 사람이 아니고야 누군들 군역을 면제받지 못하겠습니까. 가령 1000호의 고을이면 군역을 면제받지 못한 자가 많아도 5, 6백 명에 불과하고 적으면 3, 4백 명이 되기도 하는데, 여기에다 호적법(戶籍法)이 엄하지 않아 빠뜨리는 민호(民戶) 또한 많으니 제대로 군역을 치르는 사람이 날이 갈수록 줄어드는 것입니다.

각 고을의 군포를 바치는 군관(軍官)·관속(官屬)과 각 청(廳)의 보솔(保率)[34]이 점차 많아지니 궐액(厥額)이 또 더 많아지고, 날로 줄어드는 사람으로 더 많아진 액수를 채우는 일은 시행할 수가 없으니, 지금의 형세를 따르고 지금의 관습을 바꾸지 않는다면 불쌍한 저 소민(小民)들이 어찌 다 버려지는 지경에 이르지 않겠습니까. 이와 같이 하여 병(病)이 났다면 이와 같이 하지 않는 것이 약이 된다는 것을 아니, 지금의 병폐를 바로잡고자 한다면 지금 하는 것과 반대로 하는 것뿐입니다. 그러나 훌륭한 의원(醫員)이 병을 치료할 때 오두(烏頭)와 대극(大戟)[35]을 섞어 써서 병을 세게 다스리기는 하지만, 또한 반드시 점차적으로 약을 써서 오래 치료할 것을 생각합니다. 원기(元氣)는 보호하면서 원기를 해치는 약은 사용하지 않고, 객사(客邪)는 다스리

34 보솔(保率) : 정군(正軍)의 가사(家事)를 돕는 보인(保人)과 정군의 군무(軍務)를 돕는 솔정(率丁)을 이른다.

35 오두(烏頭)와 대극(大戟) : 둘 다 독성이 강한 약재(藥材)의 이름이다.

면서 객사를 막는 약은 늘 사용하니, 이런 노력이 오래되면 하루아침에 갑자기 좋아져서 처음부터 병이 없는 사람과 같아지는 것입니다. 본도의 군폐는 사람이 오래 병을 앓고 있는 것과 같으니, 이 병을 치료하고자 하면서 어찌 이와 다르게 하겠습니까.

신이 바라건대, 지금부터 고을 수령을 각별히 선택하되 재물을 탐하지 않고 사사로움에 흔들리지 않으며 한결같은 마음으로 임금을 우러르는 사람을 차출하여 보내서, 요행으로 군역을 면하는 길을 막고 뇌물을 받아들이는 문을 닫아 백성들로 하여금 일정한 뜻을 가지게 하고 잘못된 희망을 함부로 품지 못하게 하며, 군관과 보솔로서 간책에 실려 있지 않은 자는 자세히 조사하여 떨어내고 유생과 향임과 무교로서 그릇된 방법으로 자리를 차지하려는 자는 엄하게 밝혀내어 쓰지 말되, 또한 반드시 점차적으로 실행하여 절대로 가벼이 먼저 사람들을 요동시키지 않도록 하소서. 사람마다 이와 같이 하고 고을마다 이와 같이 하면서, 먼 장래를 기약하고 굳건히 정하여 바꾸지 않으며, 일이 이루어지는가를 거듭 살피고 상과 벌을 분명히 보이신다면, 10년 내에 관서의 군정에 결함이 없어질 것이라고 보장할 수 있습니다.

신은 관찰사의 직임에 있으면서, 이미 군정을 바로잡지 못한 데다 지금 아뢰는 개혁의 방도라는 것도 진부한 통상적 이야기이자 우원하게 효과를 구하는 것에 지나지 않으니, 신은 진실로 황공하여 몸 둘 곳이 없습니다. 그러나 신의 어리석고 변변찮은 견해로는, 주제넘게도 이 방도 이외에는 모두 하책(下策)이라고 생각합니다. 이미 그러하다는 것을 알았으므로 또 감히 다른 말씀을 드리지 못하오니, 바라건대 성상께서 깊이 유념하신다면 매우 다행이겠습니다.

신이 여러 고을에서 진달한 환폐(還弊 환곡(還穀)의 폐단)의 조목들을 가져다가 살펴보았습니다. 창성(昌城)은 절미(折米)[36]와 당직(唐稷)[37]을 두태(豆太)[38]로 바꾸고 또 절미 5000섬은 곡식이 적은 고을로 옮겨 떼어 주기를 청하였으며, 삭주(朔州)는 흉년에 다른 것으로 바꾸어 바친 곡식을 비록 본색의 쌀로 바꾸고자 하더라도 이 지역의 생산량이 충분하지 않으므로, 농사가 조금 풍년이 드는 해를 기다려 차차 바꾸기를 청하였습니다. 삼등(三登)은 성향(城餉)의 쌀과 태(太)가 그 수량이 너무 많다 하여 1200섬을 한도로 평양부로 옮겨 떼어 주기를 청하였고, 용강(龍岡)은 황룡성(黃龍城)의 향곡(餉穀)에서 대미(大米 쌀)와 소미(小米 좁쌀) 각각 500섬을 한도로 읍창(邑倉)으로 이부(移付)하기를 청하였습니다.

본도의 절미 규정은 바로 곡식이 거칠어지는 폐단의 근원입니다. 《대전통편(大典通編)》에서 기준으로 정한 상대(相代)의 규정에는 아무 곡식으로 아무 곡식을 대신할 때 각각에 상당하는 품등이 있으나, 서북(西北)의 경우에는 곡식의 품등을 따지지 않고 단지 되와 말의 수효로 기준을 삼으니, 가장 품질이 낮은 옥수수로 가장 품질이 높은 대미와 소미를 대신합니다. 사정이 이와 같으므로 회부곡(會付穀)[39]의

36 절미(折米) : 다른 곡물이나 돈 등을 쌀로 환산하는 것을 말한다.

37 당직(唐稷) : 옥수수를 가리키는 직당(稷唐)과 같은 뜻으로 보았다.

38 두태(豆太) : 두는 소두(小豆)를 이르고 태는 대두(大豆)를 이르는 말이지만 ,일반적으로 콩을 총칭하는 말로 쓰인다.

미조(米條)는 단지 명목만 있을 뿐이고, 거의 모두 옥수수로 그 숫자를 채웁니다.

창성에서 청한 옥수수를 두태로 바꾸는 일과 삭주에서 청한 다른 것으로 바꾸어 바친 곡식을 본색의 쌀로 다시 바꾸는 일은 모두 시행하도록 허락하는 것이 합당합니다. 다만 창성에 있는 당아성(當峨城)의 성향곡(城餉穀)은 두(豆)가 1만여 섬이나 되어 지금 여기에다 또 두를 더하는 것은 온당치 않을 듯하니, 두와 태 두 가지를 많고 적음에 관계없이 융통성 있게 나누어 받는 것을 허락하는 것이 옳을 듯합니다. 많은 데에서 덜어 적은 데에 보태 주는 일은 본시 본도에서 편의에 따라 시행하는 정사이므로 번거롭게 위에 청원할 일이 아닙니다. 더구나 창성부에서 환곡하는 곡식은 전부 당아성의 성향이고 부곡(府穀)은 민간에 풀지 않으며, 또 금년에 대출을 고르게 한 뒤에는 한 가구당 가장 많이 받은 경우가 11섬이고 가장 적게 받은 경우가 1섬이었으니, 이것은 다른 고을과 비교하면 특별히 많은 것이 아닙니다. 그러니 5000섬을 옮겨 떼어 주기를 청한 한 조목은 허락하지 말고 그대로 두는 것이 마땅합니다.

삼등에서 평양성의 성향을 100리나 운반하는 일은 의당 어렵다고 할 만합니다. 그러나 평양성에 속한 여섯 고을이 영하(營下)에 각기 성창(城倉)을 두어 비상시에 대비한 것은, 당초에 설치한 법의 의미가 매우 중대하여 갑자기 의논하여 고치기가 어렵습니다. 또 평양부의 백성들이 받는 영부(營府)의 환곡도 본래부터 양이 적지 않아 지금

39 회부곡(會付穀) : 호조의 장부에 기록된 환곡을 뜻하는 말로, 원회(元會), 원회곡(元會穀), 호조곡(戶曹穀)이라고도 한다.

그것을 더 늘릴 수가 없으니, 이 한 조목 역시 시행을 허락해서는 안 됩니다. 용강이 성향곡을 읍창으로 이부(移付)해 주기를 청한 일은, 환곡으로 분급하는 수량이 그리 많지 않으나 향곡은 역시 본래 가벼이 다룰 물건이 아니므로 갑자기 의논하기에 어려운 점이 있습니다. 그러나 성군(城軍)이 신포(身布)를 거두고 고을의 환곡을 받아들이는데, 여기에다 또 성향의 환곡을 더하는 것은 폐해가 유독 심할뿐더러, 용강현의 읍창이 원래 이 황룡성 안에 있어서 비록 성향곡을 옮기더라도 똑같이 이 성안에 있는 것이니, 청원한 대로 시행하도록 허락하소서.

영변 부사(寧邊府使)가 환정(還政)에 대해 논한 바는 참으로 그 핵심을 잘 짚었습니다. "부호(富戶)들은 환곡을 받지 않고 아전들은 뇌물을 받는다."라고 하고 또 "환곡에는 열 가지 명목의 환곡이 있고 아문(衙門)에는 열여덟 개의 아문이 있다."라고 하였으니, 이것은 폐단을 말한 큰 줄거리입니다. "잡탈(雜頉)을 엄금하고 집집마다 고르게 환곡을 대출하여야 한다."라고 하고, "도량형을 공정하게 하여야 한다."라고 하였으며, "절미를 다른 것으로 바치는 것은 서너 가지만 허용하여야 한다."라고 하고, "열여덟 아문은 모두 육조(六條)의 규정[40]을 만들어야 한다."라고 하였으니, 이것은 폐단을 바로잡는 큰 줄거리입니다. 그 논열(論列)한 바가 모두 근거한 데가 있고 급한 일을 당하여 갑자기 지어낸 말이 아닌 듯하니, 신은 이 말이 실로 채택하여 시행하기에 합당하다고 여깁니다.

40 육조(六條)의 규정 : 무엇을 가리키는 것인지 확실하지 않다. 영변 부사가 따로 말한 여섯 조항이 있을 수도 있고, 일반적으로 관부가 백성을 다스릴 때 중점을 두는 분야를 여섯 조항으로 요약한 사례를 가지고 말한 것일 수도 있다.

무릇 적정(糴政 환곡에 관한 정사)은 한 가지 일이지만 폐단을 일으키는 단서는 일일이 열거하기가 어렵습니다. 구관(句管)하는 아문이 매우 많고 문서와 장부가 다양하여 아전의 간계가 쉽게 통하니, 이것은 환곡의 명목이 다양하여 생기는 폐단입니다. 경사(京司)가 취모(取耗)[41]할 때 돈으로 바꾸어 내게 하는 것이 그 액수가 매우 많아서 매년 추봉(秋捧)으로 집전(執錢)[42]을 할 때면 민간에 돈이 말라 버려 그 고통을 감당할 수가 없으니, 이것은 경사가 취모하는 폐단입니다. 국조(國朝)의 환곡 제도로 말하면, 숭정(崇禎) 병자년(1636, 인조14) 이전에는 단지 호조에서 구관하는 군자곡(軍資穀)만 있었고 다른 아문의 환곡과 진분(盡分)[43]하는 환곡은 없었는데, 그 뒤로 서울의 각 관사와 지방의 각 영(營)이 모두 환곡할 곡식을 마련하였고 진분하는 일이 점점 늘어났습니다. 여기에다 근래에는 백성들이 으레 환곡을 회피하고 환곡을 받는 사람이 날로 적어져서, 한 집에서 받는 수량이 많게는 수십 섬에 이르니, 이것이 환곡을 받는 백성은 적고 환곡하는 곡식이 많은 폐단입니다. 각 아문이 집전하는 일을 매양 곡식의 시가(時價)가 조금이라도 높은 곳으로 가서 하기 때문에 평야를 끼고 있는 고을의 곡부(穀簿)에는 곡식의 수량이 날로 줄어들고 산골의 궁벽한 고을에는 어쩔 수 없이 곡식이 점차 쌓이게 되니, 이것이 산골 지역에는 곡식이 쌓이고 평야를

41 취모(取耗) : 취모십일(取耗什一)로, 환자(還子)의 모곡(耗穀)을 보충하기 위하여 빌린 곡물의 10분의 1을 이식(利息)으로 받는 일을 말한다.

42 집전(執錢) : 수납한 곡식을 팔아서 돈을 마련하는 것을 말한다.

43 진분(盡分) : 저장한 곡식을 조금도 남겨 두지 않고 모두 환곡으로 대출하는 일을 말한다. 원래는 절반은 남겨 두고〔留〕, 절반을 대출하는 것〔分〕이 원칙이다.

끼고 있는 지역에는 곡식이 없게 되는 폐단입니다. 이 밖에 입본(立本),[44] 번질(反作),[45] 가작(加作)[46] 등의 여러 가지 일은 탐욕스러운 수령이 법을 무서워하지 않는 폐단이며, 허포(虛逋),[47] 이척(移尺),[48] 분석(分石),[49] 남곡(濫斛)[50] 및 품질 좋은 곡식을 받아서 거친 곡식으로 바꾸는 등의 각종 조목은 아전과 향임(鄕任)이 농간하는 폐단입니다.

이런 자세한 내용들을 그대로 아뢰기는 어렵습니다만, 신은 일찍이 이런 여러 가지 폐단에 대해 반복해서 생각해 보았습니다. 그중에서도 산골 지역에 곡식이 쌓이고 평야를 끼고 있는 지역에 곡식이 없는 것과 백성은 적은데 환곡하는 곡식이 많은 것 두 가지는 세상 사람들이 입이

44 입본(立本) : 수령이 사리를 탐하여 조세로 받은 쌀을 팔고 이듬해 봄에 쌀값을 싸게 쳐서 백성에게 돈을 빌려 주고 가을에 쌀을 받아들여 이를 채우는 일을 말한다.

45 번질(反作) : 환곡을 상환받을 때 기한인 연말까지 상환받지 못한 분량을 다 상환받은 것처럼 곡부(穀簿)를 꾸며 감사(監司)에게 보고하고 이를 채우기 위해 그다음해 봄에는 다시 그 수량만큼을 환곡으로 나누어 준 것처럼 꾸며 감사에게 보고하는 것을 말한다. 때에 따라 환곡을 분급하지 않았으면서 분급한 것처럼 문서를 꾸미고 그 수량을 대동(大同)의 납부에 전용하는 경우에도 쓰였다. 《萬機要覽 財用編3 糶糴還穀》《承政院日記 英祖 17年 1月 12日》

46 가작(加作) : 환곡을 출납할 때 미곡을 돈으로 환산하여 그 이자(利子)를 규정보다 더 쳐서 받아들이던 일을 말한다.

47 허포(虛逋) : 환곡을 출납하면서 문서를 거짓으로 꾸며서 돈이나 미곡을 착복하던 일을 말한다.

48 이척(移尺) : 정확한 의미를 파악하지 못하였다. 사리를 취할 목적으로 등급을 다르게 매기거나 규정을 다르게 적용하는 등의 행위를 말하는 듯하다.

49 분석(分石) : 지방의 아전들이 쌓아 둔 환곡에 쭉정이를 섞어서 분량을 늘리고 정곡(正穀)을 훔쳐 먹는 것을 말한다.

50 남곡(濫斛) : 환곡을 출납하면서 되나 말의 용량을 속이는 일을 말한다.

닳도록 그 폐단을 말하는 것이지만, 신은 이것이 약으로도 고칠 수 없는 지경에 이르지는 않았다고 생각합니다. 일찍이 신이 호조(戶曹)에 있을 때 빈연(賓筵)에서 성상께 아뢰어, 양남(兩南 경상도와 전라도)에 있는 불수채(不受債)[51] 명색(名色)을 엄금하여 환곡을 고르게 분급할 것을 청원하였고, 성상의 윤허를 받아 공문을 보내 이를 양도(兩道)에 알렸습니다. 그 후에 양도에서 어떻게 시행하였는지 알지 못하나 밝은 성상께서 반드시 기억하고 계시리라 생각합니다.

이재(理財)의 도는 고르게 하는 것보다 더 중요한 것이 없습니다. 그러므로 부자(夫子)의 가르침에 "백성이 적음을 근심하지 않고 고르지 못함을 근심한다.〔不患寡而患不均〕"라고 하였습니다. 지금 곡식을 축적하는 일에는 산골 지역과 평야를 끼고 있는 지역이 고르지 않고 곡식을 거두고 푸는 일에는 빈부와 강약이 고르지 않으니, 이와 같은데도 폐단이 없기를 바라는 것은 참으로 우원한 일이 아니겠습니까. 그러므로 신이 먼저 양남에서 환곡을 고르게 하는 일을 성상께 아뢴 것은, 팔도 가운데서는 양남에 곡식이 가장 많고 두 가지 폐단 가운데서는 백성은 적은데 환곡하는 곡식이 많은 폐단이 특히 걱정스러웠기 때문입니다.

신이 임지(任地)에 부임한 것이 작년 초겨울이었고 이때 한창 환곡을 수납하고 있었는데, 도내의 곡부(穀簿)를 가져다 살펴본즉, 전체 총액은 절미(折米)가 118만 7786섬 남짓이었고, 이 중에 강변칠읍(江邊七邑)[52]의 절미가 27만 6613섬 남짓이었으며, 일곱 고을 중 강계·위

51 불수채(不受債) : 삼남(三南)의 각 고을에서 결부(結夫)로서 조금 먹고살 여유가 있고 힘이 있는 자가 돈을 내고 환곡을 면하는 것을 말한다.《承政院日記 純祖 8年 2月 30日》

52 강변칠읍(江邊七邑) : 압록강 연변에 위치한 의주(義州)·강계(江界)·초산(楚

원 · 초산 · 벽동이 18만 3316섬 남짓이었습니다. 일곱 고을의 곡식이 평안도 전체의 거의 4분의 1이나 되고, 또 강계 · 위원 · 초산 · 벽동이 창성 · 삭주 등의 고을보다 훨씬 더 많은 것은 다른 이유가 아니라 고을이 궁벽한데도 곡식을 내다 팔지 않았기 때문입니다. 이것은 한두 해 동안에 그렇게 될 수 있는 것이 아니니, 해마다 궁벽한 고을에는 곡식을 많이 남겨 두고 평야를 끼고 있는 고을에는 많이 내다 파는 일이 여러 해 동안 거듭되어 점차 이런 지경에 이른 것입니다. 무릇 거듭되어 병이 된 것은 반드시 거듭하여 치료하여야 하며, 치료하는 방법은 다른 것이 없으니 상정(詳定)[53]을 따르는 것뿐입니다. 신이 작년 겨울에 삼가 비변사가 계하받아 보낸 관문(關文)을 보니, 차후로는 곡가(穀價)를 모두 상정을 따르게 하라는 신칙의 말씀이 있었습니다. 지금 만약 이것을 따르고 바꾸지 않아서[54] 평야를 끼고 있는 지역과 산골 지역의 곡가가 서로 같아진다면, 그 누가 기꺼이 곡식이 많이 쌓이는 고을은 굳이 그대로 놓아두고 텅 비게 된 곡식 장부를 억지로 쥐어짜서, 이 때문에 곡식이 쌓인 고을에는 더 쌓이고 곡식이 비는 고을은 더욱 비게 하겠습니까.

백성은 적은데 환곡하는 곡식이 많은 것에 대해 말씀드리면, 이것은 참말로 백성이 적은 것이 아니고 참말로 곡식이 많은 것도 아닙니다. 지금 백성의 수는 옛날 백성의 수와 같지만, 단지 부유하고 힘 있는

山) · 창성(昌城) · 삭주(朔州) · 위원(渭原) · 벽동(碧潼)의 일곱 고을을 말한다.

53 상정(詳定) : 황해도와 함경도에서 대동법의 성격으로 실시된 상정법을 말한다.

54 지금……않아서 : 대본에는 '今若一此不改'로 되어 있는데, 뜻이 통하지 않아 난외주에 의거하여 '一'을 '遵'으로 바로잡아 번역하였다.

자가 환곡을 받으려 하지 않기 때문에 환곡을 받는 자는 오직 빈곤하고 힘없는 백성이니, 환곡을 받는 백성이 어찌 적지 않을 수 있겠습니까. 백성이 적고 보면 곡식이 많지 않을 수 없으니, 이 두 가지 형세는 실로 서로에 기인하는 것입니다. 그렇다면 백성은 적은데 곡식이 많다는 것은 곡식이 많은 것이 아니라 백성이 적은 데에 말미암은 것이며, 백성이 적은 것이 아니라 부유하고 힘 있는 자가 환곡을 피하려는 데에서 말미암은 것일 뿐입니다. 신은 지난 연말에 열읍(列邑)에 엄하게 신칙하여 자기 고을의 부호와 힘 있는 자들부터 한결같이 통호(統戶)의 차례에 따라 모두 환곡을 받을 대상에 넣도록 하였습니다. 그러자 이전에 환곡을 받지 않던 자들이 처음에 매우 소요(騷擾)하였으나 결국 매호(每戶)에서 받는 수량은 전보다 훨씬 줄었습니다. 그러니 지금부터 만약 이 제도를 준용하고 영구히 바꾸지 않는다면 백성들이 절대로 곡식이 많다고 여기지 않을 것입니다. 그렇다면 위의 두 가지 폐단을 바로잡는 일은 상정과 균분(均分)을 적용하는 것으로 충분할 것입니다.

입본(立本)과 허포(虛逋) 등의 일이라면, 이것은 수령이 잘 다스리는가 아닌가에 달려 있는 것이어서, 만일 잘 다스릴 사람을 얻으면 곧 이런 폐단이 없어질 것이므로 지금 번거롭게 아뢰지 않습니다. 비록 위에서 아뢴 항목들은 그래도 도신(道臣)과 고을 수령의 힘으로 할 수 있는 일이지만, 만약 그 일이 경사(京司)와 관계된 것이면 본도에서 처리할 수 있는 일이 아니니, 바로 환곡의 명목이 다양한 것과 경사가 취모할 때 돈으로 바꾸어 내게 하는 것이 이것입니다.

환곡의 명목이 다양한 것에 대해서는 신이 감히 개혁하기를 앙청하지 못합니다. 그러나 경사가 취모한 것으로 말씀드린다면, 본도는 매년 경사의 모조(耗條)가 4만 2000여 섬이고 집전(執錢)하는 액수가 거의 13

만 냥에 가깝습니다. 육지(陸贄)[55]의 말에 "돈은 민가에서 주조(鑄造)하는 물건이 아니니, 어디에서 이것을 얻겠습니까?"라고 하였는데, 이는 참으로 근본을 아는 말입니다. 그러니 어찌하여야 백성들이 어려움을 겪지 않겠습니까. 경사의 수용(需用)이 취모의 결과에 따라 풍족하거나 부족하게 된다는 사실을 신이 모르는 바가 아닙니다. 그러나 근년에는 거듭 풍년이 들어 곡가가 내리게 되면 경사가 반드시 모곡(耗穀)을 아울러서 원곡(元穀)에 덧붙이니, 이것을 가지고 살펴본다면 "취모를 한 뒤에 여유가 있다."라고 말할 수는 있겠지만, 만일 "취모를 하지 않고는 지탱할 수가 없다."라고 말한다면 이것은 말이 안 됩니다. 지금 비록 경사의 취모를 전부 없앨 수는 없다 하더라도 만약 참작하여 어느 정도 액수를 줄인다면 관서의 백성들이 거의 힘을 펼 수 있을 것입니다.

만일 이 몇 가지 조목을 시행할 수 있다면, 이것이 폐단을 바로잡는 데 조금은 도움이 되지 않을까 생각합니다.[56] 신은 이 때문에 "경사의 취모를 줄이고 상정의 규정을 지키며, 균분의 법도를 엄격히 하고 수령을 잘 뽑아서 그로 하여금 자신을 잘 다스리고 아전의 간교한 행동을 단속하게 한다면 관서에 환곡의 폐단이 없어질 것이다."라고 하는 것입니다. 환곡에서 폐단이 없어지면 징수를 독촉받아 오래 시달려 온 이곳의 백성들이 일월(日月)처럼 빛나는 성상의 덕을 다시 볼 수 있을 것이

55 육지(陸贄) : 754~805. 소주(蘇州) 가흥(嘉興) 사람으로, 자는 경여(敬輿)이고, 시호는 선공(宣公)이다. 당나라 덕종(德宗) 때의 명신으로, 그의 주의(奏議)는 임금에게 간하는 말이 적절하여 후세의 전범이 되었다. 후인들이 육지의 주의를 모아 간행한 《육선공주의(陸宣公奏議)》가 있다. 《舊唐書 卷139 陸贄列傳》

56 이것이……생각합니다 : 대본에는 '其於捄弊乎一有'로 되어 있는데, 난외주에 의거하여 '有' 뒤에 '助' 1자를 보충하여 번역하였다.

니, 국가의 억만년 무궁한 복이 진실로 여기에 달려 있습니다. 삼가 바라건대 성상께서는 깊이 유의하시어 묘당으로 하여금 상에게 여쭈어 처리하게 하소서.

민고를 총괄하여 논함 民庫摠論

중화(中和)에서 공전(公錢)을 빌려 초과 지출액을 메우기를 청원한 일은, 지금 영저(營儲 감영의 저축)가 빈 것을 생각하면 공전을 빌린다는 한 조목은 논의할 만한 일이 아닙니다. 이뿐만 아니라 비록 지극히 쇠잔한 고을이라도 예로부터 한 고을의 힘으로 한 고을의 일을 다 처리하였는데, 근래에는 고을을 다스리는 자가 조처(措處)를 제대로 하지 못해 중화처럼 큰 고을이 스스로 꾸려 나가지 못하고 이처럼 타처(他處)의 공화(公貨)에 의지하고자 하니, 매우 마땅하지 않습니다.

상원군(祥原郡)에서 아뢴 결역(結役)의 잉여금에 대한 일은, 그 좋은 점과 나쁜 점을 이미 앞의 군포 방급(軍布防給) 조항에서 논열하였습니다. 그런데 민고(民庫)의 채무를 탕감해 주는 것이 비록 상례(常例)는 아니라 하더라도, 지금 만약 이대로 방치하였다가 경비(經費)를 써야 할 부득이한 일이 생기면 필경 징렴(徵斂)이 백성들에게 돌아갈뿐더러, 결역의 잉여금은 가렴(加斂)한 것이 아니므로 이것으로 저것을 돕는 것은 무방할 듯합니다. 이 일은 역시 청원한 대로 시행하도록 허락하소서.

은산(殷山)에서 청원한, 민결(民結)의 매 부(負)[57]마다 한 푼(分)씩

57 부(負) : 조세를 계산하기 위해 나눈 논밭의 면적을 나타내는 단위이다. 결(結)의 100분의 1에 해당한다.

가봉(加捧)하여 고채(庫債)에 대한 이자를 급대(給代)하는 일에 대해 말씀드립니다. 본도의 결역에는 세미(稅米)와 수미(收米)가 있는데, 수미는 타도(他道)의 대동미(大同米)와 유사한 것으로, 그 액수가 지극히 경미한데다 은산현의 결역은 다른 고을에 비해 더욱 경미하여, 한 푼씩의 돈을 가봉하여도 이웃 고을과 같게 되는 데에 지나지 않습니다. 그리고 은산현의 민고가 원래부터 고질적인 병폐로 일컬어지고 있는 데다 누적된 빚에 시달리는 일이 근래에 더욱 심하여졌으니, 민결에서 취하여 민고를 구제하는 것은 그 일에 명분이 없지 않습니다. 이 청원대로 시행하도록 허락하심이 옳을 듯합니다.

신은 본도(本道) 민고의 일에 대하여 평소 놀랍고 한탄스럽게 여기는 바가 있었으므로, 지금 말이 나온 김에 통렬히 아뢰겠습니다. 본도에 있는 각 고을 민고의 세입(歲入)은 본래 넉넉하므로, 만약 수령이 회계를 잘 살피고 규정을 엄격하게 지키며, 민고에서 마땅히 지급해야 하는 것을 제외하고는 일절 가져다 쓰는 것이 없다면, 비록 1년 동안 뜻밖의 용도가 많이 있다 하더라도 넉넉지 못함을 걱정하지 않을 것입니다. 그런데도 근래 여러 고을의 민고는 곳곳마다 텅 비고 1년 동안의 수입으로 1년 동안의 지출을 감당할 수가 없어서 마침내 초과 지출이 생겼으며, 이것이 점차 고질병이 되어 마치 가난한 사람이 오랜 빚에 시달리는 것과 같으니, 그 원인이 무엇이겠습니까? 이는 수령이 세밀하게 살피지 않는 데서 말미암은 것이며 심한 경우에는 범용(犯用)[58]하는 일까지 있어서 그렇게 된 것입니다.

신이 범용이라고 말씀드리는 것은 민고의 물품을 직접 가져가는 것

58 범용(犯用) : 남의 물건이나 보관하여야 할 물건을 써 버리는 것을 말한다.

을 말하는 것이 아니니, 관청이나 공방(工房)이 마땅히 지급하여야 할 것인데도 그것을 민고로 내려보내는 것이 범용이 아니고 무엇이겠습니까. 수령의 자리에 있으면서 자기 스스로 법도를 어기니, 이러고서야 어찌 자기 속하(屬下)들에게 호령하여 감히 어기지 말도록 할 수 있겠습니까. 청렴한 자는 단지 범용을 하지 않을 뿐 남의 일처럼 보아 넘긴다는 책임을 면할 수 없고 부정한 자는 외부(外府 국고(國庫))를 보면서 오로지 마음대로 쓸 생각만 합니다. 이에 민고가 황폐하게 되어 고을마다 그렇지 않은 데가 없으며, 간혹 부민 도감(富民都監)을 차출하여 민고를 담당하게 하기도 하고, 간혹 사리에 맞지 않게 재물을 만들어 비용에 보충하기도 하니, 어찌 통분할 일이 아니겠습니까.

이에 대해서 크게 징려(懲勵)하지 않는다면, 10년이 못 되어 본도에 민고가 없어지고 말 것입니다. 이제 엄격히 규칙을 세우고, 지금부터 5년을 기한으로 각 해당 고을로 하여금 민고의 부족분을 채우게 한 후에, 상황을 바로잡는 일을 마치는 대로 도신(道臣)이 장계를 올려 보고하며, 그다음부터는 도신이 자주 염찰(廉察)을 행하여, 지출을 초과하는 고을이 있으면 바로 장계를 올려 보고하고 장오율(贓汚律)로 다스리게 하소서. 이와 같이 하면 아마도 민고를 보존할 가망이 있을 것입니다.[59] 삼가 바라건대 묘당으로 하여금 상에게 여쭈어 처리하게 하소서.

59 아마도……것입니다 : 대본에는 '庶有支保之之望'으로 되어 있는데, 난외주에 의거하여 '之' 1자를 연자로 보아 번역하지 않았다.

평양에 관한 일을 덧붙여 아룀 平壤事附陳

평양은 바로 단군(檀君)과 기자(箕子), 그리고 고구려의 옛 도읍입니다. 이 지역은 강과 바다로 둘러싸여 있고 북으로 연경(燕京) 길과 통하며 배와 수레가 모이고 장사꾼들이 만나는 곳으로, 마을이 즐비하고 인물이 많으며 재화가 모여드는 것이 원래 팔도에서 제일이라고 일컬어졌습니다. 그리고 나라에 큰일이 있을 때마다 필요한 것들을 대부분 여기에서 마련하고 중국에 사대(事大)하는 비용은 더욱 여기에 의지하니, 이곳을 외방에 있는 하나의 큰 도회지로만 볼 수 없는 점이 있습니다. 평양이 이와 같이 할 수 있는 것은 바로 36정(井)이 재물을 모으고 무역을 행한 덕택이니, 평양의 시전(市廛)은 바로 나라 안의 이로운 장소이며 국력이 의지하는 곳입니다. 그런데 지금 시전의 번성함이 옛날과 같지 않은 것은 형세가 그렇게 되기도 했고, 평안 감영과 평양부가 시전의 폐단을 살피고 그 힘을 펴 주는 데에 주의를 기울이지 못하였기 때문이기도 합니다.

신이 기억하기로 임자년(1792, 정조16) 겨울, 고(故) 상신(相臣) 이병모(李秉模)가 본도의 감사(監司)가 되어 하직을 고하던 날 임금께서 연석(筵席)에서 하교하시기를 "평양에 입전(立廛)[60]이 없는 것이 이웃 나라에 알려져서는 안 된다." 하시고, 그로 하여금 특별히 시전을 소생시키는 정사를 베풀도록 하셨습니다. 신은 당시 승지(承旨)로서 앞자리에서 이 하교를 들었고 지금도 엄숙히 외고 있습니다만, 신이

60 입전(立廛) : 원래는 서울의 육의전(六矣廛) 가운데 하나인 비단과 직물을 파는 가게를 말한다. 선전(線廛)이라고도 한다. 여기서는 시전 전체를 아울러서 말한 듯하다.

이곳에 부임한 뒤로 각 시전의 쇠잔함을 가만히 살펴보니 더 이상 옛날의 모습이 아니었습니다. 대저 갑자년(1804, 순조4)의 화재로 시전이 완전히 상전벽해(桑田碧海)가 되었는데도 근래 영저(營儲)와 각 창고가 모두 텅 비었으니, 시전의 백성들이 비국(備局)에 정소(呈訴)하여 제사(題辭)를 받아서 온 것이 여러 번이었으나 밀가루 없이 수제비를 만드는 격이라 손을 쓸 방법이 없었습니다. 신이 이 땅을 맡은 지도 이미 한 해가 지났으나 그대로 가만히 앉아서 바라보고 있을 뿐이니, 시전에 물화(物貨)가 끊기고 분위기가 쓸쓸한 것을 볼 때마다 탄식을 하고 한숨을 쉬지 않은 적이 없습니다.

지금 해당 고을의 수령이 민전(緡錢 꾸러미 돈)을 내려 줄 것을 청원하였는데, 그 말은 본래 하지 않을 수 없는 것이지만 그 일은 실로 부응할 방도가 없으니, 몹시 걱정되고 한탄스럽습니다. 그런데 한 가지 대책이 있습니다. 본영(本營) 별향고(別餉庫)[61]에 도신(道臣)이 매년 비축한 별비전(別備錢) 5만 냥 및 세입전(歲入錢) 1만 2000냥 중에서 응당 지출하여야 하는 3만 4980여 냥을 제하면 매년 제류전(除留錢)이 2만 7000여 냥이 됩니다. 그런데 갑자년 화재 후에 본영(本營)에 떼어 주어 불타 버린 물화를 사서 채우도록 한 제류전은 을축년(1805)부터 경오년(1810)까지의 분량이라고 합니다. 지금 만약 신미년(1811)부터 계유년(1813)까지 3년조의 분량을 가지고 이자 없이 빌려주도록 허락하고, 또 영저(營儲) 중에서 어느 창고와 어느 관아의 구관(句管)인지를 논하지 말고 또 수량이 다 차는지와 모자라는지에 구애받지 말고 편리한 대로 옮겨 차례대로 지급하되, 분배(分排)할 때에는 각 정(井)의

61 별향고(別餉庫) : 관서(關西) 지방에 군량미 전용 창고 이외에 별도로 설치한 창고이다.

크고 작음에 따르고 물화의 많고 적은 등급에 알맞도록 하고, 불화를 채우는 방법에 있어서는 본도의 돈을 불리지 않는 규정에 따라 매년 10분의 1을 거두어들이고 10년의 기간이 찬 후에는 그대로 영구히 지급하며, 이후 평안 감영이나 평양부에서 이치에 맞지 않게 함부로 침탈하는 모든 폐단에 대해서는 엄격히 과조(科條)를 세워서 이런 폐단을 영구히 금한다는 뜻으로 비국(備局)에서 절목을 만들어 내려보낸다면, 당장의 구제하는 방도는 될 수 있을 것이니, 묘당으로 하여금 상에게 여쭈어 처리하게 하소서.

영변에 관한 일을 덧붙여 아룀 寧邊事附陳

신이 성상께 하직 인사를 하던 날 삼가 연석(筵席)의 하교를 받들었는데, 말씀하시기를 "서북(西北 평안도)은 변방의 땅이므로 마땅히 궁마(弓馬)를 귀하게 여겨야 한다. 문무(文武)의 도는 어느 한쪽이라도 폐해서는 안 된다. 서북 또한 어찌 문(文)을 숭상하지 않겠는가마는, 무(武)를 숭상하는 것을 우선으로 하여야 한다." 하시고, 이어서 신에게 무를 숭상하는 정사에 유의하도록 명하셨습니다. 신은 이 말씀을 듣고 황공하여 마음에 깊이 새기고, 임지에 부임한 후 먼저 영하(營下)의 군교(軍校)에 대해 시사(試射)하고 도내의 무사를 시취(試取)하였습니다. 관내를 순시할 때 장관(長官)이 다스리는 네 도회(都會)[62] 및 산성(山城)이나 관방(關防)의 고을들은 가는 곳마다 시사하

62 장관(長官)이……도회(都會) : 평안도에서 정3품 이상의 관원이 수령으로 있는 다섯 고을 가운데서, 평양을 제외한 의주(義州), 영변(寧邊), 안주(安州), 정주(定州) 네 곳을 말하는 듯하다.

는 등 응당 행하여야 하는 일에 감히 정성을 다하지 않은 적이 없습니다. 그리고 나를 만나러 오는 열읍의 수령들에게 성교(聖教)의 내용을 외워서 전해 주어, 그들로 하여금 각자 무를 권장하는 정사에 마음을 다하도록 하지 않은 적이 없습니다. 그러나 대체로 본도에서는 무예를 포기하는 것이 근래에 잘못된 관습이 되어, 1년 안에 크게 바꿀 수가 없는 상황입니다. 신은 본래 변변치 못한 사람으로, 마음씀씀이가 많은 사람을 흥기시키기에 부족하여 끝내 이루는 효과가 성상의 밝은 명을 선양하지 못할 것 같아, 이 때문에 신이 밤낮으로 두려워하고 있습니다.

우리나라에서 사람을 뽑는 일을 생각해 보건대, 오로지 문벌만을 숭상하기 때문에 서쪽 사람들의 벼슬길이 삼남(三南)에 뒤떨어지니, 이것이 참으로 쌓인 문제의 발단입니다. 무릇 광대한 관서 지방을 평소에 궁마(弓馬)의 고장으로 일컫는데, 헌걸차고 강궁을 당기는 무사라고 할 만한 인물이 어찌 없겠습니까. 그런데도 아무런 벼슬도 얻지 못하고 밭 사이에서 늙어 죽는 사람을 이루 셀 수가 없으니, 이것이 실로 애석한 일입니다. 간혹 과거에 올라 벼슬을 구하는 자 또한 분주하게 객지를 떠돌아다니다가 끝내 이름을 떨치지 못하여 쓸쓸히 돌아오는 경우가 많습니다. 동네 사람들은 그런 사람을 업신여기고 온 도의 건실한 젊은이들은 이것을 보고 이 고장 사람을 억누르는 것이라고 여겨, 아비는 명하고 형은 애써 말려서 활쏘기 배우는 것을 못하게 하니, 이것이 어찌 작은 문제이겠습니까.

지금 영변의 수령이 아뢴 바는 하문(下問)하신 민폐의 일에서 벗어나므로, 아뢴 계책이 합당한지도 감히 단정하여 말씀드릴 수 없습니다. 그러나 본도의 큰 형세에 대해서는 깊이 터득한 바가 있으니, 부디 묘당에 하문하시어 상에게 여쭈어 처리하도록 하소서. 아울러 서도(西道)의 무사들을 거두어 쓰는 방도에 대해 성상께서 깊이 유의해 주신다면 천만다행이겠습니다.

자산에 관한 일을 덧붙여 아룀 慈山事附陳

성향(城餉)을 운반하는 어려움은 참으로 해당 고을 수령이 아뢴 바와 같습니다. 그러나 생각해 보건대, 우리나라의 산성은 옛날부터 우리 동방 사람이 적을 막아 내는 가장 좋은 수단이었습니다. 지난날 당 태종(唐太宗)이 고구려를 치고자 하여 이적(李勣)[63]에게 자문하였을 때, 이적이 "고구려는 산에 의지하여 성을 쌓았으므로 빨리 빼앗기가 어렵습니다."라고 하였으니, 산성의 험준함에서 오는 이로움이 이미 천하에 알려졌던 것입니다.

지금 나라 안의 여러 도(道)를 보면, 산성이 없는 도가 없고 환곡에 쓰는 성향이 없는 도도 없습니다. 대체로 성은 산에 있으므로 그 땅이 높고 험할 수밖에 없습니다. 그런데도 반드시 성에 곡식을 쌓아 두었으니, 옛사람이 어찌 운반의 어려움을 알지 못하였겠습니까. 어려움을 알면서도 이와 같이 하였다면 곡식이 없으면 성이 없는 것과 다름이 없다는 사실을 알았던 것입니다. 더구나 본성(本城 자산산성)은 바로 도신(道臣)이 난리를 당하면 들어가서 지켜야 하는 신지(信地)이므로,

63 이적(李勣) : 584~669. 당나라 초에 고조(高祖)와 태종(太宗)을 도와 여러 전쟁을 수행한 공신이며 전략가이다. 태종의 고구려 원정에도 참가하였으며, 시호는 정무(貞武)이다.

군량 저축의 중요성이 다른 곳과 매우 다릅니다. 그러므로 일곱 고을의 모조(耗條)를 본성 대신 본 고을에서 거두어 창고에 보관해 두겠다는 청원은 시행하도록 허락하기 어려울 듯합니다.

해당 고을이 독진(獨鎭)을 설치하는 일에 대해서는, 신이 박천(博川)의 일에 대해 아뢴 독진의 청원에서 이미 진관(鎭管)으로 하는 것이 좋은 방법이라고 논열한 바가 있습니다. 자산부(慈山府)는 바로 성을 관할하는 곳이며 처한 상황이 직로(直路)[64]와 조금 차이가 있으니, 해당 고을의 수령이 아뢴 바도 소견이 없지 않습니다. 그러나 생각건대 자산(慈山), 성천(成川), 숙천(肅川), 순천(順川), 순안(順安), 영유(永柔), 은산(殷山) 등 일곱 고을이 모두 본성 소속으로, 각기 성안에 신지창(信地倉)을 두어 난리를 만났을 때 고을을 보존하고 지키는 계책으로 삼고 있은즉, 만약 위급한 일이 생기기라도 하면 원래 신지에 들어가서 지키게 되어 있습니다. 그러므로 정초군(精抄軍)[65]이 본성에 소속되는 것을 꺼려해서는 안 될 듯하고, 더구나 진제(鎭制)의 변통은 역시 가볍게 처리할 일이 아니므로 감히 함부로 논의하지 못하겠습니다.

일곱 고을의 군교(軍校)를 봄가을에 돌아가며 모아서 조련하는 일은, 본성에 성상(城上) 습조(習操)[66]의 제도가 없는 데다 본 고을의

64 직로(直路) : 서울에서 각 지방으로 통하는 길이 똑바르게 지나가는 지역이나 고을을 말한다. 서영보(徐榮輔)가 편찬한 《만기요람(萬機要覽)》에서는 관서의 직로로 중화(中和), 평양(平壤), 순안(順安), 숙천(肅川), 안주(安州), 가산(嘉山), 정주(定州), 선천(宣川), 곽산(郭山), 철산(鐵山), 용천(龍川), 의주(義州)의 열두 고을을 열거하였다. 《萬機要覽 財用編2 收稅》

65 정초군(精抄軍) : 인조 때 병조 판서 이시백(李時白)의 건의에 의하여 창설된 정예 군대로, 각 번(番)의 기병 중에서 우수한 자들을 뽑아 훈련하여 편성하였다.

수령은 관성장(管城將)으로서 비상시에 대한 경계[67]를 깊이 생각하고 있어야 하므로, 이런 청원을 올린 것은 참으로 일리가 있습니다. 그러나 각 고을의 군병이 이미 병사(兵使)가 실시하는 순행(巡行) 때의 습조를 받고 있고, 또 관문(官門)의 취점(聚點)이 있으니, 만약 이 외에 또 돌아가며 모아서 조련하는 규정을 만들고 그들로 하여금 양식을 싸서 멀리 가도록 한다면, 이를 시행하는 데에 어려움이 있을뿐더러 군병을 호궤(犒饋)하고 포상(褒賞)하는 데 필요한 재물을 마련하는 일 또한 시행할 방도가 없습니다. 신은 감히 이 일을 갑자기 논의할 수가 없으니, 아울러 묘당으로 하여금 상에게 여쭈어 처리하게 하소서.

박천에 관한 일을 덧붙여 아룀 博川事附陳

일곱 군데의 둑을 다시 쌓기를 청한 일입니다. 제방을 이용하여 물을 저장하고 빼는 일은 농정(農政)에서 중요하게 여기는 것입니다. 해당 고을의 수령이 민정(民情)을 조사하여 비록 이렇게 진달하였으나, 둑을 헐어서 논을 만든 것이 멀게는 혹 60여 년이 되고 가깝게도 30년이나 되므로, 지금에 이르러 제방을 고쳐 쌓는다면 여러 해 동안 여기서 비용을 충당해 온 궁방(宮房)과 아문(衙門)에 어려움이 없을는지 모르겠습니다. 묘당으로 하여금 상에게 여쭈어 처리하도록 하소서.

66 성상(城上) 습조(習操) : 산성(山城)이나 읍성(邑城) 안에서 이루어지는 군사 훈련을 말한다.

67 비상시에 대한 경계 : 대본에는 '桑土之計'로 되어 있는데, 난외주에 의거하여 '計'를 '戒'로 바로잡아 번역하였다.

산성을 증축하고 독진(獨鎭)을 만들기를 청한 일입니다. 각처에는 옛날에 두었다가 지금은 폐기된 산성이 많습니다. 설치한 본래의 뜻을 추구해 보면 험한 곳에 의지하여 요충지를 지키기 위한 것으로서 모두 말할 만한 이유가 있으니, 그 산성들을 버려진 그대로 두는 것은 참으로 애석한 일입니다. 다만, 지금의 상황과 재력으로는 실로 곳곳마다 수축할 수가 없습니다.

독진의 일에 대해서는 신에게 변변치 못한 소견이 있습니다. 송(宋)이 건국하고서 번진(藩鎭)을 없애고 군(郡)과 현(縣)을 만들었는데, 그 힘이 매우 약하여 적이 한 군에 이르면 한 군이 격파되고 한 현에 이르면 한 현이 격파되었습니다. 그래서 왕입신(汪立信)이 장강(長江)과 회하(淮河) 지방의 여러 군을 합하여 네 개의 큰 진(鎭)으로 만들어 오랑캐를 방어할 것을 건의하였으나 당시에 받아들여지지 않았습니다. 그 후 원나라 장수 백안(伯顔)이 왕입신의 이런 계책을 듣고서 그를 충신이라고 하며 감탄하였습니다. 지난날 선묘조(宣廟朝) 때 진관(鎭管)의 법을 만들면서 왕입신의 이 계책을 가지고 조신(朝臣)들에게 유시하셨으니, 이것으로 보건대 우리나라의 진관 제도가 어찌 훌륭한 법이 아니겠습니까. 지금 의주(義州)로 통하는 직로(直路)에 독진을 많이 만들어서 이미 '여럿을 합하여 외적을 막고자 하는 뜻〔合衆捍外之義〕'을 어겼는데, 더군다나 지극히 쇠잔한 가산(嘉山)과 박천(博川) 두 고을이 각자 진을 만듦으로써 군병이 나뉘고 힘이 약해지는 것은 좋은 계책이 아닌 듯합니다. 신의 어리석은 생각으로는 시행하기가 어렵습니다.

위원에 관한 일을 총괄하여 논함 渭原事摠論

해당 군(郡)의 환폐(還弊)는 그 원인이 매우 다양하니, 분곡(分穀)[68]이 많고 유곡(留穀)[69]이 적은 것과 창고의 쌀이 콩으로 바뀌는 것과 포흠(逋欠)이 계속 이어지는 것 등입니다. 그리하여 점차 민호가 나날이 흩어져 버리는 지경에 이른 데다 작년의 흉년이 겹쳐서 백성들이 지금 큰 시련을 겪고 있으니, 해당 고을 수령이 아뢴 분곡을 줄이고 유곡을 늘리고자 한 청원과 진태(陳太 묵은 콩)와 절미(折米)의 가격을 낮추어 내다 팔고자 한 청원이 비록 매우 외람되기는 하지만, 백성과 고을의 사정상 어쩔 수 없이 시행하도록 허락해야 할 듯합니다.

신에게 이 일에 대하여 몇 가지 어리석은 소견이 있으므로 아뢰겠습니다. 신이 이곳으로 온 후에 듣게 된 강변 여러 고을의 상황은, 처음에는 듣기에 놀랍고 중간에는 한심한 생각이 들었으며, 끝에는 마침내 사지(四肢)로 땅바닥을 짚고 어찌할 바를 몰랐습니다. 아전들의 간계는 이미 익숙한 관습이 되고 백성들의 형세는 뿔뿔이 흩어질 지경이 되어 거의 구제할 수 없게 된 것이, 비유하면 마치 노병(老病)으로 거의 죽게 된 사람이 네 수족이 먼저 말라 버린 것과 같아서, 비록 화타(華陀)나 편작(扁鵲)이 있더라도 멀리서 보고 도망갈 상황인데, 하물며 신과 같이 재주 없는 사람이 어찌 구제할 수가 있겠습니까. 이것이 신이 밤낮으로 두려워하며 어찌할 바를 몰랐던 이유입니다. 그러나 만약에 어찌할 도리가 없다고 핑계를 대고 백성들이 재앙으로

68 분곡(分穀) : 환곡으로 대출한 곡물을 말한다.

69 유곡(留穀) : 대출하지 않고 창고에 보관하고 있는 곡물을 말한다.

빠져드는 것을 앉아서 보고만 있으면서, 손을 뻗어 잡아 주고 갓끈만 매고라도 달려가 구제해 주기[70]를 생각하지 않는다면, 신이 어찌 죄를 면할 수 있겠으며 또한 이것이 어찌 신의 분수와 의리상 감히 할 수 있는 일이겠습니까.

신이 강계(江界)의 환곡을 줄여 폐단을 바로잡는 일에 대해 아뢸 때 감히 값을 낮추어 내다 팔고 제값으로 곡식을 사들이기를 청원한 것은, 신이 미혹되어 이 일의 엄중함과 외람됨을 몰랐던 것이 아니라 참으로 이렇게 하지 않고는 다른 대책이 없었기 때문입니다. 지금 위원・초산(楚山)・벽동(碧潼) 세 고을은 강계보다 조금도 나을 것이 없는 데다 변경(邊境)에서 외침을 막는 지역이라는 점에서 다를 것이 없으므로, 신의 어리석은 생각에 이것을 차차 아뢰려고 하였습니다. 그러나 끝내 마음에만 있고 우물쭈물하다가 그대로 오늘에 이르렀습니다. 그런데 지금 위원 군수가 청원한 내용은 바로 강계의 예를 원용한 것이며 또한 신이 말씀드리려고 하였던 것이므로, 신은 그 말을 시행할 만하다고 하지 않을 수 없습니다.

이미 위원에서 이것을 시행하기를 청원하였으니, 초산과 벽동을 감히 그대로 둘 수가 없습니다. 신의 생각은 초산도 회부(會付 장부에 기록함)하는 절미가 4만 9160섬 남짓이 되니, 이 수량에서 민곡(民穀)의 양을 감안하여 분곡과 유곡 분을 제하여 두고, 절미 5000섬을 2년에

70 갓끈만……주기 : 체면을 불고하고 달려와 급한 처지에 있는 사람을 구해 주는 것을 말한다. 《맹자(孟子)》〈이루 하(離婁下)〉에 "지금 한집안 사람이 싸울 경우에는 이를 구원하되 머리를 풀어 흩뜨린 채 갓끈만 매고서 달려와 구원하더라도 가하다.〔今有同室之人鬪者 救之 雖被髮纓冠而救之可也〕"라고 하였다.

나누어 한 섬(石)당 2냥씩 돈으로 받아서, 곡식이 적은 고을로 이송하여 상정가(詳定價)에 따라 곡물로 바꾸게 하는 것입니다. 다만 생각건대, 강변에 있는 진보(鎭堡)들의 지탱하기 어려운 사정이 여러 고을보다 더 심한 듯하여 차례로 바로잡지 않을 수 없는데, 그중에도 아이진(阿耳鎭)은 환곡을 받는 민호가 257호인데 환곡하는 절미가 7034섬 남짓이나 되어 백성은 적은데 환곡하는 곡식이 많아 폐해가 가장 절박합니다. 이제 해당 진(鎭)의 절미 3000섬을 초산부로 이송하고 해당 부(府)의 절미는 이 수량에 맞추어 돈으로 받고 이무(移貿)하기를 모두 위에서 아뢴 대로 한다면 일이 매우 편리하겠습니다. 벽동은 포곡(逋穀 미납된 환곡)을 연한(年限)을 정하여 나누어 징수하되 돈으로 바꾸어 바치게 하여 다른 고을로 이전하기를 청원하였으므로, 값을 낮추는 한 조목은 감히 거론하지 못합니다. 신에게 어찌할 계책이 없어 비록 이런 조목들을 가지고 아뢰었으나, 지극히 황공하여 몸 둘 바를 모르겠습니다. 삼가 바라건대 묘당으로 하여금 상에게 여쭈어 처리하도록 하소서.

군관의 액수를 줄이고 번미(番米)를 급대하는 일에 대해서 말씀드리면, 해당 고을 수령이 논열한 것은 많은 생각을 하여 나온 의논인 듯합니다. 비록 길게 목표를 잡아 성과를 낼 것인지를 기필하기 어려우나, 공가(公家)의 비용이 매년 600여 섬이나 되니, 10년을 기한으로 빌려주면서 시작만 하고 끝을 맺지 못할 경우에는 잃는 것이 적지 않을 것입니다. 그러나 혹시라도 뜻대로 잘 이루어진다면 이것은 참으로 훌륭한 정사이니, 다만 아뢴 대로 시행하게 하는 것이 옳을 듯합니다. 묘당으로 하여금 상에게 여쭈어 처리하도록 하소서.

벽동에 관한 일을 총괄하여 논함 碧潼事摠論

포곡(逋穀) 7000섬을 연한을 정하여 나누어 받아들이는 일입니다. 벽동의 허포(虛逋)는 대개 이전부터 내려오는 고질적인 폐단이지만, 역시 수령이 잘 다스리는가의 여부에 달린 것입니다. 그러므로 간혹 징봉(徵捧)에 흠결이 없을 때도 없지는 않지만, 포흠을 내는 일을 어렵지 않게 여기는 오랜 관습 때문에 올해에 겨우 액수를 맞추었다가도 내년에는 다시 액수가 모자라게 됩니다. 이런 일이 해를 거듭하면서 심한 고질병이 되어 작년의 해당 고을 수령의 행위에까지 이르렀으니, 이는 거의 이전에 없던 일로서, 1만 섬이 넘는 포흠에 대해 말씀드리자니 마음이 아픕니다.

신이 새로 부임한 수령에게 엄하게 신칙하여 그로 하여금 특별히 독촉하여 액수를 곧바로 채우기를 기약하게 하였으나, 작년 가을 강변 지역의 농사가 크게 흉년이 들어서 겨우 초봄에 이르자 창고가 이미 텅 비었습니다. 백성들의 얼굴에는 굶주린 기색이 있고 지게미와 쌀겨로도 배를 채우지 못하니, 비록 각박한 정사를 시행하더라도 항아리에 남은 곡식이 없는 데야 어찌할 수가 없어서, 봄부터 지금까지 받아들인 것이 겨우 1390여 섬입니다. 사정이 이러하기 때문에 지난번 장계를 올려 환곡을 규정 이상 더 분급하는 일을 청하였을 때 청원한 1만 3051섬 중에 벽동에서 더 분급한 것이 4711섬이었으며, 장계로 보고한 후에 어쩔 수 없이 더 분급한 것이 또 3500섬이 되었으니, 이렇게 하지 않으면 벽동의 백성들이 굶어 죽게 될 것이기 때문이었습니다. 민읍(民邑 백성과 고을 관청)의 형편을 여기에서 알 수 있기에, 신이 열읍(列邑)에 위엄을 떨치지 못하여 그 포흠을 낸 것을 여름이 지나도록 거두지 못하였으니, 참으로 송구함을 이기지 못하겠습니다.

그러나 생각건대, 벽동 고을의 존립에 대해서는 없어질 지경이라고 말만 해서 될 일이 아니고 벽동 백성의 삶에 대해서는 도탄에 빠졌다고 말만 해서 될 일이 아니니, 비유하자면 거의 죽게 된 병에는 대승기탕(大承氣湯)이 아니면 하루도 생명을 연장할 수 없는 것과 같습니다. 신이 명(命)을 받고 와서 장차 이곳의 백성을 다스리려 하는데 벽동 백성들의 삶이 위태롭게 되었으니, 신이 어찌 감히 백성을 두렵게 할 것만을 생각하고 상례(常例)를 고집하여 보고하기를 생각하지 않겠습니까. 더구나 강변의 여러 읍은 바로 나라의 울타리이자 자물쇠이니, 여기에 백성이 없다면 울타리는 어찌 될 것이며 자물쇠는 어찌 되겠습니까. 이에 감히 우매함을 무릅쓰고 우러러 청합니다.

현재 아직 받아들이지 못한 수량이 1만 9005섬이니, 추수 전에 정해진 수량대로 거두는 것은 전혀 가망이 없습니다. 생각건대 경기의 적성(積城)과 교하(交河) 등 고을에 일찍이 누적된 포흠이 있었으나 도신이 장계를 올려 청한 것으로 인하여 연한을 정하여 받아들이지 말도록 허락하셨으니, 지금 만약 이 사례에 따라 3095섬은 금년 안에 추수를 기다려서 거두어들이고 그 나머지 7000섬은 내년부터 시작하여 연한을 3년으로 정하여 나누어 받아들인다면, 벽동 백성들이 거의 무거운 짐을 벗을 수 있을 것입니다.

그러나 또 생각해 보면, 벽동에 이처럼 포흠이 많은 것은 역시 환곡하는 곡식이 많은 데에 말미암은 것이니, 포흠을 거두어 1만 섬을 채운 후에라도 환곡하는 곡식이 예전과 같이 많아진다면 반드시 폐단이 따라와서 예전과 같아질 것입니다. 신의 생각으로는 금년에 받을 3000섬과 연한을 정하여 받을 7000섬을 거두어들일 때, 그것을 모두 돈으로 바꾸어 바치게 하고서 청남(淸南 청천강 남쪽)과 청북(淸北 청천강 북쪽)의 곡식이 적은 고을로 이전하게 한다면, 환곡하는 곡식이 많은 폐단도 조금은 줄어들 것입니다.

소미(小米 좁쌀) 1만 섬을 콩으로 바꾼 일로 말씀드리면, 이는 참으로 해당 고을의 고질적인 폐단입니다. 해당 고을만이 그러한 것이 아니고 위원(渭原)과 초산(楚山) 역시 그러한데, 단지 위원과 초산에서의 폐단이 덜하였던 것은 작년 겨울에 그곳 수령의 정사가 이곳보다 나았기 때문입니다. 그러나 그 누적된 폐해를 논한다면 세 고을이 전혀 다르지 않으니, 이는 위원, 초산, 벽동 등의 고을에서 조〔粟〕는 비싸고 콩은 싸기 때문입니다.

회부(會付)하는 소미는 명목은 비록 소미이지만 실제로는 모두 콩으로 바꾸어 대신 저장해 두는데, 간사한 향임과 교활한 아전들은 이를 이용하여 계책을 부립니다. 심지어 작년 벽동에서는 이른바 갑봉(甲捧)이라는 명색을 두었으니, 갑봉이란 어떤 곡물을 돈으로 바꾸어 바치든 간에 소미 1섬에 4냥으로 가격을 정하고, 콩으로 바꾸는 데에 이 가격을 옮겨 적용하여 콩 1섬을 8전으로 절가(折價)하며, 또 미처 돈으로 바꾸어 납부하지 못한 사람에 대해서는 소미 1섬을 콩 5섬이라고 기재하여 추수 후에 모곡과 아울러 납부하도록 지명하기 때문에 소미 1섬이 콩으로 바뀌면서 5섬 10여 말(斗)이 되는 것을 말합니다. 비단 놀랍고 침통한 것이 이보다 심한 경우가 없을 뿐 아니라, 힘없는 백성들이 남모르게 당하는 착취는 어떠하겠습니까.

해당 군에서 1만 섬을 콩으로 바꾸기를 청원한 것은 그 말이 그럴듯하니, 위원과 초산 두 고을과 아울러 그대로 시행하도록 허락하신다면 거의 폐단을 바로잡는 한 가지 방도가 될 것입니다. 그러나 생각건대,

위원, 초산, 벽동 세 고을의 1년 비용 중에 쌀로 지출할 수밖에 없는 수량이 모두 가령 3000섬이면, 반드시 3만 섬의 환곡을 분급한 연후에야 한 해에 모곡 3000섬을 얻을 수 있으니, 이 어찌 어려운 점이 아니겠습니까. 신의 생각으로는, 콩으로 대신하여 저장해 둔 수량이 이미 많고 그 유래도 오래되었으니, 이것을 갑자기 본색(本色)으로 환작(還作)하라고 요구하는 것은 그대로 행하기가 어려울 듯합니다. 다만 지금 몇 년의 연한을 정하여 차차 환작한다면 백성들을 동요하게 하는 데에 이르지 않을 것입니다. 또한 더구나 환곡의 양을 줄여 달라는 청원이 윤허를 받게 되면 환작하는 수량 또한 많지 않을 것입니다.

세 고을로 하여금 금년부터 시작하여 매년 추봉(秋捧)[71]할 때, 소미로 납입해야 할 수량 얼마 중에서 어느 면(面)의 수량 얼마를 어느 창고로 납입한다고 큰 길거리에 써 붙여 납입할 쌀의 분량이 얼마가 되는지를 백성들이 모두 알게 하고, 또한 이 수량을 낱낱이 순영(巡營)에 보고하여 업적을 평가할 때 이것으로 승진시키거나 좌천시킬 수 있게 하소서. 그리고 정한 연한이 되기 전에는 갑봉의 폐단을 엄금하고, 조금이라도 어기는 자가 있으면 비록 기술할 만한 다른 업적이 있더라도 반드시 하고(下考 고과의 하등 성적)에 두어 일절 용서하지 말고, 연한이 다 되고 본색이 채워진 뒤에는 다시 쌀을 콩으로 바꾸거나 콩을 쌀로 바꿀 수 없도록 하소서. 그리하시면 간교한 갑봉은 저절로 없어질 것이고 세 고을의 백성들은 길이 그 혜택을 입게 될 것입니다.

원장(元帳)에 등록된 토지를 타량(打量)하여 실상에 맞게 등급을 매기고 산전(山田)의 화세(火稅)를 경작한 토지에 따라 거두어들이는

71 추봉(秋捧) : 가을에 조세를 받아들이는 일을 말한다.

일에 대해 말씀드립니다. 타량은 본래 하지 않을 수 없지만, 반드시 농사가 어느 정도 잘되고 백성들의 살림이 어느 정도 펴졌을 때 시행하는 것이 옳습니다. 화세를 실상과 맞지 않게 거두는 것이 실제로 민폐가 되지만, 경작한 토지에 따라 세금을 거둘 때에 만일 잘 살피지 못하는 경우가 있게 되면 그 폐단이 반드시 전보다 갑절은 더 심할 것입니다. 적절히 조정하고 가벼운 쪽으로 비총(比摠)을 정하는 것이 가장 타당하니, 이대로 분부하는 것이 어떻겠습니까? 별무사(別武士)에 대한 도시(都試)는 이미 삭주의 일을 청원한 내용에 논열한 것이 있으므로 다시 의논할 필요가 없겠습니다. 아울러 묘당으로 하여금 상에게 여쭈어 처리하도록 하소서.

옛 무창과 대소 나신동을 후주에 떼어 주는 것이 합당한지에 대한 장계

古茂昌大小羅信洞劃付厚州便否狀啓

후주(厚州)가 나신(羅信)과 무창(茂昌)을 떼어 주기를 청한 것은 그 유래가 꽤 오래되었습니다. 지난 경신년(1800, 정조24) 연간에 해당 부의 부사(府使)가 장계로 보고하여 그 땅을 떼어 주고 세삼(稅蔘)[72] 5근을 그곳으로 이송하도록 허락해 주기를 청하니, 당시 묘당에서 양도(兩道 평안도와 함경도)에 관문(關文)을 보내어 의견을 물었는데, 북도(北道 함경도)에서는 땅을 얻고자 할 뿐 세삼을 옮겨 받기를 원치 않아서 그 일이 마침내 중지되었습니다. 지금 북도의 도신이 처음 청하는 내용으로 보고한 것은 바로 경신년에 말하던 땅이었는데 다시 장계를 올려 청원하면서는 앞서 청원한 땅보다 갑절이 늘어났습니다. 사정이 이와 같으므로, 강계(江界)의 수령이 세삼 7근을 먼저 이송하면 그 땅을 떼어 주는 것을 허락할 수 있다고 말하였는데, 그렇기는 하나 이것이 사리에 합당한지에 대해서는 언급한 적이 없습니다. 신은 먼저 사리에 합당한지에 대해서 아뢰고, 다음에 이로움과 해로움이 어떠한지에 대해서 논하겠습니다.

삼가 《여지승람(輿地勝覽)》[73]을 살펴보면, 여연군(閭延郡)은 본래

72 세삼(稅蔘) : 삼이 생산되는 지역을 선정하여 각각 일정량을 할당하여 조세로 바치게 하는 삼을 가리킨다. 이와 별개로 시장에서 구하여 바치는 무삼(貿蔘)이 있다.

73 여지승람(輿地勝覽) : 조선 성종(成宗) 때에 노사신(盧思愼) 등이 편찬한 조선 각 도(道)의 지리와 풍속, 그 밖에 특기할 만한 사실을 기록한 책을 말한다.

갑주(甲州)의 여연촌(閭延村)이라고 하였습니다. 갑주는 바로 아조(我朝)의 갑산(甲山)이며 고려 때 이곳을 갑주로 일컬었으니, 《여지승람》에 실린 것은 대체로 고려 때의 일을 가리킵니다. 본조(本朝)에 와서는 무창과 여연과 우예(虞芮) 등의 군이 본도(本道 평안도)에 속하였고, 해당 군들의 고을이 철폐된 것이 광묘조(光廟朝 세조(世祖)) 초년에 있었는데 본도의 도신이 그 일의 거행을 관장하였으니, 그 군들이 본도의 땅이라는 것은 예전에도 그러하였습니다. 지금 신은 '땅을 지키는 신하〔守土之臣〕'로서 한 치나 한 자의 작은 땅이라도 힘을 다해 지키는 것이 바로 그 직임이니, 지금 만약 하루아침에 400년 동안 본도에 예속되었던 땅을 그 한 모퉁이를 잘라 내어 다른 도에 이속한다면, 직임을 그르친 신의 죄를 어떻게 모면하겠습니까. 또 사군(四郡)[74]이 비워지고 버려진 것이 지금 거의 400년이니, 땅을 획정하고 경계를 정한 것을 감히 어길 수가 없습니다.

우예가 삼천(三川)[75]에 경계를 접하고 있는 것은 무창이 후주와 경계를 접하고 있는 것과 같은데, 삼천과 후주에 새로 들어온 백성들이 그 땅이 좁아서 어려움을 겪으므로, 해당 부(府)에서 장계를 올려 땅을 더 개간하기를 청한 것이 이미 두 번째입니다. 그러나 묘당의 논의와 도(道)의 복계(覆啓)가 모두 지극히 신중하였던 것은 참으로 철폐된 땅을 더 개간하는 일을 가볍게 시행할 수 없었기 때문입니다. 지금의

74 사군(四郡) : 조선 세종 때 여진족(女眞族)을 토벌하고 압록강 상류에 설치한 여연, 자성(慈城), 무창, 우예를 말한다. 뒤에 그 유지와 확보가 용이하지 못하다는 이유에서 단종·세조 때에 걸쳐 철폐되었으므로 폐사군(廢四郡)이라 불리기도 한다.

75 삼천(三川) : 함경도의 삼수(三水)를 이렇게 부른 듯하다.

계획으로 설사 무창을 더 개간하려 하더라도 반드시 먼저 계책을 정한 후에야 명령을 내려 백성들이 들어가 살도록 허락하여야 하니, 이것은 어째서이겠습니까? 중요하게 여겨야 할 것은 땅을 개간하여도 되는지 아닌지에 있지 사람들이 그곳에 사는 것이 합당한지 아닌지에 있지 않기 때문입니다. 이제 와서 후주의 백성 수백 명을 조처할 수 없다는 이유로, 갑자기 황무지를 개간하고 그 땅으로 옮기는 일을 논의하여 여러 해 동안 철통같이 쳐 놓았던 큰 방어선을 무너뜨린다면, 아마도 경중(輕重)과 선후(先後)의 차례를 잃게 되지 않을 수 없을 듯합니다.

북도가 이 땅을 얻고자 하여도 별다른 이익이 되지 않을 것이니, 이는 백성들이 머물러 살 곳을 마련하는 계책에 불과하기 때문입니다. 또 백성들이 머물러 살 곳을 마련하는 것이라면 그 땅이 서도가 되든 북도가 되든 무슨 상관이 있기에 저 북도의 몇 명 안 되는 백성들을 위하여 갑자기 이 서도의 100리 땅을 떼어 준다는 것입니까. 더구나 우예와 무창은 똑같이 폐군(廢郡) 중에서 새로 개간할 땅과 가까운 곳인데, 우예를 감히 개간하지 못하면서 어떻게 무창에만 개간을 허락할 수 있습니까. 개간할 수 없다고 할 때는 서도에 있든 북도에 있든 똑같이 개간할 수 없다고 하였는데, 개간할 수 있다고 할 때는 어째서 반드시 서도에 있으면 할 수 없고 북도에 있으면 할 수 있는 것입니까. 이 이치는 매우 분명하여 분별하여 아시기 어렵지 않습니다. 신이 말씀드린 사리에 합당한지 여부라는 것이 이것입니다.

대소 나신동(大小羅信洞)에서 죽전령(竹田嶺)까지가 200여 리인데, 그 중간에 평지가 20여 곳이 있고 골짜기 또한 20여 곳이 있습니다. 평지는 길이와 너비가 3, 4십 리가 되기도 하고 1, 2십 리가 되기도 하니, 밭을 개간한다면 1000일 동안에 할 수 있고 백성을 거주하게 한다면 수천 호를 수용할 수 있습니다. 골짜기는 모두 인삼이 산출되는 곳인데, 그 지역의 둘레로 말하면 폐군의 꼭 반이 되고 인삼에서 얻는 이익으로 말하면 사군 중에 가장 큰 몫을 차지합니다. 강계의 백성이 삼정(蔘政)에 어려움을 겪으면서도 감히 다른 말을 할 수 없었던 것은 폐군이 있기 때문인데, 지금 폐군의 반을 떼어서 후주에 붙여 주고도 강계가 담당하여 내는 인삼의 양은 그대로라면, 이것은 봉행할 수가 없을 것입니다. 전에 폐군 전부를 가지고서도 삼정의 어려움을 면치 못하였는데, 지금 폐군의 반을 잃는다면 백성들이 더욱 어떻게 견디겠습니까.

강계의 백성들은 삼역(蔘役)과 방역(防役)[76]에 오래도록 시달려 왔습니다. 그러므로 해당 부(府)의 부사가 논한 내용에서 "두지하구비(豆芝下仇非)에서 동쪽으로 나신동까지의 120리는 두지하구비 파소(把所 파수(把守) 보는 장소)를 경계로 삼고 두지하구비 위쪽 기슭 하산령(河山嶺)까지를 한계로 하여 후주에 소속시키고, 그곳의 파소를 방비하는 역(役)을 후주로 이전하고 삼장(蔘場)의 크고 작음을 헤아려서 7근으로 세삼의 수량을 정하여 후주에 이송한다."라고 말하였으니, 이것은 강계부 백성의 사정이 매우 어렵기 때문입니다. 경신년(1800, 정조24)에 논의하여 결정한 내용은 소무창(小茂昌)을 경계로 하고 후죽봉(帿竹峯)까지를 한계로 한다는 것이었고, 당시 의논하였던 것은 이송하는 세삼을 5근으로 정하는 것이었으니, 지금 120리의 땅에 대해서 7근으

76 방역(防役) : 보통은 시골의 백성들이 부역(賦役) 대신 돈이나 곡식을 미리 바치고 입역(立役)을 면제받는 일을 말하지만, 여기서는 강계의 백성들이 타 지역과 달리 국경 지역을 방비하는 역을 담당하는 것을 가리키는 듯하다.

로 정한다고 말한 것은 그 주장이 진실로 과한 것이 아닙니다. 후주의 입장에서 말하더라도, 백성들은 살 곳을 마련하게 되고 인삼은 넉넉해질 수가 있으니 사양할 만한 말이 없을 듯합니다. 신의 입장에서는 이 일이 여전히 이해관계의 언저리에 있다고 하겠으나, 만약 사리를 가지고 논한다면 신이 위의 항목에서 아뢴 것이야말로 옳고 타당할 것입니다.

만약에 후주의 백성들이 흩어져 버리는 것을 그대로 둘 수 없고 죽전(竹田) 동쪽을 개간하는 것을 아까워할 필요가 없다고 말한다면, 그 백성들을 강계에 소속시키고 그들로 하여금 지금 획정해 주기를 청하는 땅에서 살도록 허락하며, 이주해 오는 백성을 모두 방졸(防卒)로 만들고 개간하는 토지를 모두 둔전(屯田)으로 만드는 것으로 다시 잘 생각하여 자세하게 절목(節目)을 만든다면, 본도에는 땅을 잃어버리는 탄식이 없게 되고 후주의 백성은 삶의 뿌리를 내릴 수 있어 다행일 것이니, 강계부의 전체적 상황에 저절로 흠이 없게 될 것입니다. 이와 같이 하지 않고 단지 땅을 떼어 주는 것만 허락하시면, 비록 세삼을 이송하면서 그 곡절을 자세히 따진다고 하더라도 반드시 끝없이 어려운 일이 생기게 될 것입니다. 신의 어리석은 의견이 결단코 이와 같으므로, 이에 감히 사리를 논하여 아뢰니 묘당으로 하여금 상에게 여쭈어 처리하도록 하소서.

선천 좌현에 장성을 이어서 쌓는 것이 합당한지에 대한 장계

宣川左峴長城繼築便否狀啓

좌현(左峴)과 동림(東林)은 신이 일찍이 돌아본 적이 있으나, 전광열(田光說)이 성을 쌓은 곳과 지금 성을 쌓을 것을 논의하는 곳은 모두 미처 눈으로 보지 못하였기 때문에, 편비(褊裨)를 파견하여 선천(宣川)과 철산(鐵山) 두 고을 수령과 더불어 합동으로 도형을 조사하게 한 이후에야 비로소 대강 이해를 하게 되었습니다. 설한령(雪寒嶺)의 줄기가 강변(江邊)과 중산(中山) 사이에 횡으로 경계를 지어 하늘이 만든 장성이 되는 것은 과연 수신(帥臣)이 논한 바와 같습니다. 그러나 영(嶺)의 등마루가 바다 가까이로 오면서 점차 낮아지고 선천과 철산이 만나는 곳에 사잇길이 여러 갈래로 나 있었기 때문에 좌현에 관문을 설치하고 동림에 성을 쌓았으니, 그 시행한 바가 이미 치밀합니다. 소소한 경로(逕路)에는 전광열이 쌓은 성이 끊어지기도 하고 이어지기도 하면서 그 틈새를 메우고 있으나, 전도산(全道山)에서 등경산(登景山)까지의 전체 거리 4380여 보(步)에는 쌓아야 하는데 아직 쌓지 않은 곳이 간혹 있습니다. 지금의 수신이 일찍이 선천을 다스릴 때 몸소 가서 눈으로 보았으니, 그가 논열한 바가 반드시 정확할 것입니다.

우리나라 사람들이 성을 쌓는 데는 대체로 일정한 법식이 없어서 비록 완전한 대비책은 될 수 없다 하더라도, 만약 성이 있는 것을 성이 없는 것과 비교하면 그 장점을 서로 견줄 수 없음이 분명합니다. 또 묘당에서 관문(關文)을 보내어 문의한 것이 성을 쌓는 것이 합당한지에 대한 물음이 아니니, 신이 어찌 그 이야기를 장황하게 늘어놓겠습니까. 다만 관문에서 문의한 벌목(伐木)과 역민(役民) 두 조항에 대해서는, 신의 어리석은 견해로는 이것이 시행할 만하다고 감히 생각하지 못하겠습니다.

성 가까운 땅에 수목을 남겨 두지 말라는 것은, 병가(兵家)에 본래 이 설이 있으니, 이는 수성(守城)의 큰 원칙을 말한 것입니다. 지금 이 좌현의 성은 본래 허술하여 믿을 만하고 걱정할 필요가 없는 험지(險地)가 될 수 없으므로, 옛사람이 여기에 수목을 많이 심어 오랑캐 기병의 돌진을 막고 안팎이 서로 어우러져 은연중에 의병(疑兵)처럼 보이게 하는 계책을 세웠으니, 이는 참으로 우연한 일이 아닙니다. 또 위급할 때를 만나 적은 강하고 우리는 약하여 버티지 못하게 되면, 좌우의 나무를 베어 넘어뜨려 적의 앞길을 막을 수 있으니, 또한 저절로 성을 보호하는 목책(木柵)이 될 수 있습니다. 병법에 "지형에 따라 형세를 조절한다."라고 하고, "변통을 귀하게 여긴다."라고 하였으니, 하나의 잣대로 수성을 논할 수가 없고, 40년이나 길러서 숲이 된 나무들을 베어 내어 하루아침에 민둥산으로 만드는데 어찌 상관하지 않고 쳐다만 보면서 백성들의 바람을 저지하겠습니까. 더구나 비용을 마련할 방도가 없으면서 이런 하책(下策)을 행한다면, 또한 어찌 일의 체모에 손상됨이 없겠습니까.

역민의 일로 말씀드리면, 나라에 큰 역사(役事)가 있을 때 민정(民丁)을 징발하는 것은 실로 떳떳한 법도이며, 이 성(城)도 백성을 위하여 외적의 침략을 막고자 하는 것인즉, 백성의 힘을 사용하여 성을 쌓는 것을 그 누가 안 된다고 하겠습니까. 다만 생각건대, 예로부터 백성을 부리는 일에는 농사짓는 시기를 빼앗지 않는 것이 중요하니, 한창 농사일이 바쁠 때 백성을 몰아서 부역(赴役)을 시키는 것은 원래 신중히 해야 할 일입니다. 백성들이 부역에 응하면서 대부분 직접 일에 달려가지 않고 번번이 모두 돈을 바쳐 품을 때우는데, 가만히 두 고을의 여론을 들어 보니 혹시라도 부역의 명이 내리면 모든 사람이 돈으로 낼 계획이라고 하였습니다. 그러니 지금 곤궁한 백성들의 형편으로 볼 때 1만 냥이 넘는 거액의 재물을 징수한다면 백성들의 동요가 어떠하겠습니까. 어떤 사람은 "돈으로 내는 것을 허락하지 않고 공사(工事)에 달려가도록 독촉한다면, 돈을 거두지 않아도 될 것이다."라고 하지만, 여기에는 그렇지 않은 점이 있습니다. 부역하는 백성들은 단지 돌이나 물을 운반하는 일에 쓸 수 있을 뿐이고, 기술로 하는 일이나 흙손 일 같은 것은 그 사람들이 직접 할 수가 없으므로, 비록 품삯을 주고 사람을 쓰지 않으려 하더라도 어떻게 그리할 수 있겠습니까. 신이 이 때문에 벌목은 절대로 해서는 안 되는 일이며, 역민은 신중히 해야 할 일이라고 말씀드리는 것입니다.

또 신이 듣건대, 전광열이 쌓은 성이 이미 가장 긴요한 곳에 자리 잡고 있으나 쌓은 지 얼마 되지 않아 모두 무너져 내려 단지 형태만 남아 있다 하니, 매우 애석합니다. 지금 단지 이 성을 다시 쌓기만 하여도 외적을 방어하는 데 큰 도움이 되고 여기에 드는 비용은 적습니다. 그러나 이 역시 1만 냥에 가까워 이 비용을 마련할 가망이 없는 것이 걱정인데 하물며 4000여 보의 길이를 모두 쌓는 것이라면 장차 어디에서 그 비용을 마련하겠습니까. 신이 이 때문에 성은 원래 쌓을 만하지만 비용을 마련하기 어려워서 갑자기 논의하기가 어렵다고 말씀드리는 것입니다.

당아산성(當峨山城)에 진(鎭)을 설치하고 진장(鎭將)을 두는 일로 말씀드리면, 이 성은 열 고개〔十嶺〕의 중심에 자리 잡아 세 고을의 목을 틀어쥐고 있는 형국이며, 산봉우리들이 둘러싸고 계단 길과 잔도(棧道)가 험준하여 우뚝이 한 방면의 보장(保障)이 되니, 수신(帥臣)이 성의 체모(體貌)를 좀 키우고자 하는 것은 참으로 일리가 있습니다만, 일의 형편상 불편한 점이 많습니다. 창성(昌城)이 다스리는 지역이 압록강(鴨綠江)에 바로 붙어 있어 피아(彼我)의 경계가 한 줄기 얕은 강물에 지나지 않으니, 난리를 만나 혹시라도 고을이 함락되었을 때 이 성을 퇴수(退守)의 신지(信地)로 삼는 것은 의주(義州)가 백마산성(白馬山城)을 퇴수의 신지로 삼고 용천과 철산이 각각 용골산성(龍骨山城)과 운암산성(雲暗山城)을 퇴수의 신지로 삼는 것과 같습니다. 사정이 이와 같으므로 중군(中軍)을 두어서 지키는데, 장관(將官)이 21명이고 저장하는 곡식이 1만 7900곡(斛)이며, 군기(軍器)와 장염(醬鹽)은 모두 해마다 조처할 방도를 두었고 나졸(羅卒)과 번승(番僧 입번(入番)하는 승병)은 눈앞에 두고 일을 시키기에 충분합니다. 또 수첩 군관(守堞軍官) 300명을 두어, 압록강이 얼어붙으면 매번 30명씩 번갈아 입번하고 방어사가 이들을 통할하니, 이것은 그 일의 체모를 조금도 가볍게 여기지 않은 것입니다. 더구나 병영의 장교가 창성 사람이니, 다 같은 토교(土校 지방 소속의 장교)인데 어찌 꼭 창성의 장교가 방비를 잘하지 못하겠습니까. 수신의 뜻은 아마도 이렇게 하여 방영(防營)의 장교들을 위열(慰悅)하기 위한 근거를 만들고자 하는 것 같으니, 이 주장은 신 역시 옳다고 생각합니다. 병영의 장교 중에는 헌걸차게 군센 활을 당기고 군진의 일에 능숙하여 장려하고 발탁하기에 합당한데도 애석하게 헛되이 늙어 가는 자가 틀림없이 많을 것이니, 이렇게 발탁하여 등용하는 한 자리를 만들어 이들을 격려하는 방도로 삼는 것은 모두 좋은 계책입니다.

다만 저 어리석은 백성들은 매양 진민(鎭民)이 되는 것을 수치로 여기므로, 지난날 상토진(上土鎭)을 삼천(三川)으로 이전하였을 때도 상토 첨사(上土僉使)에게 강계 별중군(江界別中軍)을 겸임하게 하여 그 백성들을 다스리게 하였으니,[77] 백성들의 실정이 예로부터 그러합니다. 이제 만약 당아에 진을 설치한다면 방영의 장교는 진의 장교가 되는 것을 수치로 여기고 성안의 백성은 진의 백성이 되는 것을 수치로 여기며 수첩 군관들은 진의 군졸이 되는 것을 수치로 여겨 서로 이끌고 떠날 것이니, 이 어찌 변방에 있는 군민(軍民)들의 바람을 저버리는 것이 아니겠습니까. 이처럼 방영의 장교들을 위열하기 위하여 저처럼 백성들의 실정을 거스르는 것은 옳은 계책이 아닌 듯하니, 신의 어리석은 생각으로는 시행하기 어려울 것 같습니다. 이에 감히 의견을 갖추어 아뢰니 묘당으로 하여금 상에게 여쭈어 처리하도록 하소서.

77 지난날……하였으니 : 부사가 다스리는 큰 고을에 소속되어 있던 백성들이 진장이 다스리는 규모가 작은 진에 소속되기를 싫어하므로, 임시 조치로 진장에게 고을 방영(防營)의 영장을 겸하도록 하여 백성들을 형식상 큰 고을의 관할하에 두게 한 것을 말한다. 이에 대한 전말이 《만기요람》〈군정편(軍政編) 5 상토이진지의(上土移鎭之議)〉에 자세히 나와 있다.

식송진 외성을 신축하는 일에 대한 장계

植松鎭外城新築狀啓

신이 대궐에서 하직 인사를 하던 날, 관방(關防)에 유의하라는 성상의 하교를 삼가 받들었습니다. 명을 받음에 황공하여 마음 깊숙이 새겼으므로, 올봄 순심(巡審)을 행할 때 관방에 관계되는 모든 영애(嶺阨 재의 요해처)와 성지(城池) 등 신이 들렀던 장소는 감히 그냥 지나칠 수가 없었습니다.

직로(直路) 중에 의주(義州)에서 안주(安州)까지의 350리 구간은, 험한 곳에 자리 잡아 성을 쌓기도 하고 영(嶺)에 의지하여 방비하기도 하고 강을 경계로 삼기도 하니 험한 시설을 하여 방어를 튼튼히 하는 뜻을 모두 말할 만합니다. 그런데 바로 이러한 곳이 구성(龜城) 지역으로, 서쪽으로는 의주와 접하고 동쪽으로는 태천(泰川)에 이르며, 태천에서 또 박천(博川)과 안주에 이르니, 그 도정(道程)을 계산해 보면 340리가 되어 직로에 비해 도리어 더 가깝습니다. 위급한 상황에서 적이 만약에 직로를 버리고 곧바로 구성과 태천으로 달려와 박천과 안주로 나온다면, 직로에 있는 많은 성지와 산과 강이 모두 등 뒤에 있게 될 것이니, 구성의 긴요함이 이와 같습니다. 신이 일찍이 《고려사(高麗史)》를 보았더니, 병마사 박서(朴犀)가 구주(龜州)에서 거란 군사를 막아 능히 적을 물리치고 성을 보존하였습니다. 적을 막은 것이야 본래 박서의 능력이겠지만, 거란 군사가 굳이 이 길로 온 것을 보면 이 길의 중요성을 알 수 있습니다.

구성과 의주의 경계에 이른바 식송진(植松鎭)이라는 곳이 있습니다. 강계(江界)의 설한령(雪寒嶺) 줄기는 동쪽에서 서쪽으로 뻗다가 삭주(朔州)와 창성(昌城)에 이르러 남쪽을 향하여 꺾어지고, 구성에 이르러서는 갑자기 서쪽으로 꺾어졌다가 다시 굽어져 남쪽으로 향합니다. 또 삭주의 천마령(天摩嶺)에서 한 곁줄기가 갈라져 나와서 원래의 줄기가 서쪽으로 꺾이는 곳을 향하여 나아가다가 물을 만나서 그치는데, 이 물이 바로 고진강(古津江)의 상류로서 청룡(青龍)과 극성(棘城) 두 영(嶺) 서쪽의 물이 모두 모이는 곳입니다. 이곳은 양쪽 산등성이가 마주하여 입을 벌린 듯이 문이 되고 물이 그 가운데를 뚫고 흐르니, 식송진의 형국을 가지고 말한다면 병(甁)에 목이 있는 것과 같고, 구성과 태천 지역을 가지고 말한다면 사람 몸에 목구멍이 있는 것과 같습니다. 그러므로 여기에 성을 쌓아 골짜기의 입구를 가로질렀으니 이것이 바로 이른바 새원성(塞垣城)이고 성안에 진을 설치한 것이 바로 식송진이니, 옛사람이 먼 훗날까지 내다본 생각이 어찌 공연한 것이겠습니까. 이것으로 본다면, 식송진을 지키면 구성과 태천이 걱정이 없고, 식송진을 지키지 못하면 구성과 태천은 불안해지고 안주와 박천은 위태로워질 것이니, 그 중요성이 이와 같습니다.

신이 이번 순행(巡行)에서 한쪽 방면을 가로지르고 있는 새원성을 직접 자세히 살펴보니, 성이 북쪽 언덕에서 시작하여 물가에 이르러 끝이 나고 물을 건너서는 성을 다시 쌓아 남쪽 언덕에 이르렀는데, 중간에 있는 한 줄기 큰 내는 툭 트여 막힘이 없고 냇물은 매우 얕아서 바지를 걷고 건널 수 있을 정도였습니다. 신이 이상하게 여겨 그 까닭을 물으니 그 고장 사람의 말이, 이 내는 큰 산의 험준한 골짜기에 있어서, 만약에 비가 조금 세게 오면 치닫는 물이 돌덩이를 굴리며, 물이 불어 수위가 높아지고 소용돌이가 급해져서, 물을 타 넘어 성을 쌓을 수가 없기 때문이라고 하였습니다. 신이 이 말을 듣고는 저도 모르게 두려운 생각에 어찌할 바를 몰랐습니다. 이처럼 긴요한 길에 진을 설치하고 성을 쌓아 놓고서도, 단지 냇물 때문에 어쩔 수 없다 하여 그 골짜기를 열린 채로 두고 아무런 방비도 하지 않으니, 만약에 적병이 이르게 되면, 팔을 휘두르며 들어가도 아무도 감히 어쩌지 못한다는 것을 눈여겨보게 될 것이니, 어찌 한심하지 않겠습니까.

신이 이때부터 온통 불안한 마음으로 여러 날을 생각하여 비로소 한 가지 방법을 생각해 내었습니다. 지금 북쪽 언덕 물가의 성이 끝나는 곳에서부터 성을 이어 쌓아 시내를 따라 서쪽으로 내려오고, 100여 보(步)를 한도로 위에 안팎의 여장(女墻 성 위에 만든 작은 담)을 설치하고 용도(甬道)[78] 모양으로 만들어서 군사를 숨기는 장소로 삼으며, 다시 꺾어서 북쪽으로 향하다가 산에 이르러서 그치고, 그 중앙이 되는 곳에 문을 만들어 중문(重門)의 형식을 갖춥니다. 이렇게 하면, 시내를 따라 가면서 서쪽에 있는 성은 적이 오는 길의 요충지[79]에 횡으로 근접하게 되며, 100보의 성에 100명의 군졸을 배치할 수 있습니다. 100명의 군졸이 비록 숫자는 적지만, 탄환과 화살을 교대로 발사하여 적진을 마구 공격한다면, 비록 1만 기병이 있다 하더라도 감히 지나가지 못할 것입니다. 꺾이어 북쪽으로 향하는 성은 또 이것으로 성문을 막고 보호할 수 있어서 저절로 한 겹이 되니, 옹성(甕城)이 아니면서도 옹성의 실효가 있습니다. 드는 힘은 적어도 거두는 공은 많으며, 적은 군사로 많은

78 용도(甬道) : 담을 양쪽에 쌓아 올려서 만든 통로(通路)를 말한다.

79 요충지 : 대본에는 '腰衝'으로 되어 있는데, 난외주에 의거하여 '腰'를 '要'로 바로잡아 번역하였다.

군사를 막아 내며, 약한 힘으로 강한 힘을 대적하는 것이 참으로 여기에 해당하니, 이렇게 한 연후에야 새원성은 실제로 쓰일 수 있게 되고 식송진의 길은 방수(防守)와 관련하여 논의할 만하게 될 것입니다.

또 신이 계산해 보건대, 축성(築城)의 일은 5, 6십 명의 장정이 1개월 동안 할 일에 불과하고 그 공사의 비용을 헤아려도 실제로 많은 편이 아니므로, 비용을 별도로 획정해 주시기를 번거롭게 청원하지 않고도 이미 생각하여 준비한 것이 있습니다. 거행하는 일이 크지 않아 일하는 데에 지장이 없을 듯하나, 일이 관방(關防)에 관계되므로 감히 마음대로 처리할 수 없어 삼가 어리석음을 무릅쓰고 아룁니다. 직로(直路) 및 구성, 태천 간 첩로(捷路)의 도형 한 본과 지금 계획하고 있는 축성할 장소의 도형 한 본을 아울러 승정원으로 올려보내니, 묘당으로 하여금 상의 뜻을 여쭈어 분부하게 하소서.

상참 때에 연석에서 아룀

常參時筵奏

신이 주제넘게 경연에 참석하고 또 구언(求言)하시는 때를 만났으니, 감히 침묵하고 있을 수 없어 감히 이렇게 외람되이 아룁니다. 금일의 상참(常參)은 바로 우리 성상께서 하늘의 견책에 우러러 답하시는 거룩한 행사입니다. 《주역》 〈진괘(震卦) 상(象)〉에 "군자가 이것을 본받아 두려워하고 조심하여 자신을 닦고 반성한다.〔君子以 恐懼修省〕"라고 하였는데, 성인이 전한 가르침이 바로 '공구수성(恐懼修省)' 이 네 자(字)이니, 말은 간략하지만 뜻은 극진합니다. 상천(上天)이 경계를 보이면 사람이 누군들 공구(恐懼)하지 않겠습니까마는 수성(修省)을 능히 하는 자는 드무니, 이 때문에 수성이 공구의 실질인 것입니다. 수(修)는 스스로 닦는 것이고 성(省)은 스스로 반성하는 것이니, 지금 우리 전하께서 실질로서 하늘에 응답하시는 것은 역시 스스로 닦고 스스로 반성하는 실질에서 벗어나지 않습니다.

신은 참으로 우매하여 지금 어떤 정사와 어떤 일이 재이를 부를 만한 것인지를 알지 못하나, 인자한 하늘이 이처럼 간곡하게 경고를 한 것이 어찌 그 까닭이 없겠습니까. 선정신(先正臣) 이황(李滉)이 연석에서 아뢰기를 "화육(化育)을 참찬(參贊)하는 일은 옥루(屋漏)에서 시작됩니다."[80] 하였는데, 이는 참으로 절실하고 지극한 말이며, 보잘것없는

80 화육(化育)을……시작됩니다 : 화육을 참찬한다는 것은 천지 만물의 생성(生成)을 돕는다는 뜻으로, 제왕(帝王)의 덕화(德化)가 자연과 부합됨을 일컫는 말이다. 옥루

신 역시 성상께서 한가하고 은미한 속에서 스스로 반성하고 스스로 닦으시기를 바랍니다. 하전(厦氈)[81]의 안쪽 깊은 곳이나 그윽하게 홀로 있어 마음대로 할 수 있는 곳은 사람들이 엿볼 수 없지만 고고하게 높이 있는 하늘은 언제나 굽어보고 있으니, 인군이 만일 이것을 잘하여 부끄러울 것이 없으면 천심(天心)이 이에 기뻐할 것입니다.

성상께서 여러 신하를 접견하시는 때가 대조회(大朝會)[82]를 제외하고는 오직 차대(次對)와 법강(法講)뿐인데, 차대에서는 계획하는 업무와 관장하는 일 등을 상에게 여쭈어 처리할 뿐이며, 법강에서는 문의(文義)를 부연하여 아뢰는 일 이외에 조용하게 묻고 거듭하여 토론하는 이로움을 갖지 않으시니, 신은 항상 이것을 안타깝게 여깁니다. 삼가 바라건대, 지금부터 신료(臣僚)들을 불러 접견하실 때는 반드시 치도(治道)의 대체(大體)를 강구하는 것을 우선으로 하시고, 논도 경방(論道經邦)[83]과 예악 병농(禮樂兵農)에서부터 여염 백성들의 고통과 농사일의 어려움에 이르기까지 작은 일 큰일을 가리지 않고 진실한 마음으로 토론하시면, 하늘에서 타고나신 성상의 자질로서 나랏일을

는 방의 서북쪽 구석으로 사람의 시선이 닿지 않는 곳이니, 옥루에서 시작된다는 것은 군자의 신독(愼獨)이 근본이 됨을 말하는 것이다.

81 하전(厦氈) : 경연청(經筵廳)을 가리키는 말로 쓰이기도 하지만, 여기서는 임금이 거처하는 곳을 뜻한다.

82 대조회(大朝會) : 매월 초하루와 보름에 문무백관들이 임금에게 문안을 드리고 정사를 아뢰기 위하여 아침에 모이는 의식을 말한다.

83 논도 경방(論道經邦) : 도를 논하고 나라를 다스리는 일을 말하며, 보통 재상이 하는 일을 가리킨다. 《서경》 〈주관(周官)〉에, 태사(太師)·태부(太傅)·태보(太保) 등 삼공(三公)을 세워 "도를 논하고 나라를 경륜하며 음양을 섭리하게 한다.〔論道經邦 燮理陰陽〕"라는 말이 나온다.

밝게 익히시는 데에 반드시 날마다 새로워지는 효험이 있을 것입니다. 천하만사는 스스로 노력하기에 달려 있고 지금의 모든 근심은 행하지 않는 데에 있으니, 행하시면 바로 얻는 것이 있을 것입니다. 행하고자 하신다면 여기에서 시작하는 것이 매우 좋을 것이니, 성상께서는 힘쓰고 힘쓰소서. 지금 하늘이 보인 큰 경동(警動)은 바로 태평만세(太平萬世)를 열 큰 기회이니, 엎드려 바라건대 성상께서는 깊이 유념하소서.

비국 당상으로 있을 때 연석에서 아룀

備局堂上時筵奏

치국평천하(治國平天下)는 《대학(大學)》의 지극한 공부이지만, 그 법으로 말하면 혈구(絜矩)[84]일 뿐입니다. 혈구의 법을 또 오로지 재물을 가지고 말하고 시(詩)를 인용하여 증명하면서 간곡하게 반복하였으니, 이는 참으로 백성들의 삶이 재물에 달려 있어서 그들이 마음으로 아끼는 것 역시 재물보다 더 절실한 것이 없기 때문입니다. 백성의 윗사람이 된 자가 그러함을 알았으므로, 재물을 취함에 법도가 있었으니 재물을 손상하지 않고 백성들과 호오(好惡)를 같이하려 한 것이며, 재물을 쓰는 데 절도가 있었으니 백성을 해치지 않고 백성들이 삶을 즐길 수 있도록 한 것입니다. 맹자가 "왕께서 만약 재물을 좋아하시면서 백성들과 함께 좋아하신다면〔王如好貨 與百姓共之〕"[85]이라고 한 말 역시 이 뜻입니다.

재물을 다스리는 데는 절용(節用)보다 더 중요한 것이 없으며, 한(漢)・당(唐) 이래로 절용에 밝은 군주로는 반드시 한 문제(漢文帝)를 일컫습니다. 한 문제가 노대(露臺)를 짓지 않은 것을 세상에서는 백금

84 혈구(絜矩) : 《대학장구》 전(傳) 10장에 나오는 말로, 자신의 마음을 척도로 삼아 남을 헤아리는 것을 가리킨다.

85 왕께서……좋아하신다면 : 《맹자》 〈양혜왕 하(梁惠王下)〉의 "왕께서 만약 재물을 좋아하시면서 백성들과 함께 좋아하신다면, 왕 노릇 하는데 무슨 어려움이 있겠습니까.〔王如好貨 與百姓同之 於王何有〕"라고 한 구절의 일부를 인용한 것이다.

(百金)을 아껴서 그런 것이라고 여겼으니, 이는 한 문제를 앎이 천박한 것입니다. 나라에서 재물을 허비하는 것이 토목의 일보다 더한 것이 없으니, 이는 어째서이겠습니까? 토목의 일을 일으키는 것은 단지 한 때의 소비가 될 뿐만이 아니니, 기와가 깨지면 갈고 벽 칠이 벗겨지면 수리하여야 하므로 100년을 계산하면 그 비용이 적지 않습니다. 우리 나라의 일로 말하더라도, 호조에서 1년에 지출하는 비용 중에 구영선(九營繕)[86]이 쓰는 부분이 가장 많으니, 이렇게 된 뒤에야 한 문제의 깊은 식견과 원대한 생각이 참으로 비용을 아끼는 긴요한 방도를 알았던 것임을 알 수 있습니다.

86 구영선(九營繕) : 선공감(繕工監)에 딸린 9개의 영선소를 이르는데, 전궁(殿宮)으로부터 관사(官司)에 이르는 건축물의 토목과 영선을 담당하는 곳이다.

함경남도 암행 별단 경술년(1790, 정조14)

咸鏡南道暗行別單 庚戌

1. 작년에 남관(南關 함경남도)의 농사가 흉년으로 판가름 난 것은 단지 수해 때문이었습니다. 수해가 나지 않은 곳은 전혀 수확이 없는 지경에 이르지 않았으니, 비록 이것을 혈농(穴農)[87]이라고 말할 수 있지만, 다만 거듭 흉년이 든 나머지 관청이나 민간 할 것 없이 빈털터리가 되어, 불쌍한 이곳 백성들이 한 사람도 살아남지 못하게 되었습니다. 이들을 보살피고 안정시킬 방도는 지방 수령이 된 자가 마땅히 밤낮으로 골몰하고 마음을 다하여 강구하여야 할 일입니다. 만약 재결(災結)을 잡을 때 정밀하게 집계하고 정도에 알맞게 등급을 나누어 흉년을 구제하는 정책을 펼치되 이를 일찍 시행하였다면, 재물을 손상하지 않고 백성을 해치지 않는 두 가지 일이 거의 온당하게 이루어졌을 것입니다. 그러나 당초에 조처를 제대로 하지 못하였고, 환자곡을 받아들이는 것을 너무 급하게 하느라 민력(民力)이 몹시 궁핍해졌습니다. 그리하여 사방으로 흩어져 떠난 자도 있고 살림이 기울어 파산한 자도 있으니 백성들의 원망이 시끄러워 하루도 지탱하지 못할 지경이 되었습니다.

다행히도 일월같이 밝고 천지같이 어진 우리 성상께서 환히 굽어살피시고 다친 사람처럼 측은히 돌보시어, 식량과 의복을 주고 관리를

87 혈농(穴農) : 농사의 풍흉(豐凶)이 고르지 아니하여 고장에 따라 작황이 다른 것을 말한다. '구메농사'라고도 한다.

파견하여 호송하게 하며, 진휼곡이든 환자곡이든 원하는 대로 시행하게 하고 도신(道臣)과 수령에게 책벌을 내리는 등 모든 구제할 방도를 빠짐없이 쓰시니, 이에 목민관(牧民官)들은 두려워하면서 직무에 솔선하게 되고 북도(北道)의 백성들은 안정하여 살 마음을 가지게 되었습니다. 이리하여 장삿배가 많이 모여들고 쌀값이 정상으로 돌아갔으며, 밀과 보리가 익어 가고 경작하는 시기를 잃지 않아 민간의 형편이 점차 회복되고 있습니다.

각 지방관은 데리고 돌아온 유민(流民)들이 도착하면 바로 구제 대상에 넣고, 보살피고 구휼하는 것도 다른 구제 대상의 사람보다 역시 더 크게 마음을 씁니다. 선전관이 데려온 사람 이외에, 도내 각 고을과 다른 도에서 쇄환(刷還)한 사람들과 제 발로 돌아온 사람들도 차츰 안정되고 있습니다. 그러나 살던 곳을 떠난 형편이 넉넉한 부호(富戶) 중에 다시 돌아와 사는 사람이 있다는 말은 전혀 듣지 못하였으니, 이들은 모두 토지와 집을 팔아 버리고 소와 말에 짐을 싣고 남쪽 땅으로 이사하여 영구히 자리 잡고 살기를 작정하므로, 이런 부류를 북도 사람들은 남쪽으로 이주해 간 사람으로 지목하여 유민과 구별하고 있습니다.

1. 《자휼전칙(字恤典則)》은 우리 성상께서 내 아이처럼 남의 아이를 사랑하게 하신 성대한 은덕으로, 옛날에 없던 아름다운 법입니다. 작년 이래로 유민들이 어린아이를 내버리자 집 없는 고아들이 구걸하고 있으니, 고을마다 그렇지 않은 곳이 없고 동네마다 그런 일이 없는 곳이 없습니다. 그러나 그 부모들이 어린아이와 함께 살아갈 수 없다고 생각하여, 비록 어쩔 수 없이 자애를 억지로 끊어 버리고 아

이를 들어다 버리더라도 그 마음은 언제나 머뭇거리고 연연하여 아이가 살 수 있을 데를 생각하므로, 어린아이를 버리는 곳이 읍치(邑治)에 있는 점막(店幕)이나 큰 마을에 있는 부잣집 등인 경우가 많습니다. 이로 말미암아 의식이 좀 넉넉한 자들이 그때마다 거두고 길러서, 들판에 버려져 승냥이와 호랑이의 밥이 되는 것을 면합니다. 그리고 월전(月前)에 도신이 각별히 신칙하고부터는 열읍(列邑)이 거의 모두 두려워하는 마음으로 모든 절차를 거행하여 그 효과가 크게 나타나고 있습니다.

1. 본도에 역병이 크게 번진 것은 근년에 없던 일로, 지금 역병이 번지지 않은 집이 없고 아프지 않은 사람이 없으니, 철령(鐵嶺) 이북과 마천령(磨天嶺) 이남에는 어느 한 곳도 깨끗한 곳이 없습니다. 독한 역병의 기운이 퍼지면 굶주린 사람이 먼저 그 기운을 쐬게 되는데, 굶주린 사람이 병에 걸리면 요행으로 죽음을 면하더라도 상황이 위태롭고 열악하여 보기에 처참하고 마음이 아픕니다. 거듭 흉년이 든 끝에 큰 역병이 또 번진 것은 참으로 북쪽 땅의 크나큰 액운으로, 여기에서 죽은 사람들을 단지 '굶어서 죽었다.'라고 할 수는 없습니다. 흙을 얇게 덮거나 거적으로 장사한 무덤이 겹겹이 서로 마주하고 있는데 거주민과 유민을 섞어 묻어서 구별하기 어렵습니다. 원산(元山)과 함흥(咸興)에는 그 숫자가 더욱 많아서 셀 수조차 없으며, 유민으로서 죽은 사람들은 모두 호패나 호적이 있는 사람들이 아니기 때문에 푯말을 세운 곳이 극히 드물어 백에 한둘도 되지 못합니다.

1. 작년에 유랑하는 민호가 생긴 것은 전적으로 환자곡을 가혹하게

받아들였기 때문입니다. 민력이 이미 고갈되었는데도 기어코 다 받아들이려 하여, 매질하고 끌어내며 밤낮으로 독촉하기에 온 힘을 다하였으니, 저 피폐한 집의 가난한 백성들이 납부하려 해도 곡식이 없고 납부하지 않으면 죽게 되었으므로, 앉아서 죽음을 기다릴 바에야 차라리 도망가는 것이 낫지 않았겠습니까. 이리하여 서로 이끌고 도망을 갔고, 도망간 자들을 어찌할 수가 없다 보니 마침내 못 받은 것을 마을에다 물리고 일가에다 물려서, 부유한 민호 역시 멀리 도피할 생각을 한 것입니다. 이것이 유민이 이렇게까지 많아진 이유이며, 함흥과 영흥(永興)에서 가장 많이 도망하고 가장 먼저 동요한 것은 환자곡을 받아들이기를 가장 융통성 없이 하였기 때문입니다. 작년에 환자곡을 받아들일 때, 거의 거북 등의 털을 깎듯이 하면서 곧바로 수량을 채우게 하였으나 오히려 일을 그르쳤으니, 그 곡식이 정실(精實)하기를 바라는 것은 형편상 그렇게 될 수가 없는 것입니다. 신이 보기에 안변(安邊)과 단천(端川)이 좀 정실한 편이고 문천(文川)과 이성(利城)은 매우 거친데, 전부 빈 쭉정이는 아니어도 태반이 모래와 돌입니다. 지금 민호가 믿고 목숨을 이어가는 것은 오직 이 한 가지 길뿐인데, 유독 문천 운림창(雲林倉)의 곡식은 전부 빈 쭉정이라, 백성들이 받기를 원치 않아서 그냥 버려지게 되었습니다.

1. 진상하는 녹용의 값이 뛰어오르는 것이 해마다 더합니다. 수년 전에 단천에서 진상한 녹용 중에 한 대(對)에 4냥쭝 나가는 것이 있었는데, 당시 도신이 다른 고을의 녹용은 다 물리치고 모두 4냥짜리를 기준으로 삼게 한 결과, 열읍(列邑)이 크게 고생하면서 간신히 사서 바쳤습니다. 녹용값이 터무니없이 비싸진 것이 실로 이때부터라고

하며 장사꾼들이 사사로이 서로 매매할 경우에는 그 값이 기껏해야 7, 8십 냥에 지나지 않는다고 합니다. 그런데 나라에서는 100냥을 더 얹어 주니, 이것은 과하고도 과한 가격이라 할 수 있지만, 각 고을에서 바치는 것이 검사에서 한번 퇴짜를 맞으면 다시 다른 것을 구하여 순조롭게 바치려고만 하니, 이러한 상황에서 어느 겨를에 가격을 따지겠습니까. 이 때문에 월례 행사가 있을 때마다 열읍의 색리(色吏)들이 각자 녹용값을 마련해 가지고 감영 주변으로 일제히 모여드는데, 도매상에서 파는 것이 아니면 바칠 수가 없기 때문입니다. 그래서 비록 녹용이 생산되는 육진(六鎭)의 고을이라 하더라도 반드시 함흥에서 사서 바치니, 이는 모두 영주인(營主人)과 도매상들이 몰래 서로 짜고 백방으로 농간을 부리기 때문입니다. 조정의 영이 있은 후 영읍(營邑)에서도 여간 신칙하지 않은 것이 아니었지만, 이익이 있는 곳이라 죽기를 무릅쓰고 영을 범하니, 그 정상을 따져 보면 참으로 극히 가증스럽습니다. 감영 주변의 도매상 부류들에게 엄히 형장을 가해서 귀양 보냄으로써 후일을 징계하는 일을 그만두어서는 안 될 듯합니다.

1. 북도의 열읍에는 산화전(山火田)이 그리 많지 않아서, 영흥 같은 큰 고을도 비총(比摠)이 30섬에 불과합니다. 그러므로 북도의 백성들은 속전(續田)[88]에 대한 백징(白徵)만 걱정할 뿐, 화속(火粟)[89]에

88 속전(續田) : 땅이 나빠서 해마다 계속 농사짓기가 어려운 논밭을 말한다.

89 화속(火粟) : 화전에서 생산되는 조나 다른 곡물을 말하며, 때로는 여기에 부과하는 세금을 말하기도 한다.

대해 강제로 세금을 내게 하는 일은 근심하지 않습니다. 그러나 유독 안변(安邊) 한 고을은 거의 한 뙈기의 땅도 조세가 없는 곳이 없으니, 산꼭대기의 메마른 땅이라도 일단 불태운 흔적이 있으면 곧바로 원장(元帳)에 올려 그 자손에게 전하면서 이웃에게 물리고 친족에게 물립니다. 조정의 영이 나온 후 몇 해 동안은 이 폐단이 조금 완화되었다가 작년부터는 예전대로 마구 징수한다고 합니다. 안변에는 또 평사화속(坪社火粟)[90]이라는 명목이 있습니다. 들 마을〔坪社〕에는 화전을 일굴 만한 곳이 매우 적기 때문에 예전부터 세금을 거둔 예가 없다가, 15, 6년 전부터 비로소 평사화속의 세금을 거두는 법을 두어, 한 자 한 치의 땅도 집요하게 찾아내는데, 비총이 한번 정해지면 끝까지 변동이 없습니다. 이것은 실로 안변 백성들이 겪는 큰 폐단이니, 속히 변통하지 않을 수 없습니다.

1. 영흥(永興)에 관한 모든 일은 그것이 어느 시기에 있었던가를 막론하고 신의 사적인 의리상 본시 감히 지적하여 거론하고 조목조목 아뢸 수가 없습니다. 그러나 신이 이미 유랑하는 민호의 실제 숫자를 탐지한 뒤에 돌아와 아뢰라는 하명을 받은 터라 신의 행로가 영흥을 지나면서도 감히 신의 아비의 관차(官次 관아)에 들어가지 못하였습니다. 그러나 신의 마음에 걸리어 감히 그냥 지나칠 수 없었던 것으로는 영흥의 일이 특히 그러하였으므로, 신은 실제로 그 일들에 대해 하나하나 꼼꼼히 탐색하기를 연로(沿路) 중에서 가장 상세하게 하였습니다. 유랑하는 민호의 실제 숫자에 대해서는 신의 아비에게 물으

90 평사화속(坪社火粟) : 들 마을에 부과하는 화전세를 말한다.

니, 각 마을의 총수를 성책(成冊)하였는데, 합계 2610호 중에 이미 돌아와 거주하는 민호가 1175호이고 아직 돌아와 거주하지 않는 민호가 1435호라고 하였습니다. 그리고 본읍의 일을 신이 거론하게 된 이상, 그 폐단이 심대하여 때맞추어 변통하지 않을 수 없는 것에 대해 감히 말씀드리지 않을 수 없습니다.

그 하나는 속전에 대해서 백징하는 것인데, 이 때문에 산간 마을〔山社〕 사람들이 모두 뿔뿔이 흩어져 갈 생각을 가지고 있습니다. 고 상신(相臣) 민정중(閔鼎重)이 감사로 있을 때 도내의 전결(田結)을 다시 측량하였으니 이것이 바로 병오양안(丙午量案)입니다. 산전(山田)으로서 약간 낮은 곳에 위치한 것을 정전(正田)이라 하고 약간 높은 곳에 위치한 것을 속전이라 하여, 모두 원장(元帳)에 올라 있습니다만, 그중에서도 산간 마을에 있는 속전은 대개가 응달진 비탈과 깊은 골짜기에 있어 수확이 실하지 못하므로, 묵히고 버리는 곳이 점차 많아졌습니다. 그리고 근년에 와서 유랑하는 민호 때문에 날로 집이 비니, 받아 낼 데가 없는 전조(田租)를 남아 있는 민호에다 나누어 물립니다. 또 혹시라도 어떤 갑이라는 사람의 열흘갈이 크기의 묵힌 땅을 어떤 을이라는 사람이 와서 하루갈이만큼 개간하게 되면 열흘갈이만큼의 조세를 전부 감당해야 하므로, 사람들이 겁을 먹어 아무도 감히 개간할 생각을 못합니다. 신이 들은 바로는 영흥과 홍원(洪原)에 이런 폐단이 가장 심하고, 다른 고을에도 산간 마을에 속전이 있는 곳은 모두 그렇지 않은 곳이 없었습니다. 오직 도내의 고을 가운데 천(川) 자 이름을 가진 세 고을[91]은 전정(田政)이 가장 정밀하여, 비록 삼〔麻〕을 심을 만한

91 도내의……고을 : 단천(端川)과 명천(明川)과 문천(文川)을 말하는 듯하다.

좋은 밭이라도 일단 묵히면 세가 없습니다. 세 고을이 유독 그렇게 하고 있으니, 비록 법의 본뜻이 어디에 있는 것인지 알 수 없지만, 다른 고을에도 이 사례를 적용한다면 아마도 민생을 소생시키는 방법이 될 것입니다. 신이 보건대 북도는 사람은 많고 곡식은 적어서 한 해의 소출로 한 해의 식량을 대기에 부족합니다. 이것이 막대한 걱정거리인데, 이 폐단을 바로잡는 데는 진전(陳田)을 힘써 개간하는 것만 한 것이 없고, 진전을 모두 개간하려고 한다면 수기수세(隨起隨稅)[92]의 법을 시행하는 것만 한 것이 없습니다. 그러므로 수기수세의 법을 여러 고을에 두루 시행할 만하다고 말씀드리는 것입니다.

또 하나는 가솔 군관(假率軍官)의 정원수가 너무 많아서 무사들이 살아갈 수가 없는 일입니다. 그것을 처음 설치했을 때에는 자원자를 모집하여 그중에 건장한 자를 택하여 가솔 군관이라 부르고 감영(監營)·병영(兵營) 및 본읍(本邑)에 소속시켜 유사시에 이용하도록 하였던 것이니, 친기위(親騎衛)[93]의 사례처럼 그 뜻이 어찌 아름답지 않았겠습니까. 그런데 갑신년 이후부터는 자원하고 자원하지 않고를 따지지 않고 정원수를 고정해 두어, 한 사람이 죽어 자리가 비게 되면 억지로 딴사람을 색출하여 대신 채움으로써 그만 하나의 군역(軍役)이 되어 버렸습니다. 그중 병영에 소속된 자의 번전(番錢)[94]이 가장 많아

92 수기수세(隨起隨稅) : 실제로 경작하는 토지에 대해서만 조세를 매기는 것을 말한다.

93 친기위(親騎衛) : 숙종 초에 함경도 관찰사 남구만(南九萬)의 발의에 따라, 함경도 출신으로 무술에 능하고 힘이 센 자를 뽑아서 병영(兵營)과 감영(監營)에 둔 군대를 말한다.

94 번전(番錢) : 입번(立番)할 군인이 입번하지 않는 대신에 내는 돈 또는 베를 말한다.

더욱 고역(苦役)으로 일컬어집니다. 안변에서 함흥까지 7개 고을 중에 영흥의 정원수가 특별히 많아서 700명에 이릅니다. 이는 실로 지탱하기 어려운 폐단이니, 지금부터는 병영에 소속된 가솔군의 숫자를 일정하게 유지하는 법을 영구히 혁파(革罷)하고, 옛 규례에 의거하여 자원(自願)에 따라 충정(充定)한다면 실로 매우 다행이겠습니다.

1. 본도의 유랑하는 민호로서 타도로부터 돌아온 자 중에는, 간혹 떠난 지 10년이 넘은 자도 있는데 그들까지 함께 섞어 내쫓아 돌아가게 한 경우도 있다고 합니다. 금년 봄에 유민을 돌려보낼 때 성상께서 대개 이들을 유념하시어, 돌아가고자 해도 돌아갈 수 없는 사람에게 의식(衣食)을 해결해 주어 돌아가게 하셨습니다. 바로 그 부내(部內)의 일을 점검할 적에 신은 비랑(備郎)의 직임을 맡아 실제로 성지(聖旨)를 받들었습니다만, 무릇 유민은 반드시 작년 이후에 흩어진 자라야만 유민으로 거론될 수 있고, 현재 있는 곳에 머무르거나 살던 곳으로 돌아오는 것은 모두 그들이 원하는 바를 따라야 합니다. 외도(外道)에서 거행할 때 이것을 법식으로 삼는 것이 마땅하거늘 지금은 언제 떠났는가에 관계없이 모조리 수색하고 협박하여 쫓아 보냄으로써 그들로 하여금 전토(田土)를 잃게 하고 살던 집을 허물게 하니, 이는 편안하게 살고 있는 사람을 어지럽게 하는 것으로 우리 성상의 본의에 크게 어긋나는 것입니다. 차후에는 외도에 효유(曉喩)하시어, 이전처럼 한데 뒤섞어서 다루는 폐단을 없게 하는 것이 사의(事宜)에 맞을 것 같습니다.

1. 작년 북도에는 수해가 혹심하여, 홍원(洪原), 북청(北青), 단천

(端川) 등의 고을에는 수십 리 되는 긴 골짜기에 홍수에 밀려온 모래와 돌이 언덕을 이루어 일망무제(一望無際)가 된 데가 곳곳에 있습니다. 신이 지나갔던 곳으로 큰길에서 좀 떨어져 외진 곳은 우선 제쳐두고 거론하지 않더라도, 포령(浦嶺)에서 북청 읍치(邑治)까지의 30여 리에는 그 사이에 한 뙈기의 밭을 찾고자 해도 찾을 수 없었습니다. 이것은 이 길을 남북으로 오가는 사람들이 모두 직접 눈으로 본 것으로, 그 재해를 입은 상황으로 말하면, 이것을 보통의 복사(覆沙 농지에 모래가 덮이는 것)로 여겨서 다시 개흙 땅이 생기기를 바랄 수가 없을 정도입니다. 비교하여 논한다면 좌우의 민호 10호 중에 7, 8호가 빈집이고 좋은 밭과 기름진 땅이 자갈밭으로 변한 것이니, 보이는 광경이 참담하여 다만 애통한 생각이 들 뿐입니다.

신이 듣기로 도내의 고을 가운데 문천과 단천과 명천 세 고을에는 성천(成川)[95]의 범람으로 인한 복사에 대해 급재(給災)[96]한 사례가 있으나 나머지 고을에서는 단지 그해의 재해에 대해서만 급재한다고 합니다. 그렇다면 비록 신이 아뢴 바와 같은 곳이라 하더라도 금년 이후에는 세금 납부를 면할 수 없어서, 백지징세(白地徵稅)로 이웃과 친족에게 침징(侵徵)[97]할 것이니, 이 때문에 가난한 자와 부유한 자가 함께 곤궁해져서 사방으로 흩어져 갈 것입니다. 금년 농사가 풍년이 들기를

95 성천(成川) : 대본에는 '成行'으로 되어 있는데, 난외주에 의거하여 '行'을 '川'으로 바로잡아 번역하였다.

96 급재(給災) : 재해를 입은 논밭에 대해 전세(田稅)를 면제해 주는 것을 말한다.

97 침징(侵徵) : 징수하지 못한 조세를 그 이웃이나 친족에게서 강제로 걷는 것을 말한다.

조금 기다려서 도내 고을들의 전결(田結)을 모두 다시 측량한다면, 작년에 수재를 입은 곳이 저절로 조세가 없는 땅이 되어 민력에 조금이나마 여유가 생길 것입니다. 그러므로 폐단을 바로잡을 방책이 여기에서 벗어나지 않을 듯하고, 전결을 다시 측량하는 한 가지 일은 바로 북도의 민심이 크게 바라는 바이니, 지금 바로 하여야 할 급선무도 여기에서 벗어나지 않을 듯합니다.

호남 위유 별단 갑인년(1794, 정조18)

湖南慰諭別單 甲寅

강진(康津) 등 여섯 고을 백성을 위유(慰諭)하고 안집(安集)한 전말에 대해서는 신이 복명하기 전에 곧바로 논열하여 장계로 보고하였습니다. 다만 고을의 폐단과 백성의 고통 및 도내의 사정 중에 진문(陳聞)할 만한 일을 아래와 같이 하나하나 조목별로 나열하여 헤아려 채택하시는 데에 대비하였습니다.

1. 병영의 외창(外倉)이 강진의 남당포(南塘浦)[98]에 있는데, 해당 창고의 3000여 섬이 넘는 각종 곡식을 현(縣) 안의 한 면(面)에다 환곡으로 나누어 주기 때문에 한 가구당 받는 양이 거의 수십여 섬이 넘습니다. 그리고 환곡을 받아들일 때가 되면, 병영에서 감색(監色)을 정해 보내서 기한을 정해 놓고 독촉하여 받아들이는 바람에 이웃을 침탈하고 친족에게서 징수하는 일이 해마다 빠짐없이 일어납니다. 이것은 현 안에 사는 백성으로서 견디기 어려운 폐단이지만, 환곡을 받아들일 때 생기는 색락(色落)[99]을 가지고 병영에 딸린 사람들이 밑천으로 삼아 그 덕에 살아가므로 지금까지 바로잡지 못하고 있습니

98 남당포(南塘浦) : 대본에는 '南唐浦'로 되어 있는데, 《정조실록》 18년 12월 25일 기사에 의거하여 '唐'을 '塘'으로 바로잡아 번역하였다.

99 색락(色落) : 세곡(稅穀)이나 환곡(還穀)을 받을 때에 품질을 알아보기 위해 뽑아내고 말질하는 과정에서 축나는 쌀을 채우기 위하여 얼마쯤 가외로 더 받아들이는 곡식을 말한다.

다. 그러나 해당 고을 백성이 입는 폐해 또한 생각하지 않을 수 없으니, 도신(道臣)으로 하여금 좋은 쪽으로 변통하여 병영과 고을의 백성들 양쪽이 다 편해지는 방도를 강구하게 하는 것을 그만둘 수 없을 듯합니다.

1. 병영에는 성(城)에 붙어사는 2000호가 있는데 이들에 대해서는 군정(軍丁)으로 징발하지 말라는 규정이 있습니다. 이 때문에 지방 고을과 다른 각 고을에서 군역을 피하려는 백성들이 점차 들어와서, 세월이 갈수록 숫자가 늘어 병영에 속한 4개 면의 가구가 지금 4000여 호나 되니, 다른 면의 백성들이 어떻게 이것을 감당하겠습니까. 당초 이 규정을 시행한 목적은 병영을 위해 백성을 모집하려는 뜻에서 나온 것이지만, 이미 영속(營屬)이 있는 데다가 또 2000여 호의 한정(閑丁)이 있으니 충분히 완전하고 견고합니다. 이제 만약 한량없이 그대로 놔둔다면 아마도 장차 1만 호, 2만 호가 되고 강진의 다른 면들은 또 텅 비게 될 것입니다. 심장과 배가 비록 실하더라도 어깨·등·손발이 병들어 마비가 된다면 심장과 배만 온전할 수가 있겠습니까. 2000호는 예전대로 특별히 병영에 붙이는 것을 허락해 주고 그 나머지는 모두 본 고을에 소속시키되, 이것을 정식으로 삼아 2000호에서 더 늘지도 줄지도 않게 한다면 병영과 고을에 모두 편리한 방법이 될 것 같습니다.

1. 강진현의 저치미(儲置米)는 새로 받아들인 대동미로 제류(除留 따로 비축해 둠)하지 않고, 단지 환곡으로 받은 미(米)를 용도에 따라 나누어 주고 있습니다. 병영이 삼명일(三名日)[100]에 봉진(封進)하는 진

상 가미(進上價米)와 본현이 봉진하는 진상 가미 및 기타 회감(會減)[101]하여 응당 내려 주어야 할 수량이 280여 섬이나 됩니다. 그런데 병영이 받는 가미는 해당 곤영(閫營)에서 매번 병영에 속한 4개 면이 바쳐야 할 대동미 중에서 먼저 떼어 내어 받아들이므로, 경사(京司)의 저치미를 마련할 때에는 위 조항의 가미를 단지 다른 고을이나 본현의 환곡으로 받은 미(米)를 떼어 주어야 합니다. 이 때문에 다시 방아 찧고 말질하느라 줄어드는 것이 번번이 매 섬당 4, 5말이 되고 또 그때마다 민결(民結)에다 나누어 징수하는데, 매년 이와 같이 하니 폐해가 막심합니다. 각 고을의 진상 가미는 저인(邸人)이 도와주는 것도 있고 보니, 약간 묵은쌀이 섞이더라도 오히려 할 말이 있지만, 감영(監營)과 병영(兵營)과 수영(水營)의 진상 가미는 보태 주는 것이 없어 오직 그해의 신곡(新穀)만을 쓰게 되는데, 신곡이 아니면 피해가 백성들에게 미칩니다. 경비(經費)에 어려움이 있겠지만 진상은 무엇보다도 중대한 것이니, 먼저 병영의 진상 가미에 따라 300여 섬을 한도로 법식을 정하여 새로 획급해 주는 것이 사의에 맞을 듯합니다.

1. 진도(珍島) 목관(牧官)이 있는 장내면(場內面)은 해남(海南)에 속한 땅인데도 고을 치소와의 거리가 90리이고, 삼촌면(三村面)은 진

100 삼명일(三名日) : 임금의 탄신일(誕辰日)과 정월 초하루 및 동지(冬至)의 세 명절을 말한다.

101 회감(會減) : 회계 처리에서 받을 것과 줄 것을 상쇄하고 남은 것을 셈하는 일을 말한다.

도에 속한 땅인데도 진도와의 거리는 바다 너머 100여 리이고 해남과의 거리는 불과 10리로 해남 땅 가운데에 끼어 있습니다. 이 때문에 두 고을은 모두 서로 방해되는 점이 있습니다. 또 삼촌면에는 진도의 외창(外倉)이 있는데 실로 등한히 버려진 것이나 마찬가지이고 허류(虛留)[102]가 반이 넘는 등 갖가지 폐단을 다 기록할 수가 없습니다. 목관으로 말하면 목장은 대부분 진도에 있는데 목관은 해남에 있어서 명실(名實)이 서로 괴리되어 있습니다. 지금 만약 두 면을 그 위치의 편리함과 가까움에 따라 서로 바꾸어서 붙이고 아울러 군보(軍保)들도 소속을 바꿔 준다면, 두 고을과 목관이 모두 편의를 얻을 것입니다. 도신으로 하여금 다시 상황을 조사하여 편리한 쪽으로 조치하게 하는 것이 마땅할 듯합니다.

1. 장흥(長興)과 내덕도(來德島) 등의 궁결 세전(宮結稅錢)[103]은 임자년(1792, 정조16)에 정식을 정하고부터 영(營)의 주변에서 받는 진상가미와 서로 바꾸고 있습니다. 금년에는 섬 중에 재해를 입은 것이 또한 우심한데도 급재(給災)가 얼마 되지 않았고, 또 환곡(還穀)·향곡(餉穀)·신포(身布)의 견감도 육지 사람들에 비하면 혜택을 받은 것이 없습니다. 여섯 고을의 진상은 이미 가을 추수 때까지 받는 것을 정지하였고 원가(元價)도 이미 본읍에 봉류(捧留)하게 하였으니,

102 허류(虛留) : 창고에 쌓여 있어야 할 환곡(還穀)은 없고 문서상으로는 실제로 있는 것처럼 거짓 기록만 남아 있는 것을 말한다.

103 궁결 세전(宮結稅錢) : 궁방에 토지의 수세권(收稅權)을 내어 준 전지(田地)에서 나오는 세금을 말한다.

이 세전(稅錢)[104]을 진상 가미와 서로 바꾸는 것도 융통성 있게 처리하는 것이 합당합니다. 둔전의 세전(稅錢)은 내년 가을까지 절반에 대해 기한을 물리는 것이 백성들을 똑같이 돌보시는 정사에 합당할 듯합니다.

1. 제주 세 고을의 수령과 사객(使客)이 왕래할 적에 강진(康津), 해남(海南), 영암(靈巖) 세 고을이 도회(都會)를 분정(分定)해서 각각 1년씩 돌아가면서 거행하도록 하는 규정이 원래 있습니다. 그런데 사객들이 제주를 출입할 때 매양 영암의 고달도(古達島)에서 바람을 기다리기 때문에, 영암의 경우에는 이진창(梨津倉)에 육방(六房)을 설치하여 접대하고 있습니다. 그리고 강진과 해남 두 고을이 도회를 맡은 해에는 다른 고을의 지경을 넘어 접대해야 하므로, 배를 잡고 장구를 수리하는 등의 일에 모두 큰 폐단이 있습니다. 이 때문에 고달도 또한 큰 길목이 되어, 비록 영암이 도회를 맡은 해가 아니더라도 도민(島民)들이 입는 폐해는 마찬가지입니다. 신의 생각에는, 영암의 고달도, 강진의 남당포(南塘浦), 해남의 관두포(館頭浦)가 모두 제주로 들어갈 때 바람을 기다리는 길목이니, 이후로는 차례로 돌아가면서 분배하여, 영암이 도회를 맡는 해에는 종전대로 고달도에서 바람을 기다리고 강진이 도회를 맡는 해에는 남당포에서 바람을 기다리고 해남이 도회를 맡는 해에는 관두포에서 바람을 기다리며, 제주 세 고을의 수령 및 대소 사객들의 행차도 이 정식에 따른다면, 강

104 이 세전(稅錢) : 대본에는 '屯稅'로 되어 있는데, 앞뒤의 내용이 맞지 않아 《정조실록》 18년 12월 25일 기사에 의거하여 '屯'을 '此'로 바로잡아 번역하였다.

진과 해남 두 고을의 처지에서는 지경을 넘어 접대하는 비용을 덜고 고달도의 처지에서는 해마다 곤경을 겪는 폐단을 덜게 되어, 일이 매우 편리할 것입니다.

1. 제주로 이전할 곡식을 들여보낼 때 해신(海神)에게 제사하는 장소는, 임자년(1792, 정조16)에 곡식을 옮길 때 소안도(所安島)에 들러서 행하였으니 금년에도 이에 따라 그곳에서 행할 것입니다. 100여리 바다를 건너야 비로소 도달할 수 있고, 먼 바다를 가로질러 바람을 기다려야 비로소 떠날 수 있으며, 해신에게 제사하는 것은 반드시 길일을 택하여 제사를 지내니, 만약 바람이 순조롭지 않은 때를 만나 배를 띄우지 못하면 이미 잡아 놓은 제삿날을 이러지도 저러지도 못하게 될 것이며, 더구나 소안도로 들어간 뒤에는 많은 제관들이 섬안에서 머물게 되어 폐해를 끼치는 것이 적지 않을 것입니다. 또 이진(梨津)에서 소안도까지도 100리 바다를 건너가므로 신(神)에게 빌지 않고 배를 출발시키는 것 역시 온당치 못할 듯하니, 이것은 모두 여러 가지 불편한 사정들입니다. 또 문제가 되는 점은, 소안도는 제주에서 서로 바라보이는 거리에 불과하고 더 이상 막히는 데가 없으므로 한번 바람에 돛을 달면 닿을 수 있습니다. 만일 소안도에 들어간 뒤에 순풍을 만나게 된다면, 제사를 아직 지내지 못하였다 하여 이렇게 만나기 어려운 바람을 버려두고 배를 띄우지 않을 것입니까, 아니면 제사 전이라도 배를 띄울 것입니까? 이 또한 미리 생각해 두지 않을 수 없는 일입니다. 신(神)은 어느 곳이든 이르지 않는 곳이 없으니, 이왕 배를 출발시키기 위해 비는 것이라면 마땅히 고달도 해변에서 제사 지내고 나서 배를 출발시키는 것이 좋을 것입니다. 어찌

반드시 바다 한가운데서 제사 지내고 난 다음에야 정성을 다한 것이라고 할 수 있겠습니까. 임자년부터 금년까지는 다행히도 왕령(王靈)에 힘입어 일마다 순조롭게 이루어졌지만, 후일의 염려되는 일은 깊이 생각해 두는 것이 마땅할 것입니다. 신의 생각으로는, 이후에 곡식을 옮길 때에는 각 도회관(都會官)이 바람을 기다리는 곳에 제단을 설치하고, 곡식을 실은 배가 다 도착하기를 기다려 날을 잡아 제사를 지내고서 곧 배를 출발시킨다면 일이 매우 편리할 것입니다.

1. 진도군(珍島郡) 조도면(鳥島面)은 먼 바다에 뱃길로 100여 리 되는 곳에 있는데, 바닷길이 매우 험하여 바람을 기다려야만 왕래할 수 있기 때문에, 고을 수령이 된 자들이 한 번도 가 본 적이 없습니다. 이 섬에 본군의 창고가 하나 있는데, 거의 등한히 버려진 것이나 마찬가지로 일체 감색(監色)에게 맡겨 두고 있습니다. 감색이 멋대로 농간을 부리고 개인 주머니로 여기는 일은 우선 접어 두더라도, 읍창(邑倉)에 손을 댄 탐욕스러운 수령이나 가져간 곡식을 갖추어 납부할 계책이 없는 포리(逋吏)들이 번번이 이 창고에다 기록을 옮겨 놓고서 요행히 발각을 면할 묘책으로 삼으므로, 곡부(穀簿)에 몇 섬이 있다고 말하는 것이 모두 허류(虛留)이거나 거칠고 형편없는 것이니, 참으로 지극히 통탄스럽습니다. 연해의 섬들 중에 진장(鎭將)이 있는 곳 이외에는 비록 영암의 추자도(楸子島)와 보길도(甫吉島), 강진의 청산도(青山島), 흥양(興陽)의 삼도(三島)처럼 멀고 큰 섬이라 해도 창고를 설치한 경우가 없습니다. 그런데 유독 이 섬에만 창고가 있으니, 당초에 이 창고를 설치한 것은 아마도 조도가 보리농사에 알맞아서 보리를 쌓아 두고 흉풍에 따라 거두거나 풀어 주려 하였기 때문인 듯합니다.

그러나 지금 와서는 법이 오래되어 폐단이 생겼으니, 수습할 수 없을 때에 줄곧 허술하게 두어 도둑질을 가르치는 빈틈을 열어 놓아서는 안 됩니다. 신의 생각으로는 조도창(鳥島倉)을 남도진(南桃鎭) 부근 본군 경내의 육지와 연결되는 곳으로 옮겨 설치하고, 조도의 백성들 중에 환곡 받기를 원하는 자에게도 배로 운반하는 것을 허락한다면, 영구히 폐단을 없앨 수 있고 일이 매우 편리해질 것입니다. 도신에게 분부하여 좋은 쪽으로 조처하게 하는 것이 마땅할 듯합니다.

1. 완도(莞島)는 바로 황칠(黃漆)이 나는 곳이기 때문에 본도(本道)의 감영·병영·수영 및 본도(本島) 지방의 강진·해남·영암 등 세 읍에다 모두 연례적으로 바치는 황칠이 있는데, 연례대로 바치는 것 이외에 종종 더 징수하는 폐단이 있습니다. 예전에 황목(黃木 황칠나무)이 많았을 때는 그래도 감당할 수 있었지만, 근년 이래로 나무의 산출은 점차 전과 같지 않은데 추가로 징수하는 것이 해마다 더 많아지고 관에 황칠을 바칠 즈음에는 아전들이 농간을 부리므로 정채(情債)가 날로 많아져서 실로 감당하기 어려운 폐단이 되고 있습니다. 그러므로 이 섬의 백성들이 그 폐단을 싫어하여 황목을 뽑아 버리거나 꺾어 버리면서도 아까워하지 않으니, 본도에 황목이 희귀한 것이 여기에 말미암은 것이 아니라고 장담할 수 없습니다. 그리고 금년 바람의 재해를 입은 후에 큰 나무는 또 말라 죽은 것이 많고 어린 나무 약간만 겨우 남아 있을 뿐입니다. 황칠은 역시 기물(器物)의 요긴한 수요에 관계되므로, 마땅히 배양하고 심고 가꾸어 나라의 쓰임에 대비하여야 하는데도, 영읍(營邑)의 무절제한 주구(誅求) 때문에 산택(山澤)의 풍성한 이로움이 끊어지고 섬의 백성들에게 폐해가 미쳤으

니, 일이 매우 통탄스럽고 놀랍습니다. 지금부터 10년을 한정하여 영읍에 연례로 바쳐 오던 양을 아울러 감면해 주고 황목을 오래 기르게 하여 실질적인 효과가 있게 하여야 할 것이며, 비록 연례로 바쳐 오던 양으로 복구한 뒤에도 과외로 더 징수하는 폐단은 엄격히 과조(科條)를 세워 일절 금지해서, 섬 백성들의 민폐를 영구히 없애는 것이 마땅할 듯합니다.

1. 완도에는 우수영(右水營)에 바쳐야 하는 물품이 있는데, 땔나무는 매달 15다발이고 숯은 한 달 걸러 20섬입니다. 땔나무는 길이 한 발, 둘레 두 발을 규격으로 삼는데, 바치는 땔나무 묶음의 길이와 둘레는 모두 이것을 기준으로 하고 있습니다. 또한 반드시 곧은 줄기만 골라서 가지와 잎을 잘라 버리고 단단하고 빽빽하게 묶어야 하며 감히 짧고 가는 나무를 그 사이에 섞지 못하므로, 한 다발의 땔나무를 마련하려면 나무를 골라내고 버리고 하는 과정에서 잘라서 버리는 것이 부지기수입니다. 숯은 또 2섬을 1섬으로 치기 때문에 들어가는 나무가 매우 많습니다. 봉산(封山)[105]은 일의 체모가 그 얼마나 중한 것입니까. 그런데 어찌 오랜 세월 길러 온 나무를 해당 수영(水營)의 땔나무 용도로 쓰이게 하려 한단 말입니까. 땔나무와 숯을 지정(卜定)한 것이 어느 때 시작된 것인지 알 수 없지만, 당초의 정식은 썩은 가지와 떨어진 나뭇잎 등 자잘한 것에 지나지 않았을 것입니다. 그런데 영속(營屬)들이 이것을 가지고 농간을 부리고 점검하여 퇴짜를 놓는 것이 날로 심해져서 점차 지금의 상황에 이르렀으니, 일이 매우

105 봉산(封山) : 나라에서 벌채(伐採)를 금지하도록 지정한 산을 말한다.

통탄스럽고 놀랍습니다.

길고 곧은 나무는 반드시 쓸 만한 재목이며 가서목(哥舒木)은 특히 단단하고 질긴 좋은 재목으로서 군기(軍器)를 만들 때 긴요하게 쓰이는 것인데 오직 이 섬에서만 생산됩니다. 그러니 이것은 모두 토산물 중의 기이한 보물입니다. 또 성질이 단단한 나무는 자라는 것이 매우 느려 한 번 잘라 버리면 곧바로 자라는 것이 아니어서 더욱 아끼고 기르기에 겨를이 없어야 할 것인데도 곧 가죽나무나 상수리나무 등의 쓸모없는 종류와 함께 땔나무가 되어 버립니다. 이것을 생각하면 참으로 한심스러우며, 앞으로는 각별히 금하여야 할 것입니다. 그러나 만약 수영에서 쓰는 땔감과 숯을 급대(給代)해 주지 않는다면 이 역시 문제가 될 것입니다. 현재 곡물이 비록 바닥이 났다고는 하지만, 수천 섬의 쌀이나 5000섬의 보리를 떼어 주고 모곡(耗穀)을 취해서 급대하여 땔나무에 대한 조항을 영구히 혁파하는 것이 근본적인 해결 방법이 될 듯합니다. 그렇게 하지 못한다면, 수량을 참작하여 다발의 수와 묶음의 크기를 줄이는 것으로 조치하며, 썩은 가지와 떨어진 나뭇잎 외에는 감히 가져다 쓰지 못하도록 한 옛날의 정식을 거듭 밝혀야 합니다. 가서목은 벌채를 금하고 오래 기르는 법도를 일체 송정(松政)에 의거하여 시행하며, 경외(京外)에서 부득이하게 쓸 곳이 있으면 소나무의 규례에 의거하여 비국(備局)에 보고하고 낙인을 찍은 다음 가져다 쓰도록 정식을 마련하여 시행하여야 할 것입니다. 보길도(甫吉島)에도 땔나무를 분정(分定)한 폐단이 있는데, 이 섬이 비록 완도와는 일의 체모에 다른 점이 있지만, 배 만들기에 적당한 소나무가 있는 산이기 때문에 또한 마찬가지로 진념하여 신칙하고 바로잡는 것이 사의에 합당할 듯합니다.

1. 사도진(蛇渡鎭)에는 통영(統營)에서 쓸 문목(紋木)과 가판(椵板)을 지정하는 규례가 있는데, 이것은 본진 근처의 섬에서 생산되는 것이 아니므로 어쩔 수 없이 돈으로 대신 납부하고 있습니다. 토산물이 아닌데 강제로 지정하는 것은 매우 옳지 않은 일입니다. 매번 좌수영이 배를 만들 때가 되면 노야목(爐冶木)이라고 부르는 선재(船材)의 말단목(末端木)을 해당 진(鎭)으로 하여금 수납(輸納)하게 하고 나무의 많고 적음에 대해서는 해당 곤(閫 좌수영)에서 장교를 정해서 보내어 나무의 길이와 둘레를 측량합니다. 수납할 시기가 되었을 때 버려둔 지가 오래되어 나무가 썩고 오그라들고 꺾어지고 줄어들어도, 해당 영에서 받아들일 때는 한결같이 당초에 정했던 길이와 둘레의 수치에 따라 기준대로 바칠 것을 요구하므로, 어쩔 수 없이 돈으로 대신 충당하니, 이것은 모두 쇠잔한 진으로서 감당하기 어려운 폐단입니다. 좌수영에서 쓸 전선(戰船)의 닻줄용 산마(山麻) 600근을 해마다 지정하는 규례가 있는데, 닻줄은 비록 한 해 걸러 개비하여도 안 될 것이 없으니 매년 바치기를 요구하는 것은 실로 쓸데없는 일로서 폐해만 끼칠 뿐입니다. 노목(櫓木)을 규례에 따라 바치는 것도 옛날에는 한 해씩 걸러 분정하였던 것인데, 근래에 갑자기 해마다 갖추어 바치는 규례로 바뀌었습니다.

무릇 각 진의 고질적인 폐단은 오로지 통영과 수영에서 지정하는 것이 절제가 없고 정채(情債)의 명색이 많은 데 말미암은 것이며, 진장(鎭將)의 녹봉도 태반이 여기에 쓰이고 있고 진의 백성들이 곤궁하고 초췌한 것도 실로 이 때문이니, 이보다 더 어이없는 일이 없습니다. 지금부터 시작해서 문목과 가판을 지정하는 규례는 10년을 한도로 시행을 막고 노야목은 배를 만들 때에 바로 수납하도록 하며, 길이와 둘레의 치수를 트집 잡아 퇴짜 놓는 폐단을 일절 엄금하고, 닻줄과 노목은 모두 한 해 걸러 지정하여 마련하는 것을 정식으로 삼아서 시행하도록 통영과 수영 두 병영에 분부하는 것이 마땅할 듯합니다.

1. 금년에 여섯 고을은 다행히 예전에 없었던 견감과 구휼의 은전 덕분으로 민력(民力)이 크게 펴질 수 있어서, 새해가 되기 전까지의 생계는 거의 지탱할 수 있겠습니다. 그러나 몇 달이 지나 쌀독은 바닥나고 해는 점점 길어져 빈부(貧富)와 대소(大小)의 모든 집들이 똑같이 먹고살기에 황급해질 때가 되면, 사람들을 진휼할 일은 일단 접어두더라도 농민들의 생계가 참으로 아득하게 될 것입니다. 세곡(稅穀)이며 종자(種子)며 농량(農糧)이며 이 모두가 약간의 환곡으로 구제할 수 있는 바가 아닌데, 더구나 지금은 국력이 다 소진되어 널리 혜택을 베풀 수도 없으니, 생각이 여기에 미침에 참으로 애통한 마음이 듭니다. 그나마 할 수 있는 방법으로는 널리 미곡상(米穀商)들을 모아서 민간의 식량이 저절로 여유가 있도록 하고 국가의 계책에 손상이 없도록 하는 것보다 좋은 것이 없습니다. 소식(蘇軾)이 말하기를 "천 곡(斛)의 곡식이 시장에 있고 온 시장의 가격이 공평하다면 한 지방의 식량이 저절로 풍족해질 것이다." 하였으니, 참으로 훌륭한 말입니다.

지금 완도에서 바람에 쓰러진 소나무를 보면 배를 만드는 데 적합한 재목이 200그루에 가까운데, 이것은 바로 배의 밑판에 적합한 큰 소나무입니다. 삼판(杉板)[106]의 경우에는 조금 더 작더라도 쓸 수 있으니,

106 삼판(杉板) : 배의 좌우 양쪽에 붙이는 널판을 말한다.

배 한 척당 소나무 40그루가량[107]이 드는 것으로 하여 마련한다면 6, 7백 섬의 곡식을 실을 수 있는 배 10여 척을 얻을 수 있습니다. 지금 만약 이것을 본도(本島) 지방의 강진·해남·영암 등 세 고을에 보내주고 포구 마을의 배 만드는 것을 업으로 하는 부호들에게 나누어 주게 하여, 그들로 하여금 스스로 선척(船隻)을 만들도록 하고 또한 관가에서 그 물력(物力)을 헤아려 도와주게 합니다. 그리고 이어 부호들로 하여금 본전을 내어 곡식이 있는 다른 고을이나 다른 도에서 곡식을 사서 본 지방에 와서 팔도록 하되, 보릿가을할 때까지를 기한으로 정하여 다른 재물을 사 오지 말고 다른 고을에 가서 팔지 말도록 엄하게 약속하고 관에서 검칙하면 될 것입니다. 가만히 헤아려 보건대, 배 만드는 일은 12월에 시작하여 1월에 완료하게 되고 선척의 사용은 2월에 시작하여 4월까지 하게 되며, 또 3, 4차례를 왕복할 수 있어서 수만 섬에 가까운 곡식을 얻을 수 있을 것입니다. 이와 같이 한다면 민간의 식량은 저절로 풍요로워지고 사람들을 진휼하는 일도 줄어들 것이며, 시장에 곡식이 있게 되어 세부(稅賦)를 받아들이기도 쉬울 것입니다. 더구나 사 오는 것은 쌀뿐만이 아니라 콩과 팥과 종자벼까지 반드시 아울러 사 올 것이니, 각종 곡식의 종자를 마련하기 어려운 근심도 없어질 것입니다. 종자에 여유가 있고 농량에도 여유가 있으면 다음 해 농사도 걱정할 것이 없으니, 이것은 백성들에게 크게 이롭다고 할 수 있습니다.

신이 또 듣기로 금년의 풍재(風災)에 부서지고 손상된 배가 매우

107 40그루가량 : 대본에는 '四十株假令'으로 되어 있는데, 난외주에 의거하여 '令'을 '量'으로 바로잡아 번역하였다.

많아서 뱃사람들이 이 때문에 생업을 잃었으나, 선재(船材)를 구할 길이 없어 아직 배를 개조(改造)하지 못한다고 합니다. 지금 만약 이 영(令)을 내리신다면 세 고을의 배로 사업하는 부호들이 반드시 즐거이 나아가 다투어 이 일에 달려들 것입니다. 배를 만들어 곡식을 사 오는 것은 보릿가을 때까지를 기한으로 정하고, 보릿가을이나 가을 추수 때가 지난 후에 모두 소나무값을 이자 없이 환징(還徵)하여 어떤 명목의 수용(需用)에 보탠다면, 백성들에게는 막대한 혜택이 있게 되고 공적(公的)으로는 쓸모없던 것이 쓸모 있게 되어 모두 편리하게 될 것입니다. 이것을 바람에 쓰러진 나무를 싼값으로 팔아서 얻는 유명무실한 수입에 비한다면, 그 득실에 현저한 차이가 있을 뿐만이 아닐 것입니다. 신이 이번 걸음에 섬 연안을 출입하며 상황을 상세히 탐지하고 반복하여 숙고한 결과, 지금 바로 힘써야 할 일이 여기에서 벗어나지 않습니다. 묘당에 하문하여 처리하는 것이 사의에 합당할 듯합니다.

1. 연해의 여러 고을에 이른바 고구마〔甘藷〕라는 것이 있습니다. 고구마는 명나라의 명신 서광계(徐光啓)[108]가 편찬한 《농정전서(農政全書)》에 처음 보이는데, 거기에서 칭찬하여 말하기를 "그것은 조금 심어도 수확이 많고, 농사에 지장을 주지 않으며, 가뭄이나 황충(蝗蟲)에도 재해를 입지 않고, 달고 맛있기가 오곡과 같고 힘들이는 만큼

108 서광계(徐光啓) : 명나라 말기의 관리이자 학자로, 자는 자선(子先), 호는 현호(玄扈), 시호는 문정(文定)이다. 이태리(伊太利) 사람인 예수회 선교사 이마두(利瑪竇; Matteo Ricci)에게 천문, 산법, 화기(火器) 등의 서양 학문을 배웠으며, 세례를 받고 천주교 신자가 되었다. 저서로 《농정전서(農政全書)》 외에도 《서씨위언(徐氏危言)》, 《기하원본(幾何原本)》 등이 있다.

보람이 있으므로, 풍년이든 흉년이든 모두 이롭다." 하였습니다. 길게 수천 마디 말을 하며 이렇게까지 상세하게 설명한 것을 보면 그 말이 결코 거짓말이 아닐 것입니다. 고구마 종자가 우리나라로 들어온 것이 갑신년(1764, 영조40)이나 을유년(1765) 즈음이었으니, 지금까지 30여 년 동안 연해 지역 백성들 중에 서로 전하여 심은 자들이 매우 많았습니다. 그 먹기 좋고 기근을 구제한 효과가 있는 것은 민절(閩浙 중국의 복건과 절강) 지역과 마찬가지였으나 우리나라 풍속에 처음 보는 것이어서 단지 맛있는 군것질거리로만 여기고 있을 뿐이고 식량을 대신하여 구황하지를 못하였으니, 신이 일찍이 이것을 한스럽게 여겼습니다. 이 식물은 민절 지역에 특별히 많고 우리나라가 종자를 얻은 것도 일본에서였으니 그 성질이 남방의 따뜻한 땅에 알맞다는 것을 알 수 있습니다.

신이 이번 걸음에 연안의 고을과 여러 섬을 많이 다니면서, 이러한 곳에 반드시 고구마 종자가 많을 것으로 생각하였습니다. 그런데 흉년에 곡식이 없는 것을 눈으로 보고서도 구제할 방법이 없어 시험 삼아 고구마가 있는지를 찾아보다가 이에 대한 사실을 모두 알았습니다. 고구마 종자가 처음 들어왔을 때는 백성들이 다투어 심어서 여기에 도움을 받아 살게 된 자가 왕왕 많았습니다. 그러나 얼마 되지 않아 영읍(營邑)의 가렴주구가 뒤따라 이르러서, 사나운 관리가 문에 와서 고함치고 수색하며, 관에서 100뿌리를 요구하고 아전이 한 이랑을 다 걷어 가니, 고구마를 심은 자는 곤란을 당하고 아직 심지 않은 자는 서로 경계하여, 부지런히 심고 가꾸는 것이 점점 처음만 못해지다가 이제는 희귀한 일이 되어 버렸습니다. 세상에 이와 같이 좋은 물건이 있어 다행히 나라 안에 심기까지 하였으니, 마땅히 백성들에게 주어 심기를 권장하고 풍속을 이루도록 가르쳐서 온 나라의 백성들이 좋은 혜택을 함께 누리기를 문씨(文氏 문익점(文益漸))가 목화씨를 가져온 것처럼 했어야 할 것입니다. 그런데 번식도 하기 전에 곧바로 징구(徵求)를 행하여, 해외에서 어렵게 들여온 다른 나라의 좋은 종자를 오래 기를 수 없게 하고 씨받이 종자까지 먹어 버리게 하였으니 어떻게 종자를 취할 수 있겠습니까.[109] 촉(蜀)나라에는 토란이 있어 백성들이 덕분에 굶주리지 않았고, 우리나라의 일을 가지고 말하더라도 소나무 껍질과 칡뿌리로 기근을 많이 구제하였으니, 이것은 모두 징험할 수 있는 일로 이미 시험하여 효험을 본 것입니다.

신의 생각으로는 양남(兩南)의 도신(道臣) 및 각 해당 수령에게 분부하여, 먼저 연해의 고을부터 심도록 신칙하고 그 이행 과정을 엄하게 관리하며, 마을마다 간사(幹事) 한 사람씩을 뽑아서 그 일을 맡게 하여 마을마다 심지 않는 마을이 없도록 하고 집집마다 심지 않는 집이 없도록 하며, 부지런히 하지 않는 자가 있으면 해당 이임(里任)을 태장(笞杖)을 쳐서 죄를 다스리게 하여야 합니다. 이렇게 한다면 백성들이 감히 심지 않을 수 없을 것이니, 한 번 호령하는 것으로 만세의 영원한 이로움이 있게 될 것입니다. 주(周)나라의 제도에 집에서 곡식을 경작하지 않은 자에게는 옥속(屋粟)[110]을 내게 하였고, 《서경》에 구공(九

109 어떻게……있겠습니까 : 대본에는 '何以下仁'으로 되어 있는데, 문맥이 통하지 않아 《정조실록》 18년 12월 25일 기사에 의거하여 '下仁'을 '取種'으로 바로잡아 번역하였다. 대본의 '下仁' 아래에 "하인 두 글자는 다시 생각해 보아야 한다.〔下仁二字更考〕"라는 원주가 있다.

110 옥속(屋粟) : 주나라 때 전토(田土)를 경작하지 않는 사람에게 부과한 벌금(罰金)으로 3가구분의 액수였다. 《周禮 地官司徒 載師》

功)[111]을 서술하면서 "위엄으로 감독하고 구가로 권장한다.〔董之以威勸之九歌〕" 하였습니다. 백성들에게 잘사는 방도를 가르치는 데 있어서 위엄을 세우는 것과 권장하는 것은 그 어느 하나도 폐할 수 없으니, 성인의 가르침이 어찌 부질없는 것이겠습니까.

남방 토지의 성질은 고구마를 심기에 알맞지 않은 곳이 없으며, 오곡을 심기에 알맞지 않은 산밭이나 돌밭에는 더욱 좋습니다. 그러니 우선 삼남의 연해 고을 및 섬에서부터 널리 심기를 권장하고 차차로 토질이 알맞은 땅으로 두루 보급시켜 나간다면, 서북 지방 이외의 6도에는 심을 수 없는 곳이 없을 것입니다. 제주의 세 고을로 말하면 탄환(彈丸)만 한 작은 섬이라 호령이 행해지기 쉬울 것이고 땅이 알맞은 것도 대마도(對馬島)와 마찬가지여서, 여기에다 만약 고구마를 심는다면 비록 흉년을 당하더라도 배로 곡식을 실어 나르는 폐단을 거의 없앨 수 있을 것입니다. 만일 누군가가 '심는 자가 많으면 종자가 모자랄 걱정이 있다.'라고 말한다면 이는 그렇지 않습니다. 고구마라는 식물은 덩굴이 뻗어 나가면서 알을 품기 때문에 종자를 전파하기가 매우 쉬워서, 한 치의 덩굴이나 한 알의 고구마로 1묘(畝)의 밭을 덮을 수 있으며, 차차로 옮겨 심으면 한없이 전파할 수 있으니, 종자가 적은 것은 걱정할 일이 못 됩니다. 이것을 시행하려는 계획을 세웠다면 영읍(營邑)에서 토색질하는 폐단에 대해 먼저 과조(科條)를 세워 엄하게 금지해야 할 것인데, 10년을 넘지 않아 지금의 담배와 수박이 물이나 불같

111 구공(九功) : 《서경》 〈대우모(大禹謨)〉에서 육부(六府)인 수(水), 화(火), 목(木), 금(金), 토(土), 곡(穀)과 삼사(三事)인 정덕(正德), 이용(利用), 후생(厚生)을 합친 것이라고 하였다.

이 흔한 것처럼 고구마가 나라 안에 널리 퍼지는 것을 보게 될 것이니, 이른바 토색질하는 폐단은 당연히 없어지기를 기다리지 않아도 저절로 없어질 것입니다. 훗날을 위해 미리 대비하는 대책으로 이보다 더 나은 것이 없을 듯합니다.

1. 신해년(1791, 정조15)에 호남 경시관(湖南京試官) 이면응(李冕膺)이 경연에서 아뢴 것으로 인하여 본도(本道) 오현(五賢)[112]의 자손을 녹용(錄用)하라는 명이 내렸는데, 그중에 태인(泰仁)에 사는 이항(李恒)의 자손인 사인(士人) 이린(李遴)은 바로 이항의 봉사손(奉祀孫)이라고 합니다. 그러나 당시 해당 현에서 논하여 보고하지 않아 누락되었으니, 이것은 비단 일의 모양이 고르지 못할 뿐만 아니라 어진 사람을 본받고 후손을 녹용하는 도리로 볼 때 그대로 내버려 둘 수 없는 점이 있습니다. 도신으로 하여금 다시 탐문하여 다 같이 녹용하게 하는 것이 마땅할 듯합니다.

1. 장흥(長興)의 진사 위백규(魏伯珪)는 문학이 뛰어나고 경전에 두루 통달하였으며, 젊었을 때 과거 공부를 하여 진사시에 입격하였습니다. 나이가 지금 70으로 고향 집에 살면서 많은 선행이 있고, 집안 살림이 좀 풍족하여 종족들을 잘 돌보고 있습니다. 이 사람이 지은 〈경서차의(經書箚疑)〉 및 기타 저술들 역시 의리에 근거한 것이 많

112 오현(五賢) : 호남의 오현으로, 이항(李恒, 1499~1576), 김인후(金麟厚, 1510~1560), 유희춘(柳希春, 1513~1577), 박광전(朴光前, 1526~1597), 기대승(奇大升, 1527~1572)을 말한다.

고 쌓은 학식이 해박하니, 이처럼 어진 선비가 묻혀서 드러나지 못하는 것은 매우 애석한 일입니다. 익산(益山)의 사인 이득일(李得一)은 행의와 문학으로 온 고장 사람들의 추앙을 받는 사람입니다. 익산은 신이 이 고을에 들르지 못하였으므로, 알아본 내용의 깊이가 비록 위백규만큼 상세하지는 못하지만 도내의 전문(傳聞)이 족히 믿을 만하니, 이런 사람을 조정에서 별도로 거두어 쓴다면 이 또한 족히 선비를 고무하고 흥기시키는 방도가 될 것입니다.

의 議

을해년(1815, 순조15) 12월 수의
乙亥十二月收議

신은 본시 예의(禮意)에 어두우니 지금 예를 의논하는 막중한 자리에서 어찌 감히 망녕되이 논하겠습니까. 그러나 삼가 《의례(儀禮)》의 기복장(朞服章)을 살펴보건대 "남의 후사가 된 자는 그 부모를 위하여 본생부모(本生父母)의 복으로 입는다."라고 하였으니, 본복(本服)보다는 한 등급을 낮춘다는 것을 알 수 있습니다. 정자(程子)의 훈고에 "낳아 준 의리가 지극히 높고 크므로 정통(正統)의 친소에 따르지 않고 모두 자최 부장기(齊衰不杖朞)로 상을 입어 구별하였으니, 이는 그 의리가 지극히 중하여 백숙부모들과는 같지 않음을 명백히 한 것이다."라고 하였습니다. 경을 상고하고 정자의 말에서 절충함에 그 설(說)이 이와 같으니, 신처럼 비루한 자가 어찌 감히 다른 의견이 있겠습니까. 생각건대 우리 성상께서 지금 울부짖으며 따르고자 해도 그럴 수 없는 애통한 슬픔을 당하시매,[113] 지난날의 인륜을 다한

113 애통한 슬픔을 당하시매 : 1815년(순조15) 12월 15일 혜경궁(惠慶宮) 홍씨(洪氏)가 승하한 것을 말한다.《純祖實錄 15年 12月 15日》

효도를 돌이키시고 지극히 엄중한 예를 이처럼 하문하시어 경법(經法)을 따르고 천리(天理)에 합하게 하고자 하시니, 신은 다만 경전에 나와 있는 대로 대략 아뢰었습니다. 그러나 예제(禮制)는 매우 중대한 것이므로 단정하여 말씀드릴 수 없습니다. 오직 널리 물으시어 조처하소서.

서연에서 이어 강할 서책에 대한 의

書筵繼講書冊議

강학(講學)의 올바른 방법은 먼저 문리(文理)가 잘 통하도록 하는 것이니, 문리가 통하고 나서야 성경현전(聖經賢傳)의 은미한 말과 깊은 뜻에 대해 그 핵심을 이해할 수 있으며, 입덕(入德)의 경로와 단계를 차례로 찾을 수 있을 것입니다. 《사략(史略)》은 그 일이 알기 쉽고 그 글이 이해하기 쉬우므로, 충년(沖年)에 강학한다면 반드시 날로 진보하는 효과를 거두고 하학상달(下學上達)하여 참으로 성인이 되는 공부가 될 것입니다. 더구나 생각건대 삼황오제(三皇五帝)와 우(禹)·탕(湯)·문(文)·무(武)·주공(周公)·공자(孔子) 같은 성인들의 일, 충(忠)·양(良)·정(正)·직(直)한 신하들의 좋은 계책이나 위대한 업적, 치란(治亂)·득실(得失)의 이유, 현우(賢愚)와 사정(邪正)에 대한 권장하거나 징계하여야 할 귀감이 이 책에 모두 실려 있으니, 지금 세자의 학문이 막 진보하는 때에 이 책으로 진강한다면 유익함 또한 반드시 많을 것입니다. 신이 월전(月前)의 헌의(獻議)에서도 《사략》을 이어서 강하는 것이 마땅하다는 뜻을 아뢰었습니다. 신의 어리석은 의견은 전과 다름이 없습니다만, 일의 체모가 중대하여 감히 단정하여 말씀드리지 못하겠습니다.

서연 탈품[114]의 정식에 대한 의

書筵頉稟定式議

주연(胄筵 서연(書筵))을 개강한 뒤의 모든 탈품(頉稟)은 일체 춘방(春坊)[115]에 있는 원래의 정식에 따라서 행하였습니다. 그런데 근래에 비로소 일기(日記)를 상고해 보았더니, 일찍이 영묘(英廟)[116] 을축년(1745, 영조21)에, 하루의 정강(停講)도 민망스러운 일인데 탈품하는 명목이 너무 많다고 하여 하교하시기를 "이후로 국기일(國忌日)과 사기일(私忌日)에는 주연의 예에 따른 소대(召對)가 있어야 할 것이며, 대향(大享)[117] 및 수개(修改)·동가(動駕)와 상치되는 경우 이외에는 온갖 탈품을 춘방으로 하여금 일체 제외하도록 하라. 이것을 또한 모두 《대전(大典)》에 실으라." 하시었습니다. 그 후 대향의 재계(齋戒) 때에는 본원(本院 세자시강원)에서 바로 소대를 서연의 예에 따라 하겠다는 뜻으로 입달(入達)하였고, 빈객 또한 법강의 예에 따라 입참하였습니다. 또 선조(先朝) 경신년(1800, 정조24)에 능묘를

114 탈품(頉稟) : 뜻밖의 사정으로 인하여 예정된 행사를 시행할 수 없다고 임금께 보고하는 것이다.

115 춘방(春坊) : 조선 시대 세자시강원(世子侍講院)의 별칭이다.

116 영묘(英廟) : 세종대왕의 묘호(廟號)로 쓰이는 경우가 많지만 여기서는 영조를 가리킨다.

117 대향(大享) : 종묘(宗廟)에서 네 계절의 첫째 달과 납일(臘日)에 지내는 제사, 영녕전(永寧殿)에서 중춘(仲春) 및 중추(仲秋)와 납일에 지내는 제사, 사직(社稷)에서 지내는 제사 등의 큰 제례를 가리킨다.

수개하는 날에는 그 시일이 지날 때를 기다려 서연을 행하라고 하교하셨으며, 또 문무과(文武科)의 전시(殿試)에 친림하는 일과 겹치게 되자 탈품을 고쳐서 들이도록 특별히 명하시고, 이 뒤로 이 같은 대전좌(大殿座)[118]에는 탈품을 정식으로 하도록 하교하셨습니다. 양조(兩朝)에서 받은 가르침이 이미 이와 같은데도, 이번 개강의 초기에는 탈품에 대한 규례를 미처 널리 상고하지 못하고, 다만 그대로 원래의 정식에 따랐습니다. 그러나 이제는 일기를 상고한 후이니 이대로 거행하지 않을 수 없을 것 같습니다. 각 전(殿)과 궁(宮)의 탄신일에 대해서는 선조(先朝 정조)께서 춘저(春邸)에 계실 때의 《춘방일기(春坊日記)》를 삼가 상고하여 보니, 대전과 중궁전의 탄신일에는 모두 탈품을 들였습니다. 지금도 이 예에 따라 탈품하는 것이 합당하겠기에 감히 이렇게 진달합니다.

118 대전좌(大殿座) : 임금이 정전에서 공적인 행사에 참석하는 일, 또는 임금이 임한 장소를 뜻한다.

공이 公移

대청도와 소청도에 진을 설치할지에 대해 장용외영에 보내는 공문 경신년(1800, 정조24)

大小靑島設鎭便否 壯勇外營公移 庚申

관문(關文)에 의하여, 일을 맡은 장교(將校)와 이 일 때문에 온 영비(營裨)[119]를 파견하여 두 섬으로 들어가 섬의 형편을 살펴보게 하고, 백성들의 사정에 대해서도 그들로 하여금 탐지하여 오도록 하였더니, 중간에 바람을 기다리느라 지체되어 지금에야 돌아와서 나타났습니다. 그들이 보고한 내용과 수영(水營)의 등보(謄報)를 참고하여 사실을 대강 파악할 수 있었습니다.

무릇 땅을 개척하여 백성들을 채울 때는 먼저 그들의 생업(生業)을 마련해 주어야 하고 관부(官府)를 창설할 때는 반드시 먼 장래의 일을 생각하여야 하는데, 먼 장래의 일에 대한 방도는 그들의 생업을 두터이 마련하여 백성들로 하여금 저절로 모여들게 하는 수밖에 없으니, 이 두 가지가 서로 맞물려 있는 것은 자연스러운 이치입니다. 지금 이

119 영비(營裨) : 보통은 감영에 딸린 비장(裨將)을 말하지만, 여기서는 장용외영에서 보낸 비장을 말하는 듯하다. 이 당시에 서영보는 황해도 관찰사로 있었다.

두 섬의 땅은 오곡을 재배하기에 적합하고 산에는 수목이 넉넉하며, 누에치기와 삼베와 목면은 그곳에 거주하는 백성을 입히는 데 그칠 뿐만이 아닙니다. 물고기와 소금으로 말하면, 염분(鹽盆)을 안치하여 소금을 굽거나 살대〔簄〕를 엮어 고기를 잡기에 적합한 곳은 아니라 하더라도 미역・전복・해삼・대합조개를 채취하는 것 또한 족히 생업이 될 만합니다. 의식(衣食)의 자원이 이와 같다면 백성들을 채울 큰 방안은 이미 수립된 것이니, 이와 같이 풍부한 생산에 근거하고 이미 정착한 백성들을 바탕으로 삼아 진(鎭)을 설치하고 관리를 두어 이 섬을 관할하게 하는 데에는 어려운 점이 없을 듯합니다.

어떤 사람은 "섬에 거주하는 백성들은 모두 부역을 피하여 우르르 모여든 사람들이라서, 한가하게 제멋대로 지내다가 갑자기 관장(官長)의 구속을 받게 되면 잇달아 뿔뿔이 흩어질 것이니 이것이 실로 염려스럽다."라고 합니다만, 지금의 계책은 오직 백성들의 살림살이가 넉넉하지 못할까를 걱정하는 데에 있습니다. 백성들의 살림살이가 넉넉하게 되면 어찌 관부(官府)를 설치하였다는 이유로 안락한 생활의 즐거움을 버리겠습니까. 그러니 이것은 지나친 염려일 뿐입니다. 이 두 섬은 본도(本道)의 가장 서쪽 먼 바다에 자리 잡아 당선(唐船 중국 배)이 출몰하는 초입을 막고 있으며, 토양이 비옥하고 관방(關防)에 긴요하니, 실로 등한하게 버려서는 안 되는 땅입니다. 지금 황무지를 개간하고서 사람들을 모집해 들인 지 7, 8년 만에 마침내 100여 호의 대촌(大村)이 되었습니다. 만일 진을 설치하는 것이 타당하지 않다고 한다면 그 백성들을 옮기고 이 땅을 비우면 그만이겠지만, 그렇게 하지 않을진댄 한갓 소소한 득실에 구애되어 그들이 제멋대로 하도록 내버려 두어서 교화하기 어려운 완악한 습속에 길들게 하는 것은 옳지 않은 것 같습니다.

그뿐만 아니라, 백령진(白翎鎭)이 비록 '멀리서 다스린다.'라고 하더라도, 바다 파도 속에 멀리 떨어져 있어 정령(政令)이 미치지 않으며, 진속(鎭屬)들은 그 쇠잔함을 업신여겨 여러 가지로 침탈을 자행하니, 이것이 어찌 당초에 이렇게 조치하였던 본뜻이겠습니까. 만약 진장(鎭將)을 배치하여 조처를 잘하고, 서두르지도 않고 동요시키지도 않으면서 사람들을 다독여 모여 살게 할 수 있다면, 거의 뒷날을 잘 도모하는 계책이 될 것입니다.

진을 처음 설치할 때 관청(官廳), 방포(防布), 전선(戰船), 군기(軍器) 등 일체의 수용(需用)을 만약 한꺼번에 갖추고자 한다면 이는 지금의 능력으로 실로 의논하기 어려울뿐더러, 사정을 자세히 알아보면 역시 군이 황급하게 장만할 필요가 없습니다. 지금 만약 조운흘(趙云仡)[120]이 논한 "전함이 저절로 갖추어지고 군량이 저절로 마련된다.〔戰艦自備 兵糧自賫〕"라는 말의 뜻을 대략 본받아, 이곳을 독진(獨鎭)으로 만들어서 진장을 구임(久任)하도록 허락하고, 적임자를 뽑아 차견(差遣)하여 차차로 조처한다면, 이곳에서 재목(材木)을 취하고 이곳에서 연철(鉛鐵)을 캐내어 몇 년이 지나지 않아 진의 모양이 이루어질 것이니, 이것이 그 요령입니다.

이 두 섬은 수백 년간 벌채(伐採)가 금지된 땅으로, 수목이 울창하여 소나무와 전나무 외에도 문목(紋木)의 목재와 동백나무 열매가 남쪽 땅에 못지않았으나, 한번 개간이 시작되고부터 대청도의 좋은 나무는

120 조운흘(趙云仡) : 1332~1404. 호는 석간(石澗), 본관은 풍양(豐壤)으로, 1361년(공민왕10) 홍건적의 침입으로 공민왕이 피란할 때 호종하여 이등공신이 되고 1388년(우왕14)에는 서해도 관찰사로 왜적을 토벌하였으며, 대청도(大靑島)와 소청도(小靑島)를 비롯한 버려져 있는 섬들을 개척하여야 함을 극력 주장하였다. 조선 개국 후에 강릉 부사를 지냈다.

화전(火田)을 일구면서 손상된 데다가 또 도끼에 잘려 나갔습니다. 소청도의 경우는 곧바로 민둥산이 되어 거주하는 백성들이 땔나무로 쓰는 것도 이미 구차스러움을 면치 못하게 되었으며, 한 뙈기의 땅도 거의 개간하지 않은 곳이 없는데 토질이 원래 굳고 차지지 않아 한 번 풍우를 만나면 쉽게 사태(沙汰)로 무너지니, 이것은 매우 애석한 일이며 또한 작은 근심이 아닙니다. 대청도는 산허리 위로는 이미 개간한 곳을 제외하고는 감히 화전을 경작하지 못하게 하고, 소청도는 이미 개간한 밭을 다시 묵은 땅으로 돌리기는 어렵더라도 옛사람이 밭두둑에 뽕나무를 심었던 방법에 따라 나무를 심도록 신칙하고 나서야 두 섬의 형세가 영구히 보존될 수 있을 것이니, 이것이 당장의 급선무일 듯합니다. 소청도는 땅이 모두 이미 개간되었고 민호 역시 100가구를 넘었으므로, 밭을 굳이 더 개간할 필요가 없고 백성도 굳이 더 모을 필요가 없습니다. 그러나 대청도의 경우는, 이미 50여 호가 들어와서 비록 대충 진보(鎭堡)의 모양새를 이룰 수 있다고는 하지만, 빈 땅이 아직도 많으니 백성을 모집하고 개간하기를 권장하여 점차 넉넉하고 알차게 만드는 일을 실로 그만둘 수 없습니다.

본도(本島)의 환곡하는 곡식은 흉년에 대비하는 밑천이므로 원래부터 없어서는 안 되는 것이지만, 원곡이 너무 많게 되면 적은 수의 민호가 반드시 그 폐해를 입게 됩니다. 민호의 수와 곡식의 양을 헤아려 그 저장하는 수량을 구황(救荒)에 대처하는 데 충분할 정도가 되게 하고, 교제곡(交濟穀)[121]의 경우에 3분의 2는 남겨 두고 3분의 1만 대출

121 교제곡(交濟穀) : 교제창(交濟倉)에 저장한 곡식을 말하는데, 교제창이란 흉년과 춘궁기에 백성을 구제할 곡식을 저장하기 위하여 각 도에 두었던 창고이다. 《大典通編2 戶典 備荒》

하는 예를 모방하여 산창(山倉)에서 받아들이되, 모곡(耗穀)을 5되로 줄이는 것으로 똑같이 규정을 만들어 영구히 어기지 않는다면, 이것은 관과 민 양쪽이 모두 합당한 정사(政事)라고 할 수 있을 것입니다.

본도의 지세(地勢)로는 실제로 전선(戰船)과 방선(防船)[122]이 정박할 만한 장소가 없으니, 이것이 큰 근심거리입니다. 그러나 다른 도의 해진(海鎭)에 선창(船艙)이 불편한 점이 있으면 그 지형에 따라 10여 리 밖에 배를 정박시키는 경우가 드물지 않게 있습니다. 본도는 백령진과의 거리가 30리에 불과하니 방선을 건조한 뒤에 백령진에 맡겨 두고 위급할 때 가져다 쓰는 용도로 해도 되지만, 방군(防軍)을 배번(排番 당번을 배정함)하는 것 또한 갑자기 마련할 수 있는 일이 아니므로 방선에 대한 한 조항은 잠시 천천히 생각하여도 늦지 않을 듯합니다. 이러한 곡절은 소소한 절목(節目)의 일에 해당하지만, 소견이 있어서 이에 하나하나 거론하여 말씀드립니다.

122 전선(戰船)과 방선(防船) : 조선 시대에 사용되었던 병선(兵船)의 두 종류를 말한 것으로, 전선은 가장 규모가 큰 이른바 대맹선(大猛船)을 가리키고 방선은 그보다 규모가 작은 중맹선(中猛船)을 가리키는 듯하다.

강계부의 삼정과 적정의 폐단을 구제하는 일에 대하여 비변사에 보내는 공문
江界府蔘糴捄弊 報備邊司公移

강계부의 감당하기 어려운 폐단이 지금 대단히 위태로운 지경에 이르렀으니, 만약 지금 바로잡지 않는다면 몇 년이 지나지 않아서 반드시 고을이 없어지고야 말 것입니다. 해당 부(府)의 폐단의 원인은 고슴도치 털처럼 많고 실처럼 엉켜 있을 뿐만이 아니지만, 그중에서 큰 원인을 들자면 삼정(蔘政)·환정(還政)·군정(軍政)·전정(田政)입니다. 해당 고을의 부사가 말한 폐단의 원인 역시 이 네 가지이지만 네 가지 중에서도 삼정과 환정이 더욱 위급합니다. 사정이 이와 같으므로 부사가 논한 바의 폐단을 바로잡는 방도가 삼정과 환정 두 조목에서 더욱 상세하여 그 말이 길게 이어져[123] 수천여 언(言)을 넘어섭니다. 그렇지만 그 중요한 뜻을 요약하면 '환정의 폐단을 바로잡는 방도는 그 수량을 줄이는 데 있을 뿐이고 삼정의 폐단을 바로잡는 방도는 그 값을 올리는 데 있을 뿐이니, 환정에서 그 수량을 줄이지 않고 삼정에서 그 값을 올리지 않는다면 이 폐단이 바로잡힐 날이 없을 것이다.'라는 것입니다.

대체로 환곡을 줄여야 하는 것은 어제오늘의 일이 아니지만, 곡식을 옮기거나 사 오는 데에 모두 장애가 있으므로 문제가 쌓이고 고착되어

123 길게 이어져 : 대본에는 '屢屢'로 되어 있는데, 난외주에 의거하여 '縷縷'로 바로잡아 번역하였다.

점차 이 지경에 이르렀으니, 이 역시 일의 형편 때문에 그렇게 된 것입니다. 인삼의 값을 올려 주는 것은 그 유래가 오래된 것으로, 삼정의 폐단을 바로잡고자 할 때 값을 올려 주는 것 외에 다른 방책이 없었기 때문인데 기묘년(1759, 영조35)부터 신해년(1791, 정조15)까지 33년 동안 차례차례 올려 준 것이 모두 일곱 번이라고 하니 지금 해당 고을 부사가 아뢴 바의 폐단을 바로잡는 방법이 근거가 없는 것은 아닙니다. 그러나 어떤 것은 저기에서 빼앗아 여기에 주고 어떤 것은 동쪽을 도우면서 서쪽을 해쳐서, 좌우로 걸리는 것이 여러 가지입니다. 이에 대해 생각해 보건대, 저기에서 줄이고 여기에서 보태는 것이 이미 큰 계획이 되었다면, 이는 저기에서 줄인 것을 가지고 여기에 보태는 것으로, 편리하고 마땅한 대책을 달리 찾아서는 안 될 듯합니다. 그러나 이것을 저것과 비교하였을 때 늘고 줄어든 수량을 대략이라도 서로 걸맞게 할 수가 없고, 여러 번 생각해 보아도 어떻게 할 방도가 없기에, 오직 변변치 못한 한 조목을 말씀드리게 되었습니다.

의주(義州)의 사례를 살펴보면 군향곡(軍餉穀)·상평곡(常平穀)·별군향곡(別軍餉穀) 등에 대해 모두 2분(分)의 모곡[124]을 취용(取用)하도록 허락하였습니다. 강계 상황의 긴중(緊重)함이 의주에 못지않으니 의주의 사례를 강계에 그대로 적용해야 할 것입니다. 그러나 군향곡은 원래 여유가 없고 상평곡의 수량도 얼마 되지 않으며 오직 별군향곡만이 그런대로 변통할 수 있습니다. 지금 본부(本府)에 있는 감영에서 구관(句管)하는 곡식 1만 1920섬과 병영에서 구관하는 곡식 3080

124 2분(分)의 모곡 : 2분은 '일류 이분(一留二分)'의 2분을 말하므로, 이는 전체 모곡의 3분의 2를 뜻한다.

섬, 합하여 1만 5000섬을 청남(淸南)과 청북(淸北)의 별군향으로 환록(換錄)하고 그중에 반은 대출하고 반은 남겨 둔다면 매년 취하는 모곡이 750섬이 됩니다. 그리고 의주의 군향에서 2분의 모곡을 취용하는 사례에 따라 매년 500섬을 해당 부에 떼어 주어 인삼값을 보충하게 하면 진분(盡分)이 반분(半分 반만 대출하는 것)으로 바뀌어 매년 줄어드는 대출이 7500섬이 될 것입니다. 그리고 2분의 모곡이 취용으로 들어가서 모곡 위에 모곡이 생기는 근심이 없게 될 것이니, 환곡을 줄이고 인삼값을 보충하는 일거양득(一擧兩得)의 효과가 있을 것입니다.

다만 생각건대, 종전 각각의 해에 인삼값을 올려 준 액수는 그 크기가 다르기는 하지만 매번 3000냥 아래로 내려가지 않았으니, 지금 값을 올려 주고자 한다면 역시 이 액수에서 깎을 수가 없습니다. 그러나 2분의 모곡을 돈으로 바꾸면 겨우 1500냥이 되므로 또다시 1500냥이 있어야 그 액수를 맞출 수 있습니다. 해당 부에 작년 겨울에 조사하여 밝혀 낸 은루곡(隱漏穀) 3400섬이 있으니, 이것을 환곡에 보태면 매년 모곡 340섬을 얻을 수 있으나, 본부에는 이미 환곡이 많아서 걱정이므로 그 폐단을 더 키울 수가 없습니다. 금년에는 우선 그 곡식을 해당 부에서 환곡으로 운용하여 가을에 받아들일 때 원곡과 함께 돈으로 바꾸어 내게 하여 청남과 청북의 곡식이 적은 고을로 이송하게 하되, 명년부터는 모조(耗條)만으로 집전(執錢)하여 써야 할 것입니다. 위 조항에서 말한 두 가지를 합계하면 2520냥이 되고 여기에다 전례대로 인삼을 사들이고 남은 데서 480냥을 취용하여 3000냥의 액수를 채우면 됩니다. 근래 강계의 인삼값을 일률적으로 논하기가 참으로 어려우나, 지금 3000냥을 가지고 15근(斤)에 분배한다면 원래의 가격과 아울러 셈하여 인삼 매 냥(兩)당 54냥이 되니, 이와 같다면 삼정의 폐단이 어느 정도는 바로잡힐 것입니다.

환정(還政)을 가지고 말하더라도, 분조(分條 환곡으로 대출하는 몫)가 줄어드는 것이 7500섬이나 되어 적은 양이 아니지만, 응분조(應分條 정식으로 대출하는 몫)가 본래 3만 5900섬 남짓이니 비록 7500섬을 줄이더라도 여전히 대출할 3만 섬[125]이 있습니다. 이런 호총(戶摠)에 이런 곡수(穀數)라면 이는 매우 걸맞지 않으므로 마땅히 곡식이 적은 고을로 이송하여야 하지만, 본부가 한구석에 치우쳐 있고 높은 재로 격리되어 도정(道程)이 험하고 멀기 때문에 곡식으로 이송하는 것은 형세상 할 수가 없습니다. 그렇다면 또 돈으로 바꾸어 이무(移貿)하여야 하는데, 본부에서의 곡명(穀名)은 비록 소미(小米 좁쌀)이지만 실제로는 모두 콩을 준절(準折)하여 소미 한 섬 대신 두 섬의 콩으로 저장해 두니, 한 섬에 3냥의 돈을 받아들이는 것은 전혀 가망이 없습니다. 이 때문에 예전부터 영읍(營邑)들이 환곡이 많은 것을 근심하지 않은 것이 아니었으나 바로잡을 방책이 없어 백성들이 흩어지는 것을 앉아서 보면서 아무 조치를 하지 못하였으니, 이것은 형편이 그랬기 때문입니다.

지금 강계부의 상황과 백성들의 사정으로 본다면, 만일 수만 냥의 돈을 내어 그 황급한 상황을 구제할 수 있다면 이를 당연히 행해야 할 것입니다. 더구나 조정이 백성들에 대해서, 혹시라도 흉년을 당하면 조세를 견감해 주고 혹시라도 재난을 당하면 구휼해 주어서, 수천 포의 곡식을 정퇴(停退 납부 기한을 물려줌)하거나 탕감(蕩減)하기에 인색하지

125 3만 섬 : 대본에 '3만 섬에 못 미친다.〔未準三萬石〕'라는 난외주가 있지만, 큰 수에서 별 차이가 없으므로 대본대로 번역하였다.

않았던 것을 생각하면, 지금 강계 백성들의 고통이 재난이나 흉년에 비할 수 없을 지경이니, 사소한 이해관계는 따질 것이 없을 듯합니다. 지금 만약 1만 섬의 콩을 시장 가격 그대로 돈으로 바꾼다면 절미(折米) 1섬당 2냥 아래로 내려가지 않을 것이니, 남북의 여러 고을에 분배하여 상정가(詳定價)로 사들이게 하는 것이 가장 편리하고 좋을 것입니다. 다만 여기에서 줄어드는 수량이 1660여 섬이 되는데, '차라리 법대로 하지 않는 잘못을 범하겠다는 의리〔寧失之義〕'[126]에도 비록 일리가 없지 않지만, 감총(減摠)[127]을 해 달라는 청원은 역시 감히 할 수가 없습니다. 만약 이 돈을 호조로 올려보내고 당년의 모조(耗條)를 발매(發賣)하는 가운데서 매년 1000섬씩 5년을 기한으로 발매를 정지한다면, 원곡(元穀)은 줄어들지 않겠지만 호조로서는 5년 동안 매년 1000냥의 손해를 보게 됩니다. 관련된 경비(經費)가 혹시라도 이 때문에 어렵다고 한다면, 본도에서 이 돈을 가지고 편리한 대로 조치하여 수량을 채워서 올려보내는 것도 어쩌면 하나의 방법이 될지 모르겠습니다. 삼가 처분을 기다립니다.

전정(田政)의 일은 전지를 개량(改量)한 지가 이미 오래되어, 토착민들이 전하기로는 만력 정미년(1607, 선조40)의 양안(量案 전지를 측량한 기록) 이후로 다시 개량하지 않았다고 하니, 전정의 문란함을 이것으로 알 수 있습니다. 지금 행할 방도로는, 개량을 하여 경계(經界)를

126 차라리……의리 : 《서경》 〈대우모(大禹謨)〉의 "무죄한 사람을 죽이기보다는 차라리 법대로 하지 않는 잘못을 범하겠다.〔與其殺不辜 寧失不經〕"라고 한 구절을 따와서 강계의 사정이 절박함을 비유한 것이다.

127 감총(減摠) : 조세 총액을 줄여 주는 것을 말한다.

바르게 하는 것이 원래 가장 좋은 계책이지만, 양전(量田)을 하게 되면 일이 너무 커지므로 신중하게 해야 할뿐더러, 본도의 전정은 삼남(三南)과 달라서 등급이 가장 낮고 조세도 단갑(單甲)이므로,[128] 개량을 하기 전에 먼저 해당 부에서 조치를 잘 취한다면 그 폐단이 결코 전과 같이 심하지는 않을 것입니다.

군정(軍政)의 일로 말하면, 현재 허액(虛額)과 도호(逃戶)의 폐단이 없는 고을이 없는데, 이 문제는 이 고을의 수령이 누락된 것을 조사하여 부족을 메우는 일, 흩어진 백성을 불러들여 민호를 늘리는 일, 사람을 다 모아서 보호하는 일을 어떻게 하느냐에 달려 있습니다. 무릇 토지가 묵혀지고 황폐해지며 군정(軍丁)이 도피하고 결원이 생기는 것은 모두 백성이 흩어지기 때문이고 백성이 흩어지는 이유는 또 삼정과 환정 두 가지 폐단 때문이니, 삼정・환정・군정・전정 네 가지의 폐단이 본래 서로 이어져 있어 마치 고리처럼 끊어진 데가 없습니다. 지금 만약 먼저 삼정과 환정의 폐단을 바로잡는다면, 아마도 떠났던 민호가 점점 모여들고 전야(田野)가 점점 개간되며, 군오(軍伍)가 점점 채워질 것입니다.

둔전(屯田)의 일로 말하면, 이것은 그 본분에 따라 스스로 입방(入防)한 군대로서, 그 본고장에 살면서 스스로 만든 마을에서, 그 본업을 이용하여 스스로 머물러 지키는 제도에 불과하니, 거주하는 곳에서

128 조세도 단갑(單甲)이므로 : 평안도 지역을 토지의 척박에 따라 단갑읍(單甲邑)과 이갑읍(二甲邑)으로 나누고, 단갑읍에는 조세를 조금 더 낮게 책정하였는데, 강계는 평양, 의주, 삭주(朔州), 창성(昌城), 벽동(碧潼), 초산(楚山), 위원(渭原)과 더불어 단갑읍에 속하였다.

경작하고 거둔 곡식에서 양식을 취하여 그 형편이 매우 순조롭고 그 일이 막히는 바가 없습니다. 본 고을 수령이 논열(論列)한 것이 모두 일리가 있으니, 보고한 바에 따라 시행하도록 허락하더라도 의심할 만한 것이 없을 듯합니다. 그러나 일이 변경의 정사와 관계되어 마음대로 처리할 수 없으니, 사(司 비변사)에서 참작하고 헤아린 뒤에 위의 여러 조항과 아울러서 가부간 한쪽으로 지시하여 처분을 내리십시오. 지금 봄이 이미 늦었으니, 환곡을 분급하는 일과 농사를 시작하는 일이 모두 시급합니다. 속히 처분을 내려서 때에 맞추어 조처할 수 있도록 해 주시기 바랍니다.

책문 策問

3수 三首

묻는다. 사신의 임무는 중하다. 《주관(周官)》에 있는 대로 육절(六節)[129]에 숙달하고 오물(五物)[130]을 다스린 일은 논하지 않더라도, 춘추열국(春秋列國)의 시기에는 사명(使命)을 더욱 중하게 여겼으니, 옥백(玉帛)의 예를 갖추어 국경에서 사신을 대접하였고 사신을 태운 수레가 길에서 분주히 교차하였다. 그중 훌륭한 사신은 나라의 성패를 엿보고 사람의 길흉을 말할 수 있었으니, 그런 사람을 하나하나 지적하여 그 높고 낮은 등급을 매길 수 있겠는가? 사신을 보낼 때는 〈황화(皇華)〉[131]를 읊고 돌아온 사신을 위로할 때는 〈사모(四牡)〉[132]를 노래하였는데, 어찌하여 〈황화〉가 힘든 행역(行役)을 위로하기에 부족하고 〈사모〉가

129 육절(六節) : 주나라 때 각 방국(邦國)에서 용도에 따라 사용한 호절(虎節)·인절(人節)·용절(龍節)·정절(旌節)·부절(符節)·관절(管節) 등 여섯 가지의 신표(信標)를 말한다.

130 오물(五物) : 주나라 때 소행인(小行人)의 소임으로, 제후국에 상사가 있으면 부의(賻儀)를 보내 도와주고, 흉년이 들면 구호양곡을 거두어 보내 주고, 전사(戰事)가 발생하면 재물을 모아서 지원해 주고, 복된 일이 있으면 경하해 주고, 수해나 화재 같은 재앙이 있으면 위문해 주는 다섯 가지의 일을 말한다.

131 황화(皇華) : 《시경》 〈소아(小雅) 황황자화(皇皇者華)〉로, 군주가 사신을 보내는 것을 읊은 시이다.

132 사모(四牡) : 《시경》 〈소아〉의 편명으로, 군주가 사신을 위로하는 것을 읊은 시이다.

의탁한 사명을 펼친 것을 소중히 여기기에 부족한 것인가? 시(詩) 3백 편을 외운 사(士)에게는 반드시 전대(專對)할 수 있기를 요구하였고, 사자(使者)가 "허물을 적게 하려 하지만 아직 능치 못하시다.〔寡過未能〕"라고 대답하자 "훌륭한 사자로다.〔使乎〕"라고 여러 번 칭찬하셨으니,[133] 성인의 뜻이 어디에 있는지 상세히 말해 줄 수 있겠는가?

유헌(輶軒)[134]을 내어 사신을 보내는 것은 어느 달인가? 수의직지(繡衣直指)[135]는 어느 시대의 관직인가? 팔사(八使)[136]를 보내어 풍속을 살폈는데 그중에서 누가 가장 훌륭한가? 다섯 가지 방법으로 풍속을 살피는 것은 누가 이 생각을 내었는가? 연주래(延州來)는 상국(上國)의 국풍(國風)을 구경하였고[137] 심제량(沈諸梁)은 속에 열이 나서

133 사자(使者)가……칭찬하셨으니 : 《논어》 〈헌문(憲問)〉에 나오는 내용으로, 거백옥(蘧伯玉)이 보낸 사자가 와서 공자의 묻는 말에 잘 대답하여 공자가 그 사자를 크게 칭찬한 일을 가지고 말한 것이다.

134 유헌(輶軒) : 천자(天子)의 사자(使者)가 타는 수레를 말한다. 후한(後漢) 응소(應劭)의 《풍속통의(風俗通義)》에 "주(周), 진(秦)에서는 매년 8월이면 유헌의 사자를 보내어 이대(異代)의 방언(方言)을 구(求)했다." 하였다.

135 수의직지(繡衣直指) : 한 무제(漢武帝) 때 설치한 관직으로, 당시 민간의 소요를 진압하기 위하여 황제가 직접 파견한 것인데, 지방의 군대를 동원해 백성을 진압하고 군수와 자사(刺史)도 처벌할 수 있는 권한을 주었다. 수놓은 옷을 입고 부월(斧鉞)을 지닌 것은 그 권위를 나타내는 것으로 이후 어사(御史)를 지칭하는 말이 되었다.

136 팔사(八使) : 우리나라에서는 팔도 관찰사의 별칭으로 쓰이기도 하지만, 여기서는 중국의 역대 왕조에서 전통적으로 지방의 정사를 살피기 위해 파견되는 8명의 어사나 지방관을 말한 듯하다. 어느 시대의 어떤 인물들을 가리키는지는 확실하지 않다.

137 연주래(延州來)는……구경하였고 : 연주래는 춘추 시대 오(吳)나라의 계찰(季札)을 이른다. 그가 처음에 연릉(延陵)에 봉해졌다가 뒤에 주래(州來)에 봉해졌으므로 이른 말인데, 그는 중원(中原)의 여러 나라에 사신으로 가서 국풍을 구경하였다. 《春秋左氏傳 昭公27年》

얼음물을 들이켰는데,[138] 누가 더 나은가? 부 정공(富鄭公)이 강성한 오랑캐를 굴복시킨 것[139]과 공도보(孔道輔)가 배우들을 물리친 것[140] 중에 그 공이 어느 쪽이 더 큰가? 육가(陸賈)가 월(越) 지방으로 들어가니 야만족이 복종하였고[141] 장건(張騫)이 황하의 발원지에 도달하니 원마(宛馬)가 변방에 들어왔는데,[142] 과연 이 둘에 우열을 말할 만한 것이 있겠는가? 소랑(蘇郎)이 북해(北海)에서 담요를 씹었고[143] 홍호

138 심제량(沈諸梁)은……들이켰는데 : 심제량은 춘추 시대 초(楚)나라 대부(大夫)이며, 《논어》에 나오는 섭공(葉公)과 동일인이다. 이 사람이 아침에 임금으로부터 제(齊)나라에 사신 가라는 명을 받고 대단히 걱정한 나머지 열이 나서 저녁에 얼음물을 마셨다는 고사가 있다. 《春秋戰國異辭 卷29》

139 부 정공(富鄭公)이……것 : 부 정공은 정국공(鄭國公)에 봉해진 북송(北宋)의 부필(富弼)을 가리킨다. 거란에 사신으로 갔을 때 땅을 떼어 달라는 거란의 요구를 물리쳤다. 《宋史 卷313 富弼列傳》

140 공도보(孔道輔)가……것 : 공도보는 송(宋)나라 사람으로, 공자(孔子)의 45대 손이다. 인종(仁宗) 때 공도보가 거란에 사신으로 갔는데, 거란에서 그를 위해 연회를 베풀면서 배우로 하여금 공자에 관한 놀이를 하게 하니, 공도보가 버럭 화를 내며 거란의 군신들을 꾸짖었다. 《宋史 卷297 孔道輔列傳》

141 육가(陸賈)가……복종하였고 : 육가는 한 고조(漢高祖) 때 사람으로 태중대부(太中大夫)를 지냈는데 남월(南越)의 위타(尉佗)에게 사신으로 가서 그를 회유시킨 일이 있었다. 《史記 卷97 陸賈列傳》《漢書 卷43 陸賈傳》

142 장건(張騫)이……들어왔는데 : 장건은 한 무제(漢武帝) 때의 문신이자 외교관으로, 뗏목을 타고 올라가 황하의 원류를 찾았으며, 서역으로 사신 가서 대원(大宛), 강거(康居), 월지(月氏), 대하(大夏) 등 여러 나라를 모두 한나라에 복속(服屬)시키고 그곳의 문물을 한나라에 소개하였다. 《漢書 卷61 張騫傳》

143 소랑(蘇郎)이……씹었고 : 소랑은 한 무제 때 중랑장을 지낸 소무(蘇武)를 가리킨다. 소무가 흉노(匈奴)에 사신으로 갔다가 19년간 억류되어 북해(北海)에서 고초를 겪었고, 또 흉노가 그를 움집에 집어넣고 음식을 전혀 주지 않았는데 때마침 내리는 눈과 모직물의 털을 씹어 먹으면서 절조를 굽히지 않았다고 한다. 《漢書 卷54 蘇武傳》

(洪皓)가 냉산(冷山)에서 말똥으로 국수를 끓였는데,[144] 또한 이 둘에 같고 다름을 구분할 만한 것이 있겠는가? 사신 가는 것을 혹 "뗏목을 탄다.〔乘槎〕"[145]라고 하고, 혹 "옥을 닦는다.〔拭玉〕"[146]라고 일컬은 것은 비유를 잘하였다고 할 수 있거니와, 창려(昌黎 한유(韓愈))의 〈은원외서(殷員外序)〉[147]와 명윤(明允 소순(蘇洵))의 〈석창언인(石昌言引)〉[148] 또한 사신을 떠나는 사람에게 주는 말로서의 격조가 있는가?

144 홍호(洪皓)가……끓였는데 : 홍호는 남송 고종(南宋高宗) 때의 충신으로, 금나라에 사신 갔다가 억류되어 15년 만에 돌아왔다. 금나라 점한(粘罕)의 뜻을 거슬러 냉산(冷山)으로 쫓겨나서 갖은 고초를 다 겪었으며, 큰 눈이 내려 땔감이 다 떨어지자 말똥으로 불을 피워 국수를 끓여 먹었다고 한다. 《宋史 卷373 洪皓列傳》

145 뗏목을 탄다 : 사신으로 가는 것을 이른다. 한(漢)나라의 장건이 뗏목을 따고 서역 지방으로 떠난 것을 비유하여 이렇게 말한 듯하다.

146 옥을 닦는다 : 사신으로 가는 것을 이른다. 북조(北朝) 위(魏)나라의 장군 이루겸(伊婁謙)이 제(齊)나라에 사신으로 가 있을 때 마침 위나라가 제나라를 치기 위해 군사를 일으켰는데, 제나라의 왕이 이루겸을 책망하자, 이루겸이 "제가 사신으로 떠나올 때는 군사를 일으킨다는 말을 듣지 못하였습니다.〔僕拭玉之始 未聞興師〕"라고 대답한 데서 유래한 듯하다. 《北史 卷75 伊婁謙列傳》

147 은원외서(殷員外序) : 이것은 당나라 한유가 지은 〈회골로 사신 가는 은 원외를 전송하는 서〔送殷員外使回鶻序〕〉이다. 여기에서 한유는 만리타국으로 떠나면서도 태도가 의연한 은 원외를 참으로 경중을 아는 대장부라고 칭송하면서 "지금 사람들은 수백 리 길만 가려 해도 문을 나서면 망망하여 이별을 슬퍼하는 기색이 있고, 이불을 들고 삼성에 들어가 번만 서려 해도 계집종을 돌아보며 시시콜콜 당부하기를 마지않는다.〔今人適數百里 出門惘惘 有離別可憐之色 持被入直三省 丁寧顧婢子 語刺刺不能休〕"라고 하였다.

148 석창언인(石昌言引) : 이것은 송나라 소순이 지은 〈북사가 되어 가는 석창언을 보내는 인〔送石昌言爲北使引〕〉이다. 소순은 여기에서 "대장부로 태어나서 장수가 될 수 없다면 사신이 되어 말로 상대를 제압하는 것으로 족하다.〔大丈夫生不得爲將 得爲使折衝口舌間 足矣〕"라고 하였다.

우리나라의 일을 가지고 말한다 하더라도, 서 장위(徐章威 서희(徐熙))는 요(遼)에 사신으로 가서 참으로 말로 상대를 제압하였고 정포로(鄭圃老 정몽주(鄭夢周))는 왜(倭)에 들어갔을 때 그 언행이 오랑캐의 땅에서 행하여지기에 족하였다. 우리 조정에 이르러서는 북으로는 대방(大邦 중국)을 가까이하고 남으로는 섬 오랑캐를 어루만져 사대교린(事大交隣)을 위한 방도를 극진히 행하였다. 박달나무 바퀴 단 수레를 타고 임금이 내린 옥 부절을 받드는 데에 합당한 인물을 많이 얻었으며, 사명(詞命)이 훌륭하고 문장이 성대하여 크게는 중화(中華)에 영예를 드날리고 작게는 풍속이 다른 외국의 존중을 받았으니, 참으로 아름답지 아니한가.

근일(近日)의 중원(中原)을 논한다면, 의관문물(衣冠文物)이 비록 옛날에는 미치지 못하지만, 은혜를 베풀면 사례하고 일이 있으면 초청하여 계주(薊州)와 유주(幽州) 사이에 사신의 수레가 연달아 왕래하니, 인물을 신중히 가려 사신으로 임명하여 나라의 위광을 떨치는 것이 참으로 마땅한데도, 어찌하여 근자 이래로 품계에 맞추어 사신을 보낸다고 일컬을 만한 경우가 드문가. 연경(燕京)에 들어가서는 여러 가지로 조치하는 일에 오직 역관(譯官)의 입만 쳐다보며, 빈손으로 갔다가 실속을 채워서 돌아오고 간혹 전대 속의 물건으로 자신의 이익을 도모하면서도, 그 나라의 허실(虛實)을 엿보고 그 나라의 정세(情勢)를 살피는 일에 대해서는 이미 어찌할 수 없는 일로 치부하니, 식자(識者)들이 이를 한심스럽게 여긴 지가 참으로 오래되었다.

어찌하여야 사신에게는 그 직무에 합당한 영예가 있고 행인(行人)에게는 언사에 실수를 범하는 탄식이 없어서, 저 나라 사람들로 하여금 고민하여 마음으로부터 복종하게 하고 우리 조정에 인재가 많음을 알게 하겠는가. 여러 군자 중에는 틀림없이 독서와 궁리를 하여 사령(辭令)에 익숙하고 사정(事情)에 밝으며, 분연히 정(鄭)나라 자산(子産)과 노(魯)나라 자공(子貢)의 풍도를 그리워하는 자가 있을 것이니, 웅건하고 박식한 변론을 듣기를 원한다.

묻는다. 나라가 영남(嶺南) 일로(一路)에 대해서 회유(懷柔)하고 인육(仁育)하여 덕혜(德惠)가 두루 펼쳐졌으며, 큰일이라고 하여 거행하지 않은 것이 없고 작은 일이라고 하여 빠뜨린 것이 없다. 산림(山林)과 천택(川澤)에서 나오는 것은 유정지공(惟正之供)[149]이지만 법이 오래되어 폐단이 생긴 것이 있으면 면제해 주었고, 전지(田地)와 수확(收穫)에 대한 조세는 임토지부(任土之賦)[150]이지만 아전들이 간사한 짓을 한 것은 과한 것을 없애 주고 심한 것을 없애 주었다. 멧돼지와 꿩을 사냥하던 것을 옮겨 경공(京貢)으로 만들었으니 이는 성탕(成湯)의 덕이 금수(禽獸)에 미친 것이고, 사노(寺奴)와 내노(內奴)[151]는 비총(比摠)을 조사하여 바로잡았으니 이는 문왕의 정치가 혜선(惠鮮)[152]을 드러낸 것이다.

함양(咸陽)의 곡식이 온통 모래와 흙임이 밝혀지자 만억(萬億)의 곡식을 저장하던 창고를 불태워 버렸고,[153] 남창(南倉)의 돈이 혹 포흠

149 유정지공(惟正之供) : 백성들이 국가에 당연히 바쳐야 할 정상적인 조세를 뜻한다.

150 임토지부(任土之賦) : 토지에 부과되는 조세를 뜻한다.

151 사노(寺奴)와 내노(內奴) : 절에 딸린 노비와 내수사(內需司)에 딸린 노비를 말한다.

152 혜선(惠鮮) : 어려움에 처한 사람들을 구휼하여 생기를 돋우어 주는 것을 뜻한다.

153 함양(咸陽)의……버렸고 : 《정조실록》 14년 2월 20일 조에 내용이 나온다.

에 시달리자 거만(鉅萬)의 권계(券契 어음)를 모두 없애 버리도록 하였다.[154] 양전(量田)의 일을 정비하면서 경계(經界)를 바로잡으라는 가르침을 철저히 따랐으며, 호적(戶籍)을 조사하도록 신칙하면서 민수(民數)를 바치는 신하에게 먼저 책임을 물었다. 선대의 어진 신하와 명성이 높았던 학자들에게 제사를 지내기도 하고 시호를 내리기도 하였으며, 광채를 숨기면서 재주를 품고 있는 인재들을 찾아 발탁하고 80세가 넘은 노인들을 당상관의 품계에 초수(超授)하였으며, 교목세가(喬木世家)의 사람을 진신(搢紳)의 반열에 발탁하였다. 번질(反作)과 구포(舊逋)에 대해서는 네 고을이 함께 탕감을 받았고 햅쌀을 제류(除留)토록 하여 여섯 고을이 모두 소생하게 되었다. 조창(漕倉)의 폐단이 없어지니 관(官)과 민(民) 양쪽이 다 편리해졌고,[155] 사우(沙郵)의 병폐가 제거되니 왕언(王言)이 네 계절이 돌아오는 것처럼 미덥게 되었다.[156] 대벽(大辟 사형(死刑))의 죄를 범한 자를 심리하여 부생(傅生)[157]으로 처리한 일이 많고 흠휼(欽恤)의 새로운 규정을 시행하여 백성을 사랑하는 마음이 더욱 드러났다.

교제곡(交濟穀)의 운송을 드물게 한 것은 바닷가 민호의 어깨가 쉴 수 있게 하려는 것이었고 여러 차례 어사를 파견한 것은 가난한 백성들

154 남창(南倉)의……하였다 : 《정조실록》 15년 6월 9일 조에 이에 대한 내용이 나온다.

155 조창(漕倉)의……편리해졌고 : 영남의 고을에서 뱃삯으로 내는 이른바 선가미(船價米)를 혁파한 일로, 《정조실록》 15년 7월 13일 조에 이에 대한 내용이 나온다.

156 사우(沙郵)의……되었다 : 사근역(沙斤驛)의 묵은 환곡을 탕감해 준 일로, 《정조실록》 15년 3월 13일 조에 이에 대한 내용이 나온다.

157 부생(傅生) : 중죄인(重罪人)의 죄상에 의심스러운 점이 있을 때 형을 경감(輕減)하는 것이다.

의 사정을 자세히 살피려는 것이었다. 솜이 귀한 해에는 다른 물품으로 받고 곡식이 많은 고을은 변통하여 사용하게 하였으며, 구걸하고 버려진 아이들을 위해서는 '보살피고 길러 주는 전칙〔字恤哺養之典〕'을 만들고 무너지고 떠내려간 집을 위해서는 '위로하고 정착시킬 방도〔慰諭奠接之方〕'를 생각하였다. 한 해에 두 번 수확하는 밭작물에 대해 특별히 면전(綿田 목화밭)의 예를 본떠서 급재(給災)하고[158] 심하게 물에 잠긴 땅은 무너진 집에 대한 규정을 준용하도록 허락하였으며, 연분(年分)의 표재(俵災)[159]를 오로지 도신(道臣)에게 맡기고 환곡의 상환을 정지하거나 다른 곡식으로 바꾸는 일은 장계로 보고할 필요도 없이 시행하도록 하였다.

이런 일들은 단지 그 개략(槪略)을 대충 거론한 것으로 열 가지 중에 여덟아홉 가지는 빠뜨린 것이며, 백성을 다친 사람 보듯이 염려하고 어린아이 돌보듯이 하는 마음과 백성을 부유하게 하기 위해서는 법도를 벗어나도 어쩔 수 없다는 의리로, 백성들이 감히 바라지 못하였던 일과 유사(有司)들이 감히 청하지 못하였던 일을 그때마다 모두 마음에서 결단을 내리어 통상의 격식에 구애받지 않았으니, 비록 이 도의 사람이 스스로를 위하여 행하는 경우에도 이처럼 할 수는 없을 것이다. 아, 거룩하도다!

158 특별히……급재(給災)하고 : 보통 밭은 1년에 두 번 경작하므로 흉년을 당하여도 급재를 허락하지 않지만, 목화밭은 반드시 입하(立夏) 이전에 씨를 뿌리게 되어 두 번 경작할 수 없으므로, 목화 농사에 참혹한 흉년을 당하였을 때는 간혹 특은(特恩)으로 급재하는 예가 있었다. 《萬機要覽 財用編二 年分》

159 표재(俵災) : 재해를 입은 논밭에 대하여 그 비율에 따라 조세의 감면을 할당하는 것을 말한다.

무릇 본도의 땅은 추로(鄒魯)의 고장으로 일컬어지고 본도의 고을에는 현송(絃誦)의 소리가 있었으며,[160] 아름다운 풍속이 백 년 동안 길러지고 산택의 풍요로움이 나라에서 으뜸이었으니, 이것이 이른바 '백성이 많고 부유해졌으면 또 가르쳐야 한다.〔旣庶旣富又教之〕'[161]라고 하는 것이다. 그런데 어찌하여 예속(禮俗)은 점점 무너지고 사림(士林)에는 겸양의 기풍이 드물며, 재력(財力)은 날로 줄어들고 민생(民生)에는 쪼들린다는 탄식이 있는가. 남들이 본도를 보는 것과 본도 사람들이 스스로를 보는 것이 점점 옛날과 같지 않으니, 이것은 비단 식견 있는 사람들이 남몰래 한탄하는 일일 뿐만 아니라 또한 본도 사람들의 큰 수치이다. 지금 서(庶)와 부(富)와 교(教) 세 가지로 말하건대, 서에서는 지극하고 충분하여 이 위에 더할 것이 없으나, 부와 교에는 과연 조금도 미진한 데가 없이 많은 조목들을 남김없이 시행하였는지 알지 못하겠다. 여러 군자가 틀림없이 암혈(巖穴)에서 책을 읽어 깊이 경륜을 간직하고, 지금 세상에서 그것을 한번 시험해 보려고 생각할 것이니, 아무쪼록 통상적인 격식을 벗어던지고 속에 간직한 것을 모두 펼쳐서 교남(嶠南)[162]에 인물이 많음을 증명하도록 하라.

묻는다. 관방(關防)은 국가가 중요하게 여기는 것이니, 험준함에

160 현송(絃誦)의 소리가 있었으며 : 현송은 거문고를 타고 시를 읊조린다는 뜻이니, 이 지방에 예악과 학문에 힘쓰는 기풍이 있었음을 말한다.

161 백성이……한다 : 《논어》〈자로(子路)〉 제9장에 나온 염유(冉有)의 질문에 대한 공자의 대답을 축약한 말이다.

162 교남(嶠南) : 조령(鳥嶺) 이남(以南)인 영남(嶺南)을 말한다. 교는 중국의 교령(嶠嶺)으로, 우리나라의 조령을 교령에 비유한 것이다.

의지하여 요충지를 지키고 난폭한 적을 막아 방비를 튼튼히 하는 수단이다. 역대(歷代) 왕조에서 관방을 다스려 온 자취가 모두 사첩(史牒)에 나와 있어 귀감으로 삼을 수 있으니, 혹 지형의 편리함에 의지하여 도읍을 세우기도 하였고 혹 험준한 요해처를 지켜 빗장을 단단히 걸기도 하였다. 우하(虞夏)의 도읍지는 삭방(朔方)의 역수(易水)를 등지고 여러 오복(五服)[163]의 나라는 북쪽으로 사막에까지 이르렀으며, 한(漢)·당(唐)이 터 잡은 곳은 산과 강을 둘러 3면을 막고 동쪽으로 제후들을 누르는 곳이었다. 이하(夷夏 오랑캐와 중국)의 경계가 옛날과 지금이 이토록 현저히 다른데, 방어를 위한 책략에는 제왕(帝王)과 패자(霸者)가 이처럼 다르지 않은 것은 어째서인가?

"안팎이 산과 강이다."라는 것은 구범(舅犯)이 한 말이요,[164] "한수(漢水)와 방성(方城)으로 지킨다."라는 것은 굴완(屈完)의 대답이었으니,[165] 진(晉)나라의 지리(地利)는 싸워서 이기지 못하더라도 능히 나

163 오복(五服) : 왕기(王畿)를 중심으로 하여 500리씩 순차적으로 나눈 다섯 지역, 즉 전복(甸服), 후복(侯服), 수복(綏服), 요복(要服), 황복(荒服)이다.

164 안팎이……말이요 : 초나라 군사가 진나라를 치고자 진을 쳤을 때 진 문공(晉文公)이 전쟁에 질 것을 근심하자, 문공의 외삼촌 구범(舅犯)이 "전쟁을 하여 승리하면 제후를 얻을 것이고 만약 승리하지 못하더라도 안팎이 산과 강이니 반드시 해가 없을 것입니다.〔戰而捷 必得諸侯 若其不捷 表裏山河 必無害也〕"라고 하였다. 《春秋左氏傳 僖公28年》

165 한수(漢水)와……대답이었으니 : 제 환공(齊桓公)이 초나라를 정벌하고자 초나라 장수 굴완에게 막강한 군세를 과시하며 뽐내었으나, 굴완이 "임금님께서 만약 무력을 사용하신다면 우리 초나라는 방성산을 성으로 삼고 한수를 해자로 삼을 것이니, 군사가 아무리 많아도 사용할 곳이 없을 것입니다.〔君若以力 楚國方城以爲城 漢水以爲池 雖衆無所用之〕"라고 하였다. 《春秋左氏傳 僖公4年》

라를 보전하여 결코 해를 입지 않을 수 있으며, 초(楚)나라의 형세는 적이 비록 숫자가 많아도 역시 그것이 소용없다는 것을 안 것인가? 회수(淮水)와 비수(淝水)는 그 안쪽이 견고하여 육조(六朝) 때 그 지역의 패자(霸者)들이 도읍한 곳이었고 검각(劍閣)[166]에 나 있는 잔도(棧道)는 양천(兩川)의 세력[167]이 할거하던 땅이었다. 산천은 예나 지금이나 변하지 않았는데 이들의 역년(歷年)에 각각 길고 짧음이 있었던 것은 어째서인가?

변경(汴京 북송의 수도)은 산과 강으로 막힌 데가 없었으나 백 년 동안 아무 일이 없었고 항주(杭州 남송의 수도)는 강과 바다로 막히었으나 한쪽 모퉁이에서만 살아남았으니, 그렇다면 관방이 혹 허술하여도 원래 치국(治國)이나 평천하(平天下)와는 관련이 없고 믿을 만한 험난함이 도리어 편안함에 빠지는 원인이 되었던 것인가? 성고(成皐)를 막아 초(楚)와 한(漢)의 성패를 결정짓고[168] 수양(睢陽)을 지키는 것이 강회(江淮)의 보장(保障)이 되는 것[169]은 어째서인가? 혹 한 덩이의 흙으로

166 검각(劍閣) : 사천성(四川省) 검각현(劍閣縣)에 있는 관문의 이름이다. 이 관문은 장안(長安)에서 촉(蜀)으로 들어가는 길목에 위치해 있는데, 검각현의 북쪽으로 대검(大劍)과 소검(小劍)의 두 산 사이에 잔교(棧橋)가 있는 요해처로 유명하다.

167 양천(兩川)의 세력 : 당(唐)나라 시기에 검남도(劍南道)에 동천 절도사(東川節度使)와 서천 절도사(西川節度使)를 두었는데, 여기서의 양천은 이들을 가리켜 말한 듯하다.

168 성고(成皐)를……결정짓고 : 한(漢)과 초(楚)가 형양(滎陽)에서 싸울 때 역이기(酈食其)가 한 고조(漢高祖)에게 "성고의 험한 데를 막고 대행의 길을 차단하며 비호구에서 막고 백마의 진을 지켜 제후들에게 실제의 형세를 보이면 천하가 귀의할 곳을 알게 될 것입니다.〔塞成皐之險 杜大行之道 距蜚狐之口 守白馬之津 以示諸侯效實形制之勢 則天下知所歸矣〕"라고 하였다.《史記 卷97 酈生列傳》

험한 관문을 봉해 버리기도 하고[170] 혹 한 사람의 장수를 만 리의 성(城)에 비하기도 하니, 그렇다면 나라를 지키는 좋은 계책이 단지 사람에게만 관계가 있고 지리와는 관계가 없는 것인가?

전한(前漢)에서는 운중(雲中)과 안문(雁門), 후한에서는 선선(鄯善)과 무기(戊己), 당에서는 삭방(朔方), 송에서는 대명(大名)을 모두 반드시 지켜야 할 땅으로 간주하였으며, 황명(皇明 명나라)에 이르러 동북의 두 오랑캐 가까이에는 타안(朶顔)의 삼위(三衛)[171]와 거용관(居庸關)·고북구(古北口)의 병영을 설치하여 선대(宣大 중국 열하 지역)를 나라의 울타리로 삼았고, 하투(河套)와 감숙(甘肅) 지역에는 정장(亭障 초소)을 늘어세워 변경을 지켰다. 이것은 모두 수천 년 이래로 충성스러운 선비들과 지모가 있는 신하들이 경략(經略)하였던 것인데, 이 모두에 대해 그 득실(得失)을 하나하나 진술하고 그 이해(利害)를 지적하여 논할 수 있겠는가?

우리나라로 말하면, 삼면이 바다에 둘러싸이고 요동(遼東)과 계주

169 수양(睢陽)을……것 : 안녹산(安祿山)과 사사명(史思明)이 반란을 일으켰을 때 수양성(睢陽城)이 반란군에 포위되자 사람들은 모두 성을 버리고 도주하자고 하였으나 장순(張巡)과 허원(許遠)은 "수양은 강회의 보장이다. 만약 이 성을 버리고 떠나면 적이 반드시 승세를 타고 남쪽으로 내려갈 것이니, 그렇게 되면 강회는 없게 될 것이다.〔睢陽江淮保障也 若棄之 賊乘勝鼓而南 江淮必亡〕"라고 하였다.《新唐書 卷192 忠義列傳 張巡》

170 한 덩이의……하고 : 왕망(王莽)의 신(新)나라 말기에 외효(隗囂)의 장수 왕원(王元)이 "한 덩이의 흙을 가지고 가서 대왕을 위해 함곡관을 봉해 버리겠다.〔以一丸泥爲大王 東封函谷關〕"라고 말한 고사에서 유래한 것이다.《後漢書 卷13 隗囂列傳》

171 타안(朶顔)의 삼위(三衛) : 명 태조(明太祖)가 중국을 통일한 후에 열하성(熱河城) 이북 지역에 설치한 타안(朶顔), 복여(福餘), 태령(泰寧)의 세 군영을 말한다.

(薊州)에 맞닿아 있어 신라와 고려 이래로 항상 전쟁을 치르는 나라가 되었다. 산성(山城)에 주둔한 것을 '새가 깃든 것〔鳥棲〕'에 비유한 것은 무슨 까닭인가? 탄현(炭峴)을 지켜 적병을 막으려 한 사람은 누구인가? 살수(薩水)에서 수나라 군대를 패배시키고 안시(安市)에서 당나라 군대를 곤경에 빠뜨렸는데, 지금 그곳이 어디인지 지적할 수 있겠는가? 여진(女眞)이 이위(伊位 함경도 초황령(草黃嶺))의 병목〔缾頃〕을 넘어 들어올지 모른다고 의심하는 것은 무엇 때문인가? 유소(柳韶)가 북쪽 국경에 쌓은 성이 어디서부터 어디까지인지 말할 수 있겠는가?

아조(我朝)에 이르러 땅을 가장 크게 넓혔고 이에 따라 지켜야 할 곳 역시 많아졌다. 서북 양계(西北兩界)를 문호(門戶)라고 부르는데, 문숙(文肅 윤관(尹瓘))의 공적을 기록한 비는 겨우 영주(英州)에 세워졌으나 절재(節齋 김종서(金宗瑞))가 개척한 공적은 두만강에까지 미쳤고, 상효손(常孝孫)이 와서 바친 것은 그때 내원성(來遠城)에 불과하였지만,[172] 발해의 옛 강토가 지금 혹 우리나라의 판도 안으로 들어왔으니, 아 거룩하다!

그러나 용성(龍城)과 석막(石幕)은 그 진퇴(進退)에 대한 논의가 오래 계속되고 여연(閭延)과 무창(茂昌)은 아직 이어지는 형세를 이루지 못하고 있으며, 어떤 사람은 "안북(安北)에 영(營)을 개설하였으나 그곳은 성을 지킬 수 있는 곳이 아니므로 철옹(鐵甕)으로 옮기는 것이

172 상효손(常孝孫)이……불과하였지만 : 고려 예종조(睿宗朝)에 금나라 군사가 요나라의 개주(開州)를 함락시키고 내원성(來遠城)을 습격하자, 요나라 자사(刺史) 상효손이 내원(來遠), 포주(抱州) 두 성(城)을 가지고 우리나라에 귀부(歸付)한 사실을 말한 것이다.

마땅하다."라고 하고, 어떤 사람은 "삼강(三江)[173]의 여러 진(鎭)은 내지에 귀속된 곳이 아니므로 모두 후주(厚州)에 병합하는 것이 마땅하다."라고 하여, 갑론을박(甲論乙駁)만 할 뿐 확실한 계책이 아직 나오지 않았다. 그리고 강 연안의 진보(鎭堡)들은 거의 스스로 유지하기가 어렵고 웅건한 영(營)과 중첩한 성(城)도 한갓 헛된 명성만 있을 뿐이니, 이것은 식자들이 한심스럽게 여기는 바이다.

출입문을 단단히 얽어 두면 아랫사람들이 감히 업신여기지 못하고,[174] 버드나무를 꺾어 채소밭에 울타리를 치면 광포한 사람도 두려워하는 법이니,[175] 일이 일어나고서 근심하는 것은 일이 일어나기 전에 생각하는 것만 못하고, 위태해지고 나서 꾀하는 것은 안전할 때 염려하는 것만 못하다. 그러니 어찌하면 완벽한 계책을 내어 사방의 국경이 지켜지고 양계(兩界)의 관방이 확연히 공고해지며, 싸우고 지키는 주도권이 항상 우리에게 있도록 하여 밖으로는 오랑캐가 넘볼 근심을 없애고 안으로는 금성탕지(金城湯池)의 견고함을 지니겠는가? 여러 군자는 틀림없이 일찍부터 품어 온 특별한 포부가 있어 한번 펼쳐 보고자 할 것이니, 그 말을 듣기를 원한다.

173 삼강(三江) : 여기서는 압록강(鴨綠江)을 가리킨다. 압록강이 의주 부근에서 세 갈래로 흐르므로 이렇게 부른 것이다.

174 출입문을……못하고 : 미리 대비를 잘하면 환란을 미연에 방지할 수 있다는 뜻으로, 《시경》 〈치효(鴟鴞)〉에 "하늘이 흐려 비가 오기 전에, 저 뽕나무 뿌리를 주워다가 출입문을 단단히 얽어 둔다면, 이제 네 하민들이, 혹시라도 나를 업신여기랴.〔迨天之未陰雨 徹彼桑土 綢繆牖戶 今女下民 或敢侮予〕"라고 한 데서 나온 말이다.

175 버드나무를……법이니 : 여기에서는 변경의 방비를 잘하여야 한다는 뜻으로, 《시경》 〈동방미명(東方未明)〉에 "버드나무를 꺾어 채소밭에 울타리를 치니 광포한 사람도 두려워하네.〔折柳樊圃 狂夫瞿瞿〕"라고 한 구절에서 따온 것이다.

죽석관유집

제7책

雜著 잡저

外篇 외편

잡저 雜著

연엽주부
蓮葉酒賦

소장공(蘇長公)[1]은 〈복호마부(服胡麻賦)〉[2]를 지었고 주자(朱子)는 그 글이 〈귤송(橘頌)〉[3]의 뜻을 얻었다고 칭찬하였다. 나는 연잎으로 술을 빚으면서 마음에 느끼는 바가 있어서 이 부(賦)를 지었으나 너무 밋밋하여 내 마음에 차지 않는다.

연의 고결한 성품 맑은 물에서 나왔으니	維蓮潔性出淸水兮
자연스레 꾸밈없이 어우러짐이 보기 좋아라	天然去飾紛可喜兮
널따란 연잎을 푸른 연뿌리가 떠받치는데	田田其葉翠藕擎兮

1 소장공(蘇長公) : 송나라 소식(蘇軾)의 경칭이다. 소식은 소순(蘇洵)의 장자인 데다 그 문장이 백대(百代)의 으뜸이라고 할 만했기 때문에, 그를 일컬어 장공(長公)이라고 하고 그의 아우 소철(蘇轍)은 소공(少公)이라고 하였다.

2 복호마부(服胡麻賦) : 소식이 평소 즐겨 먹던 약재인 복령(茯苓)에다 참깨〔胡麻〕를 섞어서 먹게 된 경위를 읊은 글이다. 《東坡全集 卷33》

3 귤송(橘頌) : 《초사(楚辭)》 구장(九章)의 편명으로, 초(楚)나라의 굴원(屈原)이 자신의 고결하고 변하지 않는 지조를 귤나무에 빗대어 읊은 것이다.

속이 비고 둥그니 오히려 하늘의 형상이라 　 敵中而規反宇形兮

여기에다 술 빚으니 술동이 말할 필요 없이 　 於焉投醞無謝盎缾兮

줄기 꺾어 받쳐 주고 풀 엮어 깔아 주네 　 伐枚支持蒻絞藉兮

꼭지에 가지런한 연봉오리는 향기를 내뿜고 　 菡萏幷蔕香轉寫兮

영롱한 만 개의 구멍[4]은 밤이슬을 마신다 　 玲瓏萬竅吸沆瀣兮

꽃향기 사방으로 퍼지면서 하룻밤을 지내니 　 芳馨四達宿一夜兮

처지지도 꺾이지도 않고 즙과 찌끼 어우러졌네 　 不沈不挫汁滓相將兮

숟가락으로 입에 흘려 술잔 채워 마시지 않아도 　 匙抄溜溜不實杯觴兮

기름진 맛 잠깐 퍼지더니 단맛이 꿀물 같다 　 敷膏經寸甛蜜漿兮

물기운이 응결되어 술이 맑고 청량한데 　 水氣成凍酎淸凉兮

연잎은 이전과 같아 색과 향에 변함이 없네 　 葉則如故不損色香兮

코끼리 코로 마시는 벽통주[5]는 너무 사치스럽고 　 碧筒象鼻猷已侈兮

숲에서 나는 야자주[6]는 멀어서 구할 수 없으니 　 椰子生林遠莫之致兮

빚기 쉽고도 맛있기가 어찌 이 술만 하겠는가 　 豈若此釀易且好兮

맑은 향기와 꽃 같은 고결함을 내 간직하려네 　 淸馨芳潔吾所保兮

4 만 개의 구멍 : 《장자(莊子)》 〈제물론(齊物論)〉에서 만물의 변화를 만 개의 구멍〔萬竅〕에서 나오는 바람 소리에 비유하였다.

5 코끼리……벽통주(碧筒酒) : 연잎에 담아서 연줄기로 마시는 술을 벽통주라고 한다. 《태평광기(太平廣記)》에 따르면, 삼국(三國) 시대 위(魏)나라 정각(鄭慤)이 삼복(三伏) 무렵이면 매양 빈료(賓僚)들을 거느리고 사군림(使君林)에서 피서(避暑)를 했는데, 그때마다 큰 연잎에다 술 서 되를 담은 다음, 비녀로 연잎을 찔러서 줄기의 구멍과 서로 통하게 하여 줄기를 마치 코끼리의 코처럼 구부려서 거기에 입을 대고 술을 빨아 마셨다고 한다.

6 야자주(椰子酒) : 야자나무 열매 속에 들어 있는 즙을 가리킨다.

술도 아니고 단술도 아니니 무엇이라 이름할까　非醍非醴何所名兮
염옹[7]을 불러 여기에 함께하고자 하노라　願起濂翁共斯方兮

7 염옹(濂翁) : 연꽃을 좋아하여 〈애련설(愛蓮說)〉을 지은 염계(濂溪) 주돈이(周敦頤)를 가리킨다.

극옹[8]의 귀거래사에 답함

酬屐翁歸去來辭

돌아가리	歸去來兮
임천이 우리 공을 돌아가지 못하게 한다네[9]	林泉無以我公歸
벼슬의 속박에서 벗어날 수 없음을 알고	諒縣解之莫遂兮
높은 명성에 얽매여 스스로 슬퍼하네	絆高名而自悲
제 그림자 피해 해를 향해 달리는 것과 같으니	如畏影而走日兮
비록 과보[10]라 한들 무슨 방도가 있으리오	雖夸父而曷追
전에는 굳세다가 이제 나약해짐을 슬퍼하며	悼前猛而就懦兮
홀로 스스로에게 그르다고 나무란다네	獨於躬而非非

8 극옹(屐翁) : 이만수(李晩秀, 1752~1820)로, 본관은 연안(延安), 자는 성중(成仲)이며, 호는 극옹・극원(屐園)이다. 1789년(정조13)식년 문과에 병과로 급제하고 대사성, 이조 판서, 평안도 관찰사 등 여러 관직을 거쳤으며, 수원 유수로 있을 때 임지에서 세상을 떠났다. 시호는 문헌(文獻)이며, 저서로 《극원유고(屐園遺稿)》가 있다.

9 임천(林泉)이……한다네 : 세상 사람들이 그를 벼슬에서 벗어나지 못하게 함을 말한 것이다. 주공(周公)이 동정(東征)하였을 때 주(周)의 대부가 그 덕을 흠모하여 지은 《시경》〈구역(九罭)〉 시에 "이러므로 곤의를 입은 분이 있으니, 우리 공을 데리고 돌아가지 말아서 우리 마음 슬프게 하지 마라.〔是以有袞衣兮 無以我公歸兮 無使我心悲兮〕"라고 한 구절이 있다.

10 과보(夸父) : 걸음이 빠른 신화 속의 인물이다. 《산해경(山海經)》〈해외북경(海外北經)〉에 "과보가 해를 좇아가다가 8일 만에 목이 말라 하수(河水)와 위수(渭水)에서 물을 먹고 부족하여 북쪽 대택(大澤)으로 물을 마시러 가다가 이르지 못하고 죽었다."라고 하였다.

동년의 학사[11]를 그리워하노라니	睠同時之學士兮
초라한 시골 늙은이 된 지 오래이고	久一翁之簑衣
뛰어난 동료 뒤를 따르려 하노라니	企英僚之踵武兮
행적 초라하고 재주 미천함이 한스럽네	歎跡畸而才微
옥돌 같은 인재들이 늘어섰고	珷瑾幷列
둔마와 명마가 함께 달리는데	駑駿齊奔
보잘것없는 내가 은혜를 입어	謬蒙雕朽
외람되이 벼슬길에 올랐도다	枉託龍門
젊고 왕성하던 때가 언제런가	少壯幾時
남은 목숨 구차히 보전하고 있으니	餘生苟存
술동이로라도 쓸 수 있는 큰 박보다 못하다네	不如大匏猶可爲樽
내 흰 귀밑머리 잡고 서글퍼하면서	攬余髩而怊悵兮
혼자 그대의 동안을 의아하게 생각하고	竊獨怪子童顔
화답 시의 아름다운 소리 듣노라니	聆嘉音於和陶兮
마음이 푸근하고 몸이 편안하다네	情所舒而體安
덕요의 정숙함[12]을 아름답게 여기고	嫰珩璜之德耀兮
사립문에 행마[13] 설치하며	施行馬之柴關

11 동년(同年)의 학사 : 극옹 이만수와 이 글의 작자 서영보는 1789년(정조13)의 식년 문과에 함께 급제한 사이이므로 이렇게 말한 것이다.

12 덕요(德耀)의 정숙함 : 후한(後漢) 때의 은사 양홍(梁鴻)의 처 맹광(孟光)의 자이다. 본디 부유한 집안 출신이었으나 남편을 따라 패릉산(霸陵山)에 은둔하여 지내면서 남편을 지극히 공경하였다고 한다. 형황(珩璜)은 고대에 부인이 몸에 차는 옥패로 부인의 절도와 정숙함을 나타낸다.

13 행마(行馬) : 귀인(貴人)의 집이나 관서(官署)의 문 앞에 설치하는 것으로, 말을 매어 두는 도구를 말한다.

다섯 두둑의 작은 동산 속 　中五畝之小園兮
좋은 경치에서 한가하게 지내려네 　聊燕處於榮觀
내 정자에 이름 지어 처음으로 소유하고 　名吾亭而始有兮
내 오두막집 사랑하여 나 돌아가리라 　愛吾廬而吾還
호복의 아득한 상념[14]을 부치려니 　寄濠濮之遐想兮
여기가 고래 노니는 깊은 연못이로다[15] 　是淵審之鯢桓
돌아가리 　歸去來兮
천지의 이치 생각하며 유유히 거닐도다 　抱玄覽而逍遙遊
정결한 곳에서 즐거이 먹고 마시며 　怡飮食於潔蠲兮
기구[16]의 마음 없애고자 잠계 몸에 간직하리 　佩箴戒於忮求
책상에는 책을 쌓아 지붕에 닿고 　床書堆而抵屋兮
기자[17]들 돌보아 주며 근심을 잊으리라 　撫驥子而無憂
갖가지 꽃이며 과일을 빼곡히 심으니 　列花菓之紛植兮
채소도 밭두둑에 넘쳐 나겠네 　復菜茹之衍疇

14 호복(濠濮)의 아득한 상념 : 속세(俗世)를 떠나서 자연을 즐기는 마음을 말한다. 《장자》〈추수(秋水)〉에, 장자(莊子)가 호량(濠梁) 위에서 물고기가 노는 것을 보고 즐거워하고, 또 복수(濮水)에서 낚시질을 하면서 초왕(楚王)이 부르는데도 응하지 않았다는 고사(故事)가 나온다.

15 고래……연못이로다 : 《장자》〈응제왕(應帝王)〉에 "고래가 노니는 깊은 물도 연못이며, 멈추어 있는 깊은 물도 연못이며, 흐르는 깊은 물도 연못이다.〔鯢桓之審爲淵 止水之審爲淵 流水之審爲淵〕"라는 구절이 있다.

16 기구(忮求) : 기(忮)는 해롭게 하는 것, 구(求)는 탐욕 부리는 것이다. 《시경》〈웅치(雄雉)〉에 "남을 해치지 않으며 남의 것을 탐하지 않는다면 어찌 착하지 않겠는가.〔不忮不求 何用不臧〕"라는 말이 나오는데, 《논어》〈자한(子罕)〉에서 공자가 자로(子路)의 욕심 없는 마음을 칭찬하며 이를 인용하였다.

17 기자(驥子) : 재질이 뛰어난 젊은이를 일컫는 말이다.

길 잃은 이 누구인가	誰歟迷津
나는 저 빈 배로다	我其虛舟
몸과 마음 맡겨도 좋으련만	將形神之可遺兮
어찌 굳이 저 아무 언덕 그리워하는가	何必懷夫某邱
둥근 담 두른 집에서 한가로이 지내며	循環堵而棲遲兮
평탄한 대로처럼 편안히 살아가리라	坦康莊與安流
마음이 몸을 부리고 유유자적하노니	心馭形而自適兮
이제 쉬지 않아도 저절로 쉬게 된다오	方不休而方休
상쾌하다 풍창에 베개 베고 낮잠을 자노라니	快矣乎欹枕風窓晝睡時
우레 같은 수레바퀴 소리 문밖에서 들리네	雷鳴大轂門外轉
아, 이 갈림길에서 장차 어디로 가리오	吁嗟乎歧路將安之
대숲 속 사람이라 상서의 기약[18] 따르겠네	惟有竹裏人能赴尙書期
뜻 높은 이 바라서 길게 탄식하고	希高志而永歎兮
자기 버린 이 따라서 남들을 도와주며	類舍己而人耔
고반[19]을 가리켜 길이 맹세하고	指考槃之永矢兮
이어서 사영의 옛 시[20]를 읊으리라	續思潁之舊詩

18 상서(尙書)의 기약 : 여기에서 상서는 71세에 형부 상서의 벼슬로 치사(致仕)한 백거이(白居易)를 가리키는 듯하다. 백거이는 항상 혼탁하고 위태로웠던 벼슬길을 떠나 초야에서 안빈낙도의 삶을 살고자 하였다.

19 고반(考槃) : 현자(賢者)가 세상을 피하여 은둔해 사는 즐거움을 뜻하는 말로, 《시경》〈고반〉의 "고반이 시냇가에 있으니, 석인의 마음이 넉넉하도다.〔考槃在澗 碩人之寬〕"라고 한 데서 온 말이다.

20 사영(思潁)의 옛 시 : 송나라 때의 구양수(歐陽脩)가 자신이 한때 수령을 지냈던 영주(潁州)를 매우 사랑하여 지은 〈사영시(思潁詩)〉를 말한다. 실제로 구양수는 벼슬에서 물러난 뒤에 그곳으로 돌아가 여생을 마쳤다. 《文忠集 卷44 思潁詩後序》

원래 조물주는 쓸모없는 것 버리나니　固造物之捨無用兮
뜻이 있으면 끝내 이루어짐을 그대는 의심 마소　有志竟成君莫疑

거울을 보면서 읊다

臨鏡贊

자신의 얼굴을 사랑하여 보려고 하는 것이 사람의 마음이다. 사랑은 어찌하여 생기는가? 나와 가깝고 나를 알고 나와 오래 함께하기 때문이다. 나와 가까운 사람이 나이고 나를 아는 사람이 나이며 나와 오래 함께한 사람이 나이니, 내가 매우 사랑하여 그 얼굴을 보려고 하는 사람이 오직 나인 것도 당연하다. 나와 가까운 사람으로는 부모와 형제와 처자가 있고 나와 오래 함께한 사람으로는 인척과 세구(世舊)[21]와 동네 사람이 있어서 나와 가까운 사람과 나와 오래 함께한 사람은 나뿐만이 아니지만, 나를 아는 사람으로는 세상에 달리 그런 사람이 없으니, 내가 나를 나의 지기(知己)로 삼아 내가 나와 더불어 어울리려 하는 것이다.

부모와 형제와 처자는 내가 항상 얼굴을 보는 사람들이고 인척과 세구와 동네 사람도 얼굴을 보려 하면 볼 수 있는 사람들이다. 그러나 유독 나를 아는 나만은 그 얼굴을 볼 수가 없어서, 반드시 저 사방 몇 치 되는 유리의 빛을 빌려 이 접시만 한 얼굴을 비추니, 이 역시 어쩔 수 없는 사람의 마음이다. 내가 이 거울을 가져서 지기 한 사람을 얻었으니, 어찌 백 개의 거울로 백 명의 지기를 얻고 천 개의 거울로 천 명의 지기를 얻지 않으리오. 그러나 나를 아는 사람이 드문 것이야

21 세구(世舊) : 대를 이어서 교분을 맺어 온 사람을 말한다.

말로 노씨(老氏 노자)가 귀하게 여긴 것이었으니,[22] 내 무엇 때문에 백 개, 천 개의 거울로 끝없이 지기를 구하겠는가.

22 나를……것이었으니 : 《도덕경(道德經)》 70장에 "나를 아는 이가 드물기 때문에 내가 귀한 것이다.〔知我者希則我貴〕"라고 하였다.

맹명이 양처보에게 사례한 일[23]을 빗대어 쓴 글
擬孟明謝陽處父書

감히 외람되이 군명(君命)[24]을 받았습니다. 접때 폐읍(敝邑)[25]이 정(鄭)나라와 전쟁을 하여, 오직 이 때문에 폐읍의 군신(君臣)이 진(晉)나라의 지경을 지나간 것인데, 진군(晉君)께서 "너희가 어찌 감히 우리 나라를 지나면서 우리에게 알리지 않았는가. 이는 우리를 업

23 맹명(孟明)이……일 : 맹명은 춘추 시대 진(秦)나라의 어진 신하 백리해(百里奚)의 아들로, 이름은 시(視)이다. 이 글과 관련된 맹명의 고사는 《춘추좌씨전》 희공(僖公) 33년 조에 나온다. 진(晉)나라가 효산(殽山)의 전투에서 진(秦)나라 군대를 격파하고 맹명을 비롯한 여러 명의 진(秦)나라 장수를 포로로 잡았다. 진(晉)나라 문공(文公)의 부인이자 양공(襄公)의 모친인 문영(文嬴)은 진(秦)나라 여자였는데, 그가 이들을 방면하여 진(秦)나라로 보내 그곳에서 죽게 하자고 양공에게 청하자 양공이 이들을 석방하여 진(秦)나라로 가게 하였다. 바로 뒤에 신하 선진(先軫)의 말을 듣고 깨우친 양공이 양처보를 시켜 맹명 등을 추격하게 하였으나, 뒤쫓아 가 보니 맹명은 이미 하수(河水)를 건너려고 배에 올라 있었다. 양처보가 참마(驂馬)를 벗겨 맹명에게 주면서 군주의 명령으로 주는 것이라고 하였는데, 이는 맹명으로 하여금 다시 돌아와 군주에게 사례하게 하고 그를 붙잡을 생각을 한 것이었다. 그것을 알아차린 맹명이 머리를 조아리며 말하기를 "진군(晉君)께서 우리를 죽이지 않고 은혜를 베풀어 진(秦)나라에서 죽을 수 있게 해 주셨으니, 우리 군주께서 우리를 죽이더라도 우리는 죽어서도 진군의 은혜를 잊지 아니할 것이고 만약 죽음을 면하게 된다면 3년 뒤에 다시 와서 진군의 은혜에 사례하겠소." 하였다. 본국으로 돌아간 맹명은 과연 3년 뒤에 하수를 건너 크게 진(晉)나라를 쳐서 보복하였다.

24 군명(君命) : 여기서는 맹명이 진(晉)나라를 떠나 본국으로 돌아가려 할 때 양처보를 통하여 맹명에게 전한 진군(晉君)의 말을 가리키는 듯하다.

25 폐읍(敝邑) : 상대방에게 자신의 나라를 낮추어 부르는 말이다.

신여긴 것이다."라고 하셨습니다. 외신(外臣)[26]이 불민하여 이런 상황이 되었으니, 어찌 감히 죽을 것을 잊었겠습니까. 폐읍이 천리 길을 가서 남의 나라를 습격하면서,[27] 진군께 군이 이를 알리고자 하였다면 아마도 우리 군대의 움직임이 누설되지 않았겠습니까. 또 우리 임금이 신에게 명을 내릴 때 하신 말씀이 있었으니 "문공(文公 진 문공(晉文公))이 우리 진(秦)나라에 왔을 때 대부들이 모두 불곡(不穀 군주의 겸칭)에게 다시 생각하기를 권하였지만 불곡은 실로 그에게 예를 갖추었다.[28] 더구나 자(子)[29]는 나의 생질(甥姪)[30]이니, 비록 지나는 자제들이라도 예로써 대하려 할 것인데, 하물며 그대들에게야 어떠하겠는가. 그대들은 진(晉)나라를 지나면서 군량과 신발을 그곳에서 취하지 않아야 할 것이지만, 만약에 진군이 그대들에게 뜻밖의 보복을 하여 궁지로 몰아넣는다면 이것은 임금을 위하여 죽는 일이 될 것이다. 그러나 진군이 절대로 그렇게 하지 않을 것이다." 하셨습니다. 저희는 이 말씀을 믿어서 두려워하지도 않고 근심하지도 않았는데,

26 외신(外臣) : 신하가 다른 나라 군주에 대하여 쓰는 자칭(自稱)의 용어이다.

27 폐읍이……습격하면서 : 기원전 626년에 진(秦)나라가 정(鄭)나라를 침범한 일을 말한다.

28 대부들이……갖추었다 : 대본은 '諸大夫皆勸不穀▨▨實禮之'이다. 훼손된 글자 자리에 '更考'라는 글자가 가필되어 있으나, 앞뒤 글자와의 관계가 분명하지 않다. 여기서는 문맥을 살펴 '更考不穀' 4자를 보충하여 번역하였다.

29 자(子) : 진(晉)나라 양공을 가리킨다. 이때는 문공의 장례가 아직 끝나지 않았으므로 이렇게 부른 것이다.

30 나의 생질(甥姪) : 진 문공(晉文公)이 처음 진(秦)나라에 갔을 때, 진 목공(秦穆公)이 진(秦)나라 여자 문영(文嬴)을 진 문공에게 주어 부인으로 삼게 하였는데, 양공(襄公)이 문영의 적자(嫡子)이므로 그를 생질이라고 부른 것이다.

진군께서 사납게 무기를 들고 저희와 상대하시니, 진실로 진군의 위용을 두려워하는 터라 어찌 감히 진군께 대항하였겠습니까. 공부(公府)에 포로가 되었을 때에 군법으로 처단하는 것이 오로지 진군의 명에 달려 있었고 사(社)에서 죽여 흔고(釁鼓)[31]하는 것도 진군의 명에 달려 있었으므로, 저희는 감히 진군의 처분만을 기다리고 있었습니다. 지금 진군께서 우리 임금의 은혜를 바라시어 누신(纍臣)[32]으로 하여금 돌아가서 진(秦)나라에서 처형을 받게 하심으로써 우리 임금의 마음을 흡족하게 하신 것은 우리 임금이 원하던 것이니, 이 은혜는 죽어도 잊지 못할 것입니다. 진군께서 저에게 내리신 은덕이 이미 많으니 어찌 감히 후한 베푸심[33]을 받겠습니까. 누신은 아침에 진(秦)나라로 돌아가면 저녁에 죽을 몸이니 비록 참마가 있더라도 그 말을 탈 수가 있겠으며, 만약 진군의 은혜 덕분으로 처형을 면한다면 견수(汧水)와 위수(渭水) 사이에서 나는 말을 이루 다 쓸 수가 있겠습니까. 그런데 어찌 진군께서 저에게 이것을 주십니까. 만약 끝내 은혜를 베푸시어 그것을 외부(外府 바깥 창고)에 두신다면, 3년 뒤에 변변치 못한 우리 군대가 와서 내리신 은혜를 배수(拜受)하겠습니다.

31 흔고(釁鼓) : 피를 북에 칠하는 것이다. 옛날에 북을 새로 만들면 짐승의 피를 발라서 틈〔釁〕을 메우는데, 전시에는 적을 잡아 죽여서 그 피를 쓰기도 하였다.

32 누신(纍臣) : 죄를 지어 옥에 갇힌 신하를 말하며, 여기서는 맹명 자신을 지칭한다.

33 후한 베푸심 : 양처보가 이미 배를 탄 맹명을 돌아오도록 하려고 진군의 명이라고 하며 참마(驂馬)를 풀어서 준 것을 말한다. 《春秋左氏傳 僖公33年》

이합체

離合體

태극과 무극은 하나라도 없으면 잘못된 것이니 太極無極闕一非夫

말을 말이 아니라 하는 것[34]이 오히려 그럴듯하네 喩馬非馬猶範我駈

일을 맡고서 일을 안 한다면 찌꺼기요 군더더기라[35] 執御不卸餘食則贅

나무 기르며 사는 것은 구설수를 싫어해서라네 惟木載營憎玆多口

하늘과 땅이 점지하여 신과 보를 낳았는데[36] 上丅下丅生申及甫

세상과 함께하기를 바랐으니 백성 사랑 잊을쏜가 同塵是尙敢忘愛下

서른에 뜻 세워 함께 문장을 이루었으니 三十而立履一成文

34 말을……것 : 《장자》〈제물론(齊物論)〉에 "손가락을 가지고 손가락이 손가락이 아니라고 하는 것은, 손가락이 아닌 것을 가지고 손가락이 손가락이 아니라고 하는 것만 못하고, 말을 가지고 말이 말이 아니라고 하는 것은, 말이 아닌 것을 가지고 말이 말이 아니라고 하는 것만 못하니, 하늘과 땅은 하나의 손가락이요, 만물은 하나의 말이다.〔以指喩指之非指 不若以非指喩指之非指也 以馬喩馬之非馬 不若以非馬喩馬之非馬也 天地一指也 萬物一馬也〕"라는 말이 나온다.

35 일을 맡고서……군더더기라 : 《도덕경(道德經)》 24장에 있는 "스스로 뽐내는 자는 공이 없고 스스로 자만하는 자는 오래 가지 못하니, 그것은 도에 있어서 찌꺼기 음식이요 군더더기 살이다.〔自伐者無功 自矜者不長 其在道曰餘食贅行〕"라는 말의 뜻을 취한 듯하다.

36 하늘과……낳았는데 : 신(申)과 보(甫)는 신백(申伯)과 중산보(仲山甫)로, 주 선왕(周宣王) 때의 신하이다. 《시경》〈숭고(崧高)〉에 "높고 높은 산악이 치솟아 하늘에 이르도다. 산악이 신을 내려 보와 신을 낳았도다.〔崧高維嶽 駿極于天 維嶽降神 生甫及申〕"라고 하였으니, 신백과 중산보가 높은 산악의 정기를 타고났음을 노래한 것이다.

좌우에서 소무[37]를 길이 읊으리라 左韶右武依以永言

37 소무(韶武) : 소(韶)는 순(舜) 임금의 음악이며, 무(武)는 주(周)나라 무왕(武王)의 음악인데, 이들은 모두 태평성대를 상징하는 음악이다.

벼루의 명에 제하다

以硯銘爲題

수조(水曹 공조(工曹))에서 받은 물건 중에 마간석(馬肝石)[38]으로 만든 벼루가 있는데 매우 질박하다. 상사(上舍) 조군범(趙君範 조해(趙楷)) 이 마침 이 벼루를 보고서, 과장(科場)에서 쓰고 나서 장난삼아 벼룻돌 뒤에다 아래와 같이 글을 써서 보내었다.

질박하여 새김이 없는 것은 벗이 올곧기 때문이고　樸不雕友之直

한 번 과거에서 장원한 것은 글이 훌륭하기 때문이다[39]　一戰霸文之力

38 마간석(馬肝石) : 경상북도 안동 독천(禿川)이라는 냇물 속에서 나는 유명한 벼룻돌이다.

39 한 번……때문이다 : 벼루의 주인인 서영보가 과거에 장원급제한 사실을 가지고 칭송하여 말한 것이다.

탁지[40] 경비에 대한 주의

度支經費議

조종조(祖宗朝)에서 나라가 융성했을 적에는 판적(版籍 토지와 호적)이 엄격하고 명확하여 은루(隱漏)한 농지가 없었습니다. 농지는 여섯 등급으로 나누고 연분(年分)은 아홉 등급으로 나누었는데, 농지 중에 상(上) 등급의 농지도 있고 해에 따라서는 1결(結)에 20말(斗)을 거두는 해도 있어서, 한 해에 거두는 세금이 많게는 40만 섬에 이르렀습니다. 임진란 후에는 이 수량이 비록 급격히 줄었지만 군구광칠(軍九廣七)이라는 말이 아직도 양창(兩倉)[41]에 전해지고 있으며, 양창의 공인(貢人)이 받아 가는 감축된 역가(役價)도 지금까지 군구광칠의 정식을 따르고 있습니다.

군구광칠이란 군자감이 9만 섬이고 광흥창이 7만 섬이라는 말이니, 이것이 16만 섬이 됩니다. 호조가 한 해에 지급하는 쌀이 대략 12만 섬이니, 만약 1년에 16만 섬을 거둔다면 매년 4만 섬이 남고 3년이면 12만 섬이 되는데, 이는 3년 농사를 지으면 1년 치의 저축이 생기는 것과 같습니다. 그러나 근래에는 비록 큰 풍년이 들어도 겨우 10만 섬 안팎이 되니 이는 매년 2만 섬이 부족한 것이고, 만약 흉년이 들게 되면 모자라는 수량이 이 숫자보다도 많게 됩니다.

전변(錢邊 본전의 이자)으로 말하면, 매년 부족한 액수가 4만 냥이

40 탁지(度支) : 호조(戶曹)의 별칭이다.

41 양창(兩倉) : 군자창(軍資倉)과 광흥창(廣興倉)을 지칭한다.

됩니다. 쌀과 돈이 모자라는 것이 이와 같은 데다 본조(本曹)에서 지급하는 비용은 모두 바꿀 수 없는 경상(經常)의 비용에 해당하므로, 5, 6십 년 이래로 번번이 다른 아문(衙門)에서 가져다가 비용을 씁니다. 강도(江都 강화도(江華島))와 남한산성(南漢山城)에 있는 100년간의 저축과 운용하여 팔아야 할 관서(關西) 관향(管餉)[42]의 소미(小米)도 모두 곳간이 텅 비어 다시 손을 댈 곳이 없습니다. 그럼에도 지금까지 버티어 온 것은 장영(壯營)[43]의 전곡(錢穀)이 있었던 덕분이지만 2, 3년만 지나면 남은 저축이 없게 될 것이며, 이런 상황에 이르게 되면 비록 지혜 있는 자가 있더라도 꾀를 낼 수 없을 것이니, 만약 지금 변통을 하지 않고서 갑자기 큰 곤경이 닥친다면 비록 후회한들 무슨 소용이 있겠습니까. 생각이 여기에 미치니 밤에도 잠을 이룰 수가 없습니다.

무릇 재정을 관리하는 요체는 지출과 수입일 뿐입니다. 이 때문에 나라를 세운 초기에 법을 만든 것이 양입위출(量入爲出)[44]이니, 삼대의 조철(助徹)[45]로부터 아래로 내려와 당(唐)의 조용조(租庸調)에 이르기

42 관서(關西) 관향(管餉) : 평안 감사가 관향사(管餉使)를 겸직하면서 관리하여 비상시를 대비하였던 평안도의 군량을 말한다.

43 장영(壯營) : 장용영(壯勇營)의 약칭으로, 1793년(정조17)에 한성부와 수원부에 창설한 군영이다.

44 양입위출(量入爲出) : 수입에 맞추어서 지출을 한다는 뜻으로, 《예기(禮記)》〈왕제(王制)〉에 나오는 말이다.

45 조철(助徹) : 조세법의 일종인 조법(助法)과 철법(徹法)을 병칭한 것이다. 조는 은(殷)의 조세법으로 70묘(畝)를 경작하는 농민이 7묘의 공전(公田) 경작을 돕는다는 뜻이고, 철은 주(周)의 세법으로 100묘를 농민이 경작하여 그중 10묘의 소출을 따로 떼어 조세로 바친다는 뜻이다. 《孟子 滕文公上》

까지가 모두 이것입니다. 이 법에 병통이 생긴 후에 변통한 것이 양출위입(量出爲入)[46]이니, 양염(楊炎)의 양세(兩稅)[47]와 아조(我朝) 김 문정공(金文貞公 김육(金堉))의 대동세(大同稅) 같은 것이 이것입니다. 왕도(王道)와 패도(霸道) 사이가 이처럼 멀고 사람의 어질고 어질지 못함이 이처럼 다른데도 법의 내용이 같을 수밖에 없었던 것은 형세가 그러했기 때문입니다. 지금의 형세에 어찌 양입위출을 쓰겠습니까. 이것은 비록 어리석은 사람이라도 그 불가함을 알 것입니다.

쓸데없는 관리를 도태시키고 쓸데없는 녹봉을 줄이는 것이 어찌 힘써야 할 일이 아니겠습니까마는, 이 일 또한 점차적으로 시행할 수 있을 뿐이니, 여기에서 줄어드는 분량으로 원래의 모자라는 액수에 미칠 수 없다는 것 정도는 어리석은 사람도 아는 바입니다. 그렇다면 방법은 오직 수입을 늘리는 것밖에 없습니다. 그러나 호조의 세입(歲入)은 유정지공(惟正之供)[48]이니 달리 돈 나올 구멍을 생각하는 것은 일의 체모상 할 수 없는 일입니다. 그러니 오직 옛날 나라가 융성했을 때는 저처럼 풍족하다가 근래에 와서는 이처럼 궁핍해진 것이 무엇 때문인지 깊이 따져 보아서 옛날로 돌아갈 방법을 생각할 뿐입니다.

무릇 큰 나라가 작은 나라보다 더 부유한 것은 그 토지가 넓기 때문입니다. 지금 우리나라의 토지는 예나 지금이나 마찬가지로 팔도에

46 양출위입(量出爲入) : 양입위출과는 반대로 지출에 맞추어 수입을 정한다는 뜻이다.

47 양염(楊炎)의 양세(兩稅) : 양염은 당 덕종(唐德宗) 때의 재상으로 조용조(租庸調)를 대신해 양세법을 제정한 사람이다. 한 해에 두 번, 6월과 11월의 양계(兩季)에 세금을 징수하여 양세라는 이름이 생겼다.

48 유정지공(惟正之供) : 백성들이 국가에 당연히 바쳐야 할 정수(正數)의 조세로, 여기서는 전세(田稅), 대동미(大同米), 군포(軍布)의 이른바 전삼세(田三稅)를 말한다.

빠진 곳이 없고 한 조각 땅도 버려진 곳이 없지만, 장부의 전결(田結)은 태반이 진전(陳田 묵히는 토지)이나 잡탈(雜頉)[49]로 되어 버렸습니다. 이 때문에 옛날에는 부유하고 지금에는 가난함이 이처럼 현격한 것이니 이 어찌 한심한 일이 아니겠습니까.

영남과 호남은 우리나라의 근본이며 곡식을 내는 땅입니다. 경자년(1720, 숙종46) 양안(量案)에는 영남과 호남이 모두 원장부(元帳付)[50]가 33만 결이었으나 지금의 경작 면적은 양도(兩道)가 모두 많아야 20만 결에 불과하니, 양도를 통틀어서 셈하면 26만 결이 없어진 것입니다. 지금 양도를 제외한 6도(道)의 세금 내는 실결(實結)을 보면 겨우 60만 결이 되는데, 양도에서 없어진 26만 결을 60만 결에 비교하면 거의 반에 가깝습니다. 이는 그 잃은 것이 단지 나라 땅 100리를 줄인 정도에 그치지 않으니, 나라가 어찌 가난하지 않을 수 있겠습니까.

지금의 계책은 오직 재주와 명망이 있는 하대부(下大夫)[51]를 엄선하여 이들을 양남(兩南)으로 나누어 보내어, 크게는 양전(量田)을 시행하고 작게는 사진(査陳)을 시행하는 것입니다. 이렇게 하여 누결(漏結)된 몇만 결의 토지를 찾은 다음에야 나라가 나라답게 될 것이니, 소소하게 변통하는 일은 이때부터 차례로 시행할 수 있을 것입니다. 이렇게 하지 않으면 어떤 지경에 이르게 될지 참으로 알 수가 없습니

49 잡탈(雜頉) : 여러 가지 사고를 이유로 전결에서 떨어 버리는 것을 말한다.

50 원장부(元帳付) : 조선 시대에 토지대장(土地臺帳)인 양안(量案)에 등록된 모든 전결(田結)의 수를 말한다.

51 하대부(下大夫) : 당하관(堂下官)인 대부, 즉 정3품 통훈대부(通訓大夫) 이하 종4품 조봉대부(朝奉大夫)까지의 품계를 말하지만, 여기서는 고을 수령 등의 지방관을 통칭하여 말한 듯하다.

다. 지부(地部 호조)에 오래 몸담았던 사람으로서 황급하고 곤궁한 상황을 환히 보고, 분수에 넘는 걱정을 금할 수 없어서 생각한 바를 이와 같이 기록하였으니, 혹시라도 채택하여 쓰는 것이 있다면 공적으로나 사적으로나 다행이겠습니다.

기성고증록에 제하다
題箕城攷證錄

옛사람이 기록한 기자(箕子)의 사적은 연대가 멀고 아득한데, 전신전의(傳信傳疑)의 법[52]에 따라 지금 이에 대한 제가(諸家)의 고증을 기록하니, 모두 여덟 항목이다. 왕기(王圻)[53]가 "기자가 중국 사람 5000명을 거느리고 조선으로 들어갔다."라고 하였으니, 유독 《명지(明志)》에서 "개봉부(開封府)에 옛날의 기지(箕地)와 기자대(箕子臺)가 있다."라고 한 것이 맞지 않는 듯하지만, 개봉이 본래 은(殷)나라 땅이었으니 이것은 아마도 기자가 은나라에 있을 때 거주하던 곳일 것이다.

《사기색은(史記索隱)》, 《수경주(水經註)》 등의 책에 "몽현(蒙縣 하남성에 속한 현)에 기자총(箕子冢)이 있다."라고 하였으나, 《명지》에서는 "평양성(平壤城) 밖에 기자묘(箕子墓)가 있고 몽현에는 기자묘가 없다."라고 하였으니, 이로써 사마정(司馬貞)과 역도원(酈道元)[54]이

52 전신전의(傳信傳疑)의 법 : 역사를 기록하면서 임의대로 취사하지 않고 분명한 사실은 분명한 대로 전하고 의심스러운 일은 의심스러운 대로 전하는 것을 말한다. 《춘추곡량전(春秋穀梁傳)》 환공(桓公) 5년 조에 "춘추의 의리는 미더운 것은 미더운 대로 전하고 의심스러운 것은 의심스러운 대로 전하는 것이다.〔春秋之義 信以傳信 疑以傳疑〕"라고 하였다.

53 왕기(王圻) : 명(明)나라 때의 학자로, 《속문헌통고(續文獻通考)》, 《동오수리고(東吳水利考)》, 《삼재도회(三才圖會)》 등의 저술이 있다.

54 사마정(司馬貞)과 역도원(酈道元) : 사마정은 당나라 때 사람으로 《사기색은》의 저자이며, 역도원은 후위(後魏) 때 사람으로 《수경주》의 저자이다.

틀렸다는 것이 확실해졌다. 그렇다면 성사(聖師 기자)가 동쪽으로 와서 세상을 떠난 뒤에 이곳에 장사 지낸 것이 분명하다. 이에 중국 사람의 시(詩) 네 수와 사(辭) 한 수를 한 편으로 엮은 것을 덧붙여, 삼가 인현서원(仁賢書院)[55]에 간직한다.

금상(今上) 즉위 10년 경오년(1810, 순조10) 중춘(仲春)에 도순찰사(都巡察使) 서영보(徐榮輔)가 삼가 쓰다.

55 인현서원(仁賢書院) : 평양에 있던 기자(箕子)의 영정을 모시던 서원으로, 1576년(선조9)에 감사 김계휘(金繼輝)와 지방 유림들에 의해 세워졌다. 1608년에 사액(賜額)되었고 1871년(고종8) 대원군의 서원철폐령에 의해 훼철되었다.

외편 外篇

태극도설 몽훈

太極圖說蒙訓

무극이면서 태극이다.〔無極而太極〕

《주역(周易)》에 "역에 태극이 있다.〔易有太極〕"라고 하였는데, 주자(周子 주돈이)는 사람들이 태극을 형상이 있는 물건으로 여길 것을 염려하여 무극(無極)이라는 두 글자를 넣었으니, 이는 태극의 뜻을 분명히 하려 한 것이다. 태극이란 소자(邵子 소옹(邵雍))가 말한 '획을 그리기 이전의 역〔劃前之易〕'과 같고 《통서(通書)》에서 말한 '성에 작위가 없음〔誠無爲〕'과 같은 것으로, 음과 양이 아직 갈라지지 않고 사물이 아직 생기지 않은 상태이지만, 동정(動靜)과 음양(陰陽)의 이치가 되기에는 원래부터 부족함이 없다.

태극이 움직여 양을 낳고 움직임이 다하면 다시 고요해지며, 고요하여 음을 낳고 고요함이 다하면 다시 움직인다. 한 번 움직이고 한 번 고요하니 서로 근원이 되고, 음과 양으로 나뉘어 양의가 있게 된다.〔太極動而生陽 動極復靜 靜而生陰 靜極復動 一動一靜 互爲其根 分陰分陽 兩儀立焉〕

움직이고 고요한 것은 기(氣)이고 움직이게 하고 고요하게 하는 것은 이(理)이다. 그러므로 "태극이 움직여 양을 낳고 고요하여 음을 낳는다."라고 하였다. 무릇 기가 있으면 반드시 이가 있어서 이 둘은 원래 서로 떨어질 수 없으나, 천지가 생기기 전에 이 이가 이미 갖추어졌으니 이가 기보다 먼저 존재한 것이다. 이것이 이른바 태극이다. "역에 태극이 있으니, 이것이 양의를 낳는다.〔易有太極 是生兩儀〕"라는 것에 대해서, 《주역》에서는 먼저 '한 번 음하고 한 번 양하게 하는 도〔一陰一陽之道〕'와 '이를 잇는 선과 이를 이룬 성의 오묘함〔繼善成性之妙〕'을 말한 뒤에 '태극이 양의를 낳는다는 것〔太極生兩儀〕'을 말하였는데,[56] 여기에서는 처음에 태극의 체(體)를 말하고 다음에 동정(動靜)이 서로 종시(終始)가 되어 유행(流行)이 끊임없는 용(用)을 말하였으며, 마지막에 음양이 일정하게 나뉘어 양의가 나타난다는 것을 말하였다.

양이 변화하고 음이 합하여 수·화·금·목·토를 낳고, 오행이 차례로 베풀어져 네 계절이 운행된다. 오행은 하나의 음양이고 음양은 하나의 태극이니, 태극은 본래 무극이다. 오행이 생겨남에 각기 하나씩의 본성을 지닌다. 무극의 진리(眞理)와 음양오행의 정기(精氣)가 오묘하게 합하고 엉기어, 건도는 남성적인 것을 이루고 곤도는

56 먼저……말하였는데 : "한 번 음하고 한 번 양하게 하는 것이 도이니, 이를 잇는 것이 선이요 이를 이룬 것이 성이다.〔一陰一陽之謂道 繼之者善也 成之者性也〕"라는 구절은 《주역》 〈계사전 상(繫辭傳上)〉 제5장에 나오고, "태극이 양의를 낳는다.〔太極生兩儀〕"라는 구절은 〈계사전 상〉 제11장에 나온다.

여성적인 것을 이룬다. 이 두 기운이 교감하여 만물을 화생하니, 만물이 끊임없이 생겨나 그 변화가 무궁하다.〔陽變陰合而生水火金木土 五氣順布 四時行焉 五行一陰陽也 陰陽一太極也 太極本無極也 五行之生也 各一其性 無極之眞 二五之精 妙合而凝 乾道成男 坤道成女 二氣交感 化生萬物 萬物生生而變化無窮焉〕

양이 변화하고 음이 합하여 수・화・목・금・토를 낳는다는 것은 양의가 사상(四象)을 낳는 것이고, 오행이 차례로 베풀어져 네 계절이 운행된다는 것은 사상이 팔괘(八卦)를 낳는 것이며, 두 기운이 교감하여 만물을 화생한다는 것은 팔괘가 64괘를 낳는 것이다. 여기까지는 천지의 극(極)[57]을 밝힌 것이다.

오직 사람은 그 빼어남을 얻어 가장 영특하니, 형체가 생김에 정신에 지각이 나타난다. 그리하여 오성[58]이 감동하여 선과 악이 나뉘고 모든 일이 일어난다.〔惟人也得其秀而最靈 形既生矣 神發知矣 五性感動而[59]善惡分 萬事出矣〕

천지의 극으로부터 인극(人極)[60]으로 미루어 간 것이다. 무릇 이 기운을 얻어서 생겨나는 것은 사람과 만물이 한가지이다. 그 빼어남을 얻는다는 것은 기운 중에서 맑고 빼어난 것을 얻는다는 것이며, 가장

57 천지의 극(極) : 하늘의 태극과 땅의 태극이라는 말로, 하늘과 땅의 본원적 모습을 가리킨다.

58 오성(五性) : 인・의・예・지・신의 다섯 가지 본성을 가리킨다.

59 而 : 대본에는 없으나, 난외주에 의거하여 보충하였다.

60 인극(人極) : 천지의 극과 마찬가지로 사람의 태극이라는 말이며, 사람으로서의 참된 모습을 뜻한다.

영특하다는 것은 그 빼어남을 얻었기 때문에 만물 가운데 으뜸으로 영특하다는 것이니, 이는 모두 기를 가지고 말한 것이다. 형체가 생겼다는 것은 음이고 정신에 지각이 나타난다는 것은 양이니, 이는 두 기를 나누어서 말한 것이다. 오성이 감동하여 선과 악이 나뉘고 모든 일이 일어난다는 것은 음양과 오행이 오묘하게 합하여 만물을 낳아 변화가 무궁하다는 것이다.

> 성인은 중정과 인의로써 기준을 정하고 고요함을 주로 하여 인극을 세웠다. 그러므로 성인은 천지와 그 덕이 합하고 일월과 그 밝음이 합하며, 사시와 그 순서가 합하고 귀신과 그 길흉이 합하는 것이다.
> 〔聖人定之以中正仁義 而主靜立人極焉 故聖人與天地合其德 日月合其明 四時合其序 鬼神合其吉凶〕

성인이라고 말한 것은 사람의 도리를 다하여 인극을 세웠기 때문이다. 형체가 생기고 나서 정신에 지각이 나타나는 때는 적연부동(寂然不動)[61]하여 희로애락의 정이 드러나지 않은 중(中)의 상태이다. 오성이 감동하는 데에 이르면 감이수통(感而遂通)[62]이 되고 희로애락의 정이 드러난다. 선악이 나누어지면 정이 드러나면서 절도에 맞는 것도 있고 절도에 맞지 않는 것도 있게 된다. 모든 일이 일어나면 천하의 일이 앞에서 교차하여 칠정(七情)의 변화가 끝이 없다. 무릇 발할

61 적연부동(寂然不動) : 고요하여 움직임이 없는 마음의 미발 상태를 형용한 것이다.

62 감이수통(感而遂通) : 마음에 느낌이 생겨 모든 이치에 통하게 된 현상을 형용한 것이다. 적연부동과 감이수통은 《주역》 〈계사전 상〉의 "역은 생각이 없고 하는 것도 없어 적막하게 움직이지 않다가, 느끼게 되면 마침내 천하의 일에 통한다.〔易 无思也无爲也 寂然不動 感而遂通天下之故〕"라고 한 구절에서 온 말이다.

수 있는 기(氣)와 그것을 발하게 하는 이(理)가 있으니 발하지 않을 수가 없으며, 발한 데다 또 발하게 하여 변화가 끝이 없으니 성인이 이에 기준을 정하였다. 역(易)의 도는 중정(中正)보다 더 좋은 것이 없고 성인의 도 역시 중정보다 더 좋은 것이 없으므로 중정이라고 말한 것이며, 인의(仁義)는 음양(陰陽)과 강유(剛柔)에 대비하여 말한 것이다. 주정(主靜)은 중정으로 기준을 정한 것이며, 인의는 모두 그 움직임을 가지고 기준을 정한 것을 이른다. 움직임은 고요해지지 않을 수 없으므로 반드시 고요함을 주로 한다. 고요함은 바로 적연부동이니, 희로애락이 아직 드러나지 않은 모습이요 원시반종(原始反終)[63]의 뜻이다. 마침내 이것으로 인극을 세웠으므로 천지와 일월과 사시와 귀신이 어길 수 없는 것이다.

> 군자는 이것을 닦기 때문에 길하고, 소인은 이것을 어기기 때문에 흉하다.〔君子修之吉 小人悖之凶〕

군자는 성인보다 아래이고 소인은 사람 중에 가장 아래인 자이다. 닦는다는 것은 중정(中正), 인의(仁義), 주정(主靜)의 도를 닦는 것이니, 이와 같이 한다면 비록 성인과 같이 인극을 세우지는 못할지라도 천지를 어기지는 않을 것이니 족히 길한 도가 된다. 소인은 이와 반대이다.

63 원시반종(原始反終) : 사물의 시원에 대한 탐구를 바탕으로 종말에 대해 연구하는 것을 말한다. 《주역》〈계사전 상〉에서 "시작에 근원하여 끝을 돌이켜 연구한다. 그러므로 사생의 설을 안다.〔原始反終 故知死生之說〕"라고 하였다.

그러므로 말하기를 "하늘의 도를 세워 음과 양이라 하고, 땅의 도를 세워 유와 강이라 하고, 사람의 도를 세워 인과 의라 하였다." 하였고, 또 말하기를 "시작에 근원하여 끝을 돌이켜 연구한다. 그러므로 사생의 설을 안다." 하였으니, 위대하다 역이여, 참으로 지극하도다!〔故曰 立天之道曰陰與陽 立地之道曰柔與剛 立人之道曰仁與義 又曰 原始反終 故知死生之說 大哉易也 斯其至矣〕

사람에게 인과 의는 하늘의 음과 양, 땅의 강과 유와 서로 짝하니, 위에서 중정과 인의를 말한 것이 대체로 이런 뜻이다. 여기에서 예(禮)와 지(智)를 말하지 않은 것은, 예는 인과 의 두 가지를 알맞게 조절하는 것이고 지는 이 두 가지를 아는 것[64]이므로 말하지 않은 것이다.

64 예는……것 : 《맹자》〈이루 상(離婁上)〉에 있는 "인의 실제는 어버이를 섬기는 것이요, 의의 실제는 형에게 순종하는 것이다. 지의 실제는 이 두 가지를 알아서 버리지 않는 것이요, 예의 실제는 이 두 가지를 알맞게 조절하는 것이다.〔仁之實 事親是也 義之實 從兄是也 智之實 知斯二者 弗去是也 禮之實 節文斯二者是也〕"라는 구절에서 따온 말이다.

성재 신 상국[65]의 사군 편부 장계에 대한 논변

醒齋申相國四郡便否狀辨

숙묘(肅廟) 계해년(1683, 숙종9)에 남 문충공(南文忠公 남구만(南九萬))이 사군(四郡)을 다시 설치할 것을 청원하고 이미 네 명의 진장(鎭將)을 파견하였으나, 당시의 평안도 관찰사 신공 익상(申公翼相)이 그 불가한 사정을 극력으로 아뢰어, 일이 마침내 중지되었다. 내가 예전에 이와 같이 들었으나 신공(申公)이 아뢴 내용이 어떤 주장이었는지는 알지 못하였다. 을묘년(1795, 정조19)에 서로(西路)에 와서[66] 신공이 올린 장계의 등본을 패성(浿城 평양)의 문적(文籍) 중에서 찾아 자세하게 들여다보니, 거기에 미처 알지 못하였던 내용이 많았다. 신공은 어진 재상이었으니, 어찌 아무 소견 없이 이런 주장을 하였겠는가. 우선 계문(啓文)의 단락에 따라 의심스러운 점을 기록하여 후일 식견이 진보한 사람을 기다려 다시 자세히 살피도록 하였다.

"강계부(江界府)의 노비 20명이 무창(茂昌)으로 획부(劃付)되자 마치 죽을 곳으로 나아가는 것처럼 여겼습니다."라고 한 데 대하여

65 신 상국(申相國) : 신익상(申翼相 1634~1697)으로, 본관은 고령(高靈), 자는 숙필(叔弼), 호는 성재(醒齋)이다. 1662년(현종3)정시 문과에 병과로 급제하였고, 이조참판, 전라도 관찰사, 대사성, 평안도 관찰사, 우의정 등의 관직을 역임하였다.

66 서로(西路)에 와서 : 서로는 서도(西道), 즉 평안도이다. 서영보는 이해에 영변부사(寧邊府使)에 제수되어 평안도로 갔다.

조종(祖宗)의 강토를 개척하는 것은 나라의 큰일이며, 큰일을 꾀하는 사람은 작은 이해를 따지지 않는 법이다. 그러므로 옛날 영릉(英陵 세종)의 치세 때에 김종서(金宗瑞)를 보내어 육진(六鎭)을 개척하고 남쪽 백성들을 이주시켜 그곳에 살게 하였을 때, 남쪽 백성들이 기꺼이 그곳으로 가려 하지 않았으며, 원망이 떼 지어 일어나고 위로는 조정으로부터 아래로는 소민(小民)에 이르기까지 모두가 김종서가 이루어질 수 없는 일을 시행하여 백성과 나라를 해친다고 여겨 좌우의 비방이 중산(中山)의 협서(篋書)[67]와 같을 뿐만이 아니었다. 그러나 세종대왕께서 단연코 그에게 일을 맡기고서 동요하지 않고 의심하지 않아 마침내 큰 공을 이루었으니, 이는 김종서의 능력 때문이 아니라 바로 세종대왕의 성덕(聖德) 덕분이었다. 지금 강계 노비 20구(口)의 괴로워하는 형상을 맨 먼저 들어 논열(論列)하여 이것을 큰 계획을 저지할 하나의 사례로 삼았으니, 저 조종 700리 강토의 개척과 강계 노비 20구의 고락(苦樂)이 그 경중과 대소의 차이가 어떠한데, 마침내 이것을 사군 편부(四郡便否)의 논의에서 들어 보이는 것인가. 무릇 기강이 엄하면 호령이 행해지는 법이니, 이것은 일을 맡은 신하의 위령(威令)이 어떠한가에 달려 있을 뿐이다.

"고산리(高山里), 상토(上土), 추파(楸坡) 세 진(鎭)의 진졸들 중에 새로 설치된 진으로 분속(分屬)된 자들이 거의 모두 밤낮으로 울부

67 중산(中山)의 협서(篋書) : 비방하는 말이나 글을 뜻한다. 전국 시대의 위 문후(魏文侯)가 중산을 정벌하고 돌아온 장수 악양(樂羊)에게 그를 비방한 글이 들어 있는 상자를 보여 준 고사에서 유래한 말이다. 《戰國策 秦策2》

짓고 있습니다. 강계 지경의 진보(鎭堡) 중에 그나마 모양을 갖춘 곳이 불과 이 서너 군데의 진에 불과한데, 잘 있는 사졸들을 들쑤셔서 이미 완비된 진들이 허술해질 수밖에 없도록 한 것은 역시 심히 우려할 만한 일입니다."라고 한 데 대하여

이른바 세 진은 외지(外地)에 있는가, 아니면 내지(內地)에 있는가? 이것을 외지에 있다고 하는 것은 사군이 비워지고 버려져서 세 진이 변경의 땅이 되었기 때문이다. 사군이 이미 복구되었으므로 세 진은 내지가 되고 쓸 데가 없어져서 자연히 없어지게 되었는데, 그것이 허술해지는지 않는지를 또 어찌 염려할 것이 있겠는가. 그런데 지금 세 진이 허술해진다는 말로 겁을 주니, 이것이 무슨 말인지 알지 못하겠다.

"강계 백성들이 열 명, 백 명씩 떼를 지어 수신(守臣)의 영(營)으로 와서 뜰을 가득 메우고 호소하였는데, 그 소장(訴狀) 가운데에 흘려들어서는 안 될 말이 있었습니다. 지금 이 소장에서 말하기를 '여연(閭延)에서 저들의 땅[68] 여연성(汝延城)까지 2일 노정(路程)이고 노성(虜城)까지는 7, 8일 노정입니다. 그러므로 옛날에 사군을 설치하였을 때 저들이 수시로 넘나들면서 인축(人畜)을 약탈하고 재산을 빼앗았습니다. 우리나라에서 이를 방비하기 위하여 모든 수단을 다 쓰고 여기에다 남도의 군사로 방비를 강화하였으나, 그래도 피해를 면할 수 없어서 끝내 사군이 혁파되고 요해처로 물러나서 지키는 계책을 쓰게 되었습니다. 지금 만약 옛길을 열고 버려졌던 땅을 다시

68 저들의 땅 : 여진족이 사는 지역을 말한다.

찾는다면, 노성이 멀지 않고 여연은 매우 가까우니 저들이 넘나들고 약탈하는 것이 반드시 지난날과 같을 것입니다. 더구나 200여 년 동안 경작하지도 않고 거주하지도 않았던 땅에 하루아침에 진을 설치하여 방수(防守)하면 저들이 이것을 보고도 못 본 척하며 트집을 잡지 않을 것인지를 또한 알 수 없습니다. 또 정묘년(1627, 인조5)과 병자년(1636)의 두 난리가 일어났을 때, 본부(本府 강계부)가 적군의 칼날에 화를 입지 않았던 것은, 단지 고을이 왼쪽에 치우쳐 있었을 뿐만이 아니라 실로 사군이 거칠고 험하며 도로가 막히고 끊어져 있었기 때문입니다. 지금 도로를 닦아서 적이 들어오는 지름길을 크게 열어 주니, 혹시라도 사변이 일어난다면 고을이 보존되기를 바라기 어렵겠습니다.' 하였습니다."라고 한 데 대하여

나는 여연이 어느 시대의 어떤 성인지, 노성이 어느 시대의 어떤 성인지 알지 못한다. 이미 그 길이 며칠의 노정이 되는지를 알았다면 과연 그 성이 있는 곳이 어디인지와 그 성이 어느 시대에 축조되었는지를 안 것인가? 《성경통지(盛京通志)》[69]와 《청일통지(淸一統志)》[70]를 살펴보아도 이른바 여연성이나 노성이라는 이름의 성이 없으니, 내가 이해하지 못하겠다. 대저 사군의 고을을 폐지한 것은 단종조(端

69 성경통지(盛京通志) : 청(淸)나라 강희제(康熙帝) 때인 1683년에 동병충(董秉忠) 등이 감수하여 간행한 만주 지역의 지리지(地理志)로, 경성(京城), 단묘(壇廟), 산릉(山陵), 궁전(宮殿) 등을 기술하였으며, 뒤에 건륭제(建隆帝)의 칙명으로 내용을 보충하여 편찬하였다.

70 청일통지(淸一統志) : 《대청일통지(大淸一統志)》를 말한다. 청나라의 전체 판도를 상세하게 기록한 지리지로, 1743년에 서건학(徐乾學) 등이 편찬·간행하였고, 그 후에 내용을 보충하여 2차본과 3차본을 간행하였다.

宗朝) 말년에서 세조조(世祖朝) 초년에 있었던 일인데, 당시에는 건주(建州)[71]의 부락들이 통솔받는 데가 없어 각기 제 마음대로 행동하고 노인(虜人 여진인(女眞人))들이 강을 건너와 여기저기에 머물면서 거주민들을 약탈하였다. 그러나 관부(官府)가 멀리 떨어져 있어 도움이 미치지 못하였으므로, 일단 거주민들을 내지(內地)로 들어오게 하였으니, 이는 다만 일시적으로 편의에 따라 행한 정사였다. 청나라가 융성해지기 시작하면서, 대요수(大遼水)와 소요수(小遼水)[72]에서부터 영고탑(寧古塔)과 삼성 지방(三姓地方)[73]에 이르기까지 동서로 1000여 리가 넘는 땅이 모두 통제 지역으로 바뀌고, 우리나라 지경 안에 흩어져 있던 잡다한 종족들이 모두 쫓겨났다. 청나라와 우리나라 영토의 경계를 압록강을 한계로 하고서 엄하게 약조를 맺어 경계를 넘는 자를 극형에 처하니, 지금 비록 숫돌 같은 도로를 뻥 뚫고 1000리의 평야를 크게 열더라도 이른바 여연과 노성의 사람들이 어찌 멋대로 와서 약탈할 수 있겠는가. 이는 따질 것도 없는 일이다.

저들이 트집 잡을 것을 걱정하는 것에 대해서는 더욱 이해할 수 없으

71 건주(建州) : 지금의 길림(吉林) 부근으로, 명나라 성조(成祖)가 만주 남쪽의 여진족(女眞族)을 통치하기 위하여 이곳에 건주위(建州衛)를 설치하여 다스렸던 지역이다.

72 대요수(大遼水)와 소요수(小遼水) : 《동사강목(東史綱目)》 〈고구려제현고(高句麗諸縣考)〉에서 "대요수는 말갈국의 서남쪽 산에서 나와 남쪽으로 안시(安市)에 이르는데, 지금의 요하(遼河)이며, 소요수는 요산(遼山)에서 나와 서남쪽으로 흘러 대요수와 합쳐지는데, 지금의 혼하(渾河)이다."라고 하였다.

73 영고탑(寧古塔)과 삼성 지방(三姓地方) : 영고탑은 청나라의 발상지로 지금의 만주 길림성(吉林省) 영안현(寧安縣)이며, 삼성 지방은 백두산에서 북쪽으로 흘러 흑룡강(黑龍江)에 이르는 혼동강(混同江) 유역을 말한다.

니, 트집 잡을 것을 걱정한다는 것이 저들이 진을 설치하는 것을 트집 잡을 것이라고 하는 것인가, 방수(防守)를 트집 잡을 것이라고 하는 것인가, 그곳을 경작하고 그곳에 거주하는 것을 트집 잡을 것이라고 하는 것인가? 만약 진을 설치하는 것을 트집 잡을 것이라고 말한다면, 강의 연안 1000리에 진보(鎭堡)가 서로 이어지는데, 어찌 유독 이 사군의 강 연안에 진을 설치하는 것을 허용하지 않는다는 것인가. 만약 방수를 트집 잡을 것이라고 말한다면, 강 연안에 수자리를 설치하는 것은 지금도 마찬가지이며, 전에도 막지 않고 지키지 않았던 것이 아닌데, 지금이 어찌 더 막고 더 지키는 것이겠는가. 만약 그곳을 경작하고 그곳에 거주하는 것을 트집 잡을 것이라고 한다면, 우리 땅을 우리가 경작하고 우리 땅에 우리가 거주하는데, 무슨 잡을 만한 약점이나 의심할 만한 실마리가 있다는 것인가. 이것이 내가 더욱 미심쩍어 하는 점들이다.

사군 지역이 함흥(咸興)으로서는 실로 요충지가 되고 서로(西路)로서는 가장 후미진 완충지가 되는 것은 어째서인가? 우리 국경을 침입하는 오랑캐는 반드시 빠르고 쉬운 길을 택하였으니, 압록강 줄기는 벽동(碧潼) 서쪽에서부터 점차 굽어져 남쪽으로 향하여 바다로 들어가므로, 벽동의 아래쪽에서 강을 건너는 것은 그 빠른 길을 택한 것이다. 또 정묘년(1627, 인조5)에 청인(淸人)이 요양(遼陽)과 심양(瀋陽)을 점거하고 나서 요양과 심양으로부터 오는 자들이 반드시 창성(昌城)·삭주(朔州)·의주(義州)를 경유하였던 것은 형세가 그러하였기 때문이니, 어찌 사군의 황폐함이 두려워서 범하지 못하였던 것이겠는가.

또 정묘년(1627)과 병자년(1636)의 난리에서 청인의 뜻은 단지 우리를 위협하여 맹약하게 하려는 데 있었고 우리를 도륙(屠戮)하고자 하였던 것이 아니었다. 정묘호란이 일어나 금남군(錦南君) 정충신(鄭

忠信)이 부원수가 되어 서쪽으로 떠날 때, 최 완성(崔完城 최명길(崔鳴吉))이 도성 밖에서 그를 전송하면서 "일이 장차 어찌 되겠습니까?" 하고 물었고, 정충신이 "오랑캐의 뜻이 맹약에 있으니 화의를 하고 나면 바로 떠날 것입니다."라고 하였는데, 과연 그 말대로 되었으니 이는 오랑캐의 사정을 깊이 안 것이다. 그렇다면 정묘년과 병자년에 강계를 범하지 않았던 것이 어찌 사군을 비워 둔 덕이겠는가. 만약에 변경의 군(郡)을 비워서 버려두고 도로를 황폐하게 하는 것을 방어하는 계책으로 삼는다면, 위원(渭原)・초산(楚山)・창성・삭주를 모두 한꺼번에 그대로 버려두어 수목만 자라는 곳이 되게 하고 나서야 외침의 걱정이 없을 것인가. 이것은 더욱 내가 이해할 수 없는 일이다.

"또 말하기를-이것은 강계 백성이 올린 소장이다. 아래의 각 조목도 이와 마찬가지이다.- '폐사군 지역은 산으로는 백두산과 이어져 있고 땅으로는 말갈(靺鞨)과 닿아 있어, 4월에 눈이 녹고 7월에 서리가 내리니, 심을 곡식이 봄귀리에 지나지 않습니다. 버려진 땅이 된 지가 오래되어 비록 비옥하다고 일컬어지기는 하지만 실제로는 척박하여, 여러 해 경작한 후에는 곧바로 메마른 밭이 됩니다. 더구나 수많은 큰 나무들이 빽빽하게 늘어서 있어 도끼로 벌채하기도 어렵고, 나무를 자른다 하더라도 아래로 운반할 길도 없고 다 태워 버릴 수도 없으니, 백 사람의 힘으로 한 달 동안에 열흘갈이의 밭을 개간하기도 어렵습니다.' 하였습니다."라고 한 데 대하여

이런 것들은 모두 반드시 사군을 만들지 않고자 하는 말로, 이로움과 해로움을 깊이 생각해 보지 않은 것이다. 사군을 비우고 버려둔 지 수백 년 동안 경작을 시도한 자가 있다는 말을 듣지 못하였으니, 그

땅을 비옥하다고 하는 것도 본시 분명한 증거가 없거니와 곧바로 척박하다고 하는 것은 또한 어디에 근거한 것인가. 4월에 눈이 녹고 7월에 서리가 내리는 것은 삼수(三水)·갑산(甲山) 등지가 원래 그러하지만 이 역시 개략적인 것을 가지고 논한 것이니, 그 안에서도 깊은 골짜기나 그늘진 비탈 외에 종종 확 트이어 너르고 햇볕을 받는 양지바른 곳으로서 서리가 늦게 내려 오곡에 모두 적합한 토지가 있는데, 어찌 봄귀리 한 종류 이외에 다시 적합한 곡식이 없겠는가. 가령 이와 같다면, 사군에 고을을 설치하였을 때 백성들이 어떻게 살았던 것이며, 사군에 고을을 폐지할 때 또 이것을 가지고 말하였다는 것을 듣지 못한 것은 어째서인가.

산으로 백두산과 이어졌다고 하는 말은 더욱 사실과 다른 점이 있다. 백두산과 사군과의 거리가 크게 멀리 떨어지지 않았다고 말할 수는 있겠지만, 그 중간에 장진강(長津江)이 있어 양쪽을 끊었고, 이 때문에 사군의 산맥들이 모두 황초령(黃草嶺)·한태령(漢太嶺) 등에서부터 강계의 지맥(支脈)으로 휘어져 들어오니, 지금 산으로 백두산과 이어졌다고 말하여서는 안 되는 것이다. 이것은 본시 깊이 고찰하지 않고 한 말이지만, 역시 사군을 복구하는 것이 합당한지 아닌지의 논의와는 관련이 없으므로 지금 갖추어 논하지 않는다. 나무를 베어 내고 개간하는 일이라면, 한번 불을 놓아 개간하는 효력을 근년에 장진에서 행한 일에서 징험할 수 있으니 따질 만한 일이 못 된다.

"또 말하기를 '숲을 태우고 산에 불을 지르고 나면 인삼의 산출이 바로 끊어질 것이며, 우리나라 지경(地境)에서 인삼을 채취할 길이 끊어지면 사람들을 꼬드겨 일을 꾸미는 간사한 무리가 모여들 것이니, 비록 처벌을 날마다 행한다 해도 범월(犯越)[74]의 폐단을 막기가 어려울 것입니다.' 하였습니다."라고 한 데 대하여

인삼이 나는 땅이 들에 있는가, 산에 있는가? 내가 알기로는 산이다. 백성들이 경작하고 거주하는 땅이 산에 있는가, 들에 있는가? 내가 알기로는 들이며, 평탄한 야지(野地) 같은 산이며, 작고 야트막한 산기슭이다. 그래서 들에서 숲을 태우고 산에서 불을 지르는 것을 반드시 그 형세에 맞게 하는 것이다. 여기서 말하는 산은 그렇지 않아서, 봉우리가 높고 골짜기가 깊으며 횡으로 웅장하게 뻗어서 수백 리에 이어지는데, 이런 곳이 어찌 터를 닦고 밭을 개간하기 위한 불이 미칠 수 있는 곳이겠는가. 경작하고 거주하는 땅은 들에 있고 인삼은 산에서 나니, 이것은 '바람난 말과 소도 서로 미치지 못할 먼 거리〔風馬牛不相及〕'[75]라고 말할 수 있는 것으로, 남 문충공(南文忠公)이 일찍이 삼수・갑산의 초피(貂皮)와 인삼의 일을 가지고 이것을 변론하였으니,[76] 이 역시 징험할 수 있는 하나의 단서이다.

74 범월(犯越) : 무단으로 국경을 넘는다는 뜻으로, 여기서는 대개 인삼(人蔘) 채취나 사냥 등을 위하여 몰래 국경을 넘는 죄를 범하는 것을 가리킨다.

75 바람난……거리 : 동물의 암컷과 수컷이 서로 유인하고 그리워하여도 미치지 못할 만큼 멀리 떨어져 있다는 것으로, 서로 아무 관계가 없음을 비유하는 말이다. 《춘추좌씨전》 희공(僖公) 4년 조에 "그대는 북해에 있고, 나는 남해에 있으니, 바람난 말과 소도 서로 미치지 못하는 거리이다.〔君處北海 寡人處南海 唯是風馬牛不相及也〕"라는 말이 나온다.

76 남 문충공(南文忠公)이……변론하였으니 : 1683년(숙종9)에 병조 판서 남구만(南九萬)이 폐지된 사군의 땅에 네 진을 설치하기를 청하였을 때, 대사간 유상운(柳尙運)이 그것이 마땅치 않음을 논하면서 "이 지방은 수백 리를 가로 뻗쳐 수목이 우거지고 도로가 막혀 있으니, 이제 만일 진을 설치한다면 나무를 치고 도로를 내며 토지를 개간

범월의 염려라면 강 연안 일대의 모든 고을이 그러한데, 어찌 유독 사군만 따로 뜻밖의 걱정이 있겠는가. 무산(茂山)에 처음 고을을 설치하였을 때, 장신(將臣) 이완(李浣)이 장차 예측할 수 없는 걱정이 생기게 하여서는 안 된다고 극력으로 주장하였는데, 이는 범월을 가리킨 것이었다. 그러나 그 후 100여 년 동안 무산에 범월이 있었다는 말이 없었으니, 장신 이완의 심원한 염려는 선견지명이 되지 못하였다. 사군과 무산이 어찌 다르겠는가.

"또 말하기를 '파수하는 군졸들이 50일의 기한을 채운 뒤 목숨을 걸고 내지로 나올 때에, 무슨 남는 힘이 있어서 한 포기 풀을 뽑고 한 그루 나무를 벨 수 있겠습니까. 수백 리에 산을 뚫고 나무를 엎어서 길을 내는 일은 만 사람의 힘으로도 몇 개월 안에 이루기가 결코 쉽지 않은데, 어찌 방수하느라 힘이 다한 쇠잔한 군졸들에게 이 일을 책임 지울 수 있겠습니까.' 하였습니다."라고 한 데 대하여

수자리를 지키던 군졸들이 돌아오는 길에 그들로 하여금 길을 닦게 한 것은 당시 묘당에서 계하받은 절목이었는데, 도계(道啓)에서 폐단을 말한 것이 그럴듯하기는 하지만 이 또한 기강이 엄하지 않아서였을 뿐이다. 더구나 길을 내는 일은 급선무가 아니니, 또한 어찌 편리한 계책이 없겠는가.

해야 할 것이며, 토지를 개간하면 초피(貂皮)와 인삼을 획득하는 이익이 없어질 것입니다."라고 하였는데, 남구만이 아뢰기를 "북도의 초피와 인삼은 삼수(三水)와 갑산에서 나며, 삼수와 갑산에 읍을 설치한 지가 벌써 수백 년이 되었으나 그 이익이 아직까지 끊어지지 않았으니, 이제 사군을 설치한다고 해서 어찌 하루아침에 끊어질 수 있겠습니까."라고 변론하였다. 《萬機要覽 軍政編5》

"또 말하기를 '새 진(鎭)에서 운용하는 각종 곡식이 그 수량이 적지 않은데, 그것을 운반하는 일을 모두 본부(本府 강계부)로 하여금 담당하게 하였습니다. 소와 말이 다닐 수 없다 보니 등에 지고 가는 것 외에는 다른 대책이 없고, 7, 8일의 노정(路程)에 가고 올 때의 양식과 물자 및 의복과 행구(行具)도 아울러서 모두 담당하니, 한 사람의 힘으로 지고 갈 수 있는 관곡(官穀)이 얼마나 되겠습니까.' 하였습니다."라고 한 데 대하여

곡식을 운반하는 데에 어찌 다른 대책이 없겠는가. 더구나 산길이 비록 매우 험하다 하나, 말은 가지 못하여도 소가 가지 못하는 길이 있다는 말은 들은 적이 없다. 내가 사군을 왕래하는 사람들의 말을 익히 들었다.

"또 말하기를 '아무 탈 없이 일하던 부리(府吏)·노비(奴婢)·군민(軍民)들이 그들의 부모처자를 떠나, 살아갈 방도가 전혀 없는 땅으로 옮겨 갑니다.' 하였습니다."라고 한 데 대하여

이것은 바로 위에서 논한 강계의 노비 20구에 대한 말인데, 다시 소장(訴狀)의 내용을 들어 보고한 것이라 지금 다시 논하지 않는다.

"세 가지 이해하지 못하는 점[77]입니다."라고 한 데 대하여

77 세 가지……점 : 신익상이 올린 장계에서 자신이 이해하지 못하겠다고 말한 세 가지 일은, 첫째로 백성들이 따르지 않는데도 새로 진을 설치해야 한다고 하는 것과 둘째로 새로 진을 설치하는 것이 함흥을 지키는 데 도움이 된다고 하는 것과 셋째로 내지에도 개간되지 않은 좋은 땅이 있는데 강변의 기름진 들을 포기해서는 안 된다고 주장하는 것이다. 《醒齋遺稿 冊6 在關西時狀啓》

이는 신공(申公)이 스스로 어려운 점을 드러내어 말한 것이다. 대체로 공은 이 일이 결코 이루어질 수 없다고 여겼기 때문에 이처럼 여러 가지로 말을 하였지만, 이 말들은 이미 사군의 사정과 긴요한 관련이 없는 것이며, 또 이 말들의 옳고 그름은 읽는 사람들이 스스로 판단하여야 할 것이다.

> "의주(義州)에서 벽동(碧潼)까지, 경원(慶源)에서 회령(會寧)에 이르기까지 몰래 범월을 행하는 이유는 단지 사슴을 사냥하기 위한 것이지만, 유달리 이 삼수·갑산·후주의 경내는 채삼(採蔘)에 가장 편리한 요로이므로, 채삼을 업으로 하는 유민들이 모여서 당을 짓고 무리를 이루어, 많게는 100여 명이나 되고 적어도 수십 명 아래로는 내려가지 않습니다. 강계의 얕은 여울은 곳곳에서 건널 수 있으므로 범월하여 몰래 인삼을 채취하는 것을 마치 사람 없는 땅에 들어가듯이 합니다. 그리고 작고 큰 무리가 서로 만나면 약육강식(弱肉强食)으로 피차를 구분하지 않으며, 오직 죽여서 입을 막고 이득을 탐하기를 일삼는데도[78] 진장(鎭將)과 나졸(邏卒)은 모른 체하니, 이것이 장래의 화근이 될 것임을 알 수 있습니다. 그런데 어찌 이리저리 옮겨 다니는 무리를 모아서 들여보내어 그 병통을 키울 수 있겠습니까."라고 한 데 대하여

몰래 인삼을 채취하고 범월하는 폐단은 참으로 신공이 논한 것과 같지만, 백성을 모음으로써 그 병통을 키운다고 말한 것은 내가 이해하

78 일삼는데도 : 대본에는 '爲何'로 되어 있는데, 뜻이 통하지 않아 《성재유고》 책6 〈재관서시장계〉에 의거하여 '何'를 '事'로 바로잡아 번역하였다.

지 못하겠다. 만일 백성을 모으는 것이 범월의 폐단을 키우는 것이 된다면, 강 연안의 여섯 고을에는 인가가 서로 인접하여도 어찌 범월이 없고 유독 사군에만 범월이 있겠는가. 이 한 가지 일만 가지고도 사군에 백성을 채워야 한다는 것을 알 수 있다. 어째서 그런가? 백성이 있으면 관부(官府)가 있고 관부가 있으면 법금(法禁)이 있으니, 이것이 여섯 고을에 범월이 없는 이유이며, 사군에 범월이 있는 것은 바로 백성이 없기 때문이다. 그러니 어찌 백성을 모으는 것이 그 병통을 키우는 것이 되겠는가. 선배(先輩)에게 반드시 소견이 있었을 터이지만 나아가 물을 길이 없는 것이 한스럽다.

사예결해

射藝訣解

웅천 현감(熊川縣監) 이춘기(李春琦)[79]는 활쏘기에 정통하여 세상에서 그와 대적할 사람이 없다. 내가 일찍이 활 쏘는 법에 대해 물으니, 이춘기가 말하기를 "활쏘기에 어찌 다른 도가 있겠는가. 그 형세에 맞게 할 뿐이다." 하고, 또 말하기를 "활쏘기는 남자의 일로서 적을 죽이는 도구이니, 호쾌하고 힘이 있게 하여야 한다." 하였다. 나는 그 말이 도에 합치하는 것에 탄복하여 마침내 들은 바를 기록하여 5조의 해설과 15조의 요결을 지었다.

79 이춘기(李春琦) : 1737~? 1756년(영조32) 식년시 무과에 갑과 장원으로 급제하였으며, 웅천 현감을 지내고 숭록대부에 올랐다.

요결 15조

訣十五

발은 팔자(八字)도 정자(丁字)도 아니게 놓으며, 앞발에 몸무게를 둔다.〔足 非八非丁 偏任前足〕

몸은 가슴에 힘을 빼고 배에 힘을 주며, 왼쪽 겨드랑이를 크게 벌린다.〔身 胸虛腹實 左腋豁如〕

얼굴은 과녁을 대하고 턱을 깊이 당겨서 마치 옷깃을 물듯이 한다.〔面 對鵠頤深 若啣衣領〕

머리는 마치 수탉이 우는 것처럼 하여 화살을 놓을 때에 쭉 펴서 위로 뽑는다.〔腦 如雄鷄鳴 決時伸拔〕

왼손은 손등을 뒤집어 안쪽을 향하고, 엄지의 볼록한 부분으로 똑바로 활을 민다.〔左手 背覆向內 拇肚直托〕

오른손은 손등이 서쪽을 향하며,[80] 당기는 자세에 세 번의 단락이 생기게 한다.〔右手 手背向西 勢成三節〕

80 서쪽을 향하며 : 그 뜻이 분명하지 않다. 원문의 '향서(向西)'가 '향내(向內)'의 오기일 가능성이 있지만, 확실하지 않으므로 원문대로 번역하였다.

왼쪽 팔은 오로지 안으로 향하게 하며, 먼저 웅크렸다가 뒤에 편다.〔左臂 專要向內 前縮後伸〕

오른쪽 팔은 당겨서 길게 뻗되 팔꿈치를 돌려 등을 향하게 한다.〔右臂 引而伸長 回肘指背〕

왼쪽 어깨는 낮추고 약간 숙이며, 활의 줌통을 똑바로 받친다.〔左肩低而微覆 直注弓弣〕

오른쪽 어깨는 안으로 향하는 것이 좋으며, 바깥으로 눕히는 것은 절대로 피한다.〔右肩 恰好內向 切忌外偃〕

활을 잡는 것은 전혀 계교를 부리지 않고 느슨하게 잡기 시작하여 굳게 조인다.〔握弓 都不計較 自鬆而緊〕

화살을 메기는 것은 오른손 식지 위에다 하니, 그 모양이 얹힌 서까래와 같다.〔架箭 加右食指 勢如架椽〕

당길 때는 손을 들어 높이 끌어올리고 팔꿈치를 돌려 활을 충분히 휘게 한다.〔引 擧手高拽 回肘滿灣〕

자세를 바로 할 때는 앞으로는 밀고 뒤로는 당기며, 몸이 표적 쪽으로 향하게 한다.〔審 前托後引 將軀入的〕

놓을 때는 마치 옷을 비틀어 빨듯이 하며, 숨은 들이쉬어야 한다.〔決如拗澣衣 氣息要入〕

해설 5조

解五

활을 잡는 것은 반드시 똑바로 꽉 잡아야 하며 달리 계교를 부려서는 안 된다. 장지의 세 번째 마디가 위를 향하여 하늘을 가리키게 하고 엄지와 식지 사이의 호구(虎口)로 직접 활의 줌통을 잡아야 한다. 엄지의 볼록한 부분으로 활의 줌통을 밀면 화살이 활시위를 떠날 때 위로 뜨지 않고, 장지・소지・무명지 세 손가락으로 길게 늘여 단단하게 잡으면 화살의 힘이 멀리까지 미친다.

화살을 메길 때 오늬〔矢括〕를 오른손 식지 위에 놓는데, 뒤가 높고 앞이 낮아서 그 모양이 지붕의 서까래와 같다. 활을 당길 때는 양쪽 손을 가지런히 드는데, 그 높이가 귀 위쪽보다 내려가지 않는다.-손을 높이 쳐들면 왼쪽 어깨가 낮아져서 몸의 자세가 바르게 된다.- 이제 팔꿈치의 힘으로 당기되 활시위가 아래쪽으로 향하는 것은 절대로 피하고, 또한 손가락 힘으로 끌어서 벌려도 안 된다. 활을 충분히 휘게 하고 나서도 당기기를 계속하여 오른쪽 팔꿈치로 점점 당기고 돌려서 등 뒤를 가리키게 한다. 대개 활을 당기는 것은 멀리 당기는 데에 힘써야 하니, 당기기를 끝까지 한 뒤에야 경(經)에서 말한 '심고(審固)'의 의미[81]를 논할 수 있다.

81 경(經)에서……의미 : 활과 화살을 잡는 자세를 바르고 안정되게 하는 것이다. 《예기》 〈사의(射義)〉에 "궁시를 잡는 것이 안정되고 견고하면 쏘아서 맞힐 수 있다.〔持弓矢審固 則射中矣〕"라는 말이 나온다.

활을 끝까지 당긴 뒤에는 오른쪽 팔꿈치를 점차 돌리고 왼쪽 팔을 점차 비틀며, 팔꿈치와 어깨를 나란히 아래로 하여 수평으로 똑바로 줌통을 멀리 민다. 그리고 그 자세가 안쪽을 향하도록 하면 활의 몸체가 저절로 가로로 되어 마치 기러기가 갈대를 물고 있는 모양이 되며, 손과 팔과 몸과 어깨가 똑같이 활에다 힘을 모으니 다시는 위아래로 움직이거나 뒤집히지 않게 된다. 또 엄지의 볼록한 부분과 호구를 써서 계속하여 똑바로 밀어 주는데, -똑바로 민다는 것은 높지도 않고 낮지도 않게 미는 것을 말한다.- 대개 표적을 맞추는 묘리가 이 호구에 달려 있다. 이것이 바로 사법(射法)의 현묘한 부분이다.

심(審)은 바로 《논어》에 있는 '지궁시심고(持弓矢審固)'의 심이다.[82] 남당(南塘) 척계광(戚繼光)[83]이 이 뜻을 풀이하여 "'자세를 바르게 함〔審〕'은 활을 끝까지 당기기 전에 바르게 하는 것이 아니라 활을 끝까지 당긴 후에 바르게 하는 것이다."라고 하였는데, 이 말이 매우 좋다. 대개 손과 발과 몸과 얼굴은 활을 잡고 화살을 메길 때에 모두 마땅히 취해야 하는 자세가 있지만, -마땅히 취해야 하는 자세는 바로 위의 15요결이다.- 끝까지 활을 당긴 뒤에는 반드시 여기에다 심을 더하여야 하니, 각각의 당연히 취해야 하는 자세가 안정되고 집중되게 하는 것이 바로 이른바

82 논어에……심이다 : '지궁시심고(持弓矢審固)'는 "궁시를 잡은 자세가 바르고 안정되었다."라는 뜻이며, 《논어》가 아니라 《예기》에 있는 구절이다.

83 척계광(戚繼光) : 1528~1587. 명나라의 이름난 장수로 왜구를 물리치는 데 큰 전공을 세운 인물이며, 남당은 그의 호이다. 《기효신서(紀效新書)》, 《연병실기(練兵實記)》 등의 저서가 있다.

심이다. 이때 앞으로는 밀어야 하고 뒤로는 당겨야 하며, 자기 온몸이 활 속으로 들어가서 표적을 향하도록 한다.

자세를 바르게 하였다면 이제 '놓는 것〔決〕'에 대해 말할 수 있다. 속담에 "명중하고 않고는 놓는 방법에 달려 있다."라고 하는데, 비유하면 천리에 뻗친 큰 산맥도 끝내는 단지 하나의 혈처(穴處)를 따지는 것과 같다. 가령 서는 것부터 자세를 바로 하는 것까지 한 가지도 사법에 합치되지 않는 것이 없다 하더라도 당긴 것을 놓을 때 하나라도 풀어진 점이 있으면, 화살이 표적을 크게 벗어날 것이다. 그러므로 "빤 옷을 짜듯이 한다."라고 하였으니, 대체로 옷을 빠는 사람은 앞쪽 손으로 옷을 안쪽으로 비틀고 뒤쪽 손으로 뒤쪽으로 당기는데, 활을 쏘는 사람도 이런 모양처럼 하여야 한다. 앞쪽 손은 돌리고 뒤쪽 손은 움직임을 막아서 화살 허리가 끊어질 것같이 되면, 가슴이 펴지면서 왼쪽 팔과 왼쪽 어깨가 앞뒤의 손 사이를 탱탱하게 받치게 되어, 오른쪽 손이 저절로 시위에서 벗어나는 것이 매우 경쾌하고, 시원스럽게 소리가 우렁차서 먼 곳에서도 음의 울림이 있다. 당긴 것을 놓을 때는 숨을 들이쉬어야 한다. 무릇 사람이 숨을 내쉬면 몸이 들리고 숨을 들이쉬면 몸이 구부러지니, 숨을 들이쉬면서 당긴 것을 놓으면 왼쪽 겨드랑이가 넓혀져서, 몸이 활과 일체가 되어 표적을 향하게 되는 것이 바르게 된다.

교민 5칙

教民五則

부모를 섬기는 일 事親

일찍 일어나서 밤에 잘 주무셨는지를 여쭈고, 아침저녁의 음식은 반드시 부모에게 먼저 드린 뒤에야 자기가 먹는다. 밤에는 반드시 부모가 주무시는 곳이 따뜻한지 서늘한지를 살핀다.

부모를 뵐 때 안색은 반드시 온화하게 하고 기운은 반드시 낮추며, 부모와 말을 할 때 음성은 반드시 부드럽게 하고 감히 소리를 높이지 말아야 한다.

부모가 노하여 꾸짖으면 반드시 안색을 온화하게 하여 공경히 받아들여야 하며, 반드시 곧바로 고쳐야 한다.

부모와 말을 할 때 감히 옳고 그름을 따져서는 안 된다.

출입할 때는 반드시 부모에게 고하여야 한다.

부모에게 순종하지 않는 것은 불효를 행하는 것이다.

자기 부모를 사랑하고 공경하는 자는 감히 남을 함부로 대하거나 미워하지 않는다. 만약 자기가 남을 함부로 대하고 미워한다면 남도 반드시 자기의 부모를 함부로 대하고 미워할 것이니, 이것이 자기가 그렇게 행한 것과 무슨 차이가 있겠는가.

어른을 공경하는 일 敬長

맹자가 말하기를 "나의 노인을 노인으로 섬겨서 남의 노인에게까지 미친다." 하였으며, 《예기》에 이르기를 "나이가 배가 많은 사람은 아버지처럼 섬기고, 10년이 더 많은 사람은 형처럼 섬기며, 5년이 더 많은 사람과는 어깨를 나란히 하되 조금 뒤에서 따라가야 한다." 하였으니, 어른을 공경하는 예에서부터 공경이 생겨난 것이다.

어른을 보면 반드시 절하고, 길에서 어른을 만났을 때 나어린 자가 말을 타고 있으면 반드시 말에서 내린다.

어른이 있는 장소에서, 나어린 자는 걸터앉지 말고 드러눕지 말며 담배를 피우지 말아야 한다.

감히 어른에게 성내는 기색을 드러내거나 업신여기는 말을 하여서는 안 된다.

업을 닦는 일 修業

선비의 업은 책을 읽고 몸가짐을 단속하는 것으로, 그 절목이 《소학》, 《논어》, 《맹자》 등의 책에 실려 있거니와, 주 부자(朱夫子)가 위응중(魏應仲)에게 답한 편지[84] 역시 초학자의 지침이 되므로 아래에 열거한다.

기거하거나 앉고 설 때는 단정하고 장엄하기에 힘써야 하며, 비스듬히 기대어서는 안 되니, 이는 나태해질 것을 걱정해서이다. 나가고 들어오거나 걷고 달릴 때는 엄숙하고 신중하기에 힘써야 하며, 가벼이 움직임으로써 덕성을 해쳐서는 안 된다. 겸손함으로 자신을 다스리고, 온화함과 공경으로 남을 대한다. 모든 일에 반드시 공손하고 삼가야 하며, 까닭 없이 출입을 하여서는 안 된다. 한담(閑談)을 적게 하여야 하니, 시간을 허비할까 걱정되기 때문이다. 잡서(雜書)를 보지 말아야 하니, 정력이 분산될까 걱정되기 때문이다.

활쏘기 역시 선비의 일이며 성인(聖人)이 덕을 관찰하였던 방법이다. 더구나 무사는 활쏘기로 업을 삼으니, 더욱 태만하여서는 안 된다.

농사짓는 사람의 업은 부지런하게 일하는 데에 있다.

밭을 갈면서는 절대로 남과 밭 경계를 다투지 말아야 한다.

84 주 부자(朱夫子)가……편지 : 《회암집(晦菴集)》 권39에 실려 있는 〈위응중에게 보냄〔與魏應仲〕〉을 가리킨다. 위응중은 주희와 교유하였던 위섬지(魏掞之)의 아들 위효백(魏孝伯)으로, 주희에게 수학하였다. 이 편지에서 주희는 위효백에게 학문하는 방법에 대해 자세히 일러 주었다.

향무(鄕武), 이서(吏胥), 노비(奴婢), 군례(軍隷)는 모두 관의 일을 맡은 자이니, 관차(官次)[85]를 공경하고 요속(僚屬 소속 관원)과 화목하며, 반드시 속이지 않고 거스르지 않는 것을 급선무로 삼아야 한다.

혹시 너무 가난하여 사민(四民)의 업[86]에 종사하지 못하고 남에게 품을 파는 자는, 이 역시 그의 업이니 반드시 정성스럽고 부지런해야 하며 게으름을 피우거나 속여서는 안 된다. 이렇게 하면 다른 사람들이 그를 존경할 것이다.

여자의 행실은 유순함이 우선이니, 비록 훌륭한 일과 아름다운 덕이 있더라도, 만약에 유순하지 못하다면 이것은 있을 수 없는 일이다.

여자는 길을 갈 때 남자를 만나면 피하여 가까이 가지 말아야 하고, 곁에 다른 사람이 없이는 남자와 마주 앉지 말아야 한다. 남자와 조용한 곳에서 서로 이야기하지 말고 남자와 함께 음식을 먹지 말며, 밤에는 문밖을 나가지 말아야 한다. 여자는 말을 하면서 소리를 높여서는 안 된다.

85 관차(官次) : 원래는 관직의 차서(次序)를 뜻하지만, 여기서는 높은 관직에 있는 사람 또는 상관의 의미로 쓰인 듯하다.

86 사민(四民)의 업 : 사(士)·농(農)·공(工)·상(商)의 네 가지 직업을 가리킨다.

술의 해로움은 사람의 성정을 바꾸어서 사납고 어그러지게 만들며 재물을 축내고 가산을 탕진하게 하며 뭇사람에게 비난을 받고 형벌에 떨어지게 하는 것이니, 경계할지어다. 경계할지어다.

잡기(雜技)의 해로움이 술과 어찌 다르겠는가. 절대로 손에 가까이 하여서는 안 된다.

패려하고 거만한 사람은 남과 성내어 싸우기를 좋아하고 사납고 시기하는 사람은 남의 잘못 말하기를 좋아하는데, 각종의 후회와 허물이 모두 여기에서 생기니 이것은 매우 경박한 풍속이다. 서경(西京)[87]의 사대부는 남의 잘못 말하는 것을 부끄러워하였고, 조 상국(曹相國)[88]은 나라를 다스리고 집안을 다스리면서 오로지 남의 잘못을 숨기는 데 힘썼으니, 이것은 본받을 만한 일이다.

남의 잘못을 말하면 나의 덕이 손상되고 남과 원한을 맺게 된다.

남의 지난 잘못을 들추는 것은 마음가짐에 가장 큰 해가 된다.

87 서경(西京) : 중국의 전한(前漢) 시대를 가리킨다. 여기서는 특히 풍속이 순후하였던 문제(文帝)와 경제(景帝)의 치세 때를 두고 말한 것이다.

88 조 상국(曹相國) : 전한의 재상 조참(曹參)을 가리킨다.

혹시 망녕된 사람이 나와 싸우려 할 때는, 내가 그 사람을 피하여야 하며 이기지 못하는 것을 수치로 여겨서는 안 된다.

정자(程子)가 말하기를 "우리 형제는 평생 욕설로 남을 꾸짖지 않았다." 하였으니, 이 가르침을 특히 명심하여야 한다. 어찌 다른 사람에 대해서만 그러하겠는가. 비록 처자(妻子)나 노복(奴僕)에 대해서도 욕을 하며 꾸짖어서는 안 된다.

집안을 다스리는 일 治家

매일 아침 방과 마루 및 뜰 안과 문밖을 깨끗이 청소한다. 기명(器皿)의 배치는 절대로 뒤바꾸지 말아야 하고 똥거름을 모은 무더기 역시 반드시 반듯하게 하여야 한다. 후한(後漢)의 곽임종(郭林宗 곽태(郭太))은 자신이 묵은 여관을 반드시 청소한 다음에야 떠났는데, 하물며 자기가 거처하는 집이야 어찌 더럽게 하여 남에게 보이겠는가.

비록 몇 묘(畝)의 작은 집이라도, 만약에 빈 땅이 있으면 뽕 · 삼 · 채소를 심으며, 닭 · 개 · 돼지를 기르는 데에 역시 때를 어기지 말아야 한다.

한가할 때 새끼를 꼬거나 노끈을 꼬거나 멍석을 짜거나 미투리를 삼는 것은 모두 할 만한 일이다. 이렇게 되면 한담이 줄고 출입이 없어지고 일용에 여유가 생기니, 이익 되는 점이 참으로 많다.

수차삼선설

水車三選說

삼가 수차(水車)의 용도를 살펴보건대, 관개(灌漑)에서 얻게 되는 이로움이 크다. 그 근본은 자공(子貢)이 말한 길고(桔槔)[89]에서 나온 것으로, 한(漢)나라의 필람(畢嵐)과 위(魏)나라의 마균(馬勻)[90] 이래 각각 의도에 따라 창조하여 점점 새롭고 정교하게 되었는데, 이것들은 도면을 살펴보고 본떠서 만들 수 있다. 그러나 기구는 쓰기에 알맞은 것이 중요하니, 쓰기에 알맞지 않으면 비록 정교하다 한들 무슨 도움이 되겠는가. 지금 여러 수차 중에 쓰임에 맞는 것을 가려보면, 오직 용미차(龍尾車), 항승차(恒升車), 고전통차(高轉筒車), 이 세 가지가 가장 요긴하다.

용미차는 물을 많이 긷는 데에는 유리하지만 높이 올리는 데에는 불리하고, 고전통차는 물을 높이 올리는 데에는 유리하지만 많이 긷는 데에는 불리하며, 항승차는 많이 긷는 것은 용미차에 미치지 못하지만 높이 올리는 것이라면 그보다 더 낫고, 높이 올리는 것은 고전통차에 미치지 못하지만 많이 긷는 것이라면 그보다 더 낫다. 그러므로 물이 많고 물가의 언덕이 높지 않으며, 밭의 비탈이 넓어서 널리 개간할 수 있는 곳에는 용미차를 쓰는 것이 마땅하고, 밭의 비탈이 매우 높은

89 길고(桔槔) : 돌을 매달아 그 무게를 이용하여 물을 긷는 두레박틀이다.

90 한(漢)나라의……마균(馬勻) : 필람과 마균은 각각 수차의 일종인 번차(翻車)를 만들었던 인물이다. 마균의 균(勻)은 균(鈞)의 오기인 듯하다.

곳에 있고 별로 넓지 않거나 물이 낮은 곳에 있어서 물을 길어 올리는 것이 매우 어려운 곳에는 고전통차를 쓰는 것이 마땅하며, 작은 봇도랑이나 작은 저수지 같은 곳으로 지금 농가에서 길고를 쓰는 곳이라면 항승차를 쓰는 것이 마땅하다.

그리고 지형이 용미차나 고전통차 같은 차를 쓰기에 마땅한 곳은 만나기가 매우 어려우나, 항승차의 경우는 어떤 곳에서라도 활용할 수 있고 어떤 사람이라도 사용할 수 있어서, 비록 집집마다 갖추어 두어도 관개에 큰 보탬이 될 것이니, 실로 가난한 자나 부유한 자, 현명한 자나 어리석은 자 모두가 사용할 수 있는 이기(利器)가 된다. 지금 이 세 가지의 수차에 대해 그 내용을 약간 가감하고 아래에 그림을 실었으며,[91] 각각의 그림에 대한 설명을 붙였다.

용미차 도설 龍尾車圖說

첫째는 굴대〔軸〕이다. 둥근 나무로 만들며 길이는 물의 깊이를 보아 거기에 맞춘다. 그 굴대의 길이를 25등분하고 그중 둘 만큼의 길이를 가지고 굴대 양쪽 머리의 지름으로 삼으니, 가령 굴대의 길이가 두 자 다섯 치이면 굴대의 둥근 원의 지름은 당연히 두 치가 되는데, 둥근 원은 반드시 규정된 치수에 맞고 아래위가 같아야 한다. 그리고 굴대에다 먹으로 표시를 하는데, 먹으로 표시하는 것은 이것을 나선형 칸막이의 경계로 삼는 것이다. 그 굴대의 둘레를 8등분하여 곧은

91 그림을 실었으며 : 실제로 필사본으로 전해지고 있는 문집에는 이 그림이 없으니, 아마도 전사하는 과정에서 뺀 듯하다.

먹줄을 그어 놓고, 또 8등분한 하나의 길이를 기준으로 하여, 기준에 맞추어 8개의 먹줄을 나란하게 똑같이 그어서 경계로 삼았다. 또 구고구현법(句股求弦法)[92]을 써서 양쪽 경계를 비스듬히 마주 보게 하고 먹줄을 그어 사변(斜邊)을 나타내었는데, 사변의 끝이 굴대에 닿는 곳이 나선의 경계가 된다.

둘째는 칸막이〔墻〕이다. 나선의 먹 표시에 따라 대나무를 깎아서 기둥을 만들어 세우며, 숙마(熟麻 익힌 삼)로 그 기둥들 엮기를 마치 발〔箔〕을 짜듯이 하고 송진과 녹인 밀랍으로 그 위를 칠한다. 칸막이의 높이는 고법(古法)에서 그 굴대 길이의 8분의 1을 기준으로 삼는다고 하였으나 이는 너무 높은 듯하니, 생각에 따라 높이를 줄여야 한다. 그러므로 고법에서도 "높이를 줄일 수는 있으나 더할 수는 없다."라고 하였다. 이 칸막이는 물받이가 되는 것이다.

셋째는 테두리〔圍〕이다. 칸막이 바깥에 널빤지를 깎아서 그 주위를 두른다. 하나하나의 널빤지는 너비가 두 치를 넘지 않고 너무 두껍지 않게 하며, 그 길이는 칸막이 경계까지 이르는 것을 기준으로 삼는다. 칸막이 기둥의 배열에 맞추어 굴대에 구멍을 뚫고 네 기둥을 세우는데, 기둥의 길이는 칸막이 높이에 따르고, 단단하고 질긴 나무로 둥근 모양을 만들어서 결합한다. 테두리가 합하여지고 나면 쇠테로 고정시킨다.

92 구고구현법(句股求弦法) : 현대 수학에서 말하는 직각삼각형의 해법이니, 직각을 낀 두변의 길이를 주고 빗변의 길이를 구하든가 또는 빗변과 밑변을 주고 높이를 구하든가 또는 빗변과 높이를 주고 밑변을 구하든가 하는 방법을 가리킨다.

넷째는 지도리〔樞〕이다. 쇠로 지도리를 만들어 굴대 양 끝의 중심에 세운다. 쇠로 만드는데, 완전하고 실하며 그 원의 둥글기가 정확하여 돌기에 편하도록 하는 데 힘쓴다.

다섯째는 시렁〔架〕이다. 나무로 기둥을 만드는데, 혹 돌을 써도 좋다. 아래쪽 기둥의 한 면에 두서너 개의 구멍을 뚫어 물이 얕고 깊음에 따라 높낮이를 바꿀 수 있도록 한다. 그리고 여기에 모두 쇠 대롱을 설치하고 대롱의 안쪽을 특별히 잘 갈아서 광이 나고 미끄럽게 만들어, 수차(水車)의 아래 기둥을 그 속에 끼운다. 아래 기둥을 세울 때는 기둥의 윗머리를 바깥으로 조금 쳐들게 하고, 위 기둥은 산(山) 자 모양의 양쪽 기둥을 세우고 나무를 양쪽 기둥 위에 가로로 걸쳐 얹는데, 이 가로로 걸쳐 얹은 나무가 시렁의 중심부에 해당한다. 이 나무를 깎아 세로로 된 홈을 파서 반원 모양으로 만들고, 여기에 수차의 위쪽 지도리를 끼워서 수차가 시렁 위에서 안정되게 하는데, 그 형태가 조금 뉘어져서 구고현법(句股弦法)에 합치된다.[93] 고법에서는 위아래의 기둥은 모두 기둥머리에 쇠 대롱을 설치하고 위아래의 지도리를 그곳에 끼우는데, 이것은 칸막이가 굴대에 붙어 있고 물받이에 물이 채워지니 그 무게가 매우 무거울 것이며, 물 흐르는 힘이 또 종일토록 위를 때리면 그 힘이 반드시 굴대를 쳐서 테두리 밖으로 벗어나게 할 것이므로, 위아래의 지도리를 위아래 기둥머리에 있는 대롱에 넣으면 이런 걱정이 없어지기 때문일 것이다. 그러나 이렇게 하면 사람이 수차를 돌리는 방법은 쓸 수 없으니, 이는 대체로 고법에서 반드시 수차에 바퀴를

93 구고현법(句股弦法)에 합치된다 : 직각삼각형 모양을 이룬다는 뜻인 듯하다.

설치하고 곁 바퀴로 수차를 움직이는 데 연유한 것이다. 지금 이 수차는 농부가 사용하는 것인데, 우리나라의 농부는 대부분이 우둔하고 섬세하지 못한 사람들이니, 기계나 바퀴와 같은 정교하고 섬약한 기구를 어찌 잘 쓸 수 있겠는가. 만일 그런 도구를 사용하려 한다면 재력만 허비할 뿐이며, 반드시 날마다 훼손되어 끝내 버리는 물건이 되고야 말 것이다. 나는 일찍이 기계와 바퀴의 제도를 바로잡아 고칠 구상을 마음속에 가지고 있었지만, 이것이 이른바 쓰기에 적합한 것이 아니므로, 지금 이 논의에서 바퀴는 생략하여 논하지 않고 단지 사람이 돌리는 것만을 구상의 대상으로 설정하여 논하는 것이다. 또 바깥 테두리에 두른 쇠테를 늘 자세히 살피고 단단히 고정시킨다면, 비록 기둥머리에 지도리를 설치하지 않아도 쓸 수 있을 것이다.

여섯째는 전환 장치〔拐機〕이다. 나무로 만들며 위쪽 지도리의 몸통 부분에 설치한다. 소사거(繅絲車 물레) 모양과 같은데, 지도리를 움직일 막대기를 이어 붙여서 사람 손으로 돌릴 때의 쓸리고 부딪힐 걱정을 덜어 준다. 이 장치는 재주 있는 자가 궁리하여 생각대로 변통할 수 있을 것이다.

항승차 도설 恒升車圖說

첫째는 통(筩)이다. 나무를 깎아서 만들며, 오늘날 통(桶)에 테를 두르는 형식과 같고 네모나 둥근 모양으로 생각대로 만든다. 길이는 물 긷는 곳의 높낮이를 보아 거기에 맞춘다. 통의 형태는 위가 뚫리고 아래가 막혔는데, 그 바닥에다 구멍을 내고,-둥근 통이면 네모 난 구멍을 내고 네모 난 통이면 둥근 구멍을 낸다.- 그 구멍을 쇳조각으로 덮고서 거기에 끈을 매어, 마치 세속의 이른바 경첩〔赤貼〕 모양과 같게 하여 열리고 닫히도록 한다.

둘째는 기둥〔柱〕이다. 나무로 만들며, 통의 모양에 맞추어 네모나 둥근 모양으로 하는데, 그 두께는 두세 치를 넘지 않게 한다.-이것이 고법에서 말한 물을 비우고 받아들이는 장치이다.- 가운데에 크거나 작거나 네모나거나 둥근 구멍을 하나 뚫는데 모양을 한결같이 통 바닥의 구멍과 같게 하며, 쇳조각으로 덮고서 거기에 끈을 매어 구멍이 열리고 닫히도록 한다.-통 바닥 구멍의 쇳조각과 같다.- 쇳조각의 네 모퉁이에 쇠 끈 네 개를 끼워 그것들을 조금 위로 올려서 합치고 둥근 나무로 자루를 만든다. 자루 위에 횡목(橫木)을 대어 받치되 가운데가 되는 지점과 일치하도록 하며, 횡목의 머리 부분에 돌을 올려놓아 횡목이 무거워지게 한다. 또 별도로 가로 걸치는 나무〔橫架木〕를 설치하고 횡목의 꼬리 부분이 가로 걸치는 나무를 밀도록 하여, 사람이 발로 밟을 때 방아와 맷돌처럼 기둥이 내려가고 올라가 통에서 나오고 들어가도록 한다. 기둥이 나오면 통 바닥에 난 구멍을 덮은 쇳조각이 열려서 물이 올라오고, 기둥이 들어가면 통 바닥에 난 구멍을 덮은 쇳조각이 도로 닫히면서 기둥에 난 구멍의 쇳조각이 열려 물이 기둥 위로 올라오게 된다. 물이 기둥 위로 올라오면 바로 옆에 있는 대롱을 따라 물을 댈 곳으로 흘러 들어가게 된다.

셋째는 대롱〔管〕이다. 대롱은 기둥의 상단에 서너 치 정도 낮게 설치하는데, 쇠나 대나무 통으로 만들며, 길이는 마음대로 한다. 물이 기둥의 윗면으로 올라오고 나면 당연히 이 대롱을 따라 나가게 되는데, 대롱의 구멍이 기둥 위의 쇳조각에 연결된 끈과는 떨어져 있게 하여야 한다. 대체로 대롱이 동쪽에 있으면 끈은 서쪽에 있어야 하니, 만약 똑같이 한쪽에 있으면 쇳조각이 열릴 때 반드시 대롱의 구멍을 막을 것이기 때문이다.

관개할 장소가 물 있는 곳에서 멀면 그 대롱이 길어야 할 것이며, 긴 대롱으로도 미치지 못하면 대나무 홈통을 써서 잇는다.

고전통차 도설 高轉筒車圖說

첫째는 기둥〔柱〕이다. 나무로 만든다. 먼저 두 기둥을 언덕 위의 물 댈 곳에 마주 세우고 또 두 기둥을 물속에 마주 세워서, 위의 두 기둥과 아래의 두 기둥을 서로 마주 보게 한다. 두 기둥 사이에 하나의 나무를 가로로 끼워 넣는데, 조예(鑿枘)[94]를 바르게 하고 결합하여 견고하게 한다. 위아래의 기둥도 마찬가지이다.

둘째는 굴대〔軸〕이다. 나무로 만든다. 그 형태를 둥글게 하여 두 기둥에 가로로 끼워 넣는데, 두 기둥의 구멍 또한 둥글게 하여 돌기 좋도록 한다.

94 조예(鑿枘) : '원조방예(圓鑿方枘)'의 준말이다. 일반적으로 서로 맞지 않는 것을 비유하는 데에 쓰이지만, 여기서는 두 나무를 짜 맞추는 일 자체를 가리키는 말로 쓰인 듯하다.

셋째는 동아줄〔索〕이다. 대나무로 만든다. 대나무가 아니면 물에 젖은 뒤에 점점 팽팽하게 꼬여서 잘 돌 수가 없다. 동아줄은 반드시 양 갈래로 하여 위 굴대에 걸고 아래 굴대에 두르고 돌려서, 합하여 새끼처럼 꼰다.-좌우의 동아줄이 모두 같다.- 동아줄의 길이는 언덕의 높이에 달려 있다.

넷째는 통(筩)이다. 나무를 돌려 깎아서 만들며, 물 너덧 되 또는 서너 되 용량을 기준으로 한다. 통의 숫자에 상관없이 동아줄이 길면 통을 많이 달고 동아줄이 짧으면 통을 적게 단다. 통의 상단에서 몇 푼 정도 조금 내린 곳을 뚫어서 작은 구멍을 내고, 거기에 가는 동아줄을 꿰어 양쪽 동아줄에 갈라서 연결한다. 차례로 매다는 통 사이의 간격은 사람의 생각에 따라 요량하되, 너무 띄엄띄엄하게 하여서는 안 된다.

위의 네 가지가 구비된 뒤에, 위쪽 기둥에 가로로 끼운 둥근 굴대를 돌리면 양쪽의 동아줄이 나란히 돌게 되고, 아래의 통이 아래쪽 굴대의 주위를 돌 때 저절로 물을 길어 올리게 된다. 한 통이 그렇게 하고 나서 또 한 통이 다시 그렇게 하여 통이 위쪽 굴대에 이르면, 통이 굴대를 넘어갈 때 그 형세상 통이 저절로 엎어져서 언덕 위로 물을 흘려보내는데, 이런 순환이 끊이지 않아서 물을 길어 올리는 것이 끝이 없다. 일찍이 정우태(丁遇泰)[95]와 이 법에 대하여 논의하였을 때, 그가 말하기를 "양쪽 동아줄 사이를 대나무로 가는 끈 여러 개를 만들어 가로로 연결하고 또 나무로 가는 못을 많이 만들되 대추씨 모양으로

95 정우태(丁遇泰) : 정조 때의 인물로 기계와 토목에 조예가 깊었으며, 벼슬은 별간역(別看役)과 용인 현령(龍仁縣令)을 역임하였다.

하여 굴대의 중심을 에워싸듯이 끼워 넣으면,-위아래의 굴대가 마찬가지이다.- 굴대가 돌아갈 때 양쪽 동아줄에 가로로 연결된 대나무 끈이 번번이 대추씨 모양의 못에 살짝살짝 걸리며 지나가서, 동아줄의 회전에 힘이 있게 된다." 하였는데, 이 설이 매우 교묘하다.

붙임 동국수차고 附東國水車攷

본조(本朝) 효묘(孝廟) 원년-경인년(1650)- 여름 5월에 비변사에 하교하시기를 "연경(燕京)과 심양(瀋陽)에서 관개에 쓰는 것으로 수차만 한 것이 없다. 우리나라에서는 이 제도를 전혀 알지 못하여, 지척에 비록 넘실넘실 흐르는 물이 있어도 지세가 조금 높으면 어찌할 수가 없으니, 농사가 천하의 큰 근본인데도 그 도구의 이로움을 얻지 못하는 것이 이와 같다. 지금 공장(工匠)에게 만들게 하였으니, 그것이 쓸 만하면 지방에 널리 보급하여 농사를 권장하는 데 조금 보탬이 되게 하라." 하시니, 비변사에서 복계(覆啓)하기를 "성상께서 이번 가뭄을 당하여 특별히 농사일을 걱정하시어 금중(禁中)에서 수차를 만들었는데, 제도가 매우 정교하고 도는 모양이 신묘합니다. 참으로 집집마다 설치할 수 있다면 가뭄을 대비하는 데에 결코 적지 않은 도움이 될 것입니다. 유사(有司)로 하여금 이 모양대로 10개의 수차를 만들어 팔도(八道)와 양도(兩都)[96]에 나누어 보내게 하소서." 하니, 이에 따르셨다.-《국조보감(國朝寶鑑)》-

96 양도(兩都) : 강도(江都)와 송도(松都), 즉 강화부(江華府)와 개성부(開城府)를 가리킨다.

본조의 충청 감사 김육(金堉)이 장계를 올려 아뢰기를 "금년에는 농사를 권장하는 계책을 달리 시행하지 않을 수 없습니다. 신이 중국의 수차 제도를 가지고 각 고을로 하여금 많이 만들게 하여 가뭄에 대한 대비책을 세우게 하였습니다. 또 백성들 가운데 전답이 없는 자가 혹 묵은 땅에 농사지어 먹고자 하여도, 한번 전안(田案)에 등재되면 부역을 감당하기가 어렵기 때문에 감히 개간하지 못하고 있습니다. 지금 만약 별도로 사목(事目)을 만들어, 원장에 기재된 원전(元田) 외에 묵은땅을 새로 경작할 경우 따로 전안을 하나 만들어서, 경작할 경우에는 세금을 거두고 묵힐 경우에는 세금을 면제하여 그들로 하여금 임의대로 농사지어 먹게 한다면, 진전(陳田)이 크게 개간되고 세입 역시 많아질 것이니, 이는 실로 공사(公私) 양쪽에 다 편리한 것입니다. 이 두 가지 일은 비단 본도에서만 시행할 수 있는 것이 아니라, 다른 도에서도 시행할 수가 있는 것이니, 묘당에서 상의하도록 분부하소서." 하였다.-《잠곡집(潛谷集)》-

고려의 밀직제학 백문보(白文寶)가 차자를 올려 아뢰기를 "강회(江淮)[97]의 백성들이 농사를 지으면서 홍수와 가뭄을 걱정하지 않는 것은 수차의 효력입니다. 우리나라 사람 가운데 논농사를 짓는 사람들은 반드시 도랑을 파서 물을 끌어다 대면서도 물을 대기 쉬운 수차에 대해서는 모르고 있습니다. 그러므로 논 아래에 깊이가 한 길이 못 되는 도랑이 있어도 내려다보기만 하고 감히 물을 끌어 올리려 하지 않으니, 이 때문에 황폐하게 되는 논이 열에 여덟아홉이 됩니다. 마땅히 계수관

97 강회(江淮) : 중국의 장강(長江)과 회수(淮水) 유역을 가리킨다.

(界首官)[98]에게 명하여 수차를 만들게 하여, 이 기술을 본뜨고 모양을 취한 수차가 민간에 전파될 수 있도록 해야 할 것입니다. 이것이 가뭄을 대비하고 황폐한 땅을 개간할 수 있는 제일의 계책입니다. 또 백성들이 씨 뿌리고 모내는 일에도 같이 힘을 쓴다면, 또한 가뭄을 대비하고 종자를 잃지 않을 수 있을 것입니다." 하였다.-《고려사》-

98 계수관(界首官) : 고려 시대에 주현(州縣)을 통제하던 상급 기구인 경(京)·목(牧)·도호부(都護府) 또는 그 관장(官長)을 말한다.

종삼보

種蔘譜

제1칙 인삼 종자 가리기 揀種第一則

인삼의 몸통이 곧고 가늘면서 긴 것이 좋은 것으로, 100뿌리를 합하여 무게가 한 냥이면 상등 품종이다. 단과(丹科)[99]가 익었을 때 따다가 하룻밤을 재워서, 단과의 과육이 농익어 문드러질 정도가 되게 한다. 이것을 맑은 냇물에 가라앉혀 보아, 물위에 뜨는 것은 건져서 버리고 가라앉는 것을 가져다 햇볕에 말려 습기를 제거한다. 대통 한 마디를 가져다가 그 윗마디에 가는 구멍을 고루 뚫고, 먼저 합법토(合法土)-아래에 설명이 나온다.-를 아래로 한 차례 고루 뿌려 주고 이어서 인삼 씨앗을 뿌려 주는데, 이와 같이 하기를 여러 차례 하여 대통이 가득 찬 뒤에 인삼 심는 밭에 묻어 놓는다. 봄이 되어 나가서 살펴보면 인삼 씨앗 하나하나마다 껍질이 갈라져 모두 새싹이 나오려고 한다.

제2칙 흙 선택하기 擇土第二則

산 위 높은 지대에 있는 비옥한 흙으로 아득히 먼 데서 불어오는 바람을 쐬어 검은색이 된 것이 좋은 흙이며, 가는 모래가 섞인 것이 더

99 단과(丹科) : 음력 5월경이 되어 빨갛게 익은 인삼 열매를 말한다. 이것을 인삼딸이라고도 한다.

좋은 흙이다. 이 흙을 가져다 햇볕에 조금 말려 습기를 제거하되 약간 윤기가 있을 정도로 한다. 이것을 큰 체로 쳐서 흙 알갱이를 고르게 하되, 덩어리로 뭉쳐지거나 고르지 않게 하여서는 안 된다. 이것이 합법토(合法土)이다.

제3칙 땅 가꾸기 治地第三則

땅을 가꾸는 데에는 두 가지 방법이 있으니, 첫 번째는 분법(盆法)이고 두 번째는 전법(田法)이다. 분법은 먼저 항아리〔盆〕를 둘 땅을 가꾸는데, 흙을 모아 계단 모양의 대(臺)를 만들고, 그 위를 파서 구덩이를 만들고 질항아리〔陶盆〕를 구덩이 속에 내려놓는다. 그러고는 항아리 바닥을 깨어서 없애 버린 다음에 흙을 부어서 그 속을 채운다. 전법은 흙을 모아 대(臺)를 만든 뒤에 돌 조각이나 벽돌로 사방을 둘러쳐서 네모난 항아리 모양을 만들고 흙을 부어서 그 속을 채운다.-흙을 부어서 채우는 데는 모두 합법토를 쓴다.-

제4칙 시기 맞추기 時候第四則

청명(淸明)과 한식(寒食) 앞뒤의 각각 3일에 인삼을 심는 것이 좋다.

제5칙 흙 붓기 下土第五則

합법토를 항아리 안으로 가져가서-돌 조각이나 벽돌로 만든 네모난 항아리도 마찬가지이다.- 얇게 아래로 뿌려 주는데, 항아리 높이의 10분의 8을 한

도로 한다. 한도까지 채우고 나서 손을 깨끗이 씻고, 오른손은 똑바로 찔러 넣어 바닥에 이르고 왼손으로는 인삼 모종을 집어서 똑바로 아래로 들어가게 한다. 그러고는 오른손을 천천히 끌어 빼면서 왼손은 인삼의 몸통을 잡고 오른손이 나오는 형세에 따라 천천히 끌어올려, 인삼의 꼬리 끝과 잔뿌리가 혹시라도 꾸불꾸불하게 접히지 않도록 한다. 흙 위로 손을 빼고 나서 다시 합법토를 뿌려서 1푼 높이만큼 더 덮어 주어, 원래 부어 넣었던 흙과 합하여 항아리 높이의 10분의 9까지 채운다.

제6칙 돌보기 看護第六則

대나무로 엮은 발을 가지고 항아리를 놓은 대의 계단 주위를 둘러싸되 충분히 촘촘하게 한다. 단지 하나의 문만을 두어서 들고 날 수 있도록 하고, 그 빗장과 걸쇠를 단단히 하여 절도를 방지한다. 다시 삼대〔麻骨〕,-속명은 결읍죽(決邑竹)이다.- 혹은 갈대, 혹은 대나무를 엮어 발을 만들되, 너무 성기지도 않고 너무 조밀하지도 않게 하고, 이것을 울타리 위에 덮어서 직사광선과 장맛비를 막는다. 만약 큰비를 만나면 그 위를 더 덮어 준다.-더 덮는 데에 소나무 가지를 쓰는 것도 좋다.-

제7칙 거두어 관리하기 收治第七則

단과가 충분히 익고 나면 반드시 그 줄기가 옆으로 눕게 된다. 늦은 가을이나 이른 겨울에 인삼을 캐내어 작은 항아리에 담고,-질그릇이나 동이 모두 괜찮다.- 합법토를 항아리에 함께 담아서 밭에 묻었다가, 봄이 되면 정해진 법에 따라 다시 심는다.-항아리에 넣을 때 인삼의 몸통이 서로 닿지 않도록 한다.- 잎 색깔이 누렇게 시들었으면 이는 그 뿌리에 병이 있는 것이니, 반드시 뽑아서 살펴보아야 한다. 만약 인삼의 몸통이 누런색을 고루 띠고 있으면, 맑은 샘물로 깨끗이 씻고 백분(白粉)을 발라서 다시 심으면 그 병이 바로 낫는다. 비록 겨울철이라 하더라도 방 안에 들여놓아서는 안 된다.

제8칙 금기 禁忌第八則

일체의 불결한 물건은 모두 절대로 멀리하고, 오염된 사람이 가까이 가지 못하게 하며, 짚은 한 줄기라도 밭에 남아 있지 않도록 한다. 개고기를 먹은 사람은 절대로 멀리하고, 일체의 벌레나 쥐 등속을 혹시라도 가까이 가지 못하게 한다. 세속에서 말하는 쇠〔金〕 기운과 불〔火〕 기운을 받아서 난 사람은 인삼을 심어도 번성하지 않는다.

철옹팔지도총서

鐵甕八至圖總敍

관서 지방의 산천과 지세에서 나라의 울타리가 되는 중요한 세 곳이 있으니, 압수(鴨水 압록강)가 첫 번째이고, 갑현(甲峴)에서 좌현(左峴)에 이르는 산줄기가 두 번째이며, 철옹(鐵甕)[100]이 세 번째입니다. 그러므로 강역에서 전쟁이 일어나면 싸워 지키는 데에 세 가지 대책이 있으니, 압수의 험난함에 더하여서 들판을 깨끗이 치우고 성벽을 견고히 하여 적의 기병으로 하여금 감히 우리의 변방을 침범하지 못하게 하는 것이 가장 좋고, 산줄기에 의지하여 굳게 지켜 적이 산줄기를 넘지 못하게 하면 비록 압수 연변이 어지럽게 되어도 중산(中山)[101]은 편안하니 이것이 그다음이며, 산줄기를 지키지 못하게 되면 철옹의 성에 웅거하여 청천강으로 난 길을 막아서, 적이 살수(薩水 청천강)를 건너 남쪽으로 내려가지 못하도록 하는 것이 또 그다음입니다.

그러나 관서의 지경으로 들어오는 압수는 무창(茂昌)과 여연(閭延)에서 시작하여 미곶(彌串)에서 바다로 들어가는 곳까지 그 길이가 1000여 리입니다. 강을 따라 수자리를 설치하여 고을 일곱 개와 진보(鎭堡) 스물여덟 개를 만들어 밀접하게 서로 이어져서 참으로 빠뜨린

100 철옹(鐵甕) : 평안도 영변(寧邊)의 별칭이다. 영변성을 철옹성이라고도 부르는데, 영변읍을 둘러서 쌓은 본성(本城)과 이와 연결된 약산성(藥山城), 신성(新城), 북성(北城) 등으로 이루어졌다.

101 중산(中山) : 평안도의 압록강 연변과 산맥으로 분리되어 있는 남쪽의 영변(寧邊), 희천(熙川), 박천(博川) 지역을 가리킨다.

대책이 없기는 하지만, 지키는 범위가 너무 넓어 지키는 힘이 분산되어 있으니, 이는 병법에서 "모든 곳을 다 대비하고자 하면 모든 곳이 다 소홀해지지 않을 수 없다."라고 하는 상황입니다. 그러니 참으로 압수를 지킬 수 있다면 이는 본시 가장 좋은 일이겠지만, 그 일은 실로 어려워서 만전을 보장할 수 없습니다.

희천(熙川)의 갑현(甲峴)에서 선천(宣川)의 동림(東林)・좌현(左峴)까지는 산마루가 굽이굽이 이어지고 높은 봉우리와 중첩된 산이 700리에 연하여 끊이지 않으니, 이것은 우뚝이 자연이 만들어 낸 금성철벽(金城鐵壁)입니다. 그러나 그 중간의 산줄기 남북으로 통행하는 길은 큰 길 열네 곳과 작은 길 열두 곳이 모두 산비탈을 깎아서 잔도를 낸 곳으로, 좁은 어귀에 진보를 두어 이 길들을 지키는 것이 강을 따라 수비하는 것에 비해서 쉽고 어려움에 큰 차이가 있는 데다 수백 리 구간 20여 곳의 좁은 어귀에 늘어서 있으므로, 그 지킴이 그리 치밀하지 못합니다. 또 진장(鎭將)들은 대부분 품계가 낮고 진졸들 또한 매우 지치고 고단한 상황이니, 그 지키는 힘이 약하다고 말할 수 있습니다. 그러므로 만일 창졸간에 뜻하지 않게 전쟁이 일어난다면 이곳을 지키지 못하는 일이 생기지 않을 수 없습니다. 그러니 산줄기의 험준함만을 믿고서 적이 날아서 지나가지는 못할 것이라고 생각하는 것 또한 통론이 될 수 없습니다.

저 철옹 땅은 청남(淸南)과 청북(淸北)이 서로 만나는 요충지에 자리 잡아 청천강 남안(南岸) 일대를 차지하고 있으며, 개천(价川)과 안주(安州) 두 고을이 철옹 지역과 서로 접하고 있어서, 청북으로부터 청남으로 가는 사람은 누구도 영변(寧邊)의 지경을 지나가지 않을 수 없습니다. 그러므로 위에서 말한 산줄기의 통로들은 길은 달라도 귀결

되는 곳은 같아서 결국 영변으로 모여드는 것이 마치 바퀴살이 바퀴통에 모이는 것과 같으니, 이것이 철옹성(鐵甕城) 하나가 능히 1000리의 강, 700리의 산줄기와 그 형세가 서로 어울리어 마땅히 한 겹의 울타리가 되는 것입니다. 철옹은 동북으로는 영원(寧遠)에 이르고 동쪽으로는 덕천(德川)에 이르고 동남으로는 개천에 이르고 남쪽과 서남으로는 안주(安州)에 이르는데, 이 고을들은 모두 청남의 내지(內地)이며, 서쪽으로는 박천(博川)에 이르러 가산(嘉山) 서쪽으로 난 직로와 접하고 다시 서쪽으로는 태천(泰川)에 이르러 구성(龜城)·창성(昌城)·삭주(朔州)로 난 길과 접하고 서북으로는 운산(雲山)에 이르러 위원(渭原)·초산(楚山)·벽동(碧潼)으로 난 길과 접하고 북쪽으로는 희천에 이르러 강계(江界)로 난 길과 접하니, 이것이 바로 여덟 방면을 제어하는 형국인 것입니다.

청천강은 희천에서부터 남쪽으로 흐르다가 영변부의 치소(治所) 동쪽 경계를 지나 5, 6십 리를 가서 통로(通路)-지금 동래(東萊)라고 부르는 곳이다.-에 이르면 꺾어져서 서쪽으로 흐르며, 영변부의 치소 남쪽과 안주와 개천의 북쪽을 거치고 대정강(大定江)과 합류하여 바다로 들어갑니다. 통로에서부터 상류 쪽으로 말하면, 강의 동쪽은 묘향(妙香)과 백령(百嶺)이고 또 그 동쪽은 영원과 덕천인데, 전부가 산이며 평야가 없고 수목이 하늘에 닿을 정도로 울창하여, 그물로 매를 잡거나 호랑이를 사냥하는 사람 이외에는 사람의 발길이 매우 드문 곳으로, 오랑캐 기병이 통과할 수 있는 지역이 결코 아니어서 걱정할 만한 곳이 못 됩니다. 오직 통로 서쪽과 바다 어귀 동쪽 일대의 100여 리만은 마땅히 지켜야 할 지역으로, 통로·소곶(所串) 등의 나룻길은 개천에 이르고 소착(疏鑿)·삼진(三津)의 나룻길은 안주에 이르는데, 철옹은 그 중간에 위치하고 이 두 길까지의 거리가 각각 5, 6십 리입니다. 산줄기를 넘어와 청남으로 향하는 적에게는 이 두 길이 있을 뿐인데 모두 철옹에서 좌우로 가리키고 돌아볼 수 있는 범위 안을 벗어나지 않으니, 지리적으로 중요하면서도 험고한 것이 이와 같습니다.

세상의 논자들이 모두 철옹을 국가의 보장(保障)이 되는 중요한 지역이라고 하지만, 그 사람들은 단지 성지(城池)의 험고함만을 볼 뿐으로, 요해처가 되고 형세가 좋은 점에서 철옹이 이처럼 중요한 데 대해서는 말한 적이 없습니다. 신이 영변부를 맡은 이래 고을의 늙은 무인(武人)들과 교유하는 것을 좋아하여, 고을의 산천과 험한 고개, 길의 이수(里數)와 강역(疆域)에 대해 묻고, 이곳에 들르는 여러 진(鎭)의 장수와 이졸(吏卒), 퇴역한 장교와 늙은 병졸을 만날 때마다 번번이 불러서 물은 뒤에, 청북 지역 전체를 손바닥 보듯이 하고 철옹의 중요성을 더 잘 알게 되었습니다. 일찍이 나랏일을 논의하는 사람으로서 서변(西邊)을 걱정하지 않는다면 그만이겠지만, 만약에 걱정한다면 반드시 먼저 영변이 절실한 요해처이고 지극히 중대한 곳이라는 것을 안 다음에야 더불어 논의할 수 있을 것이며, 만약에 그것을 안다면 비록 도 전체의 힘을 다하여 영변을 충실하게 하더라도 역시 과한 일이 아닐 것입니다.

마침내 종이에 그림을 그려 〈철옹팔지도(鐵甕八至圖)〉를 만들었으니, 산과 재, 내와 강은 반드시 그 원맥(源脈)에서 시작하여 끊어지고 이어지는 것을 나타내었고, 군현(郡縣)과 구역(區域)은 그 길고 짧음과 넓고 좁음에 따라 경계를 지었으며, 도로의 원근은 짧은 잣대를 만들어 거리를 재었습니다. 그리하여 이제 철옹의 네 방면과 여덟 방면에 대한 위치와 맥락이 정연하고 문란하지 않으며, 한눈에 보아도 분명하여 일일이 숫자까지 지적할 수 있게 되었습니다. 감히 생각하기를 조정으로 돌아간 후에 삼가 한 본을 바쳐 어람(御覽)에 대비하고, 그 부본(副本)은 본부(本府)에 보관하여 신을 이어 이 부(府)를 다스리는 사람에게 보이고자 하오니, 이 고을의 중요성이 이와 같음을 아시고 너그러이 보아주시기 바랍니다.

철옹팔지도 혹문

鐵瓮八至圖或問

어떤 이가 묻기를 "〈철옹팔지도총서(鐵瓮八至圖總敍)〉에서 청천강에 있는 통로(通路)와 소곶(所串), 소착(疏鑿)과 삼진(三津) 등의 개천(价川)과 안주(安州)에 이르는 두 길을 마땅히 지켜야 할 곳이라고 하였는데, 이곳 외의 길은 걱정하지 않아도 되겠는가?" 하였다.

이에 대해 내가 말하기를 "강계 땅과 영원(寧遠)이 접한 곳은 낭림산(狼林山)으로 막혀 있고, 여기에서 영원을 지나 덕천(德川)까지는 모두 가파른 산이 중첩되고 수목이 빽빽하여 인적이 거의 닿지 않는 곳으로, 결코 철기(鐵騎)가 내달릴 수 있는 땅이 아니다. 오랑캐의 장기(長技)는 기마인데 이곳은 말을 타고 돌진하기에 불편하므로 걱정할 필요가 없다고 한 것이다. 청천강은 북에서 남으로 흐르다가 통로에 이르러서야 비로소 꺾어져 서쪽으로 흐르고, 남북을 가로로 끊으며 100여 리를 가서 바다로 들어간다. 그렇다면 동쪽의 깊은 산협과 서쪽의 큰 바다가 관서(關西)의 허리에 해당하는 지역을 단단히 죄고 있고, 그 가운데로 넓게 펼쳐진 땅을 가로로 흐르는 한 줄기 강의 길이가 100여 리에 지나지 않으며, 여기에다 또 기필코 천하에 다시없는 험고한 철옹을 그 중간 지점에 두고 있으니, 이곳이 어찌 자연이 만들어 놓은 나라의 울타리가 아니겠는가. 철옹의 성은 4면이 모두 천 길의 깎아지른 절벽으로서 나는 새도 지나갈 수 없다. 네 성문 가운데에 북문이 수구(水口)이므로 가장 들어가기 쉽다고 하지만, 이곳은 오히려 매우 험고하여 한 사람이 관문을 지키면 만 사람이라도 열 수가 없으니, 참으로 이른바 금성(金城)이요 천부(天府)이다.[102] 이와 같은 성지(城池)로 이와 같은 편리한 지형에 의지하고 또 안주 절도사가 다스리는 땅과 더불어 청천강을 끼고 있어서 저절로 기각(掎角)의 형세[103]를 이루고 있다. 만약 전수(戰守)의 방책을 대강이라도 아는 사람으로 하여금 지키게 한다면, 무릇 급한 일이 있을 때는 성을 끼고서 스스로를 굳게 지키고 적이 혹시라도 성을 지나서 청천강으로 향하면 군사를 내어 칠 수도 있어서 조종(操縱)과 신축(伸縮)을 자유롭게 할 수 있으니, 이것은 하나의 외로운 성이 유독 한 겹 굳건한 울타리의 몫을 하는 것이다. 다만 청천강 하류가 대정강(大定江)과 합류하여 바다로 들어가면서, 청천강 남쪽은 안주이고 대정강 북쪽은 가산(嘉山)의 칠악산(七岳山)·갈마창(渴馬倉) 등지이며, 두 강의 사이는 박천(博川)의 고성진(古城鎭)인데, 쳐들어오는 적이 만약 효성령(曉星嶺) 길을 버리고 정주(定州)의 옥계령(玉雞嶺)·납청정(納淸亭) 등의 길을 경유하여 갈마천(渴馬川) 및 대정·청천 두 강 하류의 바다에 가까운 곳을 건너서 안주 뒤쪽으로 나온다면, 여기는 철옹과의 거리가 7, 8십 리나 되니 이 한 길이 가장 염려스러울 듯하다. 그러나 고성진이 위치한 곳이 마침 그 길이므로, 만약 그곳의 병량(兵糧)과 기장(器仗 병기와 의장)을 조금 늘려서 한 방면의 대비로 삼는다면, 고성진에서 절도사(節度使營) 군영까지의 거리가 그리 멀지 않아, 급한 일이 있을 때 경보를 보내고 또한

102 금성(金城)이요 천부(天府)이다 : 금성은 쇠로 만든 것처럼 견고한 성(城)이라는 말이며, 천부는 하늘이 자연적으로 만든 험준한 요새지(要塞地)라는 뜻이다.

103 기각(掎角)의 형세 : 사슴을 잡을 때 앞에서는 뿔을 잡고 뒤에서는 다리를 잡는 형세라는 뜻으로, 적을 칠 때 앞뒤에서 서로 협공하는 것을 말한다.

서로 구원할 수 있을 것이다. 그러므로 이 일은 시행하지 않을 수 없다." 하였다.

어떤 이가 묻기를 "총서(總敍)에서 단지 철옹이 요해처가 됨을 말할 뿐, 조치할 방책에 대해서 언급하지 않은 것은 무엇 때문인가?" 하였다.

이에 대해 내가 말하기를 "지금 사람들의 병통은 철옹의 요해처로서의 역할이 이와 같이 중요함을 전혀 알지 못하는 데에 있으니, 만약 그것을 알게 되면 결코 이처럼 굳이 한쪽으로 밀쳐 두지 않을 것이다. 저들이 단지 성지(城池)의 험고함만을 보고서 '관방(關防)이다', '보장(保障)이다'라고 하는 것 또한 철옹에 대해 아는 것이 적은 것이다. 그러므로 특별히 지세와 위치에서 형세가 편리하고 요해처가 됨을 들어서 중언부언하고 거듭 말하기를 마지않았으니, 이는 온 나라 사람들로 하여금 철옹이 절실한 요해처이자 대단히 형세가 편리한 곳이어서 결코 등한히 버릴 수 없음을 분명히 알게 하려는 것이다. 그 후에야 비로소 시행할 조치에 대해서 의논할 수 있을 것이니, 이와 같이 하지 못하여 철옹을 관서에 있는 하나의 큰 부(府)에 지나지 않는 것으로 볼 뿐이라면, 달리 손을 쓸 방법이 없다." 하였다.

어떤 이가 묻기를 "철옹이 요해처이고 형세가 편리하다는 것을 알고서 전수(戰守)의 수단을 갖추려면 어떻게 해야 하는가?" 하였다.

이에 대해 내가 말하기를 "선배들이 철옹성을 설치하면서 고생스럽게 애를 써서 여러 가지로 조치를 취한 것은 지극히 훌륭하다고 할 수 있다. 그러나 태평한 시기가 오래 계속되다 보니 온갖 폐단이 어지러이 나타나서, 옛사람이 고심하여 이룬 것이 거의 쓸모없이 되었다.

그 결과 지금 남아 있는 것들로는 성을 끼고 스스로 지키게 하는 것조차 옛날같이 하기가 힘드니, 어찌 그들에게 성을 나가 적을 치기를 요구할 수 있겠는가. 만약 철옹성을 단지 스스로 지킬 수 있게만 할 뿐이라면, 이는 그 성지(城池)는 쓰고 그 형세의 편리함은 버리는 것일 뿐이어서 굳건한 울타리의 역할을 다하기에 충분치 못하다. 더구나 성을 지키는 일까지 할 수 없다면 이는 성지마저도 버리는 것이니, 어찌 원통하고 애석하지 않겠는가. 반드시 일을 잘 알고 성심이 있는 사람을 구하여 오랫동안 직책을 맡기고, 또 법문(法文)으로 얽매지 말아서 그의 능력을 마음껏 펴게 한다면, 시행할 방도가 그 사람에게 있을 것이다." 하였다.

어떤 이가 묻기를 "조치의 요긴한 방도로는 무엇을 먼저 하여야 하는가?" 하였다.

이에 대해 내가 말하기를 "조 양자(趙襄子)가 진양(晉陽)으로 가려 하면서 말하기를 '윤탁(尹鐸)이 관(寬 너그러움)으로 다스리는 곳이다.' 하였으니, 이는 참으로 훌륭한 말이다. 관이라는 한 글자는 실로 보장(保障)이 되기 위한 급선무이니, 지금 비록 지혜 있는 사람이 있다 하여도 이것을 놔두고 무엇을 먼저 할 것인가. 동안우(董安于)[104]는 진양을 다스릴 때, 관청 건물은 구리로 기둥을 만들고 담과 벽은 화살 만드는 재료로 채웠으니, 옛사람이 먼 훗날을 염려하는 생각이 대개 이와 같았다. 비슷한 일을 가지고 미루어 본다면, 무릇 군량을 비축하고 병기를 정비하고 사졸을 단련시키고 무예를 권장하는 일을 한 가지

104 동안우(董安于) : 춘추 시대 진(晉)나라 경(卿) 조맹(趙孟)의 가신으로, 충성심과 지략이 뛰어난 인물이다. 《春秋左氏傳 定公13年, 14年》

도 빠뜨려서는 안 된다. 올바른 사람이 있으면 올바른 정사가 거행될 것이니, 이 모두는 수장(守將)이 진실한 마음으로 일을 잘 처리하는 데에 달려 있을 뿐이다." 하였다.

어떤 이가 묻기를 "총서와 도설에서, 혹 벽동(碧潼) 서쪽의 강과 보리견자(甫里見子) 서쪽의 영(嶺)을 걱정스러운 곳이라 하고, 혹 영원과 덕천을 오랑캐 기병이 달려 지날 수 없는 땅이라고 하였는데, 이는 다만 강계(江界)·위원(渭原)·초산(楚山)·영원·덕천 등지에 산이 많아 험준하다는 것만 보고 말한 것으로, 한(漢)나라가 음평(陰平)의 수비를 없애어 비난을 받았던 일[105]과 가깝지 않겠는가?" 하였다.

이에 대해 내가 말하기를 "그렇지 않다. 벽동 서쪽은 그 땅이 건주(建州)·요양(遼陽)·심양(瀋陽)에 가까워서, 지금 걱정되는 것이 바로 중국에 무슨 일이 생기게 될까 봐 그렇게 말한 것이다. 청인(淸人)의 기강이 혹시라도 느슨하게 되어 개원(開元)과 오라(烏喇)[106]가 각기 딴마음을 가지게 되면 사군(四郡)·위원·초산 등지가 특히 걱정스럽게 될 것이니, 역시 어찌 그곳[107]에만 전적으로 힘을 쓰고 이곳[108]은

105 한(漢)나라가……일 : 음평(陰平)은 중원에서 촉(蜀) 땅으로 들어오는 길목에 있는 험준한 지역으로, 촉한(蜀漢)이 이곳에 군대를 주둔시켜 수비하였으나, 뒤에 후주(後主) 유선(劉禪)이 이곳으로는 적이 쳐들어오지 않는다는 말을 믿고 수비를 파하였다가 위(魏)나라의 장군 등애(鄧艾)가 이곳으로 쳐들어오는 바람에 촉한이 결국 망하였다.《三國志 卷28 魏書 鄧艾傳》

106 개원(開元)과 오라(烏喇) : 개원은 원나라에서 설치한 개원로(開元路)에 속한 지역으로, 현재 중국 길림성 심양(瀋陽) 부근이고, 오라는 길림성 동북방의 송화강(松花江) 동쪽 일대이다.

전적으로 포기할 수 있겠는가. 다만 건주·요양·심양에 무슨 일이 생기면 걱정이 반드시 클 것이지만, 개원이나 오라는 비록 무슨 일이 생기더라도, 작으면 국초(國初) 때 야인 부락이 노략질하러 출몰하였던 것과 같고 크다 해도 변방을 침략하는 데 불과할 뿐으로, 큰 규모로 깊이 침입하는 데에는 이르지 않을 듯하다. 그러므로 다만 중대하고 긴요한 곳을 먼저 들어서 말한 것뿐이니, 만약에 강계·위원·초산·영원·덕천 등지는 걱정할 것이 전혀 없다고 말한다면 이는 망녕되고 용렬한 것이다." 하였다.

107 그곳 : 벽동 서쪽의 강과 보리견자 서쪽의 영을 가리킨다.

108 이곳 : 강계, 위원, 초산, 영원, 덕천 등지를 가리킨다.

영간표리도설

嶺幹表裏圖說

응동(鷹洞)・갑현(甲峴)・도양(道陽) 등의 영(嶺)은 영 안쪽에 유원진(柔院鎭)이 있고, 영 바깥에 평남진(平南鎭)이 있다. 적유령(狄踰嶺)은 영 바깥쪽에 신광진(神光鎭)을 설치하여 지킨다. 구현(狗峴)・백파(白坡) 등의 영은 영 바깥쪽의 두 길이 모두 신광진에서 모이므로, 이 역시 신광진에서 지킨다. 유두막(柳頭幕)・모덕(牟德) 두 영은 유막(柳幕) 위에 옛날에 작은 성이 있어서 별장을 두고 지켰는데, 지금은 없어지고 우현진(牛峴鎭)에 붙였다. 매화(梅花)・극성(棘城) 등의 영은 두 길이 모두 우현진의 경내에서 모이므로 그대로 우현진에서 지킨다. 우현령(牛峴嶺)의 우현진과 차령(車嶺)의 차령진은 모두 영 바깥쪽에 있다. 아호미(丫好尾)・월은내(月隱乃) 등의 영은 영 안쪽에 위곡진(委曲鎭)이 있으며, 창성거리(昌城巨里)・보리견자(甫里見子) 등 두 영은 영 바깥쪽에 최담부령(崔擔夫嶺)이 있고 영 안쪽에 어자리령(於自里嶺)이 있는데, 최담부령 바깥쪽에는 임토진(林土鎭)이 있고 어자리령의 길은 다시 위곡진에 모인다. 구계(狗鷄)・완항(緩項) 두 영은 영 안쪽에 시채진(恃寨鎭)이 있으며, 대방(大防)・소방(小防) 두 영은 영 안쪽에 막령진(幕嶺鎭)이 있다. 대방령을 그 지방 사람들은 청파령(靑坡嶺)이라고 한다. 계반령(界畔嶺)은 영 안쪽에 대관성(大館城)이 있으니, 곧 삭주(朔州)의 중군(中軍)이 지키는 곳이다. 온정(溫井)・천마(天摩) 두 영은 영 안쪽에 천마진(天摩鎭)이 있다. 청룡령(靑龍嶺)은 영 바깥이 곧 새원령(塞垣嶺)인데, 새원령 안쪽에 안의(安義)와 식송(植松) 두 진이 있다. 청룡령에서 아래로 내려오면 곧바로 선천(宣川)의 좌현(左峴)에 이른다.[109]

위는 영 줄기〔嶺幹〕의 바깥쪽과 안쪽에서 방수(防守)하는 형세이니, 옛사람이 여러 진(鎭)을 설치하고 성을 쌓고 관문을 만들어 엄중하게 지킨 것이 이와 같이 지극하였다. 그러나 근자에 듣건대 여러 진이 조락하고 피폐하여 스스로 지탱할 수 없다 하니, 급한 일이 일어나면 어떻게 큰 역할을 하겠는가. 이것이 한심스러운 일이다. 만약 각 진의 진장에 모두 이에 걸맞은 사람을 찾아 임명하고, 재력(財力)을 배정하여 병량(兵糧)과 기장(器仗)을 늘리며, 그 지키는 곳에 인화(人和)의 견고함[110]이 있게 한다면, 영 줄기 일대는 금성철벽(金城鐵壁)이라고 말할 수 있을 것이며, 나라의 안전을 확실히 지키는 복지(福地)가 될 것이다.

강변칠읍[111]이 모두 저 오랑캐 땅과 서로 접하고 있지만, 정묘년(1627, 인조5)과 병자년(1636)의 난리 때 저들의 군대가 위원 위쪽의

109 응동(鷹洞)……이른다 : 이 대목은 서영보가 편찬에 참여한 《만기요람(萬機要覽)》 〈군정편(軍政編) 4〉에 있는 관방(關防)에 관한 글의 일부인데, 여기에서 인용하였다.

110 인화(人和)의 견고함 : 《맹자(孟子)》 〈공손추 하(公孫丑下)〉에 "천시가 아무리 좋아도 지리를 갖춘 것만 못하고, 지리가 아무리 좋아도 인화를 얻는 것만 못하다.〔天時不如地利 地利不如人和〕"라고 한 뜻을 빌려서 말한 것이다.

111 강변칠읍 : 의주(義州), 강계(江界), 초산(楚山), 창성(昌城), 삭주(朔州), 위원(渭原), 벽동(碧潼)을 가리킨다.

강 연안으로는 온 적이 없고 반드시 창성(昌城)·삭주·만부(灣府 의주) 쪽의 길을 택한 것은 단지 그곳이 요양(遼陽)·심양(瀋陽)과 가깝기 때문만이 아니다. 강계·위원(渭原)·초산(楚山) 등지는 강에서 영 줄기까지가 멀고 벽동·창성·삭주는 강에서 영 줄기까지가 가까우니, 한쪽은 멀기 때문에 산이 많고 길이 험하며, 한쪽은 가깝기 때문에 산이 적고 길이 쉬우므로, 우리 땅으로 들어오는 저들의 군대가 멀고 험한 길을 버리고 가깝고 쉬운 길을 택한 것은 그 형세가 그러하였던 것일 뿐이다.

영 줄기의 맥이 한태령(漢泰嶺)으로부터 나와 서쪽으로 뻗어서 영 줄기가 되고, 북쪽으로 굽어져서 총전(葱田)·무성(茂城) 등의 영이 되고 강계가 되고 사군(四郡)이 되었으니, 이 때문에 산이 많은 것이다. 영 줄기가 서쪽으로 굽어져서 유두막(柳頭幕)에 이르러, 북쪽으로 뻗어 나온 한 갈래가 우뚝 솟아 대물이산(大勿移山)이 되었는데, 대물이산이 동쪽으로 갈라져서 위원이 되고 서쪽으로 갈라져서 초산이 되었으니, 역시 이 때문에 산이 많은 것이다. 벽동은 초산과 경계를 접한 곳이지만 동건강(童巾江)이 막고 있기 때문에 대물이산의 맥이 벽동을 지나 서쪽으로 뻗을 수가 없다. 벽동은 강과 영의 사이가 100여 리에 지나지 않으므로 벽동의 산은 영 줄기에서 가지 친 뿔에 불과하다. 그렇기 때문에 그 산들은 모두 남쪽에서 북쪽으로 향하는 것들이고, 동쪽에서 서쪽으로 향하고 있는 것으로는 단지 임토진(林土鎭) 뒤의 영이 있을 뿐이며, 그 나머지의 영에서 강을 향하는 산들은 모두 골짜기 안으로부터 나온다. 창성과 삭주의 아래쪽은 강과의 거리가 더 가까우므로, 완항령(緩項嶺)·대방령(大防嶺) 등에서 창주(昌洲)까지와 소방령(小防嶺)에서 갑암(甲巖)까지처럼 바로 두 산 갈래 사이의 긴 골짜기들은 장애가 되는 언덕이 전혀 없어 경기병(輕騎兵)이 빨리 내달리면서 몇 번만 땅을 차면 닿을 수가 있어서 방수(防守)에 힘을 다하여야 할 곳이니, 벽동 서쪽의 강과 보리견자 서쪽의 영에 더욱 마음을 써야 할 것이다.

새원(塞垣)은 구성(龜城)의 식송진(植松鎭)이 지키는 곳이다. 영 줄기가 천마령(天摩嶺)에 도달하여 두 갈래로 나뉘어 뻗는데, 그중 하나는 남쪽으로 뻗어 나와 곧바로 청룡령(靑龍嶺)·좌현성(左峴城) 등으로 향하고 또 하나는 서쪽으로 뻗어 나와 마치 새가 날개를 편 것처럼 둥그렇게 서남쪽을 향해 굽어져, 양쪽 가지가 서로 만나서 마주 보고 좁은 입구를 만들어 문궐(門闕) 모양이 되었다. 가운데에 평야가 펼쳐져 있는데, 안의(安義)와 식송(植松) 두 진이 모두 이 안에 자리 잡고 있다. 가운데에 한 줄기 물길이 양쪽 가지가 만나는 어귀에서 시작하여 의주를 향해 서쪽으로 흐르는데, 이것이 바로 고진강(古津江)의 상류이다. 여기에 성을 쌓아 물길을 타 넘고 산어귀를 가로막았으니, 이곳이 이른바 새원이다. 적이 만약 직로(直路)를 버리고 새원 쪽으로 길을 잡아 구성·태천 등의 길을 경유하여 바로 영변이나 안주에 이르게 되면 도정(道程)이 직로에 비해 매우 빠르니, 이것이 몹시 걱정스럽다. 새원을 지키려면 식송의 진을 특별히 더 튼튼히 하여야 할 것이다.

선천(宣川)의 좌현으로 뻗은 갈래가 바다에 닿는 곳을 극성우(棘城隅)라고 하는데, 좌현의 동쪽에서 극성의 동쪽까지는 검산성(劍山城)이 매우 험준한 곳에 가로 걸쳐 있어 인마가 통행할 수 없으며, 두 산의 사이에는 청강(淸江)이라고 하는 작은 강이 있어서 적이 좌현으로 오지 않고 극성으로 난 길로 온다 하더라도 그 형세상 청강 가의 평지를 따라 올라와 좌현성 동쪽 면 아래로 가까이 지나갈 수밖에 없으니, 이 때문에 좌현이 요해처가 되고 중요한 방책이 되는 것이다.

당아산성(當峨山城)은 바로 창성(昌城)의 중군이 지키는 곳으로, 운산(雲山)의 지경(地境)에 자리 잡고 있으면서 고개 바깥으로 구계령(狗鷄嶺)·완항령(緩項嶺)·계반령(界畔嶺) 등으로 통하는 길을 제어하고 있는데, 성터가 험고하여 비록 성의 규모가 작지만 지킬 수가 있다. 평상시에는 곡식을 쌓아 놓고 병기를 수선하다가 위급한 경우를 당할 때는 정예를 선발하여 성을 굳게 지키면, 역시 방수(防守)에 큰 도움이 된다. 운산으로 말하면 오로지 이 성 덕분으로 견고하게 지켜지니, 이 성을 지키지 못하면 운산도 없어질 것이다.

관서전수도설

關西戰守圖說

우리나라가 비록 멀고 외진 곳에 치우쳐 있기는 하지만, 중국에 무슨 일이 생기면 우리나라가 그 영향을 입지 않은 적이 없다. 한(漢)나라 이전의 일은 잠시 내버려 두더라도, 관구검(毌丘儉), 모용황(慕容皝), 수・당의 두 군주,[112] 이적(李勣), 소정방(蘇定方), 유인궤(劉仁軌)는 그중에서도 크게 난을 일으킨 자들로서, 나라를 멸망시키기도 하고 백성을 도륙하기도 하였다. 거란(契丹)과 금(金)과 몽고(蒙古)가 끼친 피해로 말하면 천하의 여러 나라 중에서도 우리나라가 가장 심하였으며, 금(金)의 포선만노(蒲鮮萬奴),[113] 원(元)의 합단(哈丹),[114] 원 말의 홍적(紅賊),[115] 명 말의 모문룡(毛文龍)[116]은 모두 난리를 틈타서

112 수・당의 두 군주 : 수 양제(隋煬帝)와 당 태종(唐太宗)을 말한다.

113 포선만노(蒲鮮萬奴) : 금나라의 무장(武將)이다. 함평로 선무사(咸平路宣撫使)로 있다가 1215년에 금나라를 배반하여 요동에 웅거하고 두만강과 압록강 주위에 있는 여진족을 통합하여 대진국(大眞國)을 세웠다. 1217년에 몽고와 화맹하고 고려를 구한다는 구실로 고려의 동북쪽으로 쳐들어왔다. 1233년에 몽고의 공격으로 멸망당하였다.

114 합단(哈丹) : 원나라 태조의 아우인 합적온(哈赤溫)의 후손으로, 내안(乃顔)과 함께 반란을 일으켰다가 원나라 관군에게 패하였다. 그 잔당을 이끌고 충렬왕 때 압록강을 건너 고려로 침입해 들어와서 노략질을 자행하였으나 연기(燕岐)에서 패하여 북쪽으로 달아났다.

115 홍적(紅賊) : 중국 원나라 말기에 하북성(河北省) 일대에서 일어난 한족(漢族) 반란군의 하나로, 머리에 붉은 두건을 둘렀으므로 홍적 또는 홍건적(紅巾賊)으로 불리었다. 1355년 이후 여러 차례 고려를 침범해 들어와 수도인 개경을 함락시키는 등 많은 피해를 입혔다.

방자하게 날뛰고 해독을 끼친 것이 극심하였으니, 전대의 사서(史書)에 실려 있는 글이 뚜렷하게 이를 증명하고 있다.

현재 청인(淸人)이 중국에 들어가 주인 노릇을 한 지가 이미 200년인데, 혹시라도 청나라의 기업이 쇠한다면 우리나라가 어찌 베개를 높이 하고 누워 잘 수 있겠는가. 만약의 사태에 대비하는 일이 어느 때인들 급하지 않겠으며 어느 방면인들 그러하지 않겠는가마는, 지금의 서북 지방에 대해서는 시급히 그 대책을 세우지 않을 수 없을 듯하다.

서로(西路)를 방수할 대책에 대해서는 참으로 미리 방도를 세우지 않을 수 없지만, 저들은 수가 많고 우리는 수가 적으며 저들은 기병이고 우리는 보병이니, 비록 훌륭한 장수와 좋은 지모가 있다 하여도 상대가 되지 않을 것이 분명하다. 이 때문에 정묘년(1627, 인조5)과 병자년(1636)의 난리 때에, 묘당의 논의에서 감히 싸워서 지킬 방안을 내지 못하고 오직 달아나는 것과 항복하는 것을 상책으로 삼았을 뿐이니, 약국(弱國)의 형편에서 그렇게 될 수밖에 없다고 말하더라도, 이 역시 스스로 노력하기에 달려 있을 뿐이다. 만약에 양서(兩西)[117]가 먼저 형세가 편리한 곳을 점거하여 중무장한 군사를 배치하고 또 각각의 고을이 굳게 지키며, 사람과 가축을 거두어들이고 들판의 작물과

116 모문룡(毛文龍) : 명나라의 장수로, 1621년 요동 도사(遼東都司)로 있을 때 청 태종이 요양을 함락하자 의주(義州)로 도피하였고, 이듬해 철산(鐵山)의 가도(椵島)에 진(鎭)을 둔 후 무기와 양식을 무리하게 요구하였으며, 가도의 주민을 훈련시켜 쓰는 등, 행패가 막심하였다.

117 양서(兩西) : 관서(關西)와 해서(海西), 즉 평안도와 황해도를 가리킨다.

가옥을 철거하여 저들을 기다린다면, 오랑캐가 비록 크게 거병하여 깊이 침입한다 하여도, 한 군(郡)에 이르면 한 군이 굳게 지키고 한 현(縣)에 이르면 한 현이 굳게 지켜서, 공격하여도 얻는 것이 없고 들판에는 약탈할 것이 없으면 길은 먼데 군사는 지칠 것이니, 이렇게 여러 날을 끌면 그 기세가 반드시 쇠약해질 것이다. 더구나 많은 사람을 동원한 먼 원정길에는 군량을 꾸려서 갈 수가 없으므로 그 계책은 틀림없이 우리에게 군량을 의존하는 것일 터인데, 군량과 말먹이를 계속 대지 못하여 인마(人馬)가 지친다면 비록 천 무리의 철기마가 있다 한들 어찌 뜻을 이룰 수 있겠는가.

어떤 사람이 말하기를 "오랑캐가 만약 지나는 주군(州郡)에 대해서 반드시 공격하여 무너뜨린 뒤에 지나가고자 한다면 주군의 굳건한 지킴이 참으로 유익하겠지만, 오랑캐가 우리나라 주군의 병력이 혹 스스로 지키기는 하더라도 결코 가로막아 공격할 수 없다는 것을 알고, 주군의 병력이 굳건히 지키도록 내버려 두고서 보란 듯이 팔을 휘두르며 지나간다면 어찌하겠는가? 병자년(1636, 인조14)의 난리 때에 안주를 지나면서도 안주를 공격하지 않았으니, 이것이 그 증거가 아니겠는가?" 하였다.

이에 내가 말하기를 "그때는 오랑캐가 지나갔던 주군의 병력들이 소문만 듣고서도 달아나고 흩어져 압록강에서 경도(京都)에 이르기까지 무인지경(無人之境)과 같았으니, 작은 안주 고을에 대해 어찌 굳이 군사를 수고롭게 하면서 무너뜨릴 필요가 있었겠는가. 지금 만약 양서(兩西)의 각 고을이 모두 철통같이 굳게 지킨다면, 많은 병력이 올 때에 비록 맞이하여 칠 수는 없다 하더라도, 많은 병력이 지나간 뒤의 소소한 전후(殿後)의 적이라면 어찌 나가서 치지 못하겠는가. 한 고을이 이처럼 하고 또 한 고을이 이처럼 하여, 압록 강변에서부터 기보(畿輔 경기(京畿))에 이르기까지 각 고을이 모두 그렇게 한다면, 적의 후계(後繼)가 단절되어 감히 깊이 들어오지 못할 것이다. 오랑캐가 비록 강하고 숫자가 많다 하더라도, 그 형세상 대규모의 군대를 항상 한곳에 모아 놓을 수 없으므로, 맨 앞에서 맨 끝까지의 거리가 천 리나 되어 반드시 곳곳이 끊어지게 된다. 아군(我軍)이 성벽을 굳게 지키며 배불리 먹고서 적군의 수가 적은 곳을 노려서 공격한다면, 적 하나를 사로잡아 오랑캐의 한 푼의 기세를 줄이고 적 둘을 사로잡아 두 푼의 기세를 줄이게 될 것이며, 적은 수가 쌓여 큰 수를 이루어 어느 정도를 줄이게 되면, 그 많은 숫자도 적어지게 되고 그 강한 세력도 약해지게 될 것이다. 그리고 앞의 고을이 그 앞을 막고 뒤의 고을이 그 뒤를 치기를 꾀한다면 오랑캐가 어찌 마음 놓고 깊이 들어올 수 있겠는가. 그러므로 오랑캐를 막는 것은 스스로 노력하기에 달려 있으며, 스스로 노력하는 방법은 대략 이와 같다." 하였다.

난리에 임하여 적을 막는 데에는 전(戰)과 수(守) 두 가지의 대책이 있을 뿐이며, 전수(戰守)하는 방법은 오직 상대방과 우리의 장단점을 살펴서 이에 대한 대책을 세우는 것일 뿐이다. 오랑캐의 장기는 기병(騎兵)이니, 이것을 어떻게 우리나라 속오군(束伍軍)[118]의 보졸(步卒)이 대적할 수 있겠는가. 어떤 사람은 "보졸이 기병을 대적하기에 유리

118 속오군(束伍軍) : 1594년(선조27) 임진왜란 때 지방에서 역(役)을 지지 않은 양인과 천민 중에서 조련을 감당할 수 있는 자로 조직된 군대인데, 평시에는 군포(軍布)를 바치고 훈련할 때와 유사시에만 소집되었다.

하다."라고 하는데, 이는 이치에 맞지 않는 말이다. 또 "우리나라도 만일 정예한 기병을 가려 뽑을 수 있다면 어찌 오랑캐보다 못하겠는가."라고 하는데, 이와 같이 하는 것은 우리의 단점을 가지고 적의 장점과 싸우는 것이니, 필패의 길이다. 우리에게는 오직 설험(設險)[119]이라는 한 가지 대책이 있을 뿐이며 이것이 우리의 장점이니, 만약 설험을 잘하고 그곳을 잘 지킬 수 있다면 저들의 장점이 도리어 단점이 되어 그 유리함이 우리에게 있게 될 것이다. 설험으로는 산성만 한 것이 없지만, 산성은 대다수 깊고 궁벽한 곳에 있으니 이런 곳은 피난하는 장소이지 적을 방어하는 곳이 아니다. 그러니 반드시 직로(直路)[120]의 여러 고을 및 양서(兩西)의 여러 고을에서 큰길 옆에다 모두 성을 쌓아, 적이 한 현(縣)을 공격하여도 한 현을 깨뜨릴 수 없고 한 군(郡)을 공격하여도 한 군을 깨뜨릴 수 없도록 하여야 할 뿐이다.

우리나라에는 축성(築城)에 일정한 법식이 없어서 사람의 힘만 헛되이 쓰고서 끝내 쓸모없고 지키기 어려운 성을 만드니, 지금 별도로 한 법식을 정하고 아래에 그림을 덧붙였다. 성 둘레는 절대로 넓고 크게 하지 말아야 하니, 성 둘레가 넓고 크면 지키기가 어렵고 재력도 낭비하게 된다. 그러므로 성터를 정할 때 반드시 이 뜻을 알아서 규칙으로 삼아야 한다. 그리고 성의 모양은 의당 지형에 따라야 하니, 구부러지거나 똑바르거나 구애받지 말고 단지 그 지세에 따를 뿐이다. 대개 성의 모양은 구부러지게 하는 것이 좋으니, 모양이 구부러지면 치(雉)[121]가

119 설험(設險) : 적을 막기 위하여 요해처(要害處)에 방비 시설을 하는 것을 말한다.

120 직로(直路) : 여기서는 서울에서 의주(義州)에 이르는 큰길을 말한다.

121 치(雉) : 적이 성벽에 다가오는 것을 살피고 성벽을 기어오를 때 공격하기 좋도록, 긴 성벽의 중간 중간에 밖으로 튀어나오게 원래의 성벽에 붙여서 쌓은 부분을 말한다.

없어도 저절로 치의 모양이 되어 노력과 비용을 많이 줄이게 된다. 성의 모양이 똑바를 때에도 치를 붙일 수 있으니, 만일 지세상 어쩔 수 없이 성의 모양이 똑바르게 되는 곳인 경우에는 똑바른 모양을 그대로 두고서 치를 덧붙인다.

무릇 성의 제도에서 빠뜨릴 수 없는 것은 치성(雉城)과 타구(垜口)[122]의 제도와 옹성(甕城)이니, 이 세 가지가 법식에 맞게 갖추어진 다음에야 지킬 수 있는 성이 된다.

치성이란 성의 몸통 바깥에 별도로 볼록한 모양의 성을 붙이는 것을 말하는데, 그 상세한 내용은 《기효신서(紀效新書)》[123]에 나와 있다. 무릇 치가 없는 성은 병사를 편성하여 성가퀴에 배치할 때 사람을 많이 쓰고도 수비는 허술하니, 성가퀴 하나마다 서너 명씩을 세워 지키므로 쓰는 사람이 많을 수밖에 없다. 성가퀴에 한 줄로 둘러서 배치하는 데에도 필요한 사람 수가 이미 많은데, 또 어찌 두 줄이나 세 줄로 둘러서 배치하여 수비를 두텁고 조밀하게 하겠는가. 그러므로 치(雉)의 제도를 쓰는 것이니, 이렇게 하면 한 치마다 열 명을 써서 지키면서도 여유가 있을 것이며, 치마다 이렇게 하면 무릇 양쪽 치의 중간에는 한 사람의 병졸을 배치하지 않아도 될 것이다. 양쪽 치 사이의 거리를

122 타구(垜口) : 두 성가퀴 사이의 빈 부분을 말하며, 적의 움직임을 살피거나 적을 공격하기 쉽도록 하기 위해 만든 것이다.

123 기효신서(紀效新書) : 명(明)나라 장군 척계광(戚繼光)이 실전 경험을 토대로 하여 엮은 책으로, 병법과 무예를 다룬 저작이다. 14권본과 18권본 등 여러 판본이 있으며, 조선에는 임진왜란 때 전래되어 크게 활용된 책으로, 그 뒤에도 여러 차례 간행되었다.

너무 멀게 하여서는 안 되니, 거리가 멀면 화살과 탄환이 미치지 못하고, 또 너무 가깝게 하여서도 안 되니, 거리가 가까우면 대포를 쏘는 데 어려움이 있다. 반드시 양쪽 치 사이가 100보 떨어지도록 하여야 대체로 양쪽에서 쏘는 화살과 탄환이 서로 미칠 수 있어서 적의 공격을 막을 수 있으니, 이것이 기준이 되고 그대로 활법(活法)이 된다.

타구의 제도는 양쪽의 뾰족한 부분이 서로 마주 보게 하여야 한다. 양쪽의 뾰족한 부분이 서로 마주 보니 타구가 지극히 좁지만, 타구 왼쪽의 안쪽 면과 타구 오른쪽의 바깥쪽 면이 비스듬히 서로 마주 보고 타구 오른쪽의 안쪽 면과 타구 왼쪽의 바깥쪽 면이 서로 비스듬히 마주 보니 그 사이가 매우 널찍하다. 그러므로 적이 우리를 보는 곳은 좁고 우리가 적을 보는 곳은 널찍하여, 탄환과 화살이 미치는 범위를 넓힐 수 있게 된다. 《기효신서》에 나와 있는 법식으로는 벽돌을 사용하여 성을 쌓기 때문에 머리가 뾰족한 벽돌을 미리 만들지만, 우리나라의 지방 고을에 벽돌을 구우라고 요구하기가 어려워 단지 잔돌과 진흙을 섞어서 쓰는데, 이렇게 하여도 양쪽 성가퀴의 뾰족한 부분이 마주 보는 모양을 역시 만들 수 있다.[124]

옹성이란 성문 바깥에 둥글게 쌓은 성을 말하는데, 이것으로 적이 성문의 개폐(開閉)를 알 수 없도록 하고 또 이것으로 적의 대포가 성문을 깨뜨리는 것을 막으니, 성에서 빠뜨릴 수 없는 부분이다. 지금 성문 안에 세 겹의 옹성을 만드는 것은 더욱 절묘하니, 이와 같다면 설령

124 이렇게……있다 : 대본에는 '兩尖相對之形亦可'로 되어 있다. 대본의 난외주에 "양첨(兩尖) 아래위에 빠진 글자가 있는 듯하다."라고 하였으나, 빠진 글자를 알 수 없어 유추하여 번역하였다.

성문을 지키지 못하더라도 적이 승승장구하며 곧바로 쳐들어올 수가 없을 것이다.

위의 세 가지가 법식대로 되었다면, 그 외의 모든 화려한 꾸밈은 지방 고을의 능력으로서 갖추기를 요구할 만한 것이 아니니, 단지 힘닿는 대로 실제에 맞는 일을 하는 것이 옳다. 흙과 돌을 섞어서 쓰거나 흙을 쓰거나, 돌을 쓰면서 안쪽을 흙으로 받치거나 모두 안 될 것이 없고, 견고하고 치밀하게 공이로 다져서 쌓는 데 힘쓸 뿐이니, 이렇게 하면 비용을 줄이게 될 것이다. 성문 안쪽의 옹성은 굳이 대단히 높고 두텁게 할 것은 없고 단지 관사(館舍)의 담장 같이만 하면 충분할 것이다. 비단 성문 안쪽에만 그렇게 할 것이 아니라, 성 안쪽에 모두 내장(內墻)을 만들되 두 겹으로 하여도 좋고 한 겹으로 하여도 좋다.

성을 에워싸고 모두 해자(垓子)를 파되, 해자 바깥으로 품(品) 자 모양의 작은 구덩이를 많이 파서 해자를 에워쌈으로써 적의 기병이 돌진하는 것을 막는다.

창고, 군기(軍器) 등의 물건은 모두 성안에 둔다.

화포(火砲), 불랑기(佛狼機)[125] 등속은 지방의 고을이 많이 갖출 수 있는 물건이 아니니, 단지 성문의 수와 치의 수를 헤아려서 각각 한두

125 불랑기(佛狼機) : 유럽에서 전래된 대포의 한 종류로, 임진왜란 때 명군(明軍)이 가져와 전투에 사용하였으며, 뒤에 우리나라에서도 주조하여 사용하였다.

좌(坐)를 갖춘다. 화포 등의 기물은 서로(西路)에 지금 그것을 만들 줄 아는 공장(工匠)이 없으니, 서울에서 내려보낸 솜씨 좋은 공장 몇 사람을 큰 고을 몇 곳으로 나누어 보내서, 힘닿는 대로 만들어 각 고을에 나누어 준다. 또 지금 서읍(西邑 관서와 해서의 고을)의 교사(教師)들은 화약과 포탄을 장전하고 방포(放砲)하는 법을 알지 못하니, 서울의 군문(軍門)으로 하여금 몇 사람을 뽑아서 감영과 병영 및 큰 고을 몇 곳으로 보내어 분명히 가르치게 하고, 그들로 하여금 차례차례 전수하고 익히게 하여 한 사람이 열 사람을 가르치고 한 고을에서 시작하여 온 도를 가르치게 하는 것이 마땅하다. 화포를 만드는 일에 만약 물자를 마련하기 어려운 것이 걱정이면, 지금 서로(西路)에 총·화약·탄환에 대한 월과미(月課米)를 각 고을로 나누어 내려보내는 규정이 있으니, 이 규정을 연한을 정하여 정지시켜 그 재력을 이용한다면, 아마도 물자를 마련하기 어려울 걱정이 없을 듯하다.

서로의 각 고을은 매년 겨울 세 달 및 1월 한 달, 합계 네 달에 모두 조련(操練)을 실시하는데, 이 네 차례 중에서 두 차례는 당시에 시행하는 조련법에 따라서 연습하고 두 차례는 성을 지키는 법을 익히는 것이 마땅하다. 어떤 이가 말하기를 "혹시 위급한 사태가 생기게 되면 각 고을의 속오병(束伍兵)은 모두 진영(鎭營)으로 소집되어 갈 것인데, 장차 어떻게 성을 지킬 것인가? 그리고 어째서 그들로 하여금 성을 지키는 법을 익히게 하는가?" 하니, 내가 말하기를 "변고가 생기면 속오병은 진영으로 소집되어 가고 민병이 본성을 보존하고 지킬 뿐이다. 지금 민병은 조발(調發)하여 연습시킬 수 없고 단지 속오병만 상시로 연습하게 하지만, 민병으로 하여금 항상 속오병이 연습하는 것을 보게 한다면 저절로 성을 지키는 향방을 알게 될 것이다. 이른바 민병은 모두 경내에 사는 사람들이니, 자연히 눈과 귀에 익어서 난리를 당하여 성을 지킬 때 전혀 생소한 사람들보다 크게 나을 것이다." 하였다.

직로의 고을들은 방수에 더욱 긴요한 곳으로, 이곳은 바로 칙사(勅使)가 지나다니는 길이다. 전에 없던 성을 새로 쌓는 것이 어려울 경우에는 단지 치성(雉城)만 세우고, 양쪽 치 사이에 단지 토축(土築)으로 성을 만들어 그 터를 에워싸며, 또 그 바깥쪽으로 해자를 판다. 이 밖에 성문이나 옹성 같은 시설은 우선 만들지 않고, 변고의 소식을 들은 뒤에 품 자 모양의 구덩이를 파고, 그 파낸 흙으로 급히 성 둘레의 기초에 의지하여 흙 담장을 쌓으면 될 것이다. 겨울철을 만나 땅이 얼어 구덩이를 팔 수 없고 담장을 쌓을 수 없을 경우에는 이 일을 그만두어도 괜찮다. 대체로 치성이 튼튼하고 사람을 써서 그곳을 지키며, 화기(火器)를 갖추어 적을 기다린다면, 양쪽 치 사이로 적이 감히 발을 붙이지 못할 것이니, 비록 담장이 없더라도 이미 저절로 성벽과 보루의 형태가 되어, 전혀 아무것도 없는 것과 비교할 때 그 차이가 클 것이다.

위급한 때에 백성들이 사방으로 흩어져 달아나는 것이 가장 큰 걱정거리이니, 이때에는 백성들에게 미리 계획을 일러 주어 그들로 하여금 굳은 뜻을 가지게 하여야 한다. 지금 만약 백성들이 사는 동네 열 곳당 한 장소나 일고여덟 곳당 한 장소에 각기 하나씩 둔보(屯堡)를 만들되, 사방에 연결된 곳 없이 가운데에 한 봉우리로 솟은 산기슭을 택하여 그 위에 담장과 보루를 쌓고 돌멩이를 많이 쌓아 두고, 변고의 때를 당하게 되면 노약자와 부녀자들로 하여금 그들의 곡식과 가축을 운반하여 둔보 안으로 피하게 하며, 적이 와서 침범하면 돌을 던져서 방어하게 한다면, 노약자와 부녀자들이 비록 힘이 약하기는 하지만, 높은 곳을 먼저 차지하여 위를 보고 공격하는 적을 대적하기에는 부족할 염려가 없을 것이다. 더구나 이런 장소에 와서 침범하는 적의 경우는 큰 세력의 적이 아니고 나무하고 물 긷는 데 출몰하여 자잘하게 노략질하는 적에 지나지 않으니, 단지 둔보로 들어와서 피하고 있는 사람만으로도 넉넉히 대적할 수 있을 것이다.

여기에 들어와 사는 사람들 역시 교대로 망을 보고 돌아가며 쉬어서 항상 힘이 덜 들게 하여야 하며, 또한 굳이 늘 둔보에 들어와서 피할 필요가 없이 적이 지나가고 나면 산을 내려가 농사를 지어 생업을 망치지 않도록 하여야 한다. 이렇게 되면 백성들이 흩어지지 않아 근본이 편안하게 되고 여러 둔보가 잇대어 있어 맥락이 서로 통하게 되며, 가축과 곡물을 그 안으로 거두어들여서 청야(淸野)의 전법이 시행될 것이며, 곳곳에서 적을 죽여서 적은 수가 쌓여 큰 수가 될 것이다. 이 방법은 언뜻 보기에 매우 타당하지 않은 듯하지만, 만약 백성들이 적을 대하는 눈과 귀가 익숙해져서 담력이 세어지면 적을 피하는 방법으로 이보다 나은 것이 없다. 오호라, 이것은 아는 자와 더불어 말할 수 있을 것이다.

관서의 청천강 일대는 한 도의 가운데에 위치한 문호(門戶)이니, 영변의 장항대(獐項臺)에서부터 아래로 대정강(大定江) 하류가 합하는 곳에 이르기까지 100여 리의 땅이 가장 넓게 펼쳐져 있다. 지금 강의 북쪽에 평양의 장림(長林)처럼 느릅나무와 버드나무를 두루 심고 그 가운데 대로(大路)가 되는 곳을 모두 뚫어서 길을 만드는 것이 마땅하니, 변란의 소식을 들으면 지방의 민정(民丁)들을 대략 징발하여, 나무를 베어 목책을 만들어서 큰길을 가로막되 2, 3십 보마다 하나의 목책을 만들고 양쪽 목책의 사이마다 품(品) 자 모양의 작은 구덩이를 많이 파 놓고서, 사졸(士卒) 중에 총 잘 쏘는 자를 선발하여 길옆의 나무 주위에 분산하여 숨겨 놓았다가 적이 앞을 통과하기를 기다린 뒤에 총을 쏘게 하면, 틀림없이 쏘는 대로 모두 명중할 것이다. 총 쏘는 사졸이 입는 복장은 호랑이 사냥꾼의 복장과 같게 하고, 떡갈나무 잎과 마른 가지를 옷과 머리 위에 두루 꽂아서 사람들이 구별하기 어렵게 하며, 총을 쏜 뒤에는 모습을 감춤으로써 나타나고 숨는 것을 적이 예측할 수 없게 한다면 적이 감히 지나가지 못할 것이다. 위와 같이 따로 그림을 덧붙였다.

내가 영변을 다스릴 때, 일찍이 도백에게 편지를 보내어 말하기를 "유림(柳琳)[126]이 백전(柏田)에서 오랑캐를 쳐부술 때, 총 잘 쏘는 사졸 10명을 모집하여 방책(防柵)을 넘어 몰래 보내어 오랑캐의 신분 높은 장수를 넘어뜨려 죽였으니, 이른바 총 잘 쏘는 자란 틀림없이 안주, 영변 등의 고을 사람일 것입니다. 서도 사람의 총 쏘는 재주가 예로부터 이와 같았으니, 지금 만약 수천 섬의 곡물을 마련하여 환곡으로 나누어 주고 이식을 취하여, 그것으로 상을 줄 밑천으로 삼아 매달

126 유림(柳琳) : 1581~1643. 조선 후기의 무신으로, 본관은 진주(晉州), 자는 여온(汝溫)이다. 1603년(선조36) 무과에 급제하고 충청도 수군절도사, 황해도 병마절도사 등을 역임하였다. 1636년(인조14) 병자호란이 일어났을 때 평안도 병마절도사로서 청군(淸軍)과 싸워 전공을 세웠고, 순찰사 홍명구(洪命耉)와 함께 적병을 추격하면서 항전하였다. 시호는 충장(忠壯)이다.

20명분의 포상 비용을 마련하고, 경내에 있는 사람들로 하여금 양반과 천민을 가리지 않고 모두 시방(試放)에 응하도록 하되, 성명을 항오(行伍 군적(軍籍))에 넣지 않고 복장을 편한 대로 하게 한다면, 응시자가 많아서 10년이 지나지 않아 정예한 포수(砲手) 천 명을 얻을 수 있을 것입니다." 하였다. 도백이 그러하다고 여겼으나 떼어 줄 만한 재력이 없어서 단지 한바탕의 한가로운 이야기가 되고 말았으니, 어찌 한탄을 금할 수 있겠는가.

참으로 이 방법을 확대하여 온 도에서 시행할 수 있다면, 각각의 고을은 모두 많은 수의 정예한 포수를 두게 되고, 민간에 산재한 총과 탄약과 탄환은 난리를 당하였을 때 적을 막는 이기(利器)가 아닌 것이 없게 될 것이다. 또 각 고을의 수령들로 하여금 매달 시방에 참가한 사람의 명단을 가져다 잘 간직하게 한다면, 위급한 일이 일어났을 때 이 명단을 참작하여 포수들을 소집할 수 있으니 번거롭게 선발하고 모집하지 않아도 될 것이다. 이것은 소소한 시정(施政)이 아니니 어찌 약간의 비용을 아끼겠는가.

서로(西路)의 각 고을은 모두 시사(試射)하여 요과(料窠)[127]를 두었고, 감영과 병영은 또 변장(邊將)을 뽑는 시험과 직부(直赴)로 출신(出身)[128] 자격을 주는 시험을 두었으므로 무예가 다른 도에 비하여 가장 뛰어났으니, 4, 5십 년 전만 해도 뛰어난 무예를 가진 사람과 목표를

127 요과(料窠) : 급료를 받는 하급의 벼슬자리이다.

128 출신(出身) : 문과(文科)나 무과(武科)에 합격한 자로서 아직 임용되지 않은 자를 이른다.

명중시키는 재주를 가진 사람이 많이 있었다. 내가 서쪽 고을을 다스릴 때, 무(武)를 높이는 정사를 크게 시행하였는데, 고을 사람들이 그것을 가지고 윤상 시동(尹相蓍東)[129]의 정사에 비유하였다. 그러나 목표를 명중시키는 재주를 가진 사람을 찾아보았더니, 모두 늙어서 죽고 오직 박천(博川)의 절충(折衝) 한사원(韓士元) 한 사람이 있을 뿐이었다.

그 까닭을 물어보니, 말하기를 "예전에는 병영에서 시취(試取)하는 것이 매우 공정하여 무예를 지닌 사람이 반드시 이로움을 얻었고, 또 병사(兵使)들 중에 많은 이가 재주 있는 이를 아꼈으므로, 격려하고 권장하는 기풍에 사람들이 저절로 흥기되었습니다. 그러나 근래에는 이런 기풍이 없어지고 시취할 때 높은 등급이 모두 안주성(安州城) 내에서 나오므로, 무사들이 이것을 궁시(弓矢)만 허비하고 농사일을 망치는 일이라 여겨 이런 무익한 무예를 할 생각을 하지 않는 것입니다. 이 때문에 예전의 사정(射亭)은 열 곳 중에 일고여덟 곳이 비어 있고 서로에 활 잘 쏘는 사람이 거의 없습니다." 하였으니, 어찌 통탄을 금할 수 있겠는가.

지금 특별히 도신(道臣)과 수신(帥臣)에게 신칙하여 형식적인 법 규정에 구애받지 말고 무예와 재주를 닦는 것을 성심으로 권장하게 하고 서북의 문무사(文武士)들을 특별히 더 발탁하여 쓰게 하는 것이 마땅하니, 그리하면 아마도 그들을 흥기시키는 효험이 있을 것이며,

129 윤상 시동(尹相蓍東) : 윤시동(1729~1797)으로, 본관은 해평(海平), 자는 백상(伯常), 호는 방한(方閒)이다. 1754년(영조30) 증광 문과에 급제하여 대사헌, 경기 관찰사, 전라도 관찰사, 이조 판서, 우의정을 역임하였으며, 군국(軍國)의 기무(機務)에 정통하였다. 시호는 문익(文翼)이다.

그들의 마음을 본조(本朝)에 두게 하여 위급할 때에 그들의 힘을 얻을 수 있을 것이다. 험준한 요해처에 방비 시설을 설치하는 것은 지리(地利)이고, 활쏘기와 총쏘기를 권장하고 인재를 등용하는 것은 인화(人和)이다.

서품
書品

나는 젊었을 때 우군(右軍 왕희지(王羲之))의 여러 서첩을 꽤 열심히 임서(臨書)하여 익혔으나 유독 〈난정서(蘭亭序)〉만은 잘 쓰지 못하였으니, 이는 흡사하게 쓰기가 어려워서 이 글을 꺼렸던 탓이다. 올겨울 상께서 체후를 조섭하고 계실 때, 나도 여러 각료를 뒤따라서늘 주자소(鑄字所)에서 모였는데, 황산 영공(黃山令公)[130]이 〈난정서〉 선본(善本)을 내어놓고 나더러 그것을 베껴 쓰게 하였다. 나도 모르게 흔연히 응낙은 하였지만, 눈은 어둡고 글씨 쓰기도 그만둔 터라 감히 다시 흡사하게 쓰기를 바라지 못하니, 황산 영공은 이런 형편을 알아주기 바란다. 갑술년(1814, 순조14) 섣달 뒤 6일에 쓰다.

양호필(羊毫筆)이 우리나라로 전래된 것은 겨우 십수 년밖에 되지 않았지만, 우리나라 사람들은 이것을 매우 높이 친다. 지금 임서한 〈난정서〉 두 본 중에서, 초본(初本)이 바로 양호필로 쓴 것인데 획이 매우 섬세하고 가냘프다. 이 부분이 원래 양호필의 장단점이 잘 드러나는 곳이니, 초본을 가지고 보는 사람은 상세히 볼 수가 있을 것이다.

양호필이 어느 시대부터 쓰이기 시작하였는지는 알지 못하지만, 일

130 황산 영공(黃山令公) : 어떤 인물인지 찾지 못하였다. 황산 찰방(黃山察訪)을 지낸 조정의 관원인 듯하다.

찍이 주자(朱子)의 글을 읽었을 때 그 안에 "나는 천성으로 글씨를 잘 쓰지 못하며, 더욱이 토끼털로 만든 약한 붓을 잘 사용하지 못한다. 건안(建安)의 채조(蔡藻)는 필공(筆工)으로 이름난 사람인데, 그가 양털을 사용하여 만든 붓이 더욱 굳세고 튼튼하니, 내가 이 때문에 그것을 좋아한다."라고 한 말이 있었으니, 그렇다면 양호필이 나온 것 역시 오래되었을 것이다. 그러나 지금의 양호필을 굳세고 튼튼하다고 한다면 그것은 아니니, 이것에 대해서는 옛일에 해박한 선비와 이야기해 보아야 할 것이다.

황산 영공이 보여 준 계첩(禊帖)의 각본(刻本)에 두 가지가 있다. 그중 하나는 다섯 글자가 훼손되지 않은 것이며, 또 하나는 끌로 다섯 글자를 훼손한 것으로 그 아래에 '조자앙십륙발(趙子昻十六跋)[131]이 있는데, '승 독고본(僧獨孤本)과 오정심본(吳靜心本) 모두에 다섯 글자가 훼손되었다.'라고 하였으니, 조자앙이 본 것은 바로 이 계첩의 두 번째 각본이다. 두 번째 각본은 글자 모양이 조금 비대하여 고아하기가 첫 번째 각본보다 못한데, 다만 아무도 이것을 드러내지 않은 것이 아쉽다.

조자앙이 말하기를 "〈난정서〉와 〈병사첩(丙舍帖)〉[132]은 매우 흡사하니, 신안(神眼)을 가진 사람이 아니고는 이것을 잘 판별할 수가 없다." 하였다.

131 조자앙십륙발(趙子昻十六跋) : 자앙(子昻)은 원나라의 서화가 조맹부(趙孟頫)의 자이다. 이 발문은 그가 〈난정서〉의 여러 임모본(臨摹本) 중의 하나에 붙인 발문이다.

132 병사첩(丙舍帖) : 왕희지의 〈난정서〉 임모본이 실린 여러 서첩 중의 하나이다.

조자앙이 "우군(右軍)이 〈난정서〉를 쓴 붓은 이미 다 닳은 붓이었는데, 그 붓의 형세에 따라서 쓰면서도 뜻대로 쓰지 못하는 것이 없었으니, 이 때문에 신묘하다고 하는 것이다."라고 하였는데, 이것은 반드시 옛 서첩을 완미하여 용필(用筆)의 의도를 깊이 알아야 그 의미를 터득할 수 있다. 후세 사람들이 〈난정서〉를 배우면서, 그 용필의 의도를 알지 못한 데다 또 그런 붓을 구하지 못하니, 이 때문에 성의를 다하여 그대로 베껴도 그 차이가 더 멀게 된다.

글씨는 품격과 신운(神韻)을 귀하게 여기며, 또한 준일한 기운이 많이 있어야 한다. 옛사람의 글씨를 배울 때 그 모양을 흡사하게 하는 것이야 원래 그만둘 수 없지만 그 신운을 터득하는 것을 더욱 귀하게 여기니, 이것은 글씨를 아는 사람과 더불어 이야기할 수 있을 뿐이다.

주자(朱子)가 소동파(蘇東坡)의 서첩에 발문을 쓰면서 "동파는 필력이 웅건하기가 누구에게도 뒤지지 않는다. 그러므로 그가 임첩(臨帖)하여 쓴 글은 원본과 한 쌍으로 어울리는 모습이 되어 새삼스레 원본과 흡사한지를 따질 수가 없으며, 그 훌륭한 기상과 빼어난 운치는 높이 옛사람들과 견주더라도 그 우열을 가리지 못하겠다."라고 하였으니, 이것으로 옛날 사람들이 임서하는 법도를 상상해 볼 수 있다.[133] 지금 황산 영공이 나에게 〈난정서〉를 임서해 주기를 청한 것이 아마도 자신이 이 글씨를 임서로 익히고자 하는 것인 듯하여, 몇 마디 말을 적어서

133 상상해……있다 : 대본에는 '可以相見'으로 되어 있는데, 대본의 난외주에 의거하여 '相'을 '想'으로 바로잡아 번역하였다.

돌려준다. 나도 이제 이 말로써 스스로 힘쓰고자 하며, 또한 황산 영공도 힘쓰기를 바란다. 입춘 전 3일에 또 쓰다.

화제 제품
畫題 諸品

매화 그림은 드러난 자태를 중시하니, 동쪽 집의 절세미인이 분을 바르고 연지를 찍어 각종의 자태를 다 꾸미는 것이 바람직하지 않은 것처럼,[134] 붉고 흰색으로 화려하게 그렸다고 해서 매우 좋은 그림이라고 할 수는 없다.

시험 삼아 〈주중인(舟中人)〉 그림을 위해 지은 시에,

돛 내린 옛 벽에는 연파가 자욱한데 落帆古壁烟波宿
장막 걷은 봉창으로 갈대숲 바람이 들어오네 卷幔篷窓葦荻風

하였는데, 괜찮은지 모르겠다.

고방산(高房山)[135]이 미가(米家)의 점법(點法)[136]을 많이 썼으므로,

134 동쪽……것처럼 : 전국 시대 송옥(宋玉)의 〈등도자호색부(登徒子好色賦)〉에 "동쪽 집의 처자는 1분만 더 보태면 키가 너무 크고, 1분만 감하면 키가 너무 작으며, 분을 바르면 너무 희고, 연지를 찍으면 너무 붉으며, 눈썹은 마치 물총새의 깃 같고, 살결은 마치 하얀 눈빛 같으며, 허리는 흡사 한 묶음 비단 같고, 치아는 흡사 진주를 머금은 것 같다.〔東家之子 增之一分則太長 減之一分則太短 著粉則太白 施朱則太赤 眉如翠羽 肌如白雪 腰如束素 齒如含貝〕"라고 한 구절에 나타난 의미를 가지고 말한 것이다.

135 고방산(高房山) : 고극공(高克恭, 1248~1310)으로, 원나라 때의 정치가이자 화가이다. 미불(米芾)을 사사하여 미법산수(米法山水)의 양식을 정비하였다.

136 미가(米家)의 점법(點法) : 미가는 북송 시대의 서화가 미불을 가리킨다. 자는 원장(元章), 호는 해악외사(海嶽外史)이며, 산수화나 인물화를 그릴 때 수묵(水墨)의 점묘법(點描法)을 많이 사용하였다.

두 사람의 그림은 거의 구별이 안 된다. 다만 미불(米芾)은 초가집을 그리고 고방산은 기와집을 많이 그렸으므로 이것으로 구별한다. 지금 단지 점법을 보기만 하면 모두 미가의 점법이라고 말하는데, 이것은 잘못이다.

매화 가지 봄빛이 작은 화기를 희롱하여　梅梢春色弄微和
작심하고 남쪽 가지에 망울 많이 터뜨렸는데　作意南枝剪刻多
달빛 어둔 숲 속에서 흰 옷소매 만나자　月黑林間逢縞袂
패릉의 술 취한 교위 누구냐고 잘못 묻네[137]　灞陵醉尉誤誰何

맑고 얕은 물 위에 성긴 그림자 가로 비끼고　疎影橫斜水清淺
황혼 녘 달빛 속에 은은한 향기 떠도누나[138]　暗香浮動月黃昏

제 모습 절묘하게 창 그림자에 비껴 있고　寫眞妙絶橫窓影
뼈 시린 맑고 차가운 물에 매화 가지 잠겨 있네[139]　徹骨清寒蘸水枝

남의 말에 휩쓸리지 않고 홀로 웃음 지으니　不共人言惟獨笑
문득 그대는 임을 그리워하는 것인가[140]　忽疑君到正相思

하였으니, 이것은 모두 매화의 아름다움을 영탄한 구절들이다. 그런

137 매화……묻네 : 북송 소식(蘇軾)의 〈차운양공제봉의매화(次韻楊公濟奉議梅花)〉 시의 구절이다.

138 맑고……떠도누나 : 북송 임포(林逋)의 〈산원소매(山園小梅)〉 시의 구절이다.

139 제 모습……있네 : 남송 육유(陸游)의 〈연의정상매(漣猗亭賞梅)〉 시의 구절이다.

140 남의……것인가 : 명나라 고계(高啓)의 〈매화구수(梅花九首)〉 시의 구절이다.

데 파옹(坡翁 소동파(蘇東坡))이 읊은 시의,

한매가 마치 봄을 피하는 듯하니 寒梅似與春相避

사심 없는 조물주의 생각을 알지 못하겠네[141] 未解無私造物情

라는 구절은 뜻이 높고 말이 참신하기가 남보다 몇 단계 뛰어나니, 참으로 보통 사람이 미칠 바가 아니다.

게를 그릴 때는 두 개의 엄지발과 여섯 개의 다리를 정확하게 그리는데 구애되지 말고 용필을 활달하게 하여 꾸물꾸물 움직이는 것처럼 하는 것이 중요하니, 이것은 아는 사람과 이야기할 일이다.

141 한매(寒梅)가……못하겠네 : 소식의 〈재화양공제매화십절(再和楊公濟梅花十絶)〉 시의 구절이다.

죽석관유집

제 8 책

예기차록
禮記箚錄

예기차록 禮記箚錄

곡례 상
曲禮上

공경스럽지 못하게 행동하지 말고……백성들을 편안하게 할 수 있을 것이다.〔毋不敬……安民哉〕[1]

'공경스럽지 못하게 행동하지 않는 것〔毋不敬〕'과 '엄숙하여 마치 신중히 생각하는 것처럼 하는 것〔儼若思〕'과 '바르고 정확한 말을 하는 것〔安定辭〕'은 자신을 이루는 것〔成己〕이며, '백성들을 편안하게 하는 것〔安民〕'은 남을 이루어 주는 것〔成物〕이다. 자신을 이루는 것과 남을 이루어 주는 것은 인(仁)이니, 인하게 되면 예(禮)가 그 안에 있게 될 것이다.

욕심을 좇아서는 안 된다.〔欲不可從〕

여기의 '종(從)'을 옛날부터 '종(縱)'으로 주석하였지만 글자대로 읽는 것이 옳을 듯하다. 이것은 '종심소욕(從心所欲)'[2]의 종(從)의 뜻과

1 공경스럽지……것이다 : 경문은 〈곡례 상〉 첫 구절의 "毋不敬 儼若思 安定辭 安民哉"이다.

같다. 사람의 욕심은 끝이 없으니, 만일 모든 욕심을 좇는다면 끝이 없을 것이다.

수양을 실천하고 도리에 맞게 말하는 것이 예의 바탕이다.〔行脩言道 禮之質也〕

'무불경(毋不敬)'에서부터 여기까지는 모두 온화하고 공손함〔溫恭〕과 구차하지 않음〔不苟〕에 대한 일을 말한 것이다. 공손함은 예에 가깝고, 공손하지 않으면 사람의 도리에 어긋난다. 구차한 것은 욕심이다. 욕심을 좇는 것은 천리를 끊어 버리는 것이니, 반드시 온화하고 공손하며 반드시 구차하지 않은 다음에야 예를 배워 치욕을 멀리할 수 있을 것이다.

다른 나라에서 찾아와 자문을 구하면 반드시 그 제도를 들어서 일러준다.〔越國而問焉 必告之以其制〕

'그 제도〔其制〕'의 '기(其)' 자를 가지고 살펴보면, 그 제도는 대부로서 70세가 된 자의 제도〔大夫七十者之制〕[3]가 되어야 한다. 나라의 노성(老成)한 인물은 사방의 이웃 나라에서 우러러보기 때문에 다른 나라에서 찾아와 자문하는 사람이 있게 되므로, 반드시 그 제도를 들어서 일러 주는 것이니, "그분의 집안은 일이 잘 다스려진다.〔夫子之家

2 종심소욕(從心所欲) : 《논어》 〈위정(爲政)〉의 "일흔 살에 마음에 하고자 하는 바를 좇아도 법도에 넘지 않았다.〔七十而從心所欲 不踰矩〕"라고 한 구절에서 인용한 것이다.

3 대부로서……제도 : 인용된 구절 바로 앞에는 대부가 70세가 되어 치사하는 일과 군주가 그런 사람을 존중하는 일에 대한 언급이 있다. 그러므로 여기에서는 다른 나라에서 찾아와 자문을 구하였을 때 군주가 일러 주는 '70세가 넘어 치사한 원로 대부에게 물어서 얻어들은 옛날의 제도'를 뜻한다.

事治]"[4]라고 말한 것 같은 것이 이것이다.

손님을 대접하거나 제사를 지낼 때, 자기 마음대로 기준을 정하여서는 안 된다.〔食饗不爲槩〕

'개(槩)'는 '경(梗)'의 뜻과 같으니, '개가 된다.〔爲槩〕'라는 것은 '주경이 된다.〔爲主梗〕'[5]라고 말하는 것과 같다. 아마도 '개(槩)'라는 것은 옛날에 틀림없이 그에 해당하는 명칭이 있었을 것이다.

문에 들어서면서는 문빗장을 받치듯 손을 올려 경의를 나타낸다.〔入戶奉扃〕

주(註)의 설명은 고주(古註)에 바탕을 두어,[6] 대체로 "옛날에는 반드

4 그분의……다스려진다 : 춘추 시대 초나라의 대부 자목(子木)이 진나라의 세경(世卿)인 조맹(趙孟)에게 진나라의 원로였던 범무자(范武子)의 덕이 어떠하냐고 물었을 때, 조맹이 대답하기를 "그분의 집안은 일이 잘 다스려져서 진나라 사람들에게 숨겨야 할 사정이 없었으며, 그분의 축사는 귀신에게 진실만을 고하여 부끄러운 말이 없었습니다.〔夫子之家事治 言於晉國無隱情 其祝史陳言於鬼神無愧辭〕"라고 한 말을 예로 삼은 것이다.《春秋左氏傳 襄公27年》

5 주경(主梗)이 된다 : 뜻이 명확하지 않다. 조선 시대 빙고의 얼음을 채취하고 저장하는 일을 감독하기 위하여 임시로 차출된 관원을 주채관(主梗官)이라고 하였는데, 여기에서 그 뜻을 빌려 손님 접대나 제사에서 감독자의 역할을 한다는 의미로 썼을 가능성이 있다.

6 주(註)의……두어 : 여기서 주(註)는 진호(陳澔)의《예기집설(禮記集說)》의 주석을 뜻하고 고주(古註)는《예기정의(禮記正義)》에 수록된 정현(鄭玄)의 주석을 뜻한다. 정현은 봉경(奉扃)을 "경의를 표한다는 뜻이다."라고 하였는데, 진호는 이것을 더 상세히 풀이하여 "경(扃)은 문빗장을 뜻한다. 방문으로 들어갈 때는 두 손을 심장 높이까지 올리며 인사를 하는데, 그 모습이 마치 문빗장을 받치고 있는 모습처럼 되는 것이다."라고 하였다.

시 문빗장을 거는 나무가 있었지만 후세에는 혹 없어지기도 하였다. 그러므로 비록 문빗장이 없어도 반드시 양손을 심장 높이로 올리는 것을 마치 문빗장을 받치는 것같이 한 것이다."라고 말한 것인데, 이것은 온당하지 않은 것 같다. 《소학》에 붙인 율곡(栗谷)의 주에 "양손으로 문을 받치되 문빗장이 있는 위치에 손을 놓아, 감히 손을 휘저어 문을 밀치지 않는 것이다."라고 하였는데, 이 말은 사리와 문리가 모두 순조롭다.

객이 자리에 서 있다가 이제 자리에 앉는다.〔客踐席 乃坐〕

주(註)에서 '이제 자리에 앉는다.〔乃坐〕'라는 것을 주인의 행위로 본 것은 온당하지 않다. 위에서는 반드시 주인과 객을 구절마다 일일이 나타내었으니, 여기에서만 어찌 유독 '주인(主人)'이라는 글자를 나타내지 않았겠는가. 생각건대 '자리에 서 있다.〔踐席〕'라는 것은 바로 조심스럽고 편안치 않은 모양이니, 감히 자리를 차지할 수 없어서 먼저 조심스럽고 편안치 않은 모습을 보였다가 이제 자리에 앉는 것을 말한다.

존경하는 분을 모시고 앉을 때에는 그분의 자리와 자신의 자리 사이에 공간이 없도록 가까이 앉는다.〔侍坐於所尊敬 無餘席〕

이 구절은 '빈자리에 앉을 때는 뒤로 물러나서 앉는다.〔虛坐盡後〕'라는 구절과 뜻이 같으니,[7] 자리 주변에 빈 공간이 없게 하는 것을 말한다.

7 빈자리에……같으니 : 이 문장보다 조금 앞에 "빈자리에 앉을 때는 뒤쪽으로 물러나 앉고, 음식이 차려진 자리에 앉을 때는 앞쪽으로 당겨 앉는다.〔虛坐盡後 食坐盡前〕"라는 구절이 있는데, 여기의 구절과 전체적인 의미에서 차이가 없음을 말한 것이다.

옛사람이 말한 "자리를 맞댄다.〔膝席〕"라는 것이 당연히 이와 같다.

머리카락은 단정하게 싸매며, 덧댄 머리를 하지 않는다.〔斂髮毋髢〕 《시경》 〈용풍(鄘風)〉에 "덧댄 머리 할 필요 없네.〔不屑髢也〕"라고 하였으니, 이 장은 대체로 머리카락을 단정하게 싸매어 그 모양이 덧댄 머리처럼 되게 하지 않는 것을 말한 것이지, 머리를 아래로 늘어지게 하지 않는 것을 말한 것이 아니다. 이 단락은 위의 글을 이은 것이니, 문세(文勢)로 보아 당연히 이와 같아야 할 듯하다.

드러나지 않은 병으로 자식의 이름을 짓지 않는다.〔不以隱疾〕 정현의 주에 "은질(隱疾)이란 밖으로 드러나지 않은 질병이니, 흑둔(黑臀)이나 흑굉(黑肱) 같은 것을 말한다."라고 하였는데, 이는 너무 심한 듯하다. 그렇다면 변지(駢指),[8] 묘목(眇目 사팔뜨기), 결진(缺唇 언청이), 갈비(蝎鼻 들창코)는 모두 이름으로 써도 괜찮은 것인가.

큰비가 내리면 물고기나 자라를 헌상하지 않는다.〔水潦降 不獻魚鼈〕 '내린다〔降〕'라는 것은 막 이른 것을 말한 것이지 이미 다한 것을 말한 것이 아니다. 큰비가 내리게 되면 내와 못의 물이 불어나서 물고기나 자라를 잡기가 어렵다. 그러므로 헌상하지 않는 것이다.

견문이 넓고 기억력이 좋으면서도 겸손하며, 선행을 돈독하게 하면

8 변지(駢指) : 《장자(莊子)》 〈변무(駢拇)〉에 나오는 '변무지지(駢拇枝指)'로, 네 발가락과 육손이라는 뜻이다.

서도 그 일에 게으름이 없으면, 그를 군자라고 부른다.〔博聞强識而讓 敦善行而不怠 謂之君子〕

견문이 넓고 기억력이 좋으면 겸손한 경우가 드물고, 선행을 잠시 할 수는 있어도 게으름이 없는 경우는 드무니, 군자가 아니고서 누가 그렇게 할 수 있겠는가.

군주가 시동으로 삼은 자임을 알아보게 되면, 스스로 수레에서 내린다.〔君知所以爲尸者則自下之〕

이것은 군주가 만약 어떤 사람이 시동임을 알게 되면, 시동이 먼저 수레에서 내려 군주를 피한다는 것을 말한 듯하다.

군자는 경계하고 조심하여 남에게 얼굴을 붉히는 실수를 해서는 안 된다.〔君子戒愼 不失色於人〕

〈표기(表記)〉[9]의 글과 같다. 〈표기〉에서는 또 '불실구(不失口)'와 '불실족(不失足)'을 말하였는데, 여기에서는 단지 그 '불실색(不失色)'만을 말한 것이다.

9 표기(表記) : 《예기》의 편명이다.

곡례 하
曲禮下

천자의 기물을 잡을 때는 높이 올려 가슴과 평형이 되게 한다.〔執天子器則上衡〕

정현의 주에 "여기에서의 형(衡)은 가슴과 평형이 되는 것을 이른다." 라고 하였다. 그렇다면 상편(上篇)의 봉석교형(奉席橋衡)도 여기에서와 같이 보아야 한다.[10]

부친을 여읜 뒤에 갑자기 존귀하게 되었더라도, 부친을 위하여 시호를 짓지 않는다.〔已孤暴貴 不爲父作謚〕

진호(陳澔)의 주에서, 주나라 왕실(王室)이 왕들을 추존한 일을 인용하여 이 구절을 설명한 것은 견강부회(牽强附會)한 것이다. 왕들을 추존하면서 시호를 짓지 않는 것은 옛날의 예에 대해 알지 못하는 점이 있어서 어째서 그렇게 하였는지를 알 수 없는데도, 지금 이 일을 가지고 이 경문의 증거로 삼았으니, 이것은 매우 사실에 맞지 않는다. 대개 주나라의 왕업은 태왕(太王)과 왕계(王季)가 기초를 닦았으며, 《시경》에 "실로 비로소 상나라를 쳤다.〔實始剪商〕"[11]라고 한 것이 이것이니, 이들은 갑자기 존귀하게 된 자와는 다르다. 이 장(章)은

10 그렇다면……한다 : '봉석교형(奉席橋衡)'은 《예기》 〈곡례 상(曲禮上)〉에 나오는 '봉석여교형(奉席如橋衡)'이라는 구절을 가리키며, 이때의 형(衡)도 여기에서처럼 '가슴과 평형이 된다.'는 뜻으로 보아야 한다는 것이다.

11 실로……쳤다 : 《시경》 〈비궁(閟宮)〉에 있는 구절로, 주나라 왕업의 기초를 닦은 태왕의 업적을 칭송한 말이다.

그 갑자기 존귀하게 된 자에 대해 말한 것일 뿐이다.

군주 앞에서 서적의 먼지를 털거나 서적을 정돈하면 벌을 받는다.〔振書端書於君前 有誅〕

먼지를 턴다고 말하였으니 먼지를 털기 전에는 먼지가 있었음을 알 수 있고, 정돈한다고 말하였으니 정돈하기 전에는 바르게 놓여 있지 않았음을 알 수 있다. 그러므로 진호의 주에 "평소에 매사에 신중을 기하여야 한다."라고 한 것이다.

가죽 신발을 신는다.〔鞮屨〕

《주례(周禮)》를 보면 제구씨(鞮屨氏)라는 관직 이름이 있는데, 이것과는 상관이 없다. 진호의 주에서 이것을 인용하면서는 단지 제구(鞮屨)의 뜻만을 취하였다.

부인은 침소에서 시중을 들지 않는다.〔婦人不當御〕

언두(諺讀 언문 구두)가 잘못되었다.[12] '당(當)'은 '첩어당석(妾御當夕)'이라고 할 때의 '당(當)'과 같다.[13] 대체로 진호의 주에 종종 뜻이 분명하지 않은 곳이 있어서 언두에 잘못이 생기게 되었다.

12 언두(諺讀)가 잘못되었다 : 잘못되었다고 한 것은 아마도 이 구절에 대해 '부인을 부려서는 안 된다.'라는 뜻으로 토를 붙였기 때문인 듯하다.

13 당(當)은……같다 : '첩어당석(妾御當夕)'은 《시경》 〈소성(小星)〉의 주에 "여러 첩이 나아가 군주를 모실 적에 감히 침소에서 시중을 들 수가 없었다.〔衆妾進於君 不敢當夕〕"라고 한 구절을 축약한 것이다. 여기서 '당석(當夕)'은 침소에서 시중을 든다는 뜻이다.

몸을 돌리며 사양한다.〔還辟〕

〈투호(投壺)〉에서 "몸을 돌리면서 '사양합니다.'라고 한다.〔盤旋曰辟〕" 라고 한 것과 어세(語勢)가 같다.

천자가 천관을 세움에……육전을 담당하였다.〔天子建天官……典司六典〕[14]

《주례》〈천관(天官)〉에 "태재(太宰)의 직무는 나라의 육전(六典)을 관장하고 왕을 보좌하여 나라를 다스린다. 육전의 첫째는 치전(治典)이니, 이것으로 나라를 경영하고 관부(官府)를 다스리며, 백성을 기강으로 다스린다. 둘째는 교전(教典)이니, 이것으로 나라를 안정시키고 관부를 가르치며, 백성을 순화시킨다. 셋째는 예전(禮典)이니, 이것으로 나라를 화목하게 하고 백관을 통합하며, 백성을 화합하게 한다. 넷째는 정전(政典)이니, 이것으로 나라를 고르게 다스리고 백관을 바르게 하며, 백성을 공평하게 한다. 다섯째는 형전(刑典)이니, 이것으로 나라를 단속하고 백관의 죄를 다스리며, 백성을 규찰한다. 여섯째는 사전(事典)이니, 이것으로 나라를 부유하게 하고 백관을 임명하며, 백성을 기른다."라고 하였는데, 여기에서 천관의 육전은 태재(太宰)·태종(太宗)·태사(太史)·태축(太祝)·태사(大士)·태복(大卜)이니, 《주례》의 내용과 합치되지 않는다. 그러므로 정현

14 천자가……담당하였다 : 대본은 '天子建天官 止 六典'인데, 생략된 부분 때문에 정확한 의미 전달이 어려워 《예기》〈곡례 하〉에 의거하여 '六典' 앞에 '典司' 2자를 보충하여 번역하였다. 경문은 "天子建天官 先六大 曰大宰 大宗 大史 大祝 大士 大卜 典司六典"이다.

의 주에 "이것은 아마도 은나라 때의 제도인 듯하니, 주나라에서는 태재가 천관(天官)을 다스리고 태종은 종백(宗伯)이라 하여 춘관(春官)을 다스렸으며, 태사(太史) 이하는 여기에 속하였다."[15]라고 하였다. 내가 살펴보건대, 춘관에 속한 관직으로 태사(太史)와 태축(大祝)과 태복(大卜)은 있으나 태사(大士)는 없다. 다시 살펴보건대, 태사(大史)의 직(職)이 나라의 육전을 관장한다.

국경 사이의 빈 땅에서 만나는 것을 회라고 한다.〔相見於郤地曰會〕
극(郤)은 극(隙)과 통하니, '극지(郤地)'는 바로 두 나라 사이의 비워진 땅이다. 두 나라 군주가 두 나라 국경의 중간에 있는 땅에서 만나는 것을 '회(會)'라고 한다.

군자는 악을 가까이하지 않는다.〔君子不親惡〕
이 한 구절은 위아래 글의 뜻과 이어지지 않으니, 아마도 다른 장(章)의 착간(錯簡)되고 난탈(亂脫)된 구절이 여기에 들어와 있는 듯하다. 소(疏)의 해설과 여씨(呂氏 여대림(呂大臨))의 해설은 차이가 있으나 모두 뜻이 통하지 않는다. 명곡(明谷)의 《예기유편(禮記類編)》[16]을

15 태사(太史)……속하였다 : 대본에는 '太史以下屬'으로 되어 있는데, 난외주에 의거하여 '屬' 뒤에 '焉' 1자를 보충하여 번역하였다.

16 예기유편(禮記類編) : 최석정(崔錫鼎, 1646~1715)이 《예기》를 내용별로 재분류하여 편집한 책이다. 최석정은 《예기》에서 따로 분리되어 사서(四書)에 속해 있던 《대학장구》와 《중용장구》를 도로 《예기》에 포함시켜 분류하였다. 전체 50편으로 구성되어 있으며, 1693년(숙종19)에 1차 간행하고 1700년에 중간하였다. 명곡은 최석정의 호이다.

살펴보니, 이 구절과 〈방기(坊記)〉에 있는 '덕을 좋아하기를 색을 좋아하듯이 한다.〔好德如好色〕'라는 구절을 합하여 한 단락을 만들어 〈곡례 상(曲禮上)〉에 끼워 넣었다.

개를 갱헌이라고 부른다.〔犬曰羹獻〕

《의례(儀禮)》에 '고깃국이 끓었다.〔羹定〕'라는 글이 있는데, 이에 대한 정현의 주에 "고깃국은 개고기 국이다.〔羹犬羹也〕"라고 하였다. 이 글에서 '갱(羹)'이 '견(犬)' 뒤에 온 것은 옛날에는 오직 개고기로만 국을 끓였기 때문이다.

천자를 바라볼 때에는 시선이 옷깃 위로 올라가지 않는다.〔天子視不上袷〕

윗글에 "손에 들고 있어야 하는 물건은 팔을 굽혀서 허리띠에 대고 있어야 한다.〔提者當帶〕"라고 하고, 또 "사의 기물을 들게 되면 손에 들고만 있다.〔士則提之〕"라고 하였다. 무릇 허리띠는 허리의 뼈가 없는 부분에 있는데, "허리띠보다 아래로 내려가서는 안 된다.〔不下於帶〕"라고 경계하였으니, 이는 시선이 아래로 내려가는 것을 경계한 것임을 알 수 있다. '수(綏)'는 글자대로 갓끈이니, 그 시선이 갓끈 높이 정도로 내려온 것을 말한다. '형시(衡視)'는 평형이 되게 보는 것이다. '5보를 본다.〔視五步〕'라고 한 것은 아마도 높이 보는 것일 터이니, 지위가 높을수록 시선이 낮아지는 것이다. 소(疏)에서 "이 한 문장은 천자 이하의 계급에 있어서, 그들의 신하들이 주군을 바라볼 때에 그 높고 낮음에 차이가 있다는 사실을 논하고 있다."라고 하였으나, 아마도 그렇지 않은 듯하다. 옛사람은 시선을 존엄하게 하였으므로,[17] '눈 모습을 단정히 한다.〔目容端〕',[18] '시선을 돌리지 않는다.〔視瞻無回〕', '수레에서 몸을 굽혀서 말꼬리를 본다.〔式視馬尾〕', '수레에 서서는 수레바퀴가 다섯 번 구를 정도 거리의 앞을 본다.〔立視五巂〕'[19] 등등의 말이 이루 셀 수 없을 만큼 많다. 이 장은 문세(文勢)로 살펴보건대, 그 눈으로 볼 때의 의용(儀容)에 대해서 각각 말한 것이 분명하다. 소에서 또 '시선을 상대방의 얼굴보다 위에 두는 것과 허리띠보다 아래에 두는 것〔上於面 下於帶〕'에 대해 주석하면서 '주자가 옥을 들 때 너무 높이 든 일〔邾子執玉高〕'과 '노공이 옥을 받을 때 시선을 아래에 둔 일〔魯公受玉卑〕'을 가지고 증명하였으니, 이 얼마나 그 내용과 서로 맞지 않는 것인가.[20] ○ 내가 또 생각건대, 이 장은

17 옛사람은……하였으므로 : 공자가 자장의 물음에 답하여 "군자는 의관을 바르게 하고 시선을 존엄하게 하는 법이다. 그러면 그 모습이 엄숙해서 사람들이 쳐다보고 외경심을 갖게 마련인데, 이것이 바로 위엄이 있으면서도 사납지 않은 것이 아니겠느냐.〔君子正其衣冠 尊其瞻視 儼然人望而畏之 斯不亦威而不猛乎〕"라고 한 말에 이 내용이 들어 있다. 《論語 堯曰》

18 눈……한다 : 옛날 군자가 수신하고 처세할 적에 견지해야 하는 아홉 가지 몸가짐으로 "발걸음을 경망하게 하지 않고, 손으로 아무 데나 어지럽게 가리키지 않고, 눈 모습을 단정하게 하고, 말을 경박하게 하지 않고, 목소리를 온화하게 하고, 고개를 곧게 세우고, 기운을 엄숙하게 하고, 서 있을 때에는 바르게 서서 덕 있는 기상을 지니고, 낯빛을 장중하게 한다.〔足容重 手容恭 目容端 口容止 聲容靜 頭容直 氣容肅 立容德 色容莊〕"라고 하였다. 《禮記 玉藻》

19 시선을……본다 : 여기에 인용한 세 구절은 모두 《예기》 〈곡례 상〉에 나오는 말들이다.

20 주자(邾子)가……것인가 : 인용한 두 구절은 모두 《춘추좌씨전》 정공(定公) 15년 조에 있다. 둘 다 신하와 주군 사이의 일에 관한 것이 아니므로, 여기서 논의하는 내용과 전혀 맞지 않다고 한 것이다.

편(篇 곡례 하)의 첫머리에 있는 '집천자지기장(執天子之器章)'과 더불어 참고하여 보아야 할 것이니, 그리하면 그 높게 하고 낮게 하는 예절을 자세히 알 수 있을 것이다.

단궁 상
檀弓上

옛날에는 무덤을 보수하지 않았다.〔古不脩墓〕
이것은 앞에 나온 '옛날에는 묻었을 뿐이고 봉분을 만들지 않았다.〔古也墓而不墳〕'라는 구절에 대응하여 말한 것이니, 옛날의 법도를 따르지 않고 봉분을 만듦으로써 분묘가 허물어지게 되었음을 상심한 것이다. 주(註)의 설은 좋지 않다.

사자에게 나아가서 자로가 죽은 형편을 물었다.〔進使者而問故〕
〈분상(奔喪)〉을 살펴보면 "곡을 하고 슬퍼하기를 다한 뒤에 죽음의 형편을 묻는다.〔哭盡哀 問故〕"라고 하였는데, 공자가 자로의 죽음에 곡할 때 아마도 이 예에 따랐던 듯하다.

'노인조상장(魯人朝祥章)'에 대하여
'3년의 상기(喪期) 역시 매우 긴 것이다.〔三年之喪 亦已久矣〕'라고 한 것은, 보통 사람이 능히 3년의 상을 치렀다면 이 역시 매우 어진 것이므로 이 사람을 너무 심하게 책망해서는 안 된다는 것을 말한 것이다. '한 달을 넘기고서 노래를 불렀다면 참으로 좋았을 것이다.〔踰月則其善也〕'라고 한 것은, 군자의 법도가 또 보통 사람과 다름을 말한 것이니, 자로가 곧장 '아침에 대상을 지내고 저녁에 노래 부르는 것〔朝祥暮歌〕'을 괜찮다고 여길까 염려하였기 때문에 이 말을 한 것이다. 대개 상민(常民)의 경우에는 위와 같이 하고 군자의 경우에는 아래와 같이 하는 것이다.

놀란 낯빛으로 '다시 크게 말해 보아라!'라고 하였다.〔瞿然曰呼〕
'호(呼)'라는 것은 동자에게 다시 큰 소리로 말하게 한 것이다. 주(註)의 설은 비록 고주(古註)에 바탕을 둔 것이기는 하지만 따를 수가 없다. ○ 내가 처음 백본(白本)을 가지고 읽었을 때, 이것이 큰 소리로 다시 말하라는 것임을 바로 알았다. 뒤에 진호의 주 및 옛 주소(註疏)를 보고 의아스럽게 여겼는데, 그 뒤에 《예기보주(禮記補註)》[21]를 보니 창계(滄溪)의 설[22]을 기록한 것이 나의 소견과 같았다. 그러나 고주를 힘써 통달하지 않고는 자신할 수가 없다고 깊이 생각하여 다시금 더 연구해 보니, 이것은 큰 소리로 다시 말하라는 뜻일 뿐이었다.

네가 곡하는 것을 위해서 찾아오는 자〔爲爾哭也來者〕
네가 곡하는 것을 위해서 찾아오는 자는 바로 너를 위해서 오는 것이니 그에게 절하는 것이 당연하다고 말한 것이다.

밝은 임금이 일어나지 않으니 천하에 그 누가 능히 나를 종주로 삼을

21 예기보주(禮記補註) : 조선 후기의 문신 김재로(金在魯, 1682~1759)가 원나라의 진호가 지은 《예기집설(禮記集說)》에서 빠진 것을 보충하고 잘못된 곳은 고증을 통해 밝힌 《예기》에 대한 주석서이다.

22 창계(滄溪)의 설 : 창계 임영(林泳, 1649~1696)이 '구연왈호(瞿然曰呼)'의 의미를 논리적으로 분석하고 주장한 글로, 《창계집(滄溪集)》 권23 〈독서차록(讀書箚錄)〉에 실려 있다. 그 주장의 내용은 이 글에서 서영보가 주장한 것과 거의 같다.

수 있겠는가.〔夫明王不興 而天下其孰能宗予〕

주(註)의 설명이 모두 타당하며, 정씨(鄭氏 정현)가 해석한 내용도 이와 같다. 면재 황씨(勉齋黃氏 황간(黃榦))가 이들의 설을 반박하고, '기숙능종여〔其孰能宗予〕'를 단지 "아무도 나의 도를 높이는 자가 없다."라고 말한 것이라고 하였는데, 말은 순조로운 듯하나 맛이 적다.

'증자조어부하장(曾子吊於負夏章)'에 대하여

증자가 부하(負夏)에 사는 사람에게 가서 조문하였을 때, 주인이 이미 조전(祖奠)을 올리고 전을 철거하였는데도, 증자가 조문하러 왔다고 하여 다시 영구(靈柩)를 밀어 원래의 위치로 되돌려 내려놓고 부인 역시 조문을 받게 하였으니, 이는 증자의 조문을 영광스럽게 여겼기 때문이다. 경문에서 "예를 행하였다.〔行禮〕"라고 한 것은 조문하는 예를 행하였다는 것이다. "또 어찌 영구를 되돌리고 하루를 지내는 것이 불가하다고 하겠느냐.〔且胡爲其不可反宿也〕"라고 한 것은, 내가 생각건대, 주인이 이미 조전을 올리고도 영구를 되돌렸으면 어쩔 수 없이 다시 조전을 올려야 하므로, 오늘 우선 영구를 되돌려 하루를 지내고 다음 날 다시 조전을 올리고 나서 출발한다는 것이다. 이 때문에 종자(從者)가 영구를 되돌리고 하루를 지내는 것을 예가 아니라고 의심하였는데, 증자는 그것이 잘못된 것이 아니라고 말한 것이다. 유씨(劉氏 유맹야(劉孟冶))가 '강부인(降婦人)'을 풀이한 것[23]은 전혀 근거가 없으니 바로잡아야 한다.[24] ○ 살펴보건대, 〈증자문(曾

23 유씨(劉氏)가……것 : 《예기집설》에서 유씨는 조문의 예를 행할 때 당 아래로 내려갔던 부인이 다시 당 위로 올라간 것으로 풀이하였다.

子問)〉에서 공자가 "영구는 한 번 나가면 되돌릴 수 없다.〔柩不可以反者也〕"라고 하였으니, 그렇다면 증자의 이 말은 매우 의심스럽다.

증자는 갖옷을 겉옷으로 가리고 조문하고, 자하는 겉옷을 걷어서 갖옷을 드러내고 조문하였다.〔曾子襲裘而吊 子夏裼裘而吊〕[25]

생각건대, 역시 부하(負夏)에 사는 사람에게 가서 조문할 때 두 사람이 함께 조문한 것이다.

부엌을 허물어서 시신의 발을 고정시킨다.〔毀竈而綴足〕

'방 가운데를 판다.〔掘中霤〕', '종묘의 서쪽 담을 허물고 그곳을 밟고 간다.〔毀宗躐行〕' 등과 같은 구절을 가지고 살펴보면, '부엌을 허문다.〔毀竈〕'라고 한 것 또한 쓰임에 당하여 헐어서 쓴 것임이 분명하니, 토(吐)는 당연히 '훼조하여〔毀竈爲也〕'이다. 진호의 주의 뜻이 분명치 않아서 언문 토가 잘못되었다.

'공숙문자승어하구장(公叔文子升於瑕丘章)'에 대하여

주에서 "문자가 남의 좋은 토지를 해치고자 한 것을 풍자한 것이다."라고 하였는데, 무슨 소견을 가지고 이런 주장을 한 것인지 모르겠다. 공숙 문자는 당시 사람들이 '말하지 않고 웃지 않으며 취하지 않

24 전혀……한다 : 대본의 '全無着絡可貞'을 번역한 것이다. 난외주에서 이 구절에 대해 "네 글자는 다시 살펴야 한다.〔四字更考〕"라고 하였으나, 그 의미가 분명하지 않아 대본대로 번역하였다.

25 증자는……조문하였다 : 경문에 따르면, 이 인용문에서 자하(子夏)는 자유(子游)가 되어야 한다.

는 사람〔不言 不笑 不取〕'이라고 여겼으니,[26] 공자가 비록 그가 그러하다고 허여하지는 않았으나, 그 사람됨이 반드시 청렴하고 개결할 것이라는 것은 확실하며, 절대로 이와 같은 일은 하지 않았을 것이다. '청전(請前)'의 뜻에 대해 《예기유편》에서 "문자는 위(衛)나라의 현대부(賢大夫)로서, 거백옥(蘧伯玉)에게 선배와 장자가 되므로, '부자께서 여기에 묻히고자 하신다면 저는 그 앞에 묻히기를 원합니다.'라고 말하여 귀의처(歸依處)로 삼은 것이니, '관용방(關龍逄)과 비간(比干)을 따라 죽겠다.'[27]라는 말을 본뜬 것이다."라고 하였는데, 참으로 맞는 말이다. 《예기보주》에서 "살펴보건대, 주자가 〈차부장(次傅丈)〉 시에서 '일찍이 하구에서 홀로 그의 앞에 묻히고자 하였네.〔曾向瑕丘獨請前〕'라고 하였으니, 《예기유편》의 설이 이것과 능히 부합한다."라고 하였다. ○ 문자의 이름은 발(拔)이라고 하였는데, 살펴보니 《논어》의 '자문공숙문자어공명가장(子問公叔文子於公明賈章)'[28]의 주에 "공숙 문자는 위나라 대부 공손지(公孫枝)이다."라고 하였으니, 어떤 것이 옳은지 모르겠다. 살펴보건대 《춘추좌씨전》에 있는

26 공숙 문자는……여겼으니 : 《논어》 〈헌문(憲問)〉 제14장에 이 내용이 나온다.

27 관용방(關龍逄)과……죽겠다 : 하(夏)나라 걸왕(桀王) 때의 충신 관용방과 은(殷)나라 주왕(紂王) 때 충신 비간(比干)은 모두 임금의 잘못을 간쟁하다가 죽은 사람이다. 《한서(漢書)》 권67 〈주운전(朱雲傳)〉에서 주운이 간언을 올리고 끌려 나가다가 난간을 붙잡고 늘어져 난간까지 부러지자 "신은 관용방과 비간을 따라 죽어 저승에서 노닐면 그만이지만 조정을 어찌하려고 하십니까.〔臣得下從龍逄比干 遊於地下足矣 未知聖朝何如耳〕"라고 하였다.

28 자문공숙문자어공명가장(子問公叔文子於公明賈章) : 《논어》 〈헌문〉 제14장에 나온다.

'계찰(季札)이 위나라에 가서 거원(蘧瑗)과 공숙발(公叔發)을 만나 좋아하였다.'라고 한 구절[29]에서 임씨(林氏 임요수(林堯叟))가 말하기를 "공숙 문자 발(拔)이다." 하였고, 발(拔)은 발(發)과 음이 같으니 아마도 발(拔) 자가 맞는 것 같다.

시신을 들고 밖으로 나왔는데, 시신이 문밖으로 나오자〔擧者出 尸出戶〕

'시(尸)'가 고경(古經)에는 '호(戶)'로 되어 있는데, 우리나라의 유학자들이 이것을 따른 것[30]은 참으로 옳다.

두 사람이 서로를 위해 상복을 입는 것〔二夫人相爲服〕

'이부인(二夫人)'이라고 한 것은 '두 사람〔二人〕'이라고 말한 것과 같다.

이는 나를 대신하여 더 후한 상복을 입어 줄 사람이 있기 때문이다.〔蓋有受我而厚之者也〕

'수(受)'는 '나를 잇는다.〔承我〕'라고 하는 것과 같으니, "고모와 자매의 남편이 나를 대신하여 지팡이를 짚는 기년복(朞年服)을 입기 때문에, 나는 복을 가볍게 입는다."라고 말한 것이다. 《예기집설》에 있는 방씨(方氏 방각(方慤)) 주의 뜻도 이와 같다.

29 계찰(季札)이……구절 : 《춘추좌씨전》 양공(襄公) 19년 조에 나오는 계찰이 위나라를 방문했을 때의 일을 기록한 구절이다.

30 이것을 따른 것 : 고경에 있는 '호출호(戶出戶)'를 따르지 않고, 이것을 '시출호(尸出戶)'로 본 것을 말한다.

'증자여객립장(曾子與客立章)'에 대하여

진호의 주에 "기도(其徒)는 문하의 제자를 말한다. 차(次)는 그 사람이 머무는 객사를 말한다."라고 한 것은 크게 잘못된 것이다. 정현의 주에 "도(徒)는 빈객의 무리를 이른다."라고 하였다. 마땅히 어울릴 만한 빈객이면 아마도 증자의 집에 머무는 사람일 것이며, 무리〔徒〕는 이 빈객을 따라온 사람으로서 꼭 신분이 낮은 사람이라고는 할 수 없으니, 그 사람이 길에 나가서 곡을 하고자 하는 것이 마음에 편치 않을 것 또한 당연하다. 만약 이것이 다른 사람의 집에 머무는 경우라면, 그 집 주인의 뜻을 알 수 없을 것이므로 응당 이렇게 하라고 하지는 않았을 것이다.

맹호를 위해서 자최복을 입었으니……숙부였기 때문이다.〔爲孟虎齊衰……叔父也〕[31]

이 장에는 아마도 궐오(闕誤)가 있는 것 같다. 글은 같은데 뜻이 다르니,[32] 이런 이치는 없을 듯하다.

마음대로 남에게 예를 허여하는구나.〔專以禮許人〕

'전(專)'은 '천(擅)'과 뜻이 같다.

집에 빈소가 있을 때, 먼 곳에 사는 형제의 상을 듣게 되면〔有殯

31 맹호를……때문이다 : 경문은 "爲孟虎齊衰 其叔父也 爲孟皮齊衰 其叔父也"이다.

32 글은……다르니 : 아마도 경문에서 두 번 쓰인 '기숙부야(其叔父也)'가 글이 똑같은데도 뜻을 완전히 다르게 해석하여야 하는 문제를 말한 듯하다.

聞遠兄弟之喪〕

여기서의 '원형제(遠兄弟)'와 '먼 곳에 사는 형제는 마침내 복이 없게 될 것이다.〔遠兄弟終無服〕'[33]라고 할 때의 '원형제(遠兄弟)'는 모두 사는 곳이 멀다는 뜻이다.

천자의 상에서만은 성을 구별하여 곡을 한다.〔唯天子之喪 有別姓而哭〕

《춘추좌씨전》에서 말한 "감히 임성의 제후들과 서열을 다투지 않는다.〔不敢與諸任齒〕"[34]와 같은 것이 이것이다.

나라에서 큰 읍을 잃게 되면……태묘에서 곡한다.〔國亡大縣邑……哭於太廟〕[35]

《예기대전(禮記大全)》[36]에서 '국망(國亡)' 아래에 작은 동그라미를

33 먼 곳에……것이다 : 《예기》 〈단궁 상〉 앞부분에 있는 "증자가 말하기를 '소공에 태복을 입지 않는다면 먼 곳에 사는 형제는 마침내 복이 없게 될 것이니, 그래도 좋겠는가.〔曾子曰 小功不稅 則是遠兄弟終無服也 而可乎〕' 하였다."라고 한 구절의 일부이다.

34 감히……않는다 : 《춘추좌씨전》 은공(隱公) 11년 조에 나오는 구절로, 어떤 나라를 여러 제후가 방문하였을 때, 그 나라 군주와 같은 성을 가진 제후가 다른 성의 제후보다도 서열이 높다는 뜻이다. 이 구절에서는 임성(任姓)의 설(薛)나라를 가지고 예를 들어 말하였다.

35 나라에서……곡한다 : 대본은 '國亡大縣邑 止 太廟'인데, 생략된 부분 때문에 정확한 의미 전달이 어려워 《예기》 〈단궁 상〉에 의거하여 '太廟' 앞에 '哭於' 2자를 보충하여 번역하였다. 경문은 "國亡大縣邑 公卿大夫士 皆厭冠 哭於大廟"이다.

36 예기대전(禮記大全) : 《예기집설대전》과 같은 책으로, 명나라 호광(胡廣) 등이 편찬한 《오경대전》의 하나이다. 이 책은 원대(元代)의 학자 진호가 지은 《예기집설》을 중심으로 《예기》에 대한 여러 주석을 참고하여 만들었다.

넣어 구(句)를 끊고, 언두(諺讀)에서 '국망(國亡)' 아래에 '이어든〔是於等〕'이라는 토를 달았으니, 크게 잘못된 것이다. '대현읍공경대부사(大縣邑公卿大夫士)' 운운한 것이 이미 전혀 말이 안 되는 데다 또 만약 나라가 망한다면 참으로 이른바 '가죽이 없는데 털이 어디에 붙겠는가.'[37]라는 상황이 될 것이니, 비록 곡을 하고자 한들 어떻게 곡을 할 수 있겠는가. 그러니 '대현읍(大縣邑)' 아래에서 구를 끊고 '이어든'이라는 토를 붙이는 것이 옳을 것이다. 소(疏)에 "'국망대현읍(國亡大縣邑)'의 '망(亡)'은 잃는다는 뜻이니,[38] 나라의 군대가 패배하여 토지와 읍을 잃은 것이다."라고 하였으니, 이에 의거하면 더욱 명확하다.

대상을 치르고는 호관을 쓴다. 그달에 담제를 지내면, 그달을 넘겨서는 음악을 연주한다.〔祥而縞 是月禫 徙月樂〕

진씨(陳氏 진호)가 착오로 이 단락을 이어서 읽음으로써 마씨(馬氏 마희맹(馬晞孟))의 설을 따랐으니,[39] 이것은 잘못이다. '상이호(祥而縞)'는 별도로 하나의 단락이 되어야 한다. 살펴보건대, '맹헌자담장(孟獻子禫章)'의 소(疏)에서 "상이호(祥而縞)는 대상을 치른 자는 호관

37 가죽이……붙겠는가 : 《춘추좌씨전》 희공(僖公) 14년 조에 나오는 구절이다.

38 국망대현읍(國亡大縣邑)의……뜻이니 : 대본에는 '國亡大縣邑者 失也'로 되어 있는데, 문맥이 통하지 않아 공영달(孔穎達)의 《예기정의》 소(疏)에 의거하여 '失' 앞에 '亡' 1자를 보충하여 번역하였다.

39 착오로……따랐으니 : 《예기집설》에서 마씨가 삼년상을 기준으로 하면 대상과 담제가 같은 달에 있다고 하여 '대상을 치르고 호관을 쓰며, 그달에 담제를 지내면……'과 같이 앞의 구 단락을 연결하여 풀이한 것을 따른 것을 말한다.

을 쓴다는 말이고, 시월담(是月禫)은 이달이 담제를 지내는 달이 되어 담제를 지낸다는 말이니, 두 가지가 각자의 의미를 가지므로 그 일이 서로 관계되지 않는다. 그러므로 《논어》에서 '공자는 그날에 곡을 하였으면 노래를 부르지 않았다.'라고 하였는데, 문장에 연결된 것이 없고 또한 '그날〔是日〕'이라고 하였다."라고 하였다. 이것은 참고하여 근거로 삼은 것이 매우 명확하니, 따라야 할 것이다.

단궁 하
檀弓下

계무자가 병이 들어 누웠다.〔季武子寢病[40]〕
계무자의 이름에 대해 마땅히 상편(上篇)의 '계무자성침장(季武子成寢章)' 아래에서 주석을 내었어야 하는데 이 장에서 비로소 주석을 내었으니,[41] 소홀히 한 것이다.

지위를 잃은 것 역시 오래 그대로 둘 수 없다.〔喪亦不可久也〕
여기서의 '상(喪)'은 '지위를 잃으면 빨리 가난해지기를 바란다.〔喪欲速貧〕'[42]라고 할 때의 상과 같은 뜻이니, 옛날에는 지위를 잃는 것을 상이라고 하였다.

상주가 아직 상복으로 바꾸어 입지 않았다면, 조문객은 질을 두르지 않는다.〔主人未改服則不絰〕
조문하는 사람이 복장을 바꾸는 시점으로서 중요하게 여기는 것은 소렴(小斂) 여부가 아니고 상주의 개복(改服) 여부이다. 그러므로

40 病 : 《예기》 〈단궁 하〉에는 '疾'로 되어 있다.

41 이……내었으니 : 진호가 이 장의 주에서 "계무자는 노나라 대부 계손숙(季孫夙)이다."라고 하여, 처음으로 그 이름을 언급하였다.

42 지위를……바란다 : 《예기》 〈단궁 상〉의 '유자문어증자장(有子問於曾子章)'에 나오는 말이다.

'아직 소렴을 하지 않았다.〔未小斂〕'라고 하지 않고 '아직 상복으로 바꾸어 입지 않았다.〔未改服〕'라고 한 것이다.

중수가 수 땅에서 죽었다. 임오일에 여전히 역제사를 지내면서, 만무(萬舞)는 추게 하고 약무(籥舞)는 추게 하지 않았다.〔仲遂卒于垂 壬午猶繹 萬入去籥〕

'임오(壬午)'라는 글자가 붙을 데가 없으니, 여기에 반드시 궐문(闕文)이 있었을 것이며, '신사(辛巳)'라는 글자가 마땅히 '중수(中遂)' 앞에 있어야 할 듯하다. 살펴보건대, 《춘추》 선공(宣公) 8년 조의 "신사일에 태묘에 제사를 지냈다. 중수가 수 땅에서 죽었는데, 임오일에 여전히 역제사를 지내면서 만무는 추게 하고 약무는 추게 하지 않았다.〔辛巳 有事于太廟 仲遂卒于垂 壬午猶繹 萬入去籥〕"라는 글이 있으니, 여기에 의거하면 바로 이 장의 뜻을 밝힐 수 있다.

어찌 너의 어머니를 가지고 너의 기교를 시험하지 못하는가?〔豈不得以其母以嘗巧者乎〕

《예기집설》의 아래에 있는 일설(一說)의 풀이[43]가 더 나은 것 같다.

상을 치르면서는 거처를 근심하지 않는다.〔喪不慮居〕

43 예기집설의……풀이 : 이 구절에 대한 《예기집설》에 먼저 나와 있는 공영달의 소에서는 이것을 두 구문으로 끊어서 "어찌 부득이해서 이처럼 한단 말인가? 남의 어머니로 자신의 기교를 시험하려 하는가?"라고 풀이하였는데, 그 아래에 나와 있는 '일설(一說)'에서는 이것을 한 구문으로 보고 위의 본문과 같이 풀이하였다.

유씨(劉氏)의 설은 문세(文勢)에 크게 어긋난다. 그가 말하기를 "가산을 다 없앨 것을 걱정하기에 이른다.〔致有敗家之慮〕" 하였다. 그렇다면 이는 거처를 근심하는 것인데, 어찌 '거처를 근심하지 않는다.〔不慮居〕'라고 하였겠는가. 정현의 주에 "집을 팔아서 상을 치른다는 말이다.〔謂賣舍宅以奉喪〕"라고 한 것이 더 나은 것 같기는 하지만, 그렇다면 '종묘가 없어지기 때문이다.〔爲無廟也〕'[44]라고 한 말과 들어맞지 않으니, 어떻게 된 것인가? 집을 팔게 되면 종묘(宗廟)만 홀로 보존할 수는 없을 것이니, 아마도 상을 치를 적에 자기의 거처를 근심하지 않는다고 한 것은 그가 아직 종묘를 세울 처지에 이르지 않았기 때문일 것이다.

몸이 수척해질 정도로 애통해하더라도 생명을 위태롭게 하여서는 안 된다.〔毁不危身〕

유씨의 설이 정현의 주의 설보다 오히려 낫다.[45]

나로 하여금 반함을 하게 해 주시오.〔其使容居以含〕

언두(諺讀)에서 용거(容居) 아래에 이(伊) 토를 붙이고 이함(以含) 아래에 한데(隱大) 토를 붙인 것은 잘못이다. 용거 아래에는 로(又) 토를 달고 이함 아래에는 하라(爲羅) 토를 다는 것이 옳을 듯하니,[46]

44 종묘가 없어지기 때문이다 : 유씨의 설에 따른 해석이다. 그러나 정현의 설에 따른다면 '아직 신주를 종묘에 들이지 않았기 때문이다.'라고 해석하여야 할 것이다.

45 유씨의……낫다 : 양자의 해석이 크게 차이가 나는 것이 아니므로, 유씨의 풀이가 정현의 주에 비해서 좀 더 자세하고 친절하다는 뜻으로 말한 듯하다.

이것은 이 장 아래에 있는 진호의 주를 살펴보면 알 수 있다. 그렇다면, 후옥(侯玉) 아래에 이라하니(伊羅爲尼)로 토를 바꾸어 달면 토가 잘 갖추어지게 될 것이다.

우인은 모든 사당에 있는 나무 중에 관곽으로 쓸 만한 것을 가져온다.〔虞人致百祀之木可以爲棺椁者〕

공영달의 소에서 "빈소를 차리고서 10일이 지난 뒤에 목재를 펴서 말린다. 그러므로 우인은 모든 사당에 있는 나무 중에 관(棺)을 두르는 곽(椁)으로 쓸 수 있는 것들을 베어서 보낸다."라고 한 것이 참으로 옳다. '관곽(棺椁)'이라고 한 것은 관과 곽을 말한 것이 아니고, 관을 두르는 곽을 말한 것이다. 임금이 즉위하면 벽(椑)[47]을 만들고 해마다 한 차례씩 옷 칠을 하여 간직해 두었으니, 상(喪)을 당하고서 비로소 나무를 베는 것이 타당치 않음을 알 수 있다. ○ 관곽이라고 한 것은 나무가 아름답고 큰 것을 말한 것이다.

여인의 손을 잡은 것처럼 매끄럽다.〔執女手之卷然〕

진호의 주에 "권(卷)은 권(拳)이다."라고 하였는데, 이미 수(手)라고 하고서 또 권(拳)이라고 하였으니, 이것은 말이 중첩된 것으로 틀림없이 잘못된 것이다.

46 용거……듯하니 : 이 구절을 용거의 행위의 묘사가 아닌 용거 자신의 말이라고 본 것이다.

47 벽(椑) : 관(棺)을 말한다. 《예기정의》의 공영달의 소에서 "백양나무 관이다. 칠하여 견고하게 만들어 벽돌 같다."라고 하였다.

왕제
王制

왕이 작록을 제정하였으니, 공·후·백·자·남의 다섯 등급이다. 〔王者之制爵祿 公侯伯子男凡五等〕

진호의 주에서 맹자가 "천자가 한 등위이고 자(子)와 남(男)이 같이 한 등위이다."라고 한 말을 인용하였는데, 이것은 이 말을 인용하여 이 장의 뜻을 풀이한 것이 아니고, 참고하기를 바란 것이다. 이 편(篇)에 있는 전제(田制)[48] 역시 맹자의 설과 부합하지 않으니, 이러한 점들은 모두 상고할 수가 없다.

천자가 제후에게 악을 하사하면 축으로써 받는다.〔天子賜諸侯樂 則以柷將之〕

이것은 '수레나 말을 바치는 사람은 말채찍과 수레 고삐를 가져다 올린다.〔獻車馬者執策綏〕'[49]라고 한 것과 같은 뜻이다.

상을 치르는 데에 3년 치 국가 재용의 10분의 1을 사용한다.〔喪 用三年之仂〕

48 이 편(篇)에 있는 전제(田制) : 《예기》 〈왕제〉의 '제농전백묘장(制農田百畝章)'에 나오는 내용을 말한다.

49 수레나……올린다 : 《예기》 〈곡례 상〉에 나온 말로, 실제로 수레나 말을 직접 가져다 줄 수 없기 때문에 이렇게 한다는 것이다.

제사에는 1년 치 국가 재용(財用)의 10분의 1을 사용하는데, 상(喪)이 나면 3년 동안 제사를 지내지 않으므로 제사에 사용할 국가 재용의 10분의 1을 상을 치르는 데에 사용한다. 3년 동안 제사를 지내지 않으므로 3년 치 국가 재용의 10분의 1이 되는 것이다.

서방의 통역관을 적제라고 부른다.〔西方曰狄鞮〕
적(狄) 자는 연문(衍文)이 아닌지 의심스럽다. 윗글에 있는 '북방을 적이라 한다.〔北方曰狄〕'라는 구절 때문에 혼란이 생긴 듯하다.

조사라고 부른다.〔曰造士〕
소(疏)에서 "선사(選士), 준사(俊士)가 되어 조사(造士)에 이른 자는 당연히 별도의 한 호칭으로 불리게 되며, 준사보다 한 등급 위이다."라고 하였는데, 이는 옳지 않다. 이 단락에 있는 국학에 천거된 자〔升於學者〕는 단지 앞 단락의 국학에 천거된 자〔升之學者〕와 같은 것이고, 더구나 이 글에서 "사도(司徒)에게 천거된 자는 향(鄕)의 요역이 면제되고 국학에 천거된 자는 사도의 요역이 면제되는데 이들을 조사(造士)라고 부른다."라고 하였다. 그렇다면 사도에 천거된 자 역시 준사보다 한 등급 위라고 할 수 있는 것인가? 내가 생각건대, 조(造)는 작(作)이니, 조사라고 한 것은 작인(作人)이라고 말한 것과 같으며, 요역이 면제되는 것은 바로 성취를 이루었기 때문이다. 진호의 주가 더 낫고 소주(小註)에 있는 방씨(方氏 방각(方慤))의 설이 더욱 상세하다.

군대를 출동시킬 일이 발생하면, 대사도에게 명령하여 사에게 수레와 병갑을 사용하는 법을 가르치게 한다.〔有發 則命大司徒教士以車甲〕

생각건대, 사도는 가르치는 일을 담당하는 관직이고, 이것 역시 가르치는 일이므로 사도가 이 일을 담당한다. 《주례》의 사도직(司徒職)은 대규모의 군대나 대규모의 사냥에서 기(旗)로써 모든 백성을 부르고, 그 민중들에 대한 정령(政令)을 다스린다.

백공이 각각 그들의 기능에 맞추어 먹고살게 한다.〔百工各以其器食之〕
제가(諸家)가 풀이한 것이 모두 온당하지 못하다. 내가 생각건대, 백공은 각자의 잘하는 분야가 있으니, 비록 그 잘하지 못하는 것을 일일이 따질 수 없었다고 하더라도 그들을 폐질자(廢疾者)들과 섞어서 한꺼번에 논한 것은 역시 옳지 않다. 이 구절은 아마도 폐질자들에 대해서 백공이 각각 그들이 발휘하는 기능에 맞추어 먹고살게 한 것을 말한 듯하다.

육례는……수 · 제[50]를 다스리는 것이다.〔六禮……數制〕[51]
이 장(章)은 아마도 〈왕제〉 '사도수육례이절민성장(司徒脩六禮以節民性章)'의 아래에 있어야 할 것 같다.

50 제(制) : 베의 넓고 좁음을 말한다.

51 육례(六禮)는……것이다 : 경문은 "六禮 冠昏喪祭鄕相見 七教 父子兄弟夫婦君臣長幼朋友賓客 八政 飮食衣服事爲異別度量數制"이다.

월령
月令

비로소 비가 내린다.〔始雨水〕

여기에서의 '우수(雨水)'는 지금 1월의 중기(中氣)[52]인 우수와 같은데도 곧 중춘(仲春)의 정령(政令)으로 삼았고, 〈월령〉 '맹춘조(孟春條)'에 "칩거하던 생물들이 비로소 움직이기 시작한다.〔蟄蟲始振〕"라고 한 것은 2월의 절기인 경칩(驚蟄)의 의미와 같은데도 곧 맹춘의 정령으로 삼았으니, 지금의 역법과는 다르다. 소(疏)에서 "한(漢)나라에서도 처음에는 경칩을 1월의 중기로 삼고 우수를 2월의 절기(節氣)로 삼았는데, 전한(前漢) 말에는 우수를 1월의 중기로 삼고 경칩을 2월의 절기로 삼았다. 그러므로 《한서》 〈율력지(律曆志)〉에 '1월에 입춘은 절기이고 우수는 중기이며, 2월에 경칩은 절기이고 춘분은 중기이다.'라고 하였으니, 이는 전한 말의 유흠(劉歆)이 삼통력(三統曆)[53]을 만들어 경칩을 2월의 절기가 되도록 고친 것이다."라고 하였다. 또 살피건대, 《춘추좌씨전》에 "계칩(啓蟄 경칩)에 교제(郊祭)[54]를 지

52 중기(中氣) : 옛날 역법(曆法)에서 태양력(太陽曆)의 24절기를 1달에 2절기씩 음력(陰曆) 열두 달에 배정하였는데, 각 달의 중간 이전에 있는 것을 절기(節氣)라 하고 중간 이후에 있는 것을 중기라 하였다. 예를 들면 입춘(立春)은 1월의 절기이고, 우수(雨水)는 1월의 중기이다.

53 삼통력(三統曆) : 전한 말에 유흠이 한나라 무제 때에 만들었던 태초력(太初曆) 등을 개선 보완하여 만든 역법이다.

54 교제(郊祭) : 천자(天子)가 교외에서 하늘과 땅의 신에게 지내는 제사이다.

낸다."라고 하였으니, 그렇다면 계칩이 바로 건인월(建寅月 음력 1월)에 있었던 것이며, 그렇다면 우수와 경칩이 앞이 되거나 뒤가 되는 것이 옛날부터 일정하지 않았던 것이다. 내가 예전부터 우수는 너무 이르고 경칩은 너무 늦다고 의심하였는데, 이 구절을 살펴본 뒤에야 옛 역법이 옳고 나의 소견이 허황되지 않았음을 알게 되었다.

감옥에 갇혀 있는 죄수의 수를 줄인다.〔省囹圄〕
진호의 주에서는 '생(省)' 자의 뜻을 풀이하지 않았으나, 소주(小註)에 있는 방씨의 설에서 "성(省)은 죄수들을 살펴보는 것이다."라고 하였다. 그렇다면 '성(省)' 자의 음이 '성〔息井反〕'이 되는 것이 이상할 것이 없다. 그런데 정현의 주에서 "생(省)은 줄이는 것이다."라고 하고서도 그 음을 '성〔所景反〕'으로 풀이하였으니, 이상한 일이다. 내가 생각건대, '생(省)' 자의 뜻은 정현의 주에서 옳게 풀이하였으나, 음은 '생〔沙生反〕'이라고 하여야 한다.

저울추와 수준기를 바르게 한다.〔正權概〕
진호의 주에 "개(概)는 그것을 잡고서 용량을 측정하는 그릇을 평평하게 되도록 하는 것이다."라고 하였으니, 그렇다면 지금의 준(準 수준기)과 같은 것인 듯하다.

침묘에 웅어를 바친다.〔薦鮪于寢廟〕
유(鮪)는 지금의 웅어〔葦魚〕와 같은 것인 듯하다.

뽑아낸 실의 무게를 재어서 공적을 매긴다.〔稱絲效功〕

'칭사(稱絲)'라는 것은 형석(衡石 저울과 추)을 써서 실의 무겁고 가벼움을 재는 것이다.

여러 현에서 일정하게 공납하는 건초를 크게 취합한다.〔大合百縣之秩芻〕

〈월령〉 '계동조(季冬條)'에 있는 "정해진 양의 땔나무를 거둬들이게 한다.〔收秩薪柴〕"라는 구절과 같다. 살펴보건대, 《예기보주》에 말하기를〔曰〕[55] 살펴보건대, 언두(諺讀)에서 질(秩) 아래에 토를 단 것은 잘못이며, 추(芻) 아래에서 구를 끊는 것이 참으로 옳다.

곡식의 열매가 떨어지는 것이 드물다.〔穀實鮮落〕

선(鮮)이라는 것은 드물다는 말이다. 진호의 주에 "설익은 상태로 떨어지는 것이다."라고 하였는데, 이는 고주(古註)에서 나온 것이다. 옛사람이 이처럼 쉬운 데에서조차 느닷없이 다른 생각을 하는 것에 이와 유사한 경우가 늘 많다. 내가 속으로 납득하지 못하고 있었는데, 후에 《예기보주》에서 사계(沙溪 김장생(金長生))의 설을 인용한 것을 살펴보니 나의 소견과 꼭 같았다.

진호 주의 "게 중에 벼를 먹어 치우는 것이 있는데……곡식을 해치는 부류이다.〔蟹有食稻者……敗穀之類〕"[56]에 대하여

55 말하기를 : 난외주에 '왈(曰)' 자 아래에 빠진 글자가 있는 것 같다고 하였다.

56 게……부류이다 : 대본은 '蟹有食稻者 止 之類'인데, 생략된 부분 때문에 정확한 의미 전달이 어려워 《예기》 〈월령〉 진호의 주에 의거하여 '之' 앞에 '敗穀' 2자를 보충하여 번역하였다. 경문은 "蟹有食稻者 謂之稻蟹 亦介蟲敗穀之類"이다.

이 구절은 당연히 위에 나온 글 '개충패곡(介蟲敗穀)'의 아래에 주석으로 달아야 하며, 이 장에는 해당되지 않는다.

물이 마르기 시작한다.〔水始涸〕
이것은 장마가 걷히고 물이 마르는 것을 말한 듯하다.

농부들을 위로하여 쉬게 한다.〔勞農以休息之〕
납(臘)은 총괄하여 말하면 사(蜡)라고 하고,[57] 나누어서 말하면, 백신(百神)에게 제사하는 것을 사(蜡)라고 하고 종묘에 제사하는 것을 식민(息民)이라고 한다. 농부들을 위로하여 쉬게 하는 것은 식민을 이른 것이다.

쟁기와 보습을 수리하게 한다.〔修耒耜[58]〕
정현의 주에는 "보습〔耜〕은 쟁기〔耒〕에서 쇠로 된 부분이다."라고 하였고, 육덕명(陸德明)은 《예기정의》에서 "쟁기는 나무로 만드는데, 길이가 여섯 자 여섯 치이고 바닥의 길이가 또 한 치이며, 중앙의 곧은 부분이 세 자 세 치이고 굽은 부분이 또 두 자 두 치이다. 바닥이란 쟁기 아래에 앞쪽을 향하여 휘어져 보습에 붙은 부분을 말하는데, 머리 쪽으로 보습을 붙인다. 보습은 쇠로 만든다."라고 하였다. 살펴

57 납(臘)은……하고 : 진호의 주에 따르면, 납은 엽(獵)에서 나온 말로 짐승을 사냥하여 조상 및 오사(五祀)에 지내는 제사를 뜻하고, 사(蜡)는 12월에 백신(百神)에게 지내는 제사를 뜻한다.

58 耜 : 원문은 '耟'인데, 난외주에 의거하여 '耜'로 바로잡았다. 아래 모든 '耟'는 '耜'로 고치고 교감기는 달지 않는다.

보건대, 《주역》 〈계사전〉에서 "나무를 깎아서 보습을 만들고, 나무를 휘어서 쟁기를 만든다."라고 하였으니, 그렇다면 옛날의 보습은 나무로 만들었고 나무 대신 쇠로 만든 것은 후세에 나온 것이다.

증자문

曾子問

섭주(攝主)

소씨(蘇氏 소순(蘇洵))가 말하기를 "옛날에 제후나 경대부가 자식이 태어나지 않았을 때 죽으면, 그 아우 혹은 형제의 아들로서 그 지위에 오르기에 합당한 자를 섭주로 삼는다. 자식이 태어나서 여자인 경우에는 섭주가 지위에 오르고 남자인 경우에는 섭주가 물러나는데, 이것을 일러 섭주라고 한다." 하였다. 내가 생각하기에, 정세가 위태롭고 의심스러울 때에는 민심이 의지할 데가 없어서 거조를 신중히 하지 않을 수 없었을 것이니, 옛사람들의 처사가 이처럼 모호하지는 않았을 듯하다.

서로 알고 지내는 사이에, 자신이 상복을 입고 있으면〔相識 有喪服〕

상식(相識) 아래의 토는 에(厓)가 되어야 한다.

소렴의 경우라면, 아들은 문질(免絰)하고 영구를 따른다.〔如小斂 則子免而從柩〕

살펴보건대, 소렴의 뜻을 끝내 이해하기 어려우니, 진호의 주는 대단히 온당치 못하다. "소렴을 하고 귀국한다."라고 하였는데, 경문에 "제후가 국경을 벗어남에 본인의 시신이 들어갈 관을 가지고 따르게 한다."라고 하였으니, 어찌 소렴을 하고 귀국할 이치가 있겠는가. "어버이가 아직 관에 있지 않다."라고 하였는데, 경문에는 "문질하고 영구〔柩〕를 따른다."라고 하였으니, 시신이 상(牀)에 있는 것을 '시

(尸)'라고 하고 관(棺)에 있는 것을 '구(柩)'라고 하는데, 아직 관에 있지 않은데 어찌 구라고 할 수가 있겠는가. 의심스러운 일이다.

태자가 돌아가기를 기다리지 않는다.〔不俟子〕

정현의 주에 "자(子)는 군주의 지위를 계승하는 사람이다."라고 한 것은 매우 정확하다. 진호의 주에 "상중의 아들이 돌아갈 때까지 기다리지 않고 자기가 먼저 집으로 돌아가는 것이다."라고 한 것은 잘 통하지 않는다. 《예기》〈잡기(雜記)〉에 "군주가 죽으면 태자를 자라고 부른다.〔君薨 太子號稱子〕"라고 하였다.

상생[59]으로 종자의 집에서 제사를 지낸다.〔以上牲祭於宗子之家〕

종자(宗子)가 사(士)이면 조(祖)・부(父)의 2묘(二廟 2대를 모신 사당)를 둘 수 있으며, 지자(支子)와 종자가 조와 부가 같으면 상생으로 종자의 집에서 제사를 지낼 수 있다. 대부는 당연히 3묘(三廟 3대를 모신 사당)를 두므로 증조(曾祖)의 사당을 종자의 집에 부치는 것이 당연하니, 지금 사람들이 지자나 서자가 2품의 관직에 오르면 증조・조・부 3대를 추은(推恩)할 수 있는 것과 같다.

본인이 죽으면 그만둔다.〔身沒而已〕

서자가 죽으면 그 사당은 서자의 아들에게 조부의 사당이 되어 대가 올라가게 된다. 서자로서 벼슬이 없는 자의 아들은 단지 아버지의 사

59 상생(上牲) : 소뢰(小牢)와 같은 뜻으로, 제사에 양과 돼지 두 가지 희생물을 사용하는 것이다.

당에만 제사할 수 있고 그 조부는 제사할 수 없으므로 '본인이 죽으면 그만둔다.'라고 한 것이니, 이것은 단지 서자 본인이 죽으면 그만둔다는 것을 말한다.

서자로서 제사를 지내는 자가 있었으니, 이 법도에 따랐던 것이다. 〔有庶子祭者 以此若義也〕

약(若)을 고주에서부터 이미 순(順)으로 풀이하여서, '약의(若義)'가 하나의 구(句)가 되었다. 이것은 문세(文勢)가 너무 급박하니, 약(若) 자는 연문(衍文)인 듯하다.

염제[60]처럼 하는 것도 괜찮겠습니까?〔若厭祭亦可乎〕

왕고(王考)[61]께서 "'염제처럼 한다.〔若厭祭〕'라는 것은 염제에 시동이 없는 것과 같이 한다는 말이다."라고 하였다.

요절한 자에 대한 제사를 지내지만 희생의 폐를 바치지는 않는다. 〔祭殤不擧〕

고경(古經)에 불거(不擧) 아래에 폐(肺) 자가 있으니, 따르는 것이 마땅하다.

60 염제(厭祭) : 염은 싫도록 먹는다는 뜻으로, 신(神)이 흠향하는 것을 말한다. 염제에는 두 가지가 있는데, 시동씨(尸童氏)가 들어오기 전에 거행하는 음염(陰厭)과 시동씨가 나간 다음에 거행하는 양염(陽厭)이 있다.

61 왕고(王考) : 서영보의 조부 서지수(徐志修, 1714~1768)를 이르는 것으로, 본관은 달성(達城), 자는 일지(一之), 호는 송옹(松翁)·졸옹(拙翁)이다. 이조 판서와 영의정 등 주요 관직을 역임하였으며, 시호는 문청(文淸)이다.

항당(巷黨)

《논어》에 '달항당인(達巷黨人)'이라는 말이 있는데, 바로 이것이 아닌가 한다.

청변(聽變)

비상사태에 대비하는 것을 말한 듯하다.

별을 보게 되지 않을 줄을 어찌 알겠는가.〔安知其不見星也〕

별이 보이지 않는 것은 햇빛이 강하기 때문이니, 일식이 생기면 별이 반드시 보일 것이다. 일식이 되어 별을 보는 것이 비록 조출모숙(蚤出暮宿)과는 다를지라도,[62] 별을 보면서 길을 가는 것은 예가 아니므로 바로 멈추었으니, 옛사람이 독실하게 예를 지킨 것이다.

우환에 빠뜨린다.〔痁患〕

점(痁)은 점(阽)의 잘못이 아닌가 한다.[63]

나는 이것을 노담에게서 들었다.〔吾聞諸老聃〕

공자가 노담에게 예를 물었다. 노담은 주나라 때에 주하사(柱下史)[64]

62 비록 조출모숙(蚤出暮宿)과는 다를지라도 : 《예기》〈증자문(曾子問)〉에서 "영구는 해가 뜨기 전에 일찍 출발하는 것이 아니며, 날이 저문 뒤에 숙박하는 것이 아니다.〔夫柩 不蚤出 不莫宿〕"라고 한 것을 두고 한 말이다.

63 점(痁)은……한다 : 《예기》〈증자문〉의 "군자가 예를 행할 때에 남의 부모를 우환에 빠지게 하여서는 안 된다.〔君子行禮 不以人之親痁患〕"라는 구절에서, '점(痁)'보다는 '점(阽)'이 글의 뜻에 더 부합하다고 본 것이다.

였는데 장서가 많기로 유명하였으니, 이것이 바로 공자가 말한 문헌(文獻)이다. 노담에게 예를 물은 것은 부자의 훌륭함을 더욱 드러내는 것이며 덕에 손상될 것이 없으니, 석량(石梁)의 설은 소견이 얕다.[65]

하상[66]에는 토주[67]의 방식으로 장사한다.〔下殤土周〕

왕고(王考)께서 "증자의 생각은 대체로 '옛날에는 하상의 경우에는 가까이 있는 동산에 장사하여서 길이 가까웠으므로 관(棺)을 쓰지 않고 시신을 바로 실어서 장지로 갈 수 있었지만, 지금은 떨어져 있는 묘지에 장사하여서 길이 멀어졌으므로 관을 쓰지 않고는 길을 갈 수가 없다.'라는 것이니, 이 때문에 관을 쓰는 것이 타당한지를 묻고자 한 것이다. 공자가 사일(史佚)의 일을 인용하여 대답하였으니, 대개 '사일이 죽은 아들을 묘지에 장사 지내고자 하였는데, 하상이었으므로 감히 궁중(宮中)에서 아들의 시신을 관에 넣지 못하였다. 그런데 주공(周公)이 관을 쓰지 않고 길을 가는 것은 안 된다고 하였으므

64 주하사(柱下史) : 전각의 기둥 아래에서 문서를 관장하던 관원이라는 뜻인데, 주나라 때 이 관직을 맡았던 노자의 별칭으로 흔히 쓰인다.

65 석량(石梁)의……얕다 : 석량은 석량 왕씨(石梁王氏)라고도 하는데, 이력이 자세하지 않다. 《예기》 〈증자문〉의 '칠묘오묘무허주장(七廟五廟無虛主章)'에 이미 '오문저노담(吾聞諸老聃)'이라는 말이 나오는데, 진호의 주에서 이에 대해 "석량 선생이 말하기를 '이 노담은 오천언(五千言)을 지은 자가 아니다.' 하였다."라고 한 것을 가지고 평한 것이다. '오천언'은 노자의 《도덕경》을 가리킨다.

66 하상(下殤) : 요절(夭折)로, 8세에서 11세 사이에 죽은 경우를 말한다.

67 토주(土周) : 즐주(堲周)라고도 하며, 관곽을 쓰지 않고 흙으로 만든 벽돌로 무덤 속을 둘러쌓는 것을 말한다.

로, 관에 넣어 장지로 가게 하였다.'라는 것이다. 이렇게 보면, 위아래 글의 뜻이 서로 통하니, 만약 이것을 수레를 쓰는 것이 타당한지를 물었던 것이라고 한다면, 공자의 대답에서 어찌 수레를 쓰는 일을 논하지 않았겠는가. 아마도 그렇지 않은 듯하다."라고 하였다. ○ 삼가 살펴보건대, 〈단궁〉에서 "주나라 사람은 은나라 사람이 사용하였던 관곽(棺椁)으로 장상(長殤)을 장사 지내고 하후씨(夏后氏) 때 사용하였던 즐주(堲周)로 중상(中殤)과 하상(下殤)을 장사 지냈으며, 유우씨(有虞氏) 때 사용하였던 와관(瓦棺)으로 복(服) 없이 요절한 자[68]를 장사 지냈다."라고 한 것이 이것이다.

지금은 묘지에 장사하는데 거리가 머니, 그 장례를 어떻게 하여야 합니까?〔今墓遠則其葬也如之何〕

동산에 장사 지내는 것은 옛날의 제도이며, 지금 사람들은 대개 묘지에 장사 지낸다. 그러므로 그 예를 물은 것이다. 토는 금에는(今厓隱), 묘하나니(墓爲飛尼), 원이라(遠伊羅)라고 하여야 한다.

경대부가 장차 제후가 지내는 제사에서 시동의 임무를 맡게 되었다.〔卿大夫將爲尸於公〕

이 장은 착간(錯簡)인 듯하니, 〈증자문〉 '군미빈이신유부모지상장(君未殯而臣有父母之喪章)'의 아래에 있어야 한다.

68 복(服)이……자 : 7세 이하의 나이에 죽은 자를 '복이 없이 요절한 자〔無服之殤〕'라고 한다.

군주의 명령을 받아……공관에 머문다.〔受宿……公館〕[69]
수숙(受宿)은 군주로부터 집에 머물며 시동으로서 재계하고 있으라는 명을 받는 것이다. 수숙의 명을 받고 나서 집안의 상이 생기면 집을 나와서 공관에 머무니, 이것은 불결한 것을 피하여 정결함을 다하기 위한 것이다.

애초에 유사를 시켜 그렇게 하도록 한 것인가?〔初有司歟〕
이 문구는 완전하지 않은 듯하다.

빈소를 차리고 나서 관직에서 물러난다.〔旣殯而致事〕
빈소를 차리기 전에는 관직에서 물러나는 것이 실로 어려우니, 장례를 지낸 뒤에 물러나는 것이 어찌 늦은 것이겠는가. 부모의 상을 당하여 국정에 종사할 수 없다고 하여 갑자기 관직을 벗어 던지지 않고, 우선 천천히 장례가 끝나기를 기다려 관직에서 물러나는 것은 지극히 돈후한 처신이다. 은나라 사람들이 문식을 더 높였으므로, 반드시 장례가 끝나기를 기다린 것이다.

69 군주의……머문다 : 경문은 "受宿矣 而有齊衰內喪 則如之何 孔子曰 出舍於公館"이다.

문왕세자
文王世子

옛날에 연령이라고 하였는데, 이 또한 나이이다.〔古者謂年齡 齒亦齡也〕

《예기정의》에 "한 해의 곡식이 한번 익게 되면 잎이 시들어 떨어지는데, 사람이 연로하게 되면 이 또한 빠지게 된다. 이 때문에 '연(年)'이 치(齒)와 더불어 모두 쇠락한다는 뜻을 가지게 되었다."라고 하였으니, 이 설을 따르는 것이 마땅하다.

대서는 남에 맞추어서 북을 친다.〔胥鼓南〕

남(南)은 이남(二南 〈주남〉과 〈소남〉)이다. 여기서의 남을 남쪽 오랑캐의 음악〔南夷之樂〕이라고 한 것은 고주(古註)에서 나온 것이니, 정현이 《시경》의 '아를 읊고 남을 읊는다.〔以雅以南〕'라는 구절[70]을 인용하여 이것을 밝혔다. 그러나 주자의 전(傳)에 따르면 남(南)은 이남이다. 살펴보건대, 《시경》에서 "아를 읊고 남을 읊기를 피리로써 하니 어지럽지 않도다.〔以雅以南 以籥不僭〕"라고 하였고, 《춘추좌씨전》에서 "계찰(季札)이 주나라의 음악을 구경하면서 상소무(象箾舞)와 남약무(南籥舞)를 추는 것을 보았다.……"[71]라고 하였으며, 이 장에서 "약사(籥師)가 창을 들고 추는 춤을 가르치면 약사승(籥師丞)이

70 시경의……구절 : 《시경》 〈소아(小雅) 고종(鼓鍾)〉에 있는 구절이다.

71 계찰(季札)이……보았다 : 《춘추좌씨전》 양공(襄公) 29년 조에 나오는 내용이다.

그것을 돕고, 대서(大胥)는 남(南)에 맞추어 북을 친다."라고 하였으니, 남은 필시 피리〔籥〕로 연주된 듯하다.

봄에 관리들이 선사들에게 석전을 올린다.〔春 官釋奠于其先師〕
'관(官)'은 시(詩)·서(書)·예(禮)·악(樂) 과목의 교육을 각각 담당하는 관리이다. '선사(先師)'는 시·서·예·악에 밝았던 전대의 사람들이다. 봄에 암기할 때와 여름에 현악기를 배울 때는 태사가 석전을 올리고, 가을에는 고종(瞽宗)에서 석전을 올리며, 겨울에는 상상(上庠)에서 석전을 올린다.[72]

선성과 선사에게 석전을 올린다.〔釋奠于先聖先師〕
학문은 계통으로 이어지지 않는 것이 없으므로, 모두 선성(先聖)과 선사(先師)에까지 미치는 것이다. 여기에서 선사라고 일컬어지는 사람은 성인으로서 예를 제정하고 가르침을 수립하여 만세의 모범이 되는 사람들이니, 윗글에서 일컬은 '시·서·예·악을 각각 담당하였던 스승'[73] 같은 사람이 아니다. 윗글의 뜻은 '관(官)' 자와 '기(其)' 자의 의미를 가지고 꿰뚫어 알아야 한다.[74]

72 가을에는……올린다 : 《예기집설》에서 "고종(瞽宗)은 은나라 때의 학교 명칭이고 상상(上庠)은 우(虞) 때의 학교 명칭인데, 주나라가 천하를 통일한 뒤에 이 학교들을 태학(太學) 건물 속에 함께 세웠다."라고 하였다.

73 시……스승 : 바로 앞에 있는 '춘관석전우기선사(春官釋奠于其先師)'에서의 '선사(先師)'의 뜻을 이렇게 풀이한 것이다.

74 윗글의……한다 : 《예기》 〈문왕세자〉 '춘관석전우기선사'에서의 '선사(先師)'는 이 글에서 말하는 만세의 모범이 되는 '선사'를 가리키는 것이 아니라, 당시의 관리들보다 시·서·예·악에 밝았던 전대의 스승들을 가리킨다고 말한 것이다.

자기 나라에 예전부터 모셔 온 선성과 선사가 있는 경우라면, 그렇게 하지 않는다.〔有國故則否〕

'국유고(國有故)'라고 하지 않고 '유국고(有國故)'라고 하였으니, 구설(舊說)[75]을 따르는 것이 마땅하다.

보는 자신의 몸가짐을 신중하게 한다.〔保也者 愼其身〕

'신기신(愼其身)'에 대해 고주에서 이미 '세자로 하여금 그 자신의 몸가짐을 신중하게 하도록 한다.'라고 풀이하였는데, 매우 온당하지 못하다. 이것은 단지 '스스로 자신의 몸가짐을 신중히 하여야 하니, 자신이 바르지 않으면서 남을 바르게 할 수 있는 자는 없었다.'라고 한 것이다. 대개 부(傅)는 말로써 가르치는 자이고 사(師)는 일로써 가르치는 자이며, 보(保)는 몸가짐으로써 가르치는 자이다.

서자가 그 일을 다스린다.〔庶子治之〕

이 단락은 분명히 착간(錯簡)이니, '귀자이치(貴者以齒)'[76]의 아래에 있어야 한다.

75 구설(舊說) : 이 구절에 대해 《예기정의》에서 "만약 자기 나라에 모시고 있는 선성과 선사가 있는 경우라면, 이웃 나라와 함께 석전을 지낼 필요가 없으니, 마땅히 자기 나라에서 독자적으로 석전을 지내게 된다. 그러므로 '자기 나라에 예전부터 모셔 온 선성과 선사가 있는 경우라면, 그렇게 하지 않는다.'라고 말한 것이다."라고 한 것을 가리킨다. 《예기집설》에서는 이 구절을 풀이하기를 "나라에 변고가 발생하면, 음악 합주를 하지 않는다."라고 하였다.

76 귀자이치(貴者以齒) : 《예기》 〈문왕세자〉의 '기조우공내조장(其朝于公內朝章)'에 있는 "신하들 중에 신분이 높은 자가 있어도 나이에 따라 서열을 정한다.〔臣有貴者以齒〕"라고 한 단락을 가리킨다.

형벌을 받은 공족(公族)을 위하여 평소의 예법을 바꾼다. 군주는 마치 공족 중에 상을 당한 자가 있을 때처럼 하되, 상복은 입지 않고 직접 곡만 한다.〔爲之變 如其倫之喪 無服 親哭之〕

이 문장 사이에 틀림없이 궐문(闕文)이 많을 것이다.

노인을 봉양하기 시작함에〔始之養也〕[77]

윗글에서 "크게 음악을 합주하고 반드시 노인을 봉양하는 의식을 시행한다.〔大合樂 必遂養老〕"[78]라고 말하였으니, 이것은 바로 천자의 시학(視學)을 끝마치는 것이다. 시(始)는 바로 노인을 봉양하기 시작한다는 것이니, 이것을 '처음 태학을 세웠을 때'라고 한 것[79]은 옳지 않다.

큰일로 생각하고……끝맺기를 인으로써 한다.〔慮之以大……終之以仁〕[80]

이것은 위의 글들을 총결하여 차례차례 서술한 것이다. 천자가 살피고 행하는 일은 큰일들이므로 '큰일로 생각한다.'라고 하였으니, '여(慮)'는 그 일을 신중히 생각하는 것을 말한다. 노인들을 위한 자리를

77 노인을 봉양하기 시작함에 : 대본에는 '如之養也'로 되어 있는데, 《예기》 〈문왕세자〉에 의거하여 '如'를 '始'로 바로잡아 번역하였다.

78 크게……시행한다 : 《예기》 〈문왕세자〉의 '범석전자장(凡釋奠者章)'에 있는 구절이다.

79 이것을……것 : 정현의 주에 "'시(始)'라고 한 것은 처음 태학을 설립했을 때이기 때문이다."라고 하였다.

80 큰일로……한다 : 경문은 "慮之以大 愛之以敬 行之以禮 修之以孝養 紀之以義 終之以仁"이다.

설치하여 차려진 예주(醴酒)를 살펴보는 것은 사랑하기를 공경함으로 하는 것이니, 사랑하면서도 공경하지 않는 것은 금독(禽犢 금수)의 사랑이다. '시행하기를 예로써 한다.'라고 할 때의 예는 윗글에서 '예 중에서도 성대한 것이다.〔禮之大〕'[81]라고 한 그 예이다. 예를 닦기를 효양(孝養)으로써 하는 것은 바로 천자가 물러나서 예를 닦기를 효양으로써 하는 것이다. '도리를 지키기를 의로써 한다.'라고 할 때의 의는 바로 윗글에서 '윗사람과 아랫사람 간의 의〔上下之義〕'[82]라고 한 그 의이다. '끝맺기를 인자함으로써 한다.'라는 것 또한 윗글에 있는 '인으로써 일을 끝맺는다.〔終之以仁〕'[83]라는 말이다. 효양과 행례(行禮)는 선후가 잠시 바뀌었지만 큰 줄거리에 있어서는 차례가 분명하다.

81 예……것이다 : 《예기》 〈문왕세자〉의 '반등가청묘장(反登歌淸廟章)'에 "부자와 군신과 장유의 도리를 말하여 문왕의 지극한 덕음에 합치시키니, 이것은 예 중에서도 성대한 것이다.〔言父子君臣長幼之道 合德音之致 禮之大者也〕"라는 말이 나온다.

82 윗사람과……의(義) : 《예기》 〈문왕세자〉의 '하관상장(下管象章)'에 "여기에서 군신의 지위와 귀천의 등급을 바르게 하니 상하의 의가 행하여진다.〔正君臣之位貴賤之等焉 而上下之義行矣〕"라는 말이 나온다.

83 인으로써 일을 끝맺는다 : 《예기》 〈문왕세자〉의 '유사고이악결장(有司告以樂闋章)'에 "천자가 곧 공작·후작·백작·자작·남작 및 관리들에게 명하기를 '이제 돌아가서 동서에서 노인과 어린이를 봉양하라.'라고 하니, 이것은 인으로써 일을 끝맺는 것이다.〔王乃命公侯伯子男及群吏曰 反養老幼于東序 終之以仁也〕"라는 말이 나온다.

예운
禮運

대도가 시행되던 때와 삼대의 뛰어난 인물〔大道之行也 與三代之英〕 대도가 시행되던 때란 오제(五帝)[84]의 시대를 말하니, 이때가 대동(大同)이다. 삼대의 뛰어난 인물이란 바로 하(夏)·은(殷)·주(周)의 우(禹)·탕(湯)·문무(文武)·성왕(成王)·주공(周公)이니, 이때가 바로 소강(少康)이다. 진호의 주에서 '삼대의 뛰어난 인물'을 삼대의 뛰어나고 어진 신하라고 말한 것은 잘못이다.

제사에 음악 연주를 모두 갖추는 것은 예가 아니다.〔聲樂皆具非禮也〕 예서(禮書)의 내용[85]에서 대부가 비록 판현(判縣)[86]의 악기를 소유한다고 하였지만, 《의례(儀禮)》〈소뢰궤식례(少牢饋食禮)〉에는 음악을 연주한다는 글이 없다. 이 때문에 맹헌자(孟獻子)가 악기를 걸어 두기만 하고 연주를 하지 않은 행위가 남보다 한 등급 뛰어난 일이 되는 것이다.[87] 만약 악기를 걸어 두고 또 연주를 한다면, 이것이 여

84 오제(五帝) : 옛날 중국 상고 시대의 다섯 제왕을 가리키는데, 그 설이 일정하지는 않으나 대개 황제(黃帝), 전욱(顓頊), 제곡(帝嚳), 요(堯), 순(舜)을 가리킨다.

85 예서(禮書)의 내용 : 여기서 말한 예서는 《주례(周禮)》이다. 이 내용은 〈춘관종백(春官宗伯) 소서(小胥)〉에 나온다.

86 판현(判縣) : 악기를 설치할 때 두 쪽 방면에 설치하는 것으로, 경대부(卿大夫)가 따랐던 형식이다. 매달아 두는 악기인 종(鍾)이나 경(磬)을 중심으로 언급하였기 때문에 '현(縣)' 자를 붙인 것이다.

기서 말하는 '음악 연주를 모두 갖춘다.〔聲樂皆具〕'라는 것이니, 예를 어지럽히는 일이다.

임금은 허물이 없는 곳에 서야 한다.〔君者立於無過之地也〕

사시(四時)는 하늘이 낳고 재화(財貨)는 땅이 낳으며, 사람은 그 아버지가 낳고 그 스승이 가르치니, 이 네 가지 일에 임금은 참여하지 않는다. 그렇다면 임금은 또한 무엇을 하는가? 자신을 바르게 하여 이것들을 활용할 뿐이다. 그러므로 '허물이 없는 곳에 서야 한다.'라고 말한 것이다. 작위(作爲)가 없으면 무슨 허물이 있겠는가. 이렇게 함으로써 임금은 천지의 운행을 돕고 귀신과 함께하고, 천지와 귀신은 그 작위하는 바가 있음을 드러내지 않는 것이다.

그러므로 사람은 천지의 마음이고……태어난 존재이다.〔故人者天地之心也……生者也〕[88]

이 단락은 윗글을 총결하여 차례차례 서술한 것이다. '색이 있는 것을 입는다.〔被色〕'라는 것은 옷을 말한 것이다.

87 이 때문에……것이다 : 《예기》 〈단궁 상〉의 '맹헌자담장(孟獻子禫章)'에 "맹헌자가 담제를 지낼 때, 악기를 걸어 두기만 하고 연주를 하지 않았으며, 부인이 시중들 때가 되었는데도 침소로 들어가지 않았다. 이에 대해 공자가 '맹헌자는 남보다 한 등급 더 뛰어나구나.'라고 하였다.〔孟獻子禫 縣而不樂 比御而不入 夫子曰 獻子加於人一等矣〕"라는 글이 있다.

88 그러므로……존재이다 : 경문은 "故人者天地之心也 五行之端也 食味別聲被色而生者也"이다.

예기

禮器

예는 천시의 운행에 부합되게 하고……이것을 일러 예를 알지 못한다고 한다.〔禮也者合於天時……謂之不知禮〕[89]

이 단락에 모두 세 번의 반복이 있다. 천시의 운행이 생장시키지 않고 땅의 도리가 양육하지 않은 것이면 천시의 운행에 합치되지 않고 땅이 내는 재화에 들지 않은 것이다. 군자가 이것을 예로 여기지 않는 것은 인심에 합치되지 않기 때문이며, 귀신이 흠향하지 않는 것은 귀신의 뜻에 따르지 않기 때문이다. 천시의 운행이 생장시키지 않고 땅의 도리가 양육하지 않는 것은 바로 물건 중에서 이로움이 없는 것이다. 이처럼 위아래가 분명하게 조응한다.

복대와 가슴걸이를 7취로 한다.〔繁纓七就〕

"한 번 두르는 것을 취라고 한다.〔一帀曰就〕"라고 고주(古註)에서 이미 말하였고,[90] 잡(帀)이라는 것은 둘러싸는 것을 말한다. 말의 가슴에 감는 것이 일곱 바퀴에 이르렀으니 너무 심한 것이 아닌가. 그러나 그 감는 제도가 어떠하였는지는 상고할 수 없다.

89 예(禮)는……한다 : 경문은 "禮也者 合於天時 設於地財 順於鬼神 合於人心 理萬物者也 是故天時有生也 地理有宜也 人官有能也 物曲有利也 故天不生 地不養 君子不以爲禮 鬼神不饗也 居山以魚鼈爲禮 居澤以鹿豕爲禮 君子謂之不知禮"이다.

90 고주(古註)에서 이미 말하였고 : 공영달의 소에서 "다섯 색깔의 띠로 한 번 두르는 것을 취라고 한다.〔五色一帀曰就〕"라고 하였다.

대부는 술동이를 받치는 데에 어금을 사용한다.〔大夫棜禁[91]〕

진호의 주에 "대부는 어(棜)를 사용하고 사는 금(禁)을 사용한다."라고 하였으니, 만약 이 설을 따르게 되면 어와 금에 분명히 차등이 있는 듯하다. 그렇다면 이것은 바로 앞에 있는 '천자와 제후의 술동이에는 금을 쓰지 않는다.〔天子諸侯之尊廢禁〕'라는 구절의 뜻과 크게 어긋나니, 어찌 된 것인가? 이른바 금이라는 것이 대부가 사용하지 않는 것이라면 천자와 제후가 사용하고 않고는 애초부터 논할 일이 없을 것인데, 어째서 '어를 사용하지 않는다.〔廢棜〕'라고 하지 않고 '금을 사용하지 않는다.〔廢禁〕'라고 한 것인가? 내가 생각하기로는 어금(棜禁)은 하나의 물건으로, 그 이름을 모두 말할 때는 어금이라 하고 그 이름을 하나로 말할 때는 금이라고 하는 것이니, 이것은 마치 기린(麒麟)을 일러 인(麟)이라고 하는 것과 같다. 그것이 아니라면, 어와 금이 설혹 다른 모양의 물건이더라도 그것을 사용하는 데에는 그 등급에 높낮이가 없을 것이다. 〈옥조(玉藻)〉에서 "대부의 측면에 두는 술동이에는 어를 사용한다.〔大夫側尊用棜〕"라고 하였는데, 이에 대한 정현의 주에 "어는 사금이다.〔棜斯禁也〕"라고 하였고, 《예기정의》에서는 "살펴보건대, 《의례》 〈향음주례〉에서 '방(房)과 호(戶) 사이에 두 개의 술병을 진설하며, 사금을 둔다.'라고 하였는데, 그것은 바로 대부의 예이므로, 어가 바로 사금임을 알 수 있다."라고 하였다. 여기에 의거하면, 어와 금은 아마도 두 가지 물건이 아닌 듯하다.

91 大夫棜禁 : 《예기》 〈예기(禮器)〉에는 '大夫士棜禁'으로 되어 있다.

동자기둥〔梲〕

정(鄭)[92] 음은 절〔章悅反〕이니, 《논어》의 '장문중거채장(臧文仲居蔡章)'에 있는 '절(梲)' 자와 음이 같다. 그러나 진호의 주에서는 '졸(拙)'과 음이 같다고 하였으니, 의아한 일이다.

희생물로 올린 돼지의 어깨가 두를 가리지 못하였다.〔豚肩不掩豆〕

진호의 주에 "주나라 사람들은 희생물의 어깨 부위를 귀중하게 여겼으므로, 어깨 부위는 조(俎)에 올렸지 두(豆)에 담지 않았다. 여기서는 단지 그 희생물이 극히 작았다는 것을 비유한 것이므로 '두' 자를 빌려서 말한 것일 뿐이다." 하였는데, 이 설은 비록 공영달의 소에 바탕을 둔 것이기는 하지만, 역시 억지 주장을 낸 것이다. 내가 생각하기에, 안자(晏子 안평중(晏平仲))는 지나치게 검소한 사람이었으므로, 대부는 제사를 지낼 때 소뢰(小牢)[93]를 쓰는데, 안자가 지내는 새끼 양과 돼지를 쓰는 제사에서는 조(俎)에 올려놓아야 할 어깨 부위를 혹시 두(豆)에 담은 것이 아닌가 한다.

군자는 이러한 뜻을 잘 알아서 부지런히 힘쓴다.〔君子達 亹亹焉〕

이 구절은 《주역》〈계사전〉에 있는 '천하의 부지런히 힘써야 할 일을 이룸〔成天下之亹亹者〕'이라는 구절과 문세(文勢)가 같다.

92 정(鄭) : 난외주에서 '鄭' 자 아래에 빠진 글자가 있는 듯하다고 하였다.

93 소뢰(小牢) : 제사의 규모를 지칭하는 용어로, 희생으로 소·양·돼지를 사용하는 경우를 태뢰(太牢)라고 하고, 양과 돼지만 사용하는 경우를 소뢰라고 한다.

교에서 제에게 제사를 지낸다.〔饗帝于郊〕

제(帝)는 5방의 제〔五方之帝〕이니, 바로 이른바 영위앙(靈威仰), 적표로(赤熛怒), 함추뉴(含樞紐), 백초거(白招拒), 협광기(叶光紀)이다.[94] 먼저 '승중우천(升中于天)'[95]을 말하고 다시 향제우교(饗帝于郊)를 말하였으니, 이 제(帝)는 천제(天帝)를 가리키는 것이 아님을 알 수 있다.

선왕이 예를 제정하여 일을 행할 때 절제가 있게 하였고, 음악을 정비하여 뜻을 나타내게 하였다.〔先王制禮也以節事 脩樂以道志〕

예는 마음속으로부터 나오지만 일에서 나타나며, 일은 움직이는 것이다. 음악은 밖에서 연주되지만 뜻으로부터 나오며, 뜻은 마음속에 있는 것이다. 그리하여 안과 밖이 서로 이루어 주고 동(動)과 정(靜)이 서로 어울리는 것이다.

94 제(帝)는……협광기(叶光紀)이다 : '5방의 제'는 창제(蒼帝)·적제(赤帝)·황제(黃帝)·백제(白帝)·흑제(黑帝)의 다섯 방위를 제(帝)라고 한다. 《주례》〈춘관종백(春官宗伯) 소종백지직(小宗伯之職)〉에 "창제를 영위앙(靈威仰)이라고 하며 대호(大昊)가 그 제사를 받고, 적제를 적표로(赤熛怒)라고 하며 염제(炎帝)가 그 제사를 받고, 황제를 함추뉴(含樞紐)라고 하며 황제가 그 제사를 받고, 백제를 백초거(白招拒)라고 하며 소호(少昊)가 그 제사를 받고, 흑제를 협광기라고 하며 전욱(顓頊)이 그 제사를 받는다."라고 하였다.

95 승중우천(升中于天) : 정현의 주에서 "'승(升)'은 올린다는 뜻이고 '중(中)'은 성공(成功)과 같은 뜻이다. 그러므로 이것은 천자가 순수(巡狩)할 때, 그 지방의 큰 산에 당도하게 되면, 섶을 태워 하늘에 제사를 지내고 그 지역 제후가 이룬 공적을 아뢰는 것을 말한다."라고 하였다.

고깃국이 끓었다.〔羹定〕

《의례》〈향사례(鄕射禮)〉와 〈향음주례(鄕飮酒禮)〉에 '갱정(羹定)'이라는 글이 있는데, 주에 말하기를 "고기를 넣고 끓인 것을 갱이라 하며, 정은 숙과 같다.〔肉謂之羹 定猶熟也〕"[96]라고 하였으니, 이것은 고깃국이 끓은 것을 말한다. 진호의 주에서 '갱과 정〔羹及定〕'이라고 말한 것은 잘못된 것이다.[97]

문밖에서 팽제사를 지낸다.〔爲祊乎外〕

이것은 아마도 〈교특생(郊特牲)〉에 나오는 '제사에서 팽(祊)에게 축사(祝辭)를 아뢰는 일'[98]을 가리키는 것으로, 시동을 모시는 일이 아닌 듯하다.

대려[99]의 예가 갖추어졌다.〔大旅具矣〕

대려(大旅)는 혹시 산천에 지내는 제사가 아닌지 모르겠다. 《논어》에서 "태산에 여제를 지냈다.〔旅於泰山〕"라고 하였다.

96 고기를……같다 : 《의례》 〈향사례〉와 〈향음주례〉에 각각 나온 '갱정(羹定)'에 대해서 똑같이 붙인 정현의 주이다.

97 진호의……것이다 : 진호의 주에서는 "갱은 고깃국이며, 정은 익힌 고기이다.〔羹肉汁也 定熟肉也〕"라고 하고 "먼저 조에 고깃국과 익힌 고기를 담았다.〔先以俎盛羹及定〕"라고 하여, 갱과 정을 별개로 말한 것이 잘못되었다고 말한 것이다.

98 제사에서……일 : 〈교특생〉의 '혼기귀우천장(魂氣歸于天章)'에 "신을 찾으면서 지내는 제사에서는 팽에게 축사를 아뢴다.〔索祭 祝於祊〕"라는 구절이 있다.

99 대려(大旅) : 《예기집설》에서 "대려는 오제(五帝)에 대한 제사를 뜻한다."라고 하였다. 오제는 창제(蒼帝), 적제(赤帝), 황제(黃帝), 백제(白帝), 흑제(黑帝)를 말한다.

누가 자로더러 예를 모른다고 했단 말인가.〔誰謂由也而不知禮乎〕 동트기 전 어두울 때부터 제사를 지내기 시작하여 등불을 밝히고 밤까지 계속하였으니, 이것은 계씨(季氏)가 천자의 예를 분수에 맞지 않게 쓴 것으로, 번거로운 형식과 자질구레한 절차로 하루 낮으로는 시간이 부족하게 된 것이다. 자로가 제사에 참여하여 빨리 제사를 지내도록 하였으니, 그 분수에 맞지 않는 예를 많이 없앤 것이다. 이 때문에 공자가 그를 훌륭하게 여긴 것이니, 비록 곧바로 말하지는 않았으나 숨은 뜻을 알 수 있다.

교특생

郊特牲

빈객이 대문으로 들어오면 사하[100]를 연주한다.〔賓入大門而奏肆夏〕

살펴보건대, 〈예기(禮器)〉에서 "빈객이 나갈 때 사하를 연주하여 전송한다.〔其出也 肆夏以送之〕"라고 하였는데, 여기에서는 "대문으로 들어오면 사하를 연주한다."라고 하였다. 그렇다면 나가고 들어올 때 모두 사하를 연주하는 것인가? 예서(禮書)에서 "빈객이 뜰에 이르면 사하를 연주한다.〔賓及庭而奏肆夏〕"[101]라고 한 것은 여기에서의 "대문으로 들어오면 사하를 연주한다."라는 것과 또 맞지 않으나, 모두 상고할 수가 없다.

포죽(匏竹)

정현의 주에서는 "포(匏)는 생황〔笙〕이다."라고 하였고, 공영달의 소에서는 "포는 생황이며 죽(竹)은 지적(篪笛 피리 이름)이다."라고 하였다. 진호의 주에서 "포죽은 생황이다."라고 하였는데, 이것이 소의 설과 같지 않으므로 《예기보주》에서 이 점을 논박하였다. 그러나 정현이 '죽(竹)' 자를 풀이하지 않은 것을 가지고 또한 어찌 '포죽(匏竹)'

100 사하(肆夏) : 고대의 악곡 이름이다. 《주례》〈춘관종백(春官宗伯) 태사악(大司樂)〉에 "왕이 출입할 때는 왕하를 연주하게 하고, 시동이 출입할 때는 사하를 연주하게 하였으며, 희생이 출입할 때는 소하를 연주하게 했다.〔王出入則令奏王夏 尸出入則令奏肆夏 牲出入則令奏昭夏〕"라는 구절이 있다.

101 빈객이……연주한다 : 이 구절은 《의례》〈연례(燕禮)〉에 나온다.

을 하나의 물건으로 여기지 않았다고 판단하겠는가. 진호의 주에 의미가 있을지도 모르겠다.

조근[102]할 때에……이는 군주에 대해 감히 두마음을 품을 수 없기 때문이다.〔朝覲……不敢貳君也〕[103]

《의례》〈빙례(聘禮)〉에 "빈객이 묶은 비단을 가지고 와서 사적으로 만나기를 청한다."라는 글이 있고, 《논어》〈향당(鄕黨)〉에 "사적으로 다른 나라 군주를 만날 때는 화평하게 하셨다."라는 글이 있다. 그러므로 정현의 주에서 "제후가 직접 온 경우에는 그를 따라온 신하는 감히 찾아간 나라의 군주를 사적으로 찾아가서 만나지 않으나, 자기 나라 군주의 명에 따라서 빙문한다면 사적으로 만나 보는 일도 있게 된다."라고 하였다. 《논어》의 소주(小註)에서는 "어떤 사람이 묻기를 '사적(私覿)은 〈빙례〉에 나오는 것으로 공자께서 행하신 것인데, 예를 기록한 자가 예가 아니라고 한 것은 무슨 까닭입니까?' 하니, 주자가 말하기를 '호씨(胡氏)가 〈빙례〉에 기록된 공자의 행위 같은 것은 옳은 것이고, 당시의 대부가 자기 나라의 군주에게 참월하여 이에 정실여백(庭實旅百)[104]을 마치 향례(享禮)처럼 행한 것은 옳지 않은 것이기 때문에, 《예기》에 「정실여백을 어떻게 제후의 뜰에서 행할

102 조근(朝覲) : 원래는 제후가 봄과 가을에 천자를 알현하는 일을 뜻하지만, 여기서는 제후가 다른 나라 제후를 방문하여 만나는 일을 말한 것이다.

103 조근할……때문이다 : 경문은 "朝覲 大夫之私覿 非禮也 大夫執圭而使 所以申信也 不敢私覿 所以致敬也 而庭實私覿 何爲乎諸侯之庭 爲人臣者無外交 不敢貳君也"이다.

104 정실여백(庭實旅百) : 제후가 천자를 조현(朝見)할 때, 천자의 뜰에 갖가지 폐백을 진열한다는 뜻이다. 《춘추좌씨전》 장공(莊公) 22년 조에 이 말이 나온다.

수 있겠는가.」라고 하였다고 하니, 이 설이 옳다.' 하였다."라고 하였다. 지금 살펴보건대, 정현의 설은 뜻은 좋으나 말이 온당하지 못하다. 지금 진호의 주는 정현의 설을 따른 것이지만, "군주의 명에 따라 빙문한다면 사적으로 만나 보는 일도 있게 된다."라고 한 것은 경문(經文)에 이러한 뜻이 나타나 있지 않다. 그래서 이 말을 경문의 '신의를 펼치기 위한 것이다.〔所以申信〕'라는 단락에 귀속시키고, 경문의 '감히 사적으로 다른 나라의 제후를 찾아가서 만나지 않는다.〔不敢私覿〕'라는 단락을 '자기 나라 군주를 따라서 왔을 때'의 경우로 돌렸는데, 이는 심하게 견강부회한 것이므로 주자와 호씨의 설을 옳다고 보는 것이 마땅하다. 그러나 주자가 인용하여 쓴 '정실여백'이 여기에 있는 '정실사적(庭實私覿)'과 같지 않으니, 의아스럽다.

그러므로 천자가 미약하게 되면……제후는 협박을 당한다.〔故天子微……諸侯脅〕[105]

'참람하게 행동한다.〔僭〕'라고 하고 '협박을 당한다.〔脅〕'라고 하는 것은 바로 〈예운〉에서 말한 "군주에게 참람하게 행동한다.〔僭君〕"라는 것과 "군주를 협박한다.〔脅君〕"라는 것이다.[106]

105 그러므로……당한다 : 경문은 "故天子微 諸侯僭 大夫强 諸侯脅"이다.

106 예운에서……것이다 : 《예기》 〈예운〉의 '잔가급시군장(醆斝及尸君章)'과 '면변병혁장(冕弁兵革章)'에서 "잔이나 가 등의 술잔으로 군주의 시동이 된 자에게 술을 따라 주는 것은 예에 어긋나는 것이니, 이것을 군주에게 참람하게 행동하는 것이라고 한다.〔醆斝及尸君 非禮也 是謂僭君〕"라고 하고 "면류관이나 피변, 병장기 등을 대부의 집안에서 보관하는 것은 예에 어긋나는 것이니, 이것을 군주를 협박하는 것이라고 한다.〔冕弁兵革 藏於私家 非禮也 是謂脅君〕"라고 하였다.

군주가 남쪽을 바라보는 것은……군주를 대하는 도리이다.〔君之南鄉……答君也〕[107]

군주가 우러러보는 것은 하늘이며, 하늘이라는 것은 양(陽)이다. 그러므로 남쪽을 향하여 마주하는 것이다. 신하가 우러러보는 것은 군주이다. 그러므로 북쪽을 향하여 마주하는 것이다.

활을 쏘면서 음악에 맞추니……활을 쏘는가?〔射之以樂也……以射〕[108]

이 장(章)은 말을 다하지 못한 것 같고, 궐문(闕文)이 있는 듯하니, 〈사의(射義)〉와 대조하면서 보아야 한다.

이로써 그들이 명령을 어기지 않는지를 살펴본다.〔以觀其不犯命也〕

이로움이 앞에 있는데도 취하지 않는다면 군법이 엄하게 지켜진다는 것을 알 수 있으니, 이런 다음에야 그 군졸들을 전쟁에 쓸 수 있는 것이다.

교에서 제사를 지내는 것은 해가 길어지는 때가 이른 것을 맞이하기 위해서이다.〔郊之祭也 迎長日之至也〕[109]

살펴보건대, 정현의 주와 진호의 설이 같지 않은데, 진씨(陳氏 진호)가 주자의 설을 취하여 바로잡았으니, 문장이 평이하고 순조로워 따를 만하다. 정현의 주에는 또 억지로 끌어다 붙인 것이 많다.

107 군주가……도리이다 : 경문은 "君之南鄉 答陽之義也 臣之北面 答君也"이다.

108 활을……쏘는가 : 경문은 "射之以樂也 何以聽 何以射"이다.

109 교(郊)에서……위해서이다 : 대본은 '郊之祭也 止 至也'인데, 정확한 의미 전달을 위해 《예기》〈교특생〉에 의거하여 '至' 앞에 '迎長日之' 4자를 보충하여 번역하였다.

가르침과 고하는 말을 받아들이는 도리이다.〔受教諫之義也〕

'간(諫)'이 〈월령〉에 나오는데, '고하는 것〔詔〕'을 말한다.[110]

천제에게 바치는 소가 불길하면 후직에게 바치는 소로 삼는다.〔帝牛不吉 以爲稷牛〕

진호의 주에 "위(爲)는 용(用)과 같으니, 만약 기약된 날짜가 되어 희생물에 대해 점을 쳐서 불길하다는 점괘가 나오거나 혹 죽거나 상처가 생기게 되면 '후직에게 바치는 소〔稷牛〕를 천제에게 바치는 소〔帝牛〕로 쓰고, 별도로 후직에게 바치는 소를 고르는 것이다."라고 하였다. 이것은 정현의 주에서 나왔으며, 정현은 《춘추공양전》의 "희생을 기를 때는 두 마리를 기르는데, 천제에게 바치는 희생에 대해 점을 쳐서 불길하면 후직에게 바치는 희생을 끌어와서 점을 친다."라는 글에 의거하였다. 내가 생각건대, 경문에서 단지 '천제에게 바치는 소가 불길하면 후직에게 바치는 소로 삼는다.'라고 하여 '직우로 제우를 대신한다.'라는 뜻이 없으니, 위(爲) 자를 쓴다〔用〕라고 주를 낸 것은 더욱 구차하고 소략하다. 《예기보주》에서 《예기유편》의 글을 인용하면서 "《예기유편》에서 '척(滌)[111]에 있는 천제에게 바치는 소는 소가 한 마리가 아니므로, 처음 점을 쳐서 불길하면 이것으로 직우를 삼고, 다시 척에 있는 소를 가지고 점을 친다.'라고 하였으나,

110 간(諫)이……말한다 : 《예기》 〈월령〉에는 '간' 자가 쓰인 곳이 없으니, 필자의 착오인 듯하다. 〈월령〉 바로 앞의 〈왕제(王制)〉에 '태사전례장(大史典禮章)'에 "천자는 제계하고 고하는 말을 받아들인다.〔天子齊戒 受諫〕"라는 구절이 있는데, 이 용례를 가지고 말한 것 같다.

111 척(滌) : 가축을 키우는 우리〔牢〕 가운데서 희생을 기르는 정결한 장소를 말한다.

이 말은 《춘추공양전》의 말과 부합하지 않으므로 의심스럽다."라고 하였다. 내 생각으로는 《예기유편》에서처럼 풀이하여야 문세가 고르고 순조로우니, 그렇다면 《춘추공양전》에서 말한 것과 여기에서 말한 것은 각각 다른 일로서 서로 관계가 없다. 〈제의(祭義)〉 '양수지관장(養獸之官章)'의 소주(小註)에 있는 방씨(方氏)의 설이 여기의 명곡(明谷)의 설과 부합하는 듯하다.[112]

천자가 지내는 큰 사제사는 그 대상이 여덟 신(神)이다.〔天子大蜡八〕 살펴보건대, 진호의 주에서 "선색(先嗇)이 첫 번째이고 사색(司嗇)이 두 번째이며, 농(農)이 세 번째이고 우표철(郵表畷)이 네 번째이며, 묘호(猫虎)가 다섯 번째이고 방(坊)이 여섯 번째이며, 수용(水庸)이 일곱 번째이고 곤충(昆蟲)이 여덟 번째이다."라고 하였는데, 이것이 비록 고주(古註)에 근거한 것이기는 하지만, 나의 견해로는 옳지 않은 듯하다. 살펴보건대, '사제사는 색의 공덕에 보답하는 것이다.〔蜡之祭也 以報嗇也〕'[113]라는 한 구절은 그 문세를 살펴보면, 선색과 사색은 단지 사(蜡)제사를 제정한 본래의 뜻을 말한 것이며, 제사의 대상이 되는 신(神) 중의 하나가 아니다. 백종(百種)의 신에게 제사 지내는 것은 색(嗇)의 공덕에 보답하는 것이니, 여기의 '색' 자는 선색과

112 방씨(方氏)의……듯하다 : 《예기집설》 방씨의 소주에서는 "'점을 쳐서 길한 다음에 그 희생을 기른다.'라고 하였으니, 이른바 '천제에게 바치는 소가 불길하면 후직에게 바치는 소로 삼는다.'라는 것이 이것이다.〔卜之吉然後養之 所謂帝牛不吉以爲稷牛是也〕"라고 하였다. '명곡(明谷)의 설'은 《예기유편》의 설을 말한다.

113 사(蜡)제사는……것이다 : 《예기》 〈교특생〉에 나오는 '蜡之祭也 主先嗇而祭司嗇也 祭百種以報嗇也'를 축약한 것이다.

사색을 포함한 것이다. 우표철은 두 대상물임이 분명하다. 그렇다면 사제사의 대상이 되는 여덟 신은 백종이 첫 번째이고 농이 두 번째이며, 우(郵)가 세 번째이고 표철(表畷)이 네 번째이며, 금수가 다섯 번째이고 묘호가 여섯 번째이며, 방이 일곱 번째이고 수용이 여덟 번째가 되는 것이 마땅하니, 이렇게 되면 위아래의 문세가 비로소 순조롭게 된다. 다만 우와 표철이 무엇인지는 알 수 없다. 살펴보건대, 《예기보주》에서는 왕숙(王肅)의 설에 따라, 묘와 호를 나누어서 둘로 하고 곤충을 없앴으며, 《예기유편》에서는 선색을 첫 번째, 사색을 두 번째, 백종을 세 번째, 농을 네 번째, 우표철을 다섯 번째, 금수를 여섯 번째, 묘호를 일곱 번째, 방과 수용을 여덟 번째라고 하였다.

황색 옷을 입고 황색 관을 쓰고 제사를 지내는 것은 농부들을 쉬게 하는 것이다.〔黃衣黃冠而祭 息田夫也〕

진호의 주에서 이것을 선조(先祖)와 오사(五祀)[114]에 납(臘)제사를 지내는 것이라고 하였는데, 참으로 맞는 말이다. "백신(百神)에게 제사 지내는 것을 사(蜡)라 하고 종묘에 제사 지내는 것을 식민(息民)이라 한다."[115]라고 하였는데, 식민이 바로 '식전부(息田夫)'이다. 소주(小註)에서 방씨가 "피변(皮弁)과 소복(素服)으로 제사 지낸다는

114 오사(五祀) : 일상생활과 연관이 있는 다섯 종류의 신(神)으로, 궁중(宮中)을 맡은 신인 사명(司命), 문호(門戶)를 맡은 신인 중류(中霤), 성문(城門)을 맡은 신인 국문(國門), 길을 맡은 신인 국행(國行), 죽은 뒤에 후손이 없어서 여귀(厲鬼)가 된 자인 공려(公厲)를 말한다. 《禮記 祭法》

115 백신(百神)에게……한다 : 《예기》 〈예운(禮運)〉 '석자중니여어사빈장(昔者仲尼與於蜡賓章)'에 대한 공영달의 소에 나오는 말이다.

것은 제사를 주관하는 자의 복장을 말한 것이고, 황색 옷과 황색 관으로 제사 지낸다는 것은 제사를 돕는 자의 복장을 말한 것이다."라고 한 것은 옳지 않다. 피변과 소복은 아마도 백신에게 제사 지낼 때의 복장인 듯하다.

황색 관은 풀로 만든 복장이다.〔黃冠草服也〕

정현의 주에 "복장은 그 당시 사물의 색을 따르니, 계추(季秋)가 되면 초목의 잎이 누렇게 되어 떨어진다."라고 하였다. 이것은 아마도 풀을 엮어서 복장을 만들었다는 것을 말한 듯하니, 풀의 색깔이 이미 누렇게 되었으므로 황색 관이 되는 것이다.

항상 진설하는 두의 채소 절임은……물품이다.〔恒豆之菹……物也〕[116]

소(疏)의 설을 자세히 살펴볼 일이다.

〈사관례(士冠禮)〉의 법도에 따르면……죽어서도 시호를 짓지 않았다.〔冠義……死無諡〕[117]

116 항상……물품이다 : 경문은 "恒豆之菹 水草之和氣也 其醢 陸產之物也 加豆 陸產也 其醢 水物也"이다.

117 사관례(士冠禮)의……않았다 : 경문은 "冠義 始冠之 緇布之冠也 大古冠布 齊則緇之 其緌也 孔子曰吾未之聞也 冠而敝之可也 適子冠於阼 以著代也 醮於客位 加有成也 三加彌尊 喩其志也 冠而字之 敬其名也 委貌 周道也 章甫 殷道也 毋追 夏后氏之道也 周弁 殷冔 夏收 三王共皮弁素積 無大夫冠禮而有其昏禮 古者五十而后爵 何大夫冠禮之有 諸侯之有冠禮 夏之末造也 天子之元子 士也 天下無生而貴者也 繼世以立諸侯 象賢也 以官爵人 德之殺也 死而諡 今也 古者生無爵死無諡"이다.

이 단락은 《의례》 〈사관례〉의 기문(記文)과 같으니, 어떻게 하여 여기에 실려 있는지 알 수 없다. 위모(委貌), 장보(章甫), 무추(毋追), 주변(周弁), 은한(殷哻), 하수(夏收), 피변(皮弁), 소적(素積) 등의 제도는 모두 〈사관례〉에 상세하게 나와 있다.

관직으로 사람들에게 작위를 준다.〔以官爵人〕
품계와 등급에 맞추어 작위를 주는 것을 말한다.

먼 사람을 가까이한다.〔附遠〕
소주(小註)에 있는 방씨의 설이 매우 좋다.[118]

부는 장부(丈夫)이다.〔夫也者夫也〕
《춘추좌씨전》에 있는 '그러나 자남은 장부답다.〔抑子南夫也〕'[119]라는 구절에서의 부(夫) 자와 같은 뜻이다.

현면[120]을 입고서 재계한다.〔玄冕齊戒〕

118 소주(小註)에……좋다 : 진호의 주에서는 "'부원'에서의 '부'는 '탁'과 같으니, 곧 혐의를 멀리하는 의리에 의탁한 것이다.〔附遠 附猶託也 託於遠嫌之義也〕"라고 하였으나, 엄릉 방씨는 "반드시 다른 성을 취하는 것은 먼 사람을 가까이하기 위한 것이다.〔必取異姓 所以附遠〕"라고 하고, 또 "멀다고 하여 가까이하지 않으면 사람의 정의가 소통될 수 없다.〔於遠不附 人情無以通〕"라고 하였다.

119 그러나 자남(子南)은 장부답다 : 《춘추좌씨전》 소공(昭公) 1년 조에 나오는 "자석은 참으로 아름답지만, 자남은 장부답다.〔子晳信美矣 抑子南夫也〕"라는 말에서 인용한 것이다.

120 현면(玄冕) : 제사 때에 입는 검은 면복(冕服)을 말한다.

《의례》〈사혼례(士昏禮)〉에 이 예(禮)가 없으니, 의아스러운 일이다.

자리에 앉을 때 남편의 나이에 따른다.〔坐以夫之齒〕

여자 동서들 사이에서는 자기의 나이에 따라 서열을 정하지 않고 남편 형제간의 위아래를 따라 자리에 앉는다고 말한 것이다.

시부모는……동쪽 계단으로 내려간다.〔舅姑降……阼階〕[121]

옛날에는 아버지와 아들이 다른 집에서 살았으므로, 전수(奠酬)[122] 의식이 끝나고서 시부모를 전송한 것이다.

혼례에 음악을 쓰지 않는 것은 이 예에 유음의 의미가 있기 때문이다.〔昏禮不用樂 幽陰之義也〕

'혼례(昏禮)'의 '혼(昏)'은 '유음(幽陰)'의 의미를 취하였다.

며느리는 손을 씻고 시부모에게 음식을 올리며……며느리가 남은 음식을 먹는다.〔婦盥饋……婦餕餘〕[123]

《의례》〈사혼례〉에 "새끼 돼지 한 마리를 통째로 익혀서, 좌우 한쪽씩 그릇에 올린다.〔特豚 合升 側載〕"라는 글과 "며느리가 남은 음식을 먹으려고 하면 시아버지가 장을 바꾸다.〔婦餕 舅辭易醬〕"라는 글이 있다.

121 시부모는……내려간다 : 경문은 "舅姑降自西階 婦降自阼階"이다.

122 전수(奠酬) : 수작(酬酌)의 한 예절로, 권한 술잔을 받아 마시지 않고 옆에 놓아 두기만 하는 것을 말한다.

123 며느리는……먹는다 : 경문은 "婦盥饋 舅姑卒食 婦餕餘"이다.

제사를 지낼 때 팽에서 축사를 아뢴다.〔祭祝于祊〕

진호의 주에 "팽(祊)에는 두 가지가 있으니, 하나는 정규 제사를 묘(廟)에서 지내고 또 묘문(廟門)의 안쪽에서 신을 찾아서 제사를 지내는 것이다. 이 제사는 정규 제사와 같은 날에 지낸다. 다른 하나는 다음 날 지내는 역제(繹祭)이다."라고 한 말은 매우 분명치 못하다. 《예기정의》에서 "묘문을 팽이라고 한다."라고 하였는데, 그렇다면 팽은 제사의 이름이 아니며, 묘문에서 제사를 지내기 때문에 팽이라고 부른 것이다.

데친 고기와 익힌 고기〔爓脸〕

고주에서 육덕명(陸德明 육원랑(陸元朗))은 '임(脸)'의 음을 '임〔而審反〕'이라고 하였는데, 진호의 주에는 '밈〔面審反〕'으로 되어 있으니 옳지 않다.[124]

124 진호의……않다 : 이 구절에 대한 난외주에 "살펴보건대, 진호의《예기집설》에서 '임(脸)'을 '이심절(而審切)'이라고 하였으니, 여기에 '이(而)'가 '면(面)'으로 잘못된 것은 베껴 쓸 때의 오류이다."라고 하였다.

내칙

內則

나이가 어린 자는 대야를 들고 가고……물을 부어 손을 씻기를 청한다.〔少者奉槃……請沃盥〕[125]

반(槃)은 정현이 "씻을 물을 받치는 것이다."라고 하였으니, 생각건대 물을 가져간다는 것은 물 따르는 그릇〔匜〕을 가져가는 것이다. 《춘추좌씨전》에 있는 '회영이 손을 씻게 하였다.〔懷嬴盥〕'라는 구절[126]에 대한 두예(杜預)의 주에 "이는 물을 따라서 손을 씻도록 하는 그릇이다.〔匜沃盥器也〕"라고 하였고, 《설문해자(說文解字)》에서는 이(匜)를 "국자〔羹魁〕와 비슷한데, 손잡이 안에 물길이 있어서 물을 부을 수 있다."라고 하였다. 손을 씻는 것을 관(盥)이라고 하고 얼굴을 씻는 것을 회(靧)라고 하는데, 옛날 사람은 매일 손은 씻지만 매일 얼굴을 씻지는 않았으므로, 아래의 글에 '얼굴에 때가 끼었으면 쌀뜨물을 데워 얼굴을 씻기를 청한다.〔面垢燂潘請靧〕'[127]라는 글이 있다. 그런데 여기에서는 단지 '물을 부어 손을 씻기를 청한다.'라고 하

125 나이가……청한다 : 경문은 "少者奉槃 長者奉水 請沃盥"이다.

126 춘추좌씨전에……구절 : 희공(僖公) 23년 조에 있는 "진백이 중이(重耳)에게 여자 다섯 사람을 보내었고 회영이 그중의 한 사람이었는데, 이를 가지고 가서 물을 따라 중이에게 손을 씻게 하였다.〔秦伯納女五人 懷嬴與焉 奉匜沃盥〕"라고 한 구절을 줄여서 인용한 것이다. 회영은 진(秦)나라 대부 자어(子圉)의 아내이다.

127 얼굴에……청한다 : 《예기》〈내칙〉'재부모구고지소장(在父母舅姑之所章)'에 있는 구절이다.

였으니, 아마도 나이가 어린 자는 대야를 들고 가고 나이가 많은 자는 물 따르는 그릇을 가져가서, 물을 따라 부어서 손을 씻되, 손 씻은 물이 떨어지는 것을 대야로 받는 것일 것이다. 물 따르는 그릇의 모양은 지금의 '왜국의 냄비〔倭南備〕'와 같을 듯하다.

어린아이〔孺子〕

사마씨(司馬氏 사마광(司馬光))의 〈거가의(居家儀)〉에 6세 이하를 '유자(孺子)'라고 하였다.

비록 그들을 몹시 애처롭게 여기더라도〔雖甚愛之〕

애(愛)는 석(惜)과 뜻이 같으니, 그들의 수고로움을 매우 애처롭게 여기는 것을 말한 것이다.

반찬으로는, 쇠고깃국……메추라기고기, 세가락메추라기고기를 올린다.〔膳膷……鶉鴽〕[128]

《의례》〈공사대부례(公食大夫禮)〉를 자세히 살펴보니, 돼지고기 국〔膮〕[129]과 구운 쇠고기〔牛炙〕 사이에 젓갈〔醢〕이 없고, '쇠고기 회〔牛膾〕'가 '우지(牛鮨)'로 되어 있다. 물고기 회〔鱠〕에는 지(鮨)를 쓰는데, 지는 금문(今文)에는 기(鰭)로 되어 있다. 기는 물고기의 등지느러미이니, 우지(牛鮨)는 아마도 소 등뼈 부위의 고기인 듯하다. 꿩고

128 반찬으로는……올린다 : 경문은 "膳 膷 臐 膮 醢 牛炙 醢 牛胾 醢 牛膾 羊炙 羊胾 醢 豕炙 醢 豕胾 芥醬 魚膾 雉 兎 鶉 鴽"이다.

129 돼지고기 국 : 대본에는 '曉'로 되어 있는데, 난외주에 의거하여 '膮'로 바로잡아 번역하였다.

기〔雉〕·토끼고기〔兎〕·메추라기고기〔鶉〕·세가락메추라기고기〔鷃〕는 상대부의 여러 가지 음식으로, 하대부의 음식 위에 더해진 것이다.

분이(粉酏)

《주례》의 〈천관 변인(籩人)〉에 "변(籩)에 담아내는 음식으로는 구이(糗餌)와 분자(粉餈)가 있다."라고 하였으니, 여기에서의 '이(酏)' 자는 '자(餈)'로 읽는다. 공영달의 소는 정현의 《주례》의 주를 인용하여 "합해서 찐 것을 이(餌)라고 부르고 떡으로 만든 것을 자(餈)라고 부르는데, 이 두 가지는 모두 쌀과 기장쌀로 가루를 내어 만든다. 구(糗)는 볶은 콩을 찧어 가루를 내어 이(餌)와 자(餈) 겉에 묻히는 것이다. 그러므로 가루 상태의 구(糗)가 되도록 찧는다."라고 하였다. 진호의 주는 허신(許愼)의 《설문해자》에 있는 '자(餈)는 쌀떡〔稻餠〕이다. 밥을 지어서 찧어서 만든다.'라는 풀이에 근거하여, "분자(粉餈)는 콩을 가루로 만들어서 떡 위에 묻힌 것이다."라고 하였다. 소의 설에 의거하면 자(餈)는 지금 세속의 경단(瓊團)과 같고, 진호의 설에 의거하면 지금 세속의 인절미(引折米)와 같다. 국조(國朝)의 제수 품목에 분자병(粉餈餠)이 있는데, 그 모양이 이것과 같다.

고미밥〔苽食〕

고(苽)는 조호미(雕胡米)[130]이다. 자전(字典)에 "고는 또한 고(菰)도

130 조호미(雕胡米) : 구황 식물로 알려진 줄풀의 열매를 말하며, 고미(苽米)라고 부르기도 한다.

되니, 줄풀〔蔣〕이다."라고 하였다. 두보의 시에 "물결에 밀린 고미가 구름에 잠기어 검도다.〔波漂菰米浸雲黑〕"라고 한 것이 이것이다. 송옥(宋玉)의 부(賦)에 조호밥〔雕胡之飯〕이라는 말이 나오는데, 어떤 곳에는 '조호(雕胡)'가 '안호(安胡)'로 되어 있다. 매승(枚乘)의 〈칠발(七發)〉[131]에 안호밥〔安胡之飯〕이라는 말이 나오는데, 대체로 맛있는 밥을 말한다.

난장(卵醬)

소(疏)에 말하기를 "난(卵)은 곤(鯤)으로 읽는다. 곤은 물고기 알이다." 하였다. 그렇다면 지금 세속에서 곤장젓〔鯤醬醢〕이라고 하는 것 역시 여기에서 온 것이 아닌가 한다.

매미와 벌〔蜩范〕

벌〔范〕이라면 혹시라도 벌에 있는 꿀을 취한 것일 수 있겠지만, 매미〔蜩〕는 어째서 음식이 되는 것인가. 매미가 음식이 되는 것과 윗글의 개미 알이 젓갈이 되는 것은 끝내 이해할 수가 없다.-어떤 사람은 왕개미 알은 신맛이 나고 먹을 수 있다고 하였다.-

지이(芝栭)

유울(庾蔚 유울지(庾蔚之))은 "꽃과 잎 없이 자라는 것을 지이(芝栭)라고 한다."라고 하였고, 왕숙(王肅)은 "꽃 없이 열매 맺는 것을 이(栭)

131 칠발(七發) : 한(漢)나라 때의 매승(枚乘)이 지은 글로, 일곱 가지의 우화를 들어 초(楚)의 태자(太子)를 깨우치고 양 효왕(梁孝王)을 풍간(諷諫)하는 내용이다.

라고 한다."라고 하였다. 유울은 또 "지금 봄과 여름에 나무에서 자라나고,[132] 이것으로 절임을 만들 수 있는데, 그중에 흰색을 띠는 것은 먹을 수 없다."라고 하였고. 하씨(賀氏 하창(賀瑒))는 "이(栭)는 연조(軟棗)인데, 지목심(芝木椹)이라고도 한다."라고 하였다. 이시진(李時珍)의 《본초강목(本草綱目)》에서는 버섯〔菌蕈〕을 지이류(芝栭類)라고 하였다.

구〔椇〕

정현의 주에서 "구는 헛개나무〔枳椇〕[133]이다. 구는 여(藜)[134] 중에서 저장할 수 없는 것이다."라고 하였고, 《예기정의》에서 "구는 여속(藜屬)이다."라고 하였다. 살펴보건대, 구가 또 〈곡례〉에 나오는데, 정현의 주에서 "구는 헛개나무〔枳〕이다."라고 하였고, 《예기정의》에서 "구는 백석리(白石李)[135]로, 모양은 산호와 같고 맛이 달아서 먹을 수 있다."라고 하였으니, 앞뒤에서 풀이를 달리한 것이 의아하다. 진호의 주는 두 군데 모두 백석리로 풀이하였다. 또 살펴보건대, 《주례》

132 나무에서 자라나고 : 대본에는 '生於水'로 되어 있는데, 앞뒤의 내용과 맞지 않아 《예기정의》에 의거하여 '水'를 '木'으로 바로잡아 번역하였다. 전사(轉寫) 과정의 오류인 듯하다.

133 헛개나무 : 지(枳)는 자전에 대개 탱자나무 또는 호깨나무로 나와 있고, 구(椇)는 대개 호깨나무로 나와 있는데, 호깨나무는 지금 흔히 말하는 헛개나무와 같다. 지구(枳椇)를 한 가지 나무로 보아 그냥 헛개나무로 번역하였다. 음식물의 이름을 말할 때는 구(椇)가 헛개나무의 열매를 가리키는 듯하다.

134 여(藜) : 보통은 명아주의 뜻으로 쓰이지만, 여기서는 명아주와 모양이 비슷한 종류의 나무 또는 그 열매를 뜻하는 듯하다.

135 백석리(白石李) : 헛개나무 열매를 달리 부르는 이름인 듯하다.

〈고공기(考工記)〉에 "귤나무가 회수(淮水)를 건너가면 탱자나무가 된다.〔橘渡淮則爲枳〕"라고 하였으니, 지(枳)를 여(藜) 중에서 저장할 수 없는 것으로 여긴 것은 옳지 않다. 《시경》〈남산유대(南山有臺)〉의 "남산에는 구나무가 있다.〔南山有枸〕"라는 구절에 대한 주자의 전(傳)에 "구(枸)는 지구(枳枸)이니, 나무가 높고 커서 흰 버드나무와 비슷하다. 열매가 가지 끝에 달리는데 크기가 손가락과 같고 길이가 몇 치쯤 되며, 씹으면 달고 맛있기가 엿과 같고 8월에 익는다. 이것을 목밀(木蜜)이라고도 한다."라고 하였다. 《본초강목》에서는 "목밀은 남방에서 자라는데, 가지와 잎을 모두 먹을 수 있다. 그 씨앗을 일명 구지(椇枳)라고 하며, 맛이 꿀과 비슷하다. 이 나무로 집을 짓는데, 집 안에[136] 술은 맛이 가볍다."라고 하였다. 어떤 이가 구(枸)에 대해 물으니, 주자가 말하기를 "기구자(機枸子)이니, 건양(建陽)에서는 이것을 개공자(皆拱子)라고 하며, 속칭으로 나한지두(癩漢指頭)라고 한다. 우리 고향에서는 겸구(兼句)라고 부르는데, 맛이 달고 주독(酒毒)을 풀어 준다. 집의 좌우와 앞뒤에 이 나무가 있으면 술을 담가도 익지 않는다."라고 하였다. 그렇다면, 구(椇)와 구(枸)가 어찌 한 가지 물건이겠는가. 지금 약물로 쓰이는 구기(枸杞 구기자)는 또 따로 한 종류인가? 알 수가 없다.

의(薿)

정현이 이르기를 "의(薿)는 달인 수유〔煎茱萸〕이다. 《한서(漢書)》〈율력지(律曆志)〉에 '회계(會稽) 지역에서 헌상한다.[137]'라고 하였으

136 집 안에 : 난외주에서 "'屋中'의 '中' 자 아래에 빠진 글자가 있는 듯하다."라고 하였다.

며, 《이아(爾雅)》에서는 이것을 살(榝)이라고 하였다."라고 하였다. 살펴보건대, 〈이소경(離騷經)〉에서 "수유가 또 향주머니를 채우려 하네.〔榝又欲充夫佩幃〕"라고 한 것이 이것이니, 지금 《본초강목》에서 말하는 오수유(吳茱萸)이다. 수유는 반드시 조제(調製)를 하여서 쓰기 때문에 정현의 주에서 '달인 수유'라고 한 것이다.

사(柤)

사(樝)와 같다. 지금의 차(且) 자는 고자(古字)에는 모두 차(䖘)로 되어 있다.

'우야명장(牛夜鳴章)'에 대하여

이 장에 나오는 여러 짐승은 모두 병이 든 모습이다.

유(庮)

유(庮)는 유(蕕)와 같다. 정현의 주에 상세하게 나와 있다.[138]

양의 털이 곱슬곱슬하고 엉클어졌다.〔羊泠毛而毳〕

취(毳)는 양의 머리털이 엉클어지고 그 모양이 큰 것이다. 《시경》 〈소아(小雅) 초지화(苕之華)〉 시에 있는 '장양분수(牂羊墳首)'에 대

137 헌상한다 : 대본에는 '獻馬'로 되어 있는데, 뜻이 통하지 않아 '馬'를 '焉'으로 바로잡아 번역하였다.

138 정현의……있다 : 정현의 주에 "유(庮)는 악취이다. 《춘추좌씨전》에 '하나는 향기롭고 하나는 악취가 난다.〔一薰一蕕〕' 하였다."라고 하였다.

해서 주자가 "분(墳)은 크다는 것이다. 양이 수척하면 머리가 커 보인다."라고 하였다. 《강희자전(康熙字典)》을 살펴보면, 《상서정의(尙書正義)》의 '취면(毳冕)은 5장(章)이니, 호랑이와 원숭이를 첫 번째로 삼는다. 호랑이와 원숭이는 털이 짧은데 취는 엉클어진 털이므로, 취를 면(冕)의 이름으로 삼았다.'[139]라는 글이 있다.

누(漏)

의서(醫書)의 이른바 겨드랑이에서 나는 노린내〔狐臭漏腋〕가 아닌가 한다.

순오(淳熬)

팔진미(八珍味)에서 첫째가 순오, 둘째가 순모(淳模), 셋째와 넷째는 포(炮)인데 돼지와 숫양을 가져다 쓴다. 다섯째가 도진(擣珍), 여섯째가 지(漬), 일곱째가 오(熬), 여덟째가 간료(肝膋)이다. 《의례경전통해(儀禮經典通解)》[140]에는 첫째가 순오, 둘째가 순무(淳毋), 셋째가 포, 넷째가 도진, 다섯째가 지, 여섯째가 오, 일곱째가 삼(糝), 여덟째가 간료이다. 정현의 설은 앞뒤가 다르다.

작은 솥이 잠기지 않게 한다.〔毋滅鼎〕

139 취면(毳冕)은……삼았다 : 《상서정의(尙書正義)》〈익직(益稷)〉에 있는 공영달의 소에 나온다.

140 의례경전통해(儀禮經典通解) : 송나라 주희가 지은 《의례》에 대한 주석서이다. 《의례》를 경문으로 하고 《예기》 및 여러 경사(經史)에서 예에 관해 언급한 글을 경문 아래에 채록하였으며, 경학자들의 주소도 함께 실었다.

멸(滅)과 몰(沒)은 풀이가 같으니, 《주역》에서 "무모하게 물을 건너다가 머리 꼭대기까지 물에 잠겼다.〔過涉滅頂〕"[141]라고 한 것이 이것이다.

장(牂)

진호의 주에서 장(牂)을 숫양이라고 한 것은 고주(古註)에 바탕을 둔 것이다. 그러나 《시경》 〈소아(小雅)〉의 '장양분수(牂羊墳首)'에 대한 주자의 전(傳)에 "장은 암양이다."라고 하였다. 《설문해자》에서 "장은 숫양이다."라고 하였는데, 《이아(爾雅)》의 〈석축(釋畜)〉에서는 "숫양은 분(羒)이고 암양은 장(牂)이다."라고 하였으니, 《설문해자》와 《이아》의 풀이가 원래부터 다르다. 또 살피건대, 분(羒)을 《설문해자》에서는 숫양이라고 하고 《옥편(玉篇)》에서는 암양이라고 하였으며, 《이아》에서는 양의 수컷을 분이라고 하여, 사람마다 풀이가 다르거나 앞뒤로 해석이 변하니, 의심나는 것은 제쳐 두는 것이 옳다. 진호의 주는 《설문해자》를 따랐고 주자는 《이아》를 따랐다.

처가 없을 때, 첩은 감히 처가 시중들게 되어 있는 밤에 대신 시중들지 않는다.〔妻不在 妾御莫敢當夕〕[142]

살펴보건대, 본주(本註 《예기집설》)가 매우 좋으니, 율곡(栗谷)이 취

141 무모하게……잠겼다 : 《주역》 〈대과괘(大過卦) 상육(上六)〉의 효사(爻辭)에 나오는 구절이다.

142 처가……않는다 : 대본은 '妻不在 止 當夕'인데, 정확한 의미 전달을 위해 《예기》 〈내칙(內則)〉에 의거하여 '當' 앞에 '妾御莫敢' 4자를 보충하여 번역하였다.

하여 《소학(小學)》의 주(註)로 쓴 것이 이것이다.[143] 지금 살펴보니, 《예기보주》에서는 정현의 주와 《시경》 〈소성(小星)〉에 있는 주를 취하여 "여러 첩이 나아가 군주를 모실 적에, 감히 밤에 모시지 못하고, 별을 보며 가서 별을 보며 돌아온다.〔衆妾進御於君 不敢當夕 見星而往 見星而還〕"라고 하였으니, 뜻은 비록 좋으나 '처가 없을 때'라는 의미를 드러내지 못하였다. 〈소성〉은 단지 여러 첩이 항상 행하는 군주를 모시는 예를 말한 것으로, 처가 있고 없고와는 무관하다.

군실(群室)

방씨(方氏)의 설[144]이 옳다.

열흘마다 만나 본다.(旬而見)

순(旬)을 글자 그대로 읽으면 뜻이 저절로 잘 드러난다. 기록한 사람이 다른 견해를 많이 기록하였는데,[145] 경(經)에서는 이런 예가 많다. 주자의 《의례경전통해》의 설[146]이 나의 견해와 꼭 같다.

143 율곡(栗谷)이……이것이다 : 《예기집설》에 있는 "'당석'은 처가 시중을 들어야 하는 밤을 뜻한다.〔當夕 當妻之夕也〕"라고 한 구절을 가리킨다.

144 방씨(方氏)의 설 : 엄릉 방씨는 "군실(群室)에 머문다고 하였으니 원래부터 정해진 장소가 없는 것이다."라고 하였다.

145 다른……기록하였는데 : 예를 들어 정현의 설로서 "'순(旬)' 자는 마땅히 '균(均)' 자가 되어야 하니, 소리가 비슷해서 생긴 오류이다."라는 등의 견해를 기록하였다.

146 주자의 의례경전통해의 설 : 주자는 "지금 살펴보건대, 정현이 순을 균으로 읽은 것은 잘못인 듯하다. 순은 글자 그대로 열흘을 말한다.〔今按鄭讀旬爲均 疑失之 旬如字謂十日也〕"라고 하였다.

반(鞶)

진호의 주에 "반(鞶)은 작은 주머니이다."라고 하였는데, 이미 고주(古註)에서부터 잘못되었다. 내 생각으로 이것은 가죽으로 만든 큰 띠〔鞶帶〕를 말하니, 《주역》에 "혹 반대를 하사받는다.〔或錫之鞶帶〕"[147]라고 하였다. 《소학》의 주 역시 이렇게 잘못되어 있다.[148]

147 혹 반대(鞶帶)를 하사받는다 : 《주역》 〈송괘(訟卦) 상구(上九)〉 효사의 한 구절이다. 효사는 "혹 반대를 하사받더라도 하루아침에 세 번 빼앗기리라.〔或錫之鞶帶 終朝三褫之〕"이다.

148 소학의……있다 : 《소학》 〈명륜〉에 나온 '시반(施鞶)'에 대한 주에 "반은 작은 주머니이다.〔鞶小囊也〕"라고 되어 있다.

옥조
玉藻

윤달에는 문의 왼쪽 문짝을 닫고, 오른쪽 문의 중앙에 선다.〔閏月則闔門左扉 立于其中〕

소(疏)에서 "살펴보건대, 문공(文公) 6년에 '윤달이어서 고월을 하지 않았지만, 그래도 묘에서 조회를 하였다.〔閏月不告月 猶朝於廟〕'[149]라고 하였는데, 이에 대해 《공양전(公羊傳)》에서 '불고월(不告月)이란 무엇인가? 고삭(告朔)을 하지 않았다는 뜻이다. 어찌하여 고삭을 하지 않았는가? 하늘에 이달이 없고 윤달이기 때문이다. 어찌하여 하늘에 이달이 없다고 하는가? 이달은 정상적인 달이 아니기 때문이다.'라고 하였다. 하휴(何休)[150]는 '삭(朔)을 말하지 않은 것은 윤달에는 고삭의 예가 없기 때문이다.'라고 하였다. 《곡량전(穀梁傳)》의 주장도 《공양전》의 주장과 같다. 《좌씨전》에 따르면 윤달에도 고삭을 해야 한다.[151]"라고 하였다. 정현은 《공양전》의 주장을 잘못이라고 여기고 《좌씨전》에 있는 고삭에 대한 주장을 옳다고 여겼다. 내가 살펴보건대, 《주례》 〈태사(大史)〉에서는 "방국에 윤달을 알리고, 왕에게

149 윤달이어서……하였다 : 《춘추좌씨전》 문공(文公) 6년 조에 나오는 경문(經文)이다.

150 하휴(何休) : 전한(前漢) 때의 금문경학자(今文經學者)로, 자는 소공(邵公)이다. 《춘추공양전해고(春秋公羊傳解詁)》를 지었다.

151 좌씨전에……한다 : 《춘추좌씨전》 문공 6년 조에 "윤달에 고삭을 하지 않는 것은 예에 어긋난 것이다.〔閏月不告朔 非禮也〕"라고 하였다.

아뢰어 노침문(路寢門)에서 윤달이 끝날 때까지 거처하게 한다."라고 하였다. 여기에 근거하면 윤달에는 고삭을 하지 않은 듯하니, 《공양전》과 《곡량전》의 주장이 옳은 것 같다.

얼굴빛이 엄숙하고 공경스럽다.〔色洒如也〕
진호의 주는 왕숙본(王肅本)에 근거한 것인데, 잘못되었다.[152] 정현의 주에 "엄숙하고 경건한 모습이다."라고 되어 있으니, 마땅히 이것을 따라야 한다. 《사기》 〈범수전(范雎傳)〉에 "엄숙하고 공경스럽게 안색을 고치고 태도를 바꾸었다.〔洒然 變色易容〕"라고 하였는데, 여기서의 선연(洒然)이 바로 선여(洒如)이다.

두 번째 잔을 받을 때에는……유유히 물러난다.〔二爵……油油以退〕[153]
정현의 주에서는 '언언사(言言斯)'를 구로 하여 '예이삼작(禮已三爵)'과 끊었고, 소에서는 "군주를 모시고 작은 연회를 할 때의 예는 오직 세 잔의 술에서 그친다."라고 하였으며, 《춘추좌씨전》에서는 "작가이오야(爵可以語也)"[154]라고 하였다. 언사례(言斯禮)는 '말은 반드시 예에 맞게 하여야 한다.'라는 말인데, 이렇게 보아도 역시 이해할 수 없으니, 대체로 이 문장의 뜻은 끝내 알기가 어렵다.

152 진호의……잘못되었다 : 육덕명(陸德明)의 《경전석문(經典釋文)》에 "왕숙본에는 '선(洒)'이 '찰(察)'로 되어 있다."라고 하였는데, 진호의 주에서도 이것을 '찰(察)'로 보아 "얼굴빛을 깨끗하게 한다."라고 풀이한 것을 말한다.

153 두 번째……물러난다 : 경문은 "二爵而言言斯 禮已三爵而油油以退"이다.

154 작가이오야(爵可以語也) : 《춘추좌씨전》에 이런 글이 없으며, 그 뜻도 알 수가 없어서 번역하지 않았다.

현관에 주색의 끈으로 갓끈을 단 것은 천자의 관이다.〔玄冠朱組纓天子之冠也〕

〈교특생〉에 "천자의 원자(元子)는 사(士)이다."라고 하였으니, 여기와 다른 점은 〈교특생〉에서는 천자의 아들의 관례에 대해서 말하였고 여기에서는 천자의 관례에 대해서 말하였다는 점이다. 후세에 혹 관례를 치르지 않고서 천자가 된 경우가 있으면, 천자의 관례를 치르지 않을 수 없었을 것이니, 이때에 사(士)의 예에 따랐던 것이다.

대백(大帛)

정현의 주에 "백(帛)은 마땅히 백(白)이 되어야 하니, 소리가 비슷하여 생긴 오류이다."라고 하였다. 살펴보건대, 백(帛)과 백(白)은 옛날에 간혹 통용이 되었으니, 비백(飛帛)[155]을 비백(飛白)으로 부르는 것 같은 경우이다.

장의(長衣)와 중의(中衣)는 소매의 끝부분에 1자 정도로 천을 덧댄다.〔長中繼揜尺〕

《예기보주》에 "계엄척(繼揜尺)이라는 것은, 심의(深衣)의 소매는 좌우가 한 폭인데, 장의와 중의의 소매에는 또 반 폭의 천으로 그 소매에 이어 붙여서, 속옷이 가리어지는 부분이 1자가 더 길어지게 한 것일 뿐이다."라고 하였다. 내가 생각건대, 심의의 2자 2치의 소매도 이

155 비백(飛帛) : 서체(書體)의 일종으로 필획(筆畫)이 나는 듯하고 붓 자국이 비로 쓴 자리처럼 보이는 서체이며, 후한(後漢) 때 채옹(蔡邕)이 만들었다고 한다. 비백(飛白)과 같은 뜻이다.

미 속옷을 가리기에 충분하니, 굳이 1자 길이의 천을 더하고 나서 비로소 가리게 되는 것이 아니다. 엄(揜)은 이어받는다.〔掩襲〕는 뜻의 엄(揜)과 같아서, '이미 한 폭 길이의 소매가 있는데, 또 1자의 천을 겹쳐서 붙인다.'라고 한 것이니, 굳이 엄(揜)을 엄(掩 가린다는 뜻)으로 볼 필요가 없다.

조복을……시작되었다.〔朝服……始也〕[156]
정현의 주에 "송나라와 같은 천자 후손국의 예법을 참용(僭用)한 것이다."라고 하였다. 이것은 아마도 은나라에서 흰색을 숭상했기 때문인 듯하다.

교의를 껴입어서 석을 한다.〔絞衣以裼之〕
앞에서 정현은 "무릇 석(裼)은 갖옷의 색깔을 본뜬다."라고 하였다. 그렇다면 여기에서 "교(絞)는 푸르고 누른색이다."라고 한 것이 《논어》에 있는 "새끼 사슴 갖옷에 흰색 옷을 입어 석(裼)한다."[157]라는 말에 부합되지 않는다. 공영달의 소에 말하기를 "《의례》〈빙례(聘禮)〉에 있는 '공이 석을 하고 자리에서 내려가서 선다.〔公裼降立〕'[158]라는 구절에 대한 정현의 주에, 〈옥조(玉藻)〉의 글을 인용하여 '새끼 사슴

156 조복(朝服)을……시작되었다 : 경문은 "朝服之以縞也 自季康子始也"이다.

157 새끼……석(裼)한다 : 《논어》〈향당〉에 있는 '소의예구(素衣麑裘)'의 뜻을 따서 이와 같이 쓴 것이다.

158 공이……선다 : 대본에는 '公裼降左'로 되어 있는데, 뜻이 통하지 않아 《의례(儀禮)》〈빙례(聘禮)〉에 의거하여 '左'를 '立'으로 바로잡아 번역하였다.

가죽으로 만든 옷에 푸른색 들개 가죽으로 만든 소매를 달며, 교의를 껴입어서 석을 한다.'라고 하고, 또 《논어》의 글을 인용하여 '소의에 새끼 사슴 가죽 옷을 입는데, 피변은 간혹 소의를 착용하기도 하였다.'라고 하였다. 정현의 이러한 주장대로라면, 석의(裼衣)는 소의(素衣)로 할 때도 있고 교의(絞衣)로 할 때도 있어서 일정하지 않았던 것이다. 웅씨(熊氏)는 이에 대해서 '신하는 교의를 착용하고 임금은 소의를 착용한다.'라고 하였다." 하였다.

개나 양의 가죽으로 만든 갖옷으로는 석을 하지 않으니, 꾸미지 않으므로 석을 하지 않는다.〔犬羊之裘不裼 不文飾也 不裼〕

석(裼)은 아름다움을 드러내기 위한 것인데, 개나 양의 가죽으로 만든 갖옷은 아름다운 옷이 아니므로 석을 하지 않는다. '꾸미지 않으므로 석을 하지 않는다.'라는 것은 이것을 포괄적으로 말한 것이다.

공과 후는 슬갑의 앞과 뒤를 사각형으로 만든다.〔公侯前後方〕

슬갑〔韠〕 아래쪽의 너비는 2자(尺)이고 위쪽의 너비는 1자이며, 길이는 3자이다. 정현의 주에 "네 모퉁이를 줄여서 사각형으로 만든 것은 천자의 예법에서 변경된 것이다. 줄인 것은 아래위 각각의 5치(寸)이다."라고 하였다. 그렇다면 길이에 대해서 합계 1자를 줄였으니, 너비 2자와 균등하게 되어 사각형이 되는 것이다. 이렇게 본 다음에야 둥글게 만드는 것〔圜〕, 줄이는 것〔殺〕, 직각으로 만드는 것〔直〕, 앞과 뒤를 사각형으로 만드는 것〔前後方〕의 뜻을 환히 알 수 있다.

과일의 씨에까지는 이르지 않는다.〔弗致于核〕

'치(致)'는 이르는 것〔至〕이니, 과일의 살을 먹으면서 그 씨에 끝까지 닿게 하지 않는 것을 말한다. 모든 과일 중에서 오직 대추와 복숭아와 오얏에 대해서만 이렇게 일러 줄 수 있다. 명곡(明谷)의 설 역시 나의 견해와 같다.

오이를 먹을 때는 꼭지 부분으로 제사 지내고 중간 부분을 먹으며, 손으로 잡았던 부분은 버린다.〔瓜祭上環 食中 弃所操〕[159]

상환(上環)은 꼭지 부분이고 하환(下環)은 꽃이 떨어진 부분이다. 《의례경전통해(儀禮經傳通解)》에 "꼭지가 잘려서 하나의 고리처럼 된 곳은 오이가 생겨난 근본이며 맛이 가장 좋으므로, 이것으로 제사 지낸다. 손으로 잡는 곳이 하환인데, 그 맛이 좋지 않으므로 버린다."라고 하였다. 그러나 지금 사람들은 꼭지를 잡고서 먼저 꽃이 떨어진 부분부터 먹어 내려오다가 꼭지는 버리니, 옛사람들이 오이를 먹던 법이 지금 사람들과 다른 것이다. 무릇 오이는 꽃이 떨어진 부분이 맛이 좋고 꼭지는 모두 떫으니, 어째서 땅에서 나는 산물이 각기 다른 것인가? 의아스럽다.

'군사거마장(君賜車馬章)'에 대하여

진호의 주는 두 번째 사(賜) 자에서 구가 끊어지는데, 이것이 고주보다 낫다.[160] 군사(君賜)의 아래에도 구를 끊어야 할 듯하다.

159 오이를……버린다 : 대본은 '瓜祭 止 所操'인데, 정확한 의미 전달을 위해 《예기》 〈옥조〉에 의거하여 '所' 앞에 '上環 食中 弃' 5자를 보충하여 번역하였다.

예가 융성하지 않다.〔禮不盛〕[161]

불성(不盛)은 그 꾸밈을 다 갖추지 않은 것을 말한다.

곤룡포를 입고 면류관을 쓰고 걷는다.〔圈豚行〕

《예기유편》에서 "권돈(圈豚)은 권면(卷冕)이 되어야 한다. 권(卷)은 바로 곤(袞) 자이니, 아랫글의 단행(端行), 변행(弁行)과 서로 어울린다.[162]"라고 하였는데, 이 말이 참으로 옳다. 살펴보건대, 《예기보주》에서 "돈(豚)은 복(服)의 오류인 듯하다."라고 한 것 또한 일리가 있는 것 같다.

160 진호의……낫다 : 진호의 주는 이 장의 글을 "君賜車馬乘以拜賜 衣服服以拜賜"로 구를 끊었는데, 정현의 주는 "君賜車馬乘以拜 賜衣服服以拜 賜"로 구를 끊었다.

161 예가 융성하지 않다 : 대본에는 '禮不感'으로 되어 있는데, 문맥이 통하지 않아 《예기》 〈옥조(玉藻)〉에 의거하여 '感'을 '盛'으로 바로잡아 번역하였다. 아래의 '不感'도 '不盛'으로 고치며 교감기를 달지 않는다.

162 아랫글의……어울린다 : 경문에서 이 구절의 바로 다음에 '端行頤霤如矢 弁行剡剡起屨'라는 글이 나오는데, 여기에서 필자는 '단행(端行)'을 현단(玄端)이나 소단(素端)을 입고 걷는 것으로 보고, '변행(弁行)'을 작변(爵弁)이나 피변(皮弁)을 쓰고 걷는 것으로 본 것이다.

명당위
明堂位

사방에 있는 먼 변방의 나라는 세대가 바뀌면 내조(來朝)하여 왔음을 아뢴다.〔四塞世告至〕

이 단락은 조회하는 위치와는 관련되지 않는다. 다만 윗글에서 구이(九夷)·팔만(八蠻)·오융(五戎)·육적(六狄)의 나라가 조회하는 위치를 기록하였으므로, 여기에서 먼 변방의 나라는 세대가 바뀔 때 한 번 내조하는 것을 기록하여 이들이 오복(五服)의 나라와 같지 않음을 밝힌 것이다.

벽산과 벽각[163]의 술잔으로 술을 더 올린다.〔加以璧散璧角〕

이것이 하나의 구(句)가 되어야 한다. 언두(諺讀)가 정밀하지 않다.[164]

하후씨의 4개의 연과 은나라의 6개의 호〔夏后氏之四璉 殷之六瑚〕

《논어》의 호련(瑚璉)에 대한 주에서 주자는 "하나라에서는 호(瑚)라고 부르고 은나라에서는 연(璉)이라고 불렀다."라고 하였으니, 《예기》의 말과는 다르다. 공영달의 소에서 말하기를 "정현이 《논어》에

163 벽산(璧散)과 벽각(璧角) : 모두 제사에 쓰이는 술잔으로, 주둥이 부분을 옥으로 장식한 술잔이라고 한다.

164 언두(諺讀)가 정밀하지 않다 : 이 구의 뒤에 '하며' 토를 붙임으로서 다음 구와 한 문장으로 이어지게 한 것이 적당하지 않다고 본 듯하다.

주를 내면서 '하나라에서는 호라고 부르고 은나라에서는 연이라고 불렀다.'라고 하여 이곳의 기록과 같지 않은데, 이것에 대해 황씨(皇氏 황간(皇侃))는 '정현이 《논어》에 주를 낸 것이 잘못되었다.'라고 하였다." 하였다. 그렇다면 주자가 《논어》에 주를 낼 때 단지 고주에만 의존하고 《예기》의 말과 서로 어긋나는 데 대해서는 다시 생각해 보지 않은 것이다.

상복소기
喪服小記

그 의미는……머리카락을 틀어서 앉힌다는 것이다.〔其義……則髽〕[165] 기의(其義)라는 글자에 대해서는 옛날부터 분명한 풀이를 하지 못하였다. 내가 생각건대, 문(免)에는 관을 벗는다〔免冠〕라는 의미가 있고 남자는 평소에 관을 쓰므로, 관을 벗는다는 의미를 취한다. 좌(髽)라는 글자는 발(髮)을 따르고 좌(坐)를 따르는데, 좌(坐)에는 틀어서 주저앉힌다〔蹲挫〕는 의미가 있고, 부인은 평소에 비녀를 사용하므로, 비녀를 빼고 머리카락을 틀어서 주저앉힌다는 의미를 취한 것인 듯하다.

'서자불위장자참장(庶子不爲長子斬章)'에 대하여 마융(馬融)은 "5대를 잇는 적자(適子)이면, 부친이 곧 그를 위하여 참최복을 입는다."라고 하였는데, 이에 대해서 정현은 "경문에서 '조부와 부친을 잇지 않았기 때문이다.〔不繼祖禰〕'라고 말하였다면, 장자(長子)가 굳이 5대를 잇는 자일 필요는 없다."라고 하였으니, 정현의 생각은 아마도 부친의 대를 잇는 적자에 대해서도 참최복을 입을 수 있다고 여긴 것 같다. 유씨(庾氏 유울(庾蔚))는 "은혜에 따른다면 부친이 중하고 도의에 따른다면 조부가 중하다. 부친과 조부에게 각기 하나씩의 중함이 있기 때문에, 그가 두 명의 중시되는 대상을 받

165 그 의미는……것이다 : 경문은 "其義爲男子則免 爲婦人則髽"이다.

들게 되어 장자를 위해서 참최복을 입는다. 만약 조부를 잇는 자가 아니라면 장자를 위해서 참최복을 입지 않는다."라고 하였다. 지금 사람들이 오직 조부 이상을 잇는 종자라야 장자를 위해서 참최복을 입으니, 이는 유씨의 설에 부합된다. ○《의례》〈상복(喪服)〉의 자하(子夏)의 전(傳)에는 단지 "조부를 잇지 않았기 때문이다.〔不繼祖也〕"라고만 하였으니, 정현의 설은 대개 머뭇거리며 딱 부러지게 말하지 않은 것이다. 〈대전(大傳)〉에 "서자는 장자를 위해서 삼년상을 입지 않으니, 조부를 잇지 않았기 때문이다.〔庶子不爲長子三年 不繼祖也〕"라고 한 것을 참고하여야 한다.

'서자부제상장(庶子不祭殤章)'에 대하여

요절한 자와 후손이 없는 자〔殤與無後者〕는 모두 서자의 아들을 말한 것이다. 요절한 자와 후손이 없는 자를 조부의 사당에 붙여서 흠향하게 하는 것〔殤與無後者 從祖祔食〕은 서자는 자기 부친의 사당에 제사하지 못하므로 요절한 자와 후손이 없는 자[166]에게 제사할 수 없기 때문이다. 후사가 없는 자를 굳이 형제나 제부(諸父)와 연결시킬 필요는 없다. 이 장은 아래위의 장과 글의 내용이 서로 뒤섞여 있다.

시동의 복장은 사의 복장으로 한다.〔尸服以士服〕

'사의 복장으로 한다.〔士服〕'라고 한 것은 아마도 윗글과 혼동하여 착오가 생긴 듯하다.[167] 정현의 주에 "부친이 죄를 지어 주벌된 경우이

166 요절한……자 : 대본에는 '殤與後者'로 되어 있는데, 난외주에 의거하여 '後' 앞에 '無' 1자를 보충하여 번역하였다.

니, 시동의 복장을 사의 복장으로 하는 것은 군주로 삼을 수 없기 때문이다."라고 하였는데, 이것은 너무 심한 말이다.

사가 대부였던 조부의 사당에 합사되면 그 희생물을 바꾼다.〔士祔於大夫則易牲〕

진호의 주는 정현의 주에 근거하여 "대부를 위한 희생물로 제사한다."라고 하고서 "이것은 장례는 대부의 예법으로 하고 제사는 사의 예법으로 한다는 것과는 다르다."라고 하였으나, 나의 견해는 바로 그와 같은 뜻이다. 만일 정현과 진호의 설이 틀림없이 '높은 등급의 희생물을 쓴다.'라고 말한 것이라면, '사의 신위 역시 소뢰(少牢)[168]를 쓴다.'라고 하였어야 한다. 그러나 아랫글에서 "첩조고(妾祖姑)가 없는 자[169]는 희생물을 바꾸어 여군(女君)에게 합사한다."[170]라고 하였으니, 첩에게 여군을 위한 희생물을 쓰는 것은 안 되는 것이다. '사에게는 사를 위한 희생물을 쓰고 대부에게는 대부를 위한 희생물을 쓴다.'[171]라고 하였다면, 다른 이의 사당에 합사되어 제사를 받으면서 희

167 아마도……듯하다 : 바로 앞 장의 "부친이 사의 신분이었고 그의 자식이 천자나 제후가 되었다면, 제사는 천자나 제후의 예법을 사용하되, 시동의 복장은 사의 복장으로 한다.〔父爲士 子爲天子諸侯 則祭以天子諸侯 其尸服以士服〕"라고 한 글에도 여기와 같이 사복(士服)이라는 말이 있기 때문에 이렇게 말한 것이다.

168 소뢰(少牢) : 제사의 희생으로 양과 돼지만 쓰는 것을 말한다.

169 첩조고(妾祖姑)가 없는 자 : 대본에는 '妾祖考者'로 되어 있는데, 난외주와 《예기》 〈상복소기(喪服小記)〉에 의거하여 '妾' 앞에 '無' 1자를 보충하고, '考'를 '姑'로 바로잡아 번역하였다.

170 첩조고(妾祖姑)가……합사한다 : 《예기》 〈상복소기〉 '첩무첩조고자장(妾無妾祖姑者章)'에 나오는 말이다. 여군(女君)은 조부의 정처(正妻)를 가리킨다.

생물을 자기 신분과 달리하는 것은 그런 이치가 없을 듯하다. 경문 또한 희생물을 바꾸는지 아닌지에 대해 말한 것은 온당하지 않다.

희생물을 바꾸어 여군에 합사한다.〔易牲而祔於女君〕
이 역시 낮은 등급의 희생물을 쓰는 것을 말한다.

'계부부동거장(繼父不同居章)'에 대하여
《의례》〈상복〉에 "동거(同居)한 계부를 위해서 기년복을 입는다."라고 하였는데, 전(傳)에서 "이거(異居)한 경우에는 자최복을 입는다."라고 하였다. 여기에서 이거의 의미를 풀이하여 "반드시 동거한 적이 있어야 마침내 이거하는 것이니, 만약에 처음부터 모친을 따라가지 않았다면, 이는 아무 관련 없는 사람과 마찬가지여서 저절로 복이 없는 것이다."라고 하였다. 진호의 주는 분명하지 못하다.

서자가……담제를 지내지 않는다.〔庶子……不禫〕[172]
정현의 주에 "첩의 자식은 부친이 생존해 있을 때 모친에 대한 예를 낮추기 때문이다.〔妾子父[173]在厭也〕"라고 하였다. 여기서의 서자(庶子)는 첩의 자식이 되어야 하니, 중자(衆子 맏아들 이외의 아들)의 경우라면 '자기 모친을 위하여〔爲其母〕'라고 하여서는 안 되고, 반드시 '모

171 사에게는……쓴다 : 《예기》〈상복소기〉'기처위대부이졸장(其妻爲大夫而卒章)'에 내용이 나온다.

172 서자가……않는다 : 경문은 "庶子在父之室 則爲其母不禫"이다.

173 父 : 대본에는 '不'로 되어 있는데, 문맥상 '父'의 오기로 보고 바로잡았다.

친을 위하여〔爲母〕'라고 하여야 할 것이다.

'분형제지상장(奔兄弟之喪章)'에 대하여

정현의 주에 "골육지친(骨肉之親)에 대한 정의(情意)는 상주에 말미암은 것이 아니기 때문이다."라고 하였는데, 그 뜻이 좋다. 진호의 주와 함께 보는 것이 마땅하다.

며느리는 시조모에게 합사한다.〔婦祔於祖姑〕

며느리의 입장에서 말하였기 때문에 '고(姑)'라고 하였다.

그 처에게 합사할 경우에 희생물을 낮춰 바꾸지 않는다.〔祔於其妻則不易牲〕

대부를 위한 희생물을 쓴다고 말한 것이다. 문세(文勢)를 소상하게 살펴보아야 한다.

적부로서 시부모의 후계자가 되지 못하였다면, 시어머니는 그녀를 위해 소공복을 입는다.〔適婦不爲舅姑後者 則姑爲之小功〕

시부모〔舅姑〕는 시어머니의 시부모이니, 며느리에게는 시조부모가 된다. 이것은 적부(適婦 맏며느리)가 자기에게는 비록 적부가 되더라도 본인이 부모의 장자가 아니면 이 며느리는 시부모의 후계자가 아니므로, 서부(庶婦)를 위한 상복을 입는다는 것을 말한 것이다.

대전
大傳

대부와 사는……고조까지 지낸다.〔大夫士……高祖〕[174]

대사(大事)는 제사를 말한다. 생(省)은 줄이는 것이고 간(干)은 제외하는 것이니, 이것은 대부와 사는 제사를 지내되, 군주보다 범위를 줄여서, 협(祫)제사를 없애고 제사를 단지 고조까지만 지내는 것을 말한 것이다.

먼저 하는 일 다섯 가지에 백성을 다스리는 일은 그 안에 들어 있지 않다.……백성들이 제대로 죽을 수조차 없게 된다.〔五民不與焉……民莫得其死〕[175]

다섯 가지는 사람의 도리에 마땅히 먼저 지체 없이 행하여야 하는 것들인데도 백성을 다스리는 일〔治民〕이 그 안에 들어 있지 않다. 그러나 이 다섯 가지가 시행되면 백성들의 삶이 풍족하게 되고, 이 중에 한 가지라도 어지러워지면 백성들이 제대로 죽지도 못하게 되니, 그렇다면 이 다섯 가지 중에 하나도 백성을 빠뜨린 데가 없는 것이다.

174 대부와……지낸다 : 경문은 "大夫士有大事 省於其君 干祫及其高祖"이다.

175 먼저……된다 : 대본은 '五民不與 止 莫得其死'인데, 생략된 부분 때문에 정확한 의미 전달이 어려워 《예기》〈대전(大傳)〉에 의거하여 '與' 뒤에 '焉', '莫' 앞에 '民' 1자를 보충하여 번역하였다. 경문은 "五 民不與焉 一曰治親 二曰報功 三曰擧賢 四曰使能 五曰存愛 五者一得於天下 民無不足無不贍者 五者一物紕繆 民莫得其死"이다.

존애(存愛)

정자(程子)가 말한 "만물을 사랑하는 데 마음을 둔다.〔存心於愛物〕"[176]의 의미와 같다.

백성들과 함께 변혁하는 것이다.〔與民變革者也〕

성인이 때에 맞추어 변혁하면서 백성들의 편리함에 따르므로 '백성들과 함께 변혁한다.'라고 하였으니, "그 변혁을 통하여 백성들로 하여금 게으르지 않게 하며, 신묘하게 변화시켜 백성들로 하여금 편리하게 하였다."[177]라고 한 것이 이것이다. 왕안석(王安石)의 변혁[178] 같은 것은 백성들과 함께 변혁한 것이 아니다.

인애로써 부모를 좇아……그 의리가 그러한 것이다.〔自仁率親……其義[179]然也〕[180]

176 만물을……둔다 : 정호(程顥)는 "말단 관리라도 만물을 사랑하는 데 마음을 둔다면 사람들에게 반드시 이로움이 있을 것이다.〔一命之士苟存心於愛物 於人必有所濟〕"라고 하였다. 《小學 嘉言》

177 그 변혁을……하였다 : 《주역》 〈계사전 하(繫辭傳下)〉에 나오는 구절이다.

178 왕안석(王安石)의 변혁 : 송나라에서 왕안석이 건의한 이른바 신법(新法)을 시행한 일을 말한다. 당시 송나라의 약화된 재정과 군사력을 복원하고자 부국강병의 수단으로 균수법(均輸法), 청묘법(靑苗法), 모역법(募役法) 등의 과격한 법안들을 시행하였으나, 백성들과 관료들의 반대에 부딪쳐 성공하지 못하였다.

179 義 : 대본에는 '意'로 되어 있는데, 《예기》 〈대전(大傳)〉에 의거하여 '義'로 바로잡았다.

180 인애에서……것이다 : 경문은 "自仁率親 等而上之至于祖 名曰輕 自義率祖 順而下之至于禰 名曰重 一輕一重 其義然也"이다.

윗글을 이어서 경중(輕重)의 의리를 풀이한 것이다. 부모로부터 올라가서 조상에까지 이르는 것은 인애의 마음에서 나온 것이므로 '인애로써 부모를 좇는다.〔自仁率親〕'라고 하였으니, 이것이 이른바 친한 이를 친히 하는 것〔親親〕이다. 조상으로부터 내려와서 부친에까지 이르는 것은 존비(尊卑)의 등급을 위주로 한 것이므로 '의리로써 조상을 좇는다.〔自義率祖〕'라고 하였으니, 이것이 이른바 높은 이를 높이는 것〔尊尊〕이다. 부모로부터 조상에 이르기까지 그 은애가 점점 줄어져서 그 상복이 점점 가벼워지므로 '인애로써 부모를 좇아서 단계적으로 올라가 조상에 이르게 되는 것을 가벼워진다고 한다.'라고 하고, 조상으로부터 부모에 이르기까지 그 의리가 더 깊어져서 그 상복이 더 무거워지므로 '의리로써 조상을 좇아서 순차적으로 내려와 부친에 이르게 되는 것을 무거워진다고 한다.'라고 한 것이다. 한편으로 가벼워지고 한편으로 무거워지는 것은 바로 무거운 복을 따라서 가벼운 복을 입는 것〔從重而輕〕과 가벼운 복을 따라서 무거운 복을 입는 것〔從輕而重〕[181]을 말한 것으로, 그 의리가 그러함을 말한 것이다. 이 글은 〈대전〉의 마지막 장에 거듭 나와서, 친친(親親)과 존존(尊尊)의 뜻을 거듭 밝히고, 마침내 그 효능을 강조하였다. 진호의 주에 "의리에서는 조상은 무겁고 부모는 가벼우며, 인애에서는 부모는 무겁고 조상은 가볍다."라고 한 것은 공영달의 소의 설에 근거한 것이지만, 어법이 크게 온당하지 못하고 문세도 명료하지 못하다. 대체로 친친과 존존이 〈대전〉 한 편의 주된 내용이다.

181 무거운 복을 따라서……것 : 바로 앞의 글에서 '따라서 입는 복〔從服〕'의 종류로서 이 두 가지 경우를 말하였다.

'유소종이무대종장(有小宗而無大宗章)'에 대하여

사람에게는 종자(宗子)로 받드는 사람이 반드시 있어야 하지만, 신하는 임금을 종자로 받들 수 없다. 그러므로 공자(公子)[182]를 위한 종법에 이 세 가지 경우가 있는 것이다.

예와 풍속이 이루어진 뒤에 음악이다.〔禮俗刑然後樂〕

악(樂)은 예악(禮樂)이라고 할 때의 악(樂)인 듯하며, 악(樂) 자 아래에 빠진 글자가 있는 것 같다. 하단에 〈청묘(淸廟)〉 시를 인용한 것에서 그 의도를 알 수 있다.

182 공자(公子) : 여기에서는 제후의 아들들을 가리킨다.

소의
少儀

듣건대, 처음으로 군자를 만나 보려는 사람은……이름이 전해지기를 원하였습니다.'라고 한다.〔聞始見君子者……聞名〕[183]

처음 군자를 만나 보려 할 때 전하는 언사(言辭)를 이미 말하였으니, 한견(罕見)과 기견(亟見)은 틀림없이 이미 서로 만났을 때를 말한 것이다. 그런데도 진호의 주에 이에 대한 분별이 없는 것은 아쉽다. 고주는 많은 분석을 하였으나 역시 억지로 끌어다 붙였으니, 따를 수가 없다. 적자(適者)의 적(適)을 고주에서 이미 적(敵)으로 풀이한 것은 온당치 못한 듯하니, 아랫글의 적유상(適有喪), 적공경(適公卿), 장적타(將適他) 등에 있는 세 '적(適)' 자는 모두 글자대로 보면서 어째서 굳이 이 글에 있는 '적(適)' 자만 유독 '적(敵)' 자로 보는가. 내가 생각건대 적자(適者)는 이미 서로 만난 것을 말하며, 이미 서로 만난 중에서 또 굳이 오랜만에 만난 경우〔罕見〕와 자주 만난 경우〔亟見〕에 구별을 둔 것이다. 그러나 옛사람들이 반드시 위에서 군자에 대해 말하였기 때문에 아래의 '적(適)' 자를 적(敵)과 같다고 생각하였을 것이니, 이 또한 의미가 있는 것인가?

183 듣건대……한다 : 대본은 '聞始見 止 聞名'인데, 생략된 부분 때문에 정확한 의미 전달이 어려워 《예기》 〈소의(少儀)〉에 의거하여 '見' 뒤에 '君子者' 3자를 보충하여 번역하였다. 경문은 "聞 始見君子者辭曰 某固願聞名於將命者 不得階主 適者曰 某固願見 罕見曰 聞名 亟見曰 朝夕 瞽曰 聞名"이다.

몸가짐을 남에게 의심받지 않도록 한다.〔不疑在躬〕

정현의 주에서 "알지 못하는 것을 행하여 자신이 의심받게 하지 않는 것이다."라고 한 데 대하여, 공영달의 소에서 "이미 주인의 도예(道藝)에 대해서 물었으면, 자기도 마땅히 배우고 익힌 것을 밝혀야 하며, 자신에게 의심을 품도록 하여서는 안 된다."라고 하였는데, 이것이 정현의 뜻에 부합되는지 알지 못하겠다.

민가의 병장기를 살피지 않는다.〔不度民械〕

정현의 주에 "계(械)는 병장기이다. 민가의 병장기를 살펴서 자신도 그것을 갖추기를 꾀하지 않는다."라고 하였는데, 진호의 주[184]가 더 낫다.

넓게 비로 쓰는 것을 소라고 한다.〔氾掃曰掃〕

〈교특생〉에 '범소반도(氾掃反道)'[185]라는 글이 있는데, 진호가 거기에 낸 주에는 "범소(氾掃)는 물을 뿌린 뒤에 비로 쓰는 것이다."라고 하고서, 여기에서는 "넓게 비로 쓰는 것이다."라고 하였으니, 상충되지 않겠는가. 고주에는 양쪽에서 모두 넓게 비로 쓰는 것으로 풀이하였다.

184 진호의 주 : 이 구절에 대한 진호의 주에 "병장기를 갖춘 것은 우환을 막기 위해서인데, 그 날카로움과 둔함을 살펴서는 안 되니, 남들이 그릇된 마음을 품었다고 자기를 비방할까 염려되기 때문이다.〔器械之備所以防患 不加度其銳鈍 恐人以非心議己〕"라고 하였다.

185 범소반도(氾掃反道) : 대본에는 '氾掃及道'로 되어 있는데, 《예기》〈교특생(郊特牲)〉에 의거하여 '及'을 '反'으로 바로잡아 번역하였다.

바르지 못한 자를 좇아서는 안 된다.〔毋循枉〕

왕(枉)은 '바른 사람을 등용하여 바르지 못한 사람의 위에 둔다.〔擧直措諸枉〕'[186]라고 할 때의 왕과 같으니, 바르지 못한 사람을 좇아 따라서는 안 된다는 것을 말한 것으로, 잘못된 것을 본받지 않는다고 말한 것과 같다. 신(神)이라고 하고 미지(未至)라고 한 것이 모두 자신에게 있는 일이 아니니, 이 '왕' 자 또한 당연히 남에게 관련된 것이다.

칼을 건넬 때는 칼날을 위를 보게 한다.〔刀卻刃〕

각(卻)은 위를 보는 것〔仰〕이다. 윗글에 있는 개습지(蓋襲之)에 대한 주에서 "습은 각합이다.〔襲 卻合也〕"라고 하였는데,[187] 황씨(皇氏 황간(皇侃))의 주에 "각은 위를 보는 것이다.〔卻 仰也〕"라고 하였다.[188]

칼날을 피해서 준다.〔辟刃〕

피(辟)는 피(避) 자로 보는 것이 좋을 듯하다.

자주 씹어서, 입 모양에 위의를 갖추지 않는다.〔數噍 無爲口容〕

용(容)은 위의(威儀)와 같으니, 자주 씹으면 입 모양에 위의가 없을 것이다. 신분이 낮은 자는 체면을 덜 차리니, 스스로 장엄하게 하여서는 안 된다.

186 바른……둔다 : 《논어》 〈위정〉에 나오는 말이다.

187 윗글에……하였는데 : 바로 앞에 나오는 글에서 "검을 바치는 경우에는 검을 넣는 상자를 열고 상자의 뚜껑을 상자 밑에서 위를 보고 합친다.〔劍則啓櫝 蓋襲之〕"라고 한 구절에 대한 진호의 주를 말한다.

188 황씨(皇氏)의……하였다 : 공영달의 소에 인용된 황간의 주를 말한다. 대본에는 '卻仰合也'라고 되어 있는데, 《예기정의》에 의거하여 '合'을 삭제하였다.

준작(僎爵)

진호의 주에는 공영달 소의 설을 따라 "준(僎)은 향인(鄕人)으로서 와서 예식을 참관하고 주인을 보좌하는 사람이다."라고 하였고, 정현의 주에는 "고문 《예》에는 준(僎)이 준(遵)으로 되어 있다. 준(遵)은 향인으로서 경대부(卿大夫)의 신분으로 와서 예식을 참관하는 사람을 말한다."라고 하였다. 살펴보건대, 《의례》〈향음주례〉의 '빈객 가운데 준자(遵者)가 있는 경우에'라고 한 구절에 대해서 정현의 주에 "준자는 제공(諸公)과 대부(大夫)이다. 그들을 빈(賓)이라고 한 것은 모두 외부에서 왔기 때문이다."라고 하였으니, 여기에 의거한다면 정현의 생각은 준(遵)을 주인을 돕는 사람으로 여긴 것이 아니다. 소의 설과 정현의 주가 다른 의견을 내세운 것은 아니지만, 서로 차이가 나는 뜻이라는 것은 알 수 있다. 더구나 《의례》의 글의 문세를 자세히 살펴보면, 준(遵)은 빈객에게 딸린 사람인 듯하니, 이것은 정현이 잘못 이해한 듯하다.

겨울에는 살진 배가 오른쪽을 향하도록 놓고 여름에는 지느러미가 오른쪽을 향하도록 놓는다.〔冬右腴 夏右鰭〕

'기(鰭)'는 《의례》〈공사대부례(公食大夫禮)〉의 주(註)와 위의 〈내칙(內則)〉에 보인다. 《설문해자》에 "유(腴)는 배의 살진 부분이다."라고 하였으니, 두보(杜甫)의 시에 "유독 살진 뱃살을 권하니 젊은이에게 부끄럽네.〔偏勸腹腴愧少年〕"라고 한 것이 이것이다.

앉아서 고수레를 하고 서서 술을 마신다.〔坐祭立飮〕

《의례》〈향음주례〉에 "중빈(衆賓)에게 술을 올리면 배례를 행하지 않고 술잔을 받으며,[189] 앉아서 고수레를 하고 서서 술을 마신다."라고 하였으니, 이것은 신분이 낮은 자의 예이다.

절조[190]가 있으면 자리에 앉지 않는다.〔有折俎不坐〕

정현의 주에 "절조는 높은 것이므로, 그것을 치우면 곧 자리에 앉는 것이다.〔折俎尊 徹之 乃坐也〕"라고 하였다. 내가 생각하기에, 여기에서의 '존(尊)'은 예가 존귀한 것을 말하는 것이 아니고 도마가 높아서 앉기에 불편한 것을 말한 것이니, 공영달의 소에 "절조는 존귀한 예법이고, 기(禨)나 초(醮)[191]는 작은 일로 낮은 의례이다."라고 한 것은 아마도 정현의 생각이 아닌 듯하다. 아래에 나오는 '희생물을 가져다 제사를 지내거나 다시 되돌려 놓을 때에 자리에 앉지 않는다.〔取祭反之不坐〕'[192]라는 글에 대한 정현의 주에 "이 역시 척병(尺柄)[193]의 부류이기 때문이다."라고 하였으니, 이 말에 의거하여 알 수 있다.

횃불을 잡고 아직 불붙이지 않은 홰를 안는다.〔執燭抱燋〕

촉(燭)은 이미 불이 타고 있는 홰이고, 초(燋)는 아직 불을 붙이지

189 배례를……받으며 : 대본은 '不行受爵'인데, 《의례》 〈향음주례〉에는 '不拜受爵'으로 되어 있다. 뜻에서는 큰 차이가 없다.

190 절조(折俎) : 희생물의 뼈와 몸체를 잘라서 도마에 올린 것을 말한다.

191 기(禨)나 초(醮) : 기는 목욕을 하고서 술을 마신다는 뜻이고, 초는 관례를 치른 뒤에 술을 마신다는 뜻이다.

192 희생물을……않는다 : 《예기》 〈소의(少儀)〉 '기유절조자장(其有折俎者章)'에 나오는 말다.

193 척병(尺柄) : 높은 굽이 달린 제기(祭器)를 말하는 듯하다.

않은 홰이다. 횃불을 잡고 아직 불붙이지 않은 홰를 안는 것은 횃불이 다 타고 나면 빨리 불을 이어서 붙이고자 하는 것이니, 타고 있는 횃불이 아직 다 타서 밑둥치를 드러내지 않았기 때문에 홰를 안고 기다리는 것이다.

횃불을 잡으면, 양보하지 않고 서로에게 사양하지 않으며, 노래도 부르지 않는다.〔執燭 不讓不辭不歌〕

횃불을 잡으면 반드시 단단하게 잡아서 움직이지 않아야 하는데, 양보하고, 다시 서로에게 사양하고, 노래를 부르는 것, 이 세 가지 행동은 모두 횃불이 기울어지거나 어지러이 흔들리게 하기 쉽기 때문이다. 노래를 부르면 숨을 내뿜게 되어 그 바람으로 불이 꺼지기 쉽다.

학기
學記

옥은 다듬지 않으면……도를 알 수 없다.〔玉不琢……不知道〕[194]
기물이 된 다음에야 쓸 수 있고 도를 안 다음에야 일을 맡길 수 있다. 그러므로 왕자(王者)가 나라를 세우면 가르치고 배우는 것을 가장 먼저 할 일로 삼았다.

가르치는 것은 배우는 것이 반이다.〔學學半〕
정현의 주에 "남을 가르치는 일은 곧 자기가 배우는 일의 절반을 보태 주는 것이다."라고 한 것은 완전히 타당하다. 왕고(王考)께서 "진호의 주가 비록 《서경》에 있는 본주[195]의 뜻을 썼으나, 인용한 뜻이 단지 '교학상장(教學相長)'[196]의 의미만을 밝힌 듯하니, 소주에서 방씨(方氏)가 인용한 '공자왈(孔子曰)' 같은 부류[197]가 이것이다. 나는 이 때문에 '학반(學半)의 의미는 정현의 주에서 비로소 갖추어졌다.'

194 옥은……없다 : 경문은 "玉不琢 不成器 人不學 不知道"이다.

195 서경에 있는 본주 : 《서경》 〈열명 하(說命下)〉에 나오는 '효학반(斅學半)'에 대한 채침(蔡沈)의 주를 가리킨다.

196 교학상장(教學相長) : 내가 남을 가르치고 남에게서 배우는 것이 모두 상호 간에 보탬이 된다는 뜻이다.

197 소주에서……부류 : 이 장의 소주에서 엄릉 방씨가 "공자가 말하기를 '나를 일으키는 자는 상(商)이로구나.' 하였고, 또 '회(回)는 나를 돕는 자가 아니구나. 나의 말에 대해서 기뻐하지 않는 것이 없구나.' 하였다."라고 한 말을 지적한 것이다.

라고 하는 것이다."라고 하였다.

개미는 수시로 배운 것을 따라 한다.〔蛾子時術之〕

육덕명(陸德明)은 "아(蛾)가 어떤 곳에는 의(蟻)로 되어 있으며, 음은 '어(魚)'와 '기(起)'의 반절이다. 정현의 주(注)에서 말한 것과 같다.[198]"라고 하였다. 생각건대, '아(蛾)' 자와 '의(蟻)' 자는 서로 모양이 유사하여, 혼용하거나 바꾸어 쓰게 된 것 같다.

하와 초〔夏楚〕

하(夏)는 정현의 주에 "가래나무〔榣〕이다."라고 하였는데, 《이아》〈석목(釋木)〉에서는 "도(榣)는 산 개오동나무〔山榎〕이다.[199]"라고 하였고, 곽경순(郭景純 곽박(郭璞))은 "오늘날의 산 가래나무〔山楸〕이다."라고 하였다. 살펴보건대, 《지봉유설(芝峯類說)》[200]에 "왕유(王維)의 시에 '우거진 하목에 꾀꼬리 지저귄다.〔陰陰夏木囀黃鸝〕'라고 하였다. 하목(夏木)은 버드나무이다."라고 하였는데, 지봉(芝峯)이 어디에 근거하여 이렇게 말한 것이지 모르겠다. 내 생각으로는 하목이 곧 가래나무〔楸〕인 듯하다. 가래나무는 오래되어 크고 그늘이 짙은 나무가 많아서 꾀꼬리가 거기에 즐겨 깃든다.

198 정현의……같다 : 대본에는 '與陳同'으로 되어 있는데, 뜻이 통하지 않아 《예기정의》에 의거하여 '注同'으로 바로잡아 번역하였다.

199 산 개오동나무이다 : 대본에는 '山櫌'로 되어 있는데, 문맥을 살펴 '櫌'를 '榎'로 바로잡아 번역하였다.

200 지봉유설(芝峯類說) : 이수광(李睟光, 1563~1628)이 편찬한 유서(類書)로, 천문, 지리, 인사 등 전 분야에 걸쳐 3400여 항목에 대해 기술하였다.

가르침의 큰 차례이다.〔教之大倫〕
진호의 주는 유씨(劉氏)의 설을 취하여 "대륜(大倫)은 큰 절도〔大節〕를 말하는 것 같다."라고 하였고, 정현의 주에는 "윤(倫)은 이치(理)이다."라고 하였으나, 모두 합당한지를 모르겠다. 내 생각으로는, 윤(倫)은 차례〔序〕이니, 일곱 가지는 가르침의 차례를 말한 것이다.

적절한 때가 된 것을 시라고 한다.〔當其可之謂時〕
왕고(王考)께서 "연수(年數)를 가지고 단정하여서는 안 되니, 주자의 설이 참으로 옳다.[201] 그런데 방씨는 또 7세, 10세, 13세, 성동(成童)이 되었을 때[202]라고 일률적으로 말하였으니, 경문에서 대학의 법도〔大學之法〕라고 한 것과 서로 부합하지 않는 것 같다."라고 하였다. 내가 생각건대, 여기에서의 '시(時)' 자의 뜻은 《논어》의 '배우고 때로 익힌다.〔學而時習〕'라고 할 때의 시의 뜻과 같다. 진호의 주에 있는 불선불후(不先不後)의 설[203]을 보면 헤아려 생각해 본 것이 있었던 것 같은데 또 방씨의 설을 취하였으니, 이해하지 못하겠다.

열어 주되 통달하게 하지 않으면 생각하게 된다.〔開而弗達則思〕
그 단서를 열어 주면서도 통달하게 하지 않으면 배우는 사람이 반드

201 주자의……옳다 : 《예기집설대전》에 주희가 이 구절에 대해서 "나이를 가지고 단정하여서는 안 된다.〔不當以年爲斷〕"라고 한 말을 옳게 여긴 것이다.

202 성동(成童)이 되었을 때 : 15세가 되었을 때를 말한다.

203 불선불후(不先不後)의 설 : 진호의 주에서 "시라는 것은 앞서지도 않고 늦지도 않은 시기를 뜻한다.〔時者 不先不後之期也〕"라고 한 말을 가리킨다.

시 생각을 하게 된다는 것을 말한 것이다.

노래를 잘 부르는 자는……뜻을 이어가도록 한다.〔善歌者……繼其志〕[204]

노래를 잘 부르는 사람은 그 소리를 내는 데에 순서를 두어서 사람들이 그 소리를 이어갈 수 있도록 하니, 마치 시작할 때 음이 합해지고 풀어 놓을 때는 조화를 이루고 분명하며 이어질 수 있는 것[205]과 같다. 잘 가르치는 자는 그 뜻을 끌어 주면서도 말해 주지 않아서 사람들이 그 뜻을 이어갈 수 있도록 하니, 이를테면 자공(子貢)이 "자른 듯하고 간 듯하다.〔如切如磋〕"라고 한 것, 자하(子夏)가 "예가 뒤이겠군요.〔禮後乎〕"라고 한 것이 이것이다. 진호의 주는 잘못된 듯하다.

간략하면서도 이치에 통하고……비유를 적게 들면서도 깨우치게 한다.〔約而達……罕譬而喩〕[206]

소주에서 임천 오씨(臨川吳氏)가 "약(約)·미(微)·한비(罕譬)는 가르치는 자가 말을 다하지 않는 것이고, 달(達)·장(臧)·유(喩)는 배우는 자가 능히 스스로 터득하는 것이다."라고 하였다.

204 노래를……한다 : 경문은 "善歌者 使人繼其聲 善教者 使人繼其志"이다.

205 시작할……것 : 이것은 《논어》 〈팔일〉에 있는 "음악은 알 수 있으니, 처음 시작할 때는 합해지고, 풀어 놓을 때는 조화를 이루고 분명하며 이어져서 한 장을 끝마친다.〔樂其可知也始作 翕如也 從之 純如也 皦如也 繹如也 以成〕"라는 구절의 뜻을 취하여 말한 것이다.

206 간략하면서도……한다 : 경문은 "約而達 微而臧 罕譬而喩"이다.

스승이 될 수 있은 뒤에야……군주가 되기 위한 방법을 배우는 것이다.〔能爲師然後……所以學爲君也〕[207]

“요(堯)가 순(舜)을 등용하여 백관의 장에 앉히고, 마침내 천자의 자리를 물려주었다.”라는 것이 이것이다.

군주가 그 신하를 신하로 대하지 않는 것이……신하로 대하지 않는다.〔君之所不臣於其臣者……弗臣也〕[208]

공영달의 소에 말하기를 “《구명결(鉤命決)》[209]에 ‘잠시 신하로 대하지 않는 경우가 다섯 가지가 있다. 스승이 된 경우, 삼로(三老)인 경우와 오경(五更)인 경우,[210] 제사에서 시동이 된 경우, 대장군으로 삼은 경우이다.’라고 하였다.” 하였다. 살펴보건대, 이 경(經)에서 시동이 된 경우와 스승이 된 경우를 일컬었는데, 이것은 단지 그때에만 신하로 대하지 않는 경우로서, 바로 잠시 신하로 대하지 않는 경우이니,

207 스승이……것이다 : 대본은 ‘能爲師 止 爲君也’인데, 생략된 부분 때문에 정확한 의미 전달이 어려워 《예기》 〈학기(學記)〉에 의거하여 ‘師’ 뒤에 ‘然後’ 2자와 ‘爲’ 앞에 ‘所以學’ 3자를 보충하여 번역하였다. 경문은 “能爲師然後能爲長 能爲長然後能爲君 故師也者 所以學爲君也”이다.

208 군주가……않는다 : 대본은 ‘君之所不臣 止 弗臣’인데, 생략된 부분 때문에 정확한 의미 전달이 어려워 《예기》 〈학기〉에 의거하여 ‘止’ 앞에 ‘於其臣者’ 4자와 ‘臣’ 뒤에 ‘也’ 1자를 보충하여 번역하였다. 경문은 “君之所不臣於其臣者二 當其爲尸 則弗臣也 當其爲師 則弗臣也”이다.

209 구명결(鉤命決) : 위경(緯經)에 속하는 책으로, 《효경(孝經)》의 위서이므로 《효경위구명결(孝經緯鉤命決)》이라고도 한다.

210 삼로(三老)인……경우 : 삼로와 오경(五更)은 모두 국가의 요직에 있다가 나이가 들어 물러난 사람을 말한다.

항상 신하로 대하지 않는 경우가 아니다. 공영달의 소에 또 말하기를 "《구명결》에 '천자가 항상 신하로 대하지 않는 경우가 세 가지가 있다. 이왕(二王 하왕(夏王)과 은왕(殷王))의 후손인 경우, 처의 부모인 경우, 오랑캐의 군주인 경우이다.'라고 하였다." 하였다.

오관(五官)

진호의 주에 "오관은 몸·입·귀·눈·마음이 담당하는 것이니, 바로 《서경》의 〈홍범(洪範)〉에서 말한 오사(五事)이다."라고 하였다. 살펴보건대, 〈홍범〉에서 말한 오사는 바로 모(貌)·언(言)·시(視)·청(聽)·사(思)로서, 배우는 것이 이 다섯 가지에 해당되지 않을 수 없으니, 공영달의 소에서 오관을 금(金)·목(木)·수(水)·화(火)·토(土)의 관부라고 일컬은 것이 더 나은 것 같다.

악기

樂記

다섯 음이 모두 어지럽다.〔五者皆亂〕

난(亂) 아래에서 구를 끊어야 한다.[211] 언두(諺讀)가 잘못되었다.[212]

선왕이 남긴 음이 있고, 선왕이 남긴 맛이 있다.〔有遺音 有遺味〕

유음(遺音)은 극음(極音)과 서로 대조되고, 유미(遺味)는 치미(致味)[213]와 서로 대조된다. 소주에 있는 소씨(邵氏)의 설이 진호의 주보다 좀 더 낫다.

위대한 음악은 천지와 더불어 조화하고……하늘과 땅의 신에게 제사를 지낸다.〔大樂與天地同和……祀天祭地〕[214]

음악은 만물이 그 개성을 잃지 않는 데에까지 이르니 지극한 것이고, 예는 하늘과 땅의 신에게 제사 지내는 데에까지 이르니 극진한 것이

211 난(亂)……한다 : '五者皆亂 迭相陵 謂之慢'이라는 구절에서 '질(迭)' 아래에서 구를 끊은 것이 잘못이라고 한 것이다.

212 언두(諺讀)가 잘못되었다 : '五者皆亂迭' 아래에 '하야' 토를 붙인 것이 잘못되었다는 것이다.

213 치미(致味) : 대본에는 '到味'로 되어 있는데, 난외주에 의거하여 '到'를 '致'로 바로잡아 번역하였다.

214 위대한……지낸다 : 경문은 "大樂與天地同和 大禮與天地同節 和故百物不失 節故祀天祭地"이다.

다. 천하에 지극히 참된 사람이 아니면 그 누가 이 일에 능하겠는가.

예와 음악의 본질은 같으므로, 밝은 왕들이 이것을 이어받은 것이다.〔禮樂之情同 故明王以相沿也〕

예의 본질은 절제일 뿐이요 음악의 본질은 조화일 뿐이다. 밝은 왕들이 대를 이어 일어나면서 덜고 보탠 것은 비록 달랐으나, 그 본질은 이어받아서 고치지 않았다.

사업이 때와 일치하고 이름이 공적에 걸맞았다.〔事與時竝 名與功偕〕

일을 시작하는 단계이기 때문에 사(事)라고 하였고, 일을 성취한 뒤이기 때문에 공(功)이라고 하였으니, 때에 맞추어 사업을 벌이고 공적에 따라서 이름을 얻은 것이다.

음악은 하늘에 말미암아 만들어졌고, 예는 땅을 본받아서 제정되었다.〔樂由天作 禮以地制〕

작(作)은 고동(鼓動)시킨다는 뜻이므로 음악에 대해서는 작이라고 하였고, 제(制)는 절재(節裁)한다는 뜻이므로 예에 대해서는 제라고 하였다. 《주역》〈이괘(履卦) 상(象)〉에 "상하를 분별하여 백성의 마음을 안정시킨다.〔辨上下定民志〕"라고 하고, 〈예괘(豫卦) 상〉에 "음악을 만들어 덕을 높인다.〔作樂崇德〕"라고 한 것 역시 이 뜻이다.

음악이 극에 이르면 근심이 생기고 예가 소홀해지면 한쪽으로 기운다.〔樂極則憂 禮粗則偏〕

정현의 주에 "음악은 사람들이 좋아하는 것이지만, 지나치게 하고 과

시하면 해롭게 되고, 예는 사람들이 노력하는 것이지만 게을리하고 소홀하게 하면 해롭게 된다."라고 한 것은 말은 간략하지만 뜻은 다 드러났다고 할 수 있다.

예악이 밝게 갖추어지니 천지의 일이 정하여졌다.〔禮樂明備 天地官矣〕

《중용》의 "중화의 경지에 이르면 천지가 제자리를 잡는다.〔致中和 天地位〕"라는 말과 뜻이 비슷하다.

하늘은 높은 데에 있고……이런 가운데 음악이 일어난다.〔天高……而樂興焉〕[215]

'천고지하 만물산수(天高地下 萬物散殊)'는 그 상하의 분별과 종류의 나뉨이 구별되고 등위가 정해져서 확연하고 뒤섞이지 않는 것이니,[216] 이 때문에 예제가 행하여지는 것이다. '유이불식 합동이화(流而不息 合同而化)'는 그 음양의 화합과 천지의 사귐이 어울리고 변화되어 융합하고 어그러지지 않는 것이니, 이 때문에 음악이 일어나는 것이다. '천존지비장(天尊地卑章)'은 구별되고 등위가 정해지는 모습을 차례로 말하였고, '지기상제장(地氣上齊章)'은 어울리고 변화되는 이치를 차례로 말하였으며, '화불시(化不時)' 이하는 예와 음악을 전체적으로 매듭지었다. 무릇 악론(樂論)은 먼저 예와 음악이 생겨나게 된 원

215 하늘은……일어난다 : 대본은 '天高 止 興焉'인데, 생략된 부분 때문에 정확한 의미 전달이 어려워 《예기》 〈악기(樂記)〉에 의거하여 '興' 앞에 '而樂' 2자를 보충하여 번역하였다. 경문은 "天高地下 萬物散殊而禮制行矣 流而不息 合同而化而樂興焉"이다.

216 뒤섞이지 않는 것이니 : 대본에는 '不雜者也'로 되어 있는데, 난외주에 의거하여 '也' 자를 빼고 번역하였다.

인을 말하고, 중간에 예와 음악에서 각각 취하는 법을 나누어 말하고, 마지막에 다시 예와 음악을 아우르는 하나의 이치를 말한다.

낮은 곳과 높은 곳으로 벌여졌다.〔卑高以陳〕

고경(古經)에는 '이진(以陳)'이 '이진(已陳)'으로 되어 있다. 공영달의 소에 "낮은 곳〔卑〕은 연못을 말하고 높은 곳〔高〕은 산을 말한다. 산과 연못이 하늘과 땅의 가운데에 따로 있으므로 '이미 벌여졌다.〔已陳〕'라고 한 것이다."라고 하였는데, 이것은 '이(已)' 자의 뜻을 강조하여 풀이한 것으로 너무 심각하니, 금본(今本)에 '이(以)' 자로 되어 있는 것보다 못하다. 《주역》〈계사전〉에는 바로 '이진(以陳)'으로 되어 있다.[217] 정현이 귀신(鬼神)을 풀이하면서 "성인의 혼은 신(神)이고 현인의 혼은 귀(鬼)이다."[218]라고 하였으니, 이런 등속이 그의 학술에서 잘못된 곳이다.

자라고 펴지는 기운을 감동시킨다.〔感條暢之氣〕

감(感)은 감동시키는 것이고, 조창(條暢)은 자라고 펴지는 것이다. 기운이 이미 자라고 펴진 데다 또다시 그것을 감동시킨다면, 기운이

217 바로……있다 : 〈계사전 상〉 제1장에 "하늘은 높고 땅은 낮으니 건·곤이 정해지고, 낮은 것과 높은 것이 벌여지니 귀·천이 자리 잡았다.〔天尊地卑 乾坤定矣 卑高以陳 貴賤位矣〕"라고 하였다.

218 성인의……귀(鬼)이다 : '천고지하장(天高地下章)'에 있는 '음악은 화합을 잘하여 신을 이끌어 하늘을 따르고, 예는 구별을 잘하여 귀와 함께하여 땅을 따른다.〔樂者敦和 率神而從天 禮者別宜 居鬼而從地〕'라는 구절에 대한 정현의 주에 "귀신이란 선성과 선현을 말한다.〔鬼神 謂先聖先賢也〕"라고 한 것을 가지고 이렇게 말한 것이다.

더 뻗쳐서 방탕해지는 데에 이르게 되고, 기운이 극에 달하여 근심하는 데에 이르게 되어 평화로운 덕을 없애게 될 것이다.

여덟 가지 바람〔八風〕

공영달의 소에서 "팔풍(八風)은 여덟 방향의 바람이다. 팔풍에 대해 《백호통의(白虎通義)》[219]에서는 '동지에서 45일이 지나면 조풍(條風)이 불어온다. 조(條)는 나타나는 것이다. 또 45일이 지나면 명서풍(明庶風)이 불어온다. 명서(明庶)는 여럿을 맞이하는 것이다. 또 45일이 지나면 청명풍(淸明風)이 불어온다. 청명(淸明)은 빛이 나는 것이다. 또 45일이 지나면 경풍(景風)이 불어온다. 경(景)은 큼이니, 양기가 자라는 것을 말한다. 또 45일이 지나면 양풍(凉風)이 불어온다. 양(凉)은 차가움이며, 음기가 흐르는 것이다. 또 45일이 지나면 창합풍(閶闔風)이 불어온다. 창합(閶闔)은 두루 거두어 저장하는 것이다. 또 45일이 지나면 부주풍(不周風)이 불어온다. 부주(不周)는 사귀지 않음이니, 음기가 아직 화합하지 않은 것을 말한다. 또 45일이 지나면 광막풍(廣莫風)이 불어온다. 광막(廣莫)은 크게 넓음이며, 양기를 여는 것이다.' 하였다."라고 하였고, 진호의 주는 이것을 인용하였다. 그러나 살펴보건대, 《춘추좌씨전》에서 중중(衆仲)이 "무릇 춤은 팔음(八音)을 절주로 삼아 팔풍(八風)을 행하는 것입니다."라고 한 데 대하여, 두예(杜預)는 "팔풍은 여덟 방향의 바람이다."라고 하였고, 임당옹(林唐翁 임요수(林堯叟))은 "여덟 방향의 바람은 동방의 곡풍(谷

219 백호통의(白虎通義) : 후한 장제(後漢章帝)가 여러 학자를 백호관(白虎館)에 모아 놓고 오경(五經)의 동이(同異)를 토론하게 한 내용을 반고(班固)가 찬집한 책이다.

風), 동남의 청명풍, 남방의 개풍(凱風), 서남의 양풍, 서방의 창합풍, 서북의 부주풍, 북방의 광막풍, 동북의 융풍(融風)이다."라고 하였는데, 이것은 공영달의 소와 부합하지 않는다. 또 살펴보건대, 《춘추좌씨전》에서 안자(晏子)가 제 경공(齊景公)에게 칠음(七音)과 팔풍(八風)을 말한 데 대하여, 임씨(林氏 임요수)가 "여덟 방향의 바람은, 동북의 바람을 조풍이라고 하는데 융풍으로도 부르며, 동방의 바람을 명서풍이라고 하며, 동남의 바람을 청명풍이라고 하며, 남방의 바람을 경풍이라고 하는데 개풍으로도 부르며, 서남의 바람을 양풍이라고 하며, 서방의 바람을 창합풍이라고 하며, 서북의 바람을 부주풍이라고 하며, 북방의 바람을 광막풍이라고 한다."라고 하였다. 임씨의 설은 앞뒤의 설에 차이가 있는데, 뒤의 설이 《백호통의》의 설과 부합된다.

그러므로 음악은 즐거운 것이라고 하였다.〔故曰樂 岳 者樂 洛 也〕 군자는 원래 음악을 즐기지만 소인 역시 음악을 즐기지 않은 적이 없다. 은(殷)나라의 주왕(紂王)은 〈미미지악(靡靡之樂)〉[220]을 만들었고, 제(齊)나라의 선왕(宣王)은 세속의 음악을 좋아하였으니, 그들의 마음 역시 스스로 즐거웠기 때문이다. 그러나 그 즐거워한 것은 그 도를 얻는 것을 즐거워한 것이 아니고 바로 그 욕망을 채우는 것을 즐거워한 것이니, 욕망 때문에 도를 잊는다면 그 마음에 비록 스스로 즐겁게 여기더라도, 그 음악은 미혹시킬 뿐으로 진정한 음악이 될 수 없는 것이다.

220 미미지악(靡靡之樂) : 악곡의 이름으로, 은(殷)나라의 악관(樂官) 사연(師涓)이 주왕(紂王)을 위하여 지었다고 한다.

노래는 음성으로 길게 읊조리는 것이다.〔歌詠其聲也〕

이것은 《서경》 〈순전(舜典)〉에 있는 '노래는 말을 길게 읊는 것이다.〔歌永言〕'라는 말과 같다. 영(詠) 자는 언(言)을 따르고 영(永)을 따른다.

다시 끝 가락을 울려 끝마침을 알린다.〔復亂以飾歸〕

귀(歸)는 《주역》에서 '끝마치는 곳은 같으나 길은 다르다.〔同歸而殊塗〕'라고 할 때의 귀와 같은 뜻이니, 음악이 끝나는 것을 말한다. 아랫글의 '음악의 도가 여기에 귀결된다.〔樂之道歸焉耳〕'라고 할 때의 '귀' 역시 뜻이 같다.

예악의 설은 인정을 위주로 한다.〔禮樂之說 管乎人情矣〕

'관(管)'은 위주로 하는 것이니, 예악의 설은 모두 인정을 위주로 하는 것이며, 인정 이외의 일을 거론한 적이 없음을 말한 것이다.

《시경》에 "그 덕음을 고요하고 맑게 하셨다."라고 하였다.〔詩云莫其德音〕

막(莫)은 《시경》에 막(貌)으로 되어 있다. 주자(朱子)의 전(傳)에는 맥(貊)으로 되어 있고, 《춘추좌씨전》과 《예기》 〈악기(樂記)〉에는 모두 막(莫)으로 되어 있으니, 그 고요하고 맑음을 말한 것이다. '기덕극명(其德克明)' 이하로는 주자가 정현의 설을 많이 따랐다. 이 시에 대한 주(註)로는 이 장(章) 아래에 있는 엄씨(嚴氏)의 설도 좋다.

사리를 분별함으로써 죽음을 두려워하지 않게 된다.〔辨以致死〕

분별하게 되면 의리(義理)와 취사(取舍)의 구분에 밝아질 것이므로 죽음을 두려워하지 않을 수 있다. 사봉강(死封疆)[221]은 그 궁극적인 경중이 나누어지는 상징을 취한 것이다.

기자의 감금을 풀어 주어 떠나게 하고, 상용[222]에게 경의를 표하고 그의 지위를 회복시켰다.〔釋箕子之囚 使之行 商容而復其位〕

행(行)은 평성(平聲)으로 거기에서 구가 끊어져야 하니, 그의 감금을 풀어 주어 떠날 수 있게 한 것을 말한 것이다. '사지거(使之去)'라고 하지 않고 '사지행(使之行)'이라고 한 것은 기자가 떠날 뜻을 가지고 있었으나 감금되어 떠날 수가 없었는데, 무왕(武王)이 기자의 뜻을 빼앗지 않고 그를 풀어 주어 떠날 수 있도록 하였기 때문이다. 상용(商容) 위에 식(式)이라는 글자가 탈락된 듯하다. 뒤에 《예기보주》를 살펴보니, 거기에 인용한 농암(農巖 김창협(金昌協))의 설이 나의 견해와 같았다.

예는 줄어드는 것을 위주로 하고 음악은 가득 차는 것을 위주로 한다.〔禮主其減 樂主其盈〕

감(減)은 거두어들이고 줄어든다는 뜻이며, 영(盈)은 퍼지고 성대하게 된다는 뜻이다. 예는 줄어드는 것이므로 예에 힘써 나아가야 하

221 사봉강(死封疆) : 의리와 취사의 갈림길에서 판단에 따라 역적이 되어 죽음을 당하기도 하고 공신이 되어 분봉을 받기도 한다는 뜻인 듯하다.

222 상용(商容) : 은(殷)나라 주왕(紂王) 때의 대부로서 직간하다가 폄관(貶官)되었다. 주나라 무왕(武王)이 은나라를 정벌하여 이긴 후에 그의 집에 경의를 표하였다. 《書經 武成》

고, 음악은 가득 차는 것이므로 도리어 억제하여야 한다.

예에는 보답함이 있고 음악에는 되돌아옴이 있다.〔禮有報而樂有反〕
보(報)는 바로 '예는 보답하여 베푸는 것을 숭상한다.〔禮尙報施〕'라고 할 때의 보(報)이며, 반(反)은 '사물이 극에 달하면 근본으로 되돌아온다.〔物極反本〕'라고 할 때의 반(反)과 같다.

모두가 화합하고 공경한다. 또 모두가 화합하고 순종한다. 또 모두가 화합하고 친애한다.〔莫不和敬 又莫不和順 又莫不和親〕
군신(君臣)과 상하(上下)의 관계에서는 경(敬)을 말하고, 장유(長幼)의 관계에서는 순(順)을 말하고, 부자(父子)와 형제(兄弟)의 관계에서는 친(親)을 말하였으나, 화(和)라는 글자는 세 경우에 모두 통하니, 이것은 배우는 사람들이 눈여겨보아야 하는 대목이다.

그러므로 선왕의 기쁨과 성냄은 모두 함께하는 무리를 얻는다.〔故先王之喜怒 皆得其儕焉〕
《춘추좌씨전》에 "조무자(趙武子)가 문자(文子)에게 이르기를 '내가 듣건대 기쁨과 성냄을 도리에 맞게 하는 자는 드물다고 한다.' 하였다."[223]라고 하였는데, 이 구절의 뜻과 같다.

너그러우면서도 고요하며……풍을 노래하는 것이 좋습니다.〔寬而靜……宜歌風〕[224]

223 조무자(趙武子)가……하였다 : 《춘추좌씨전》 선공(宣公) 17년 조에 나온다.

송(頌)을 노래하고 대아(大雅)를 노래하고 풍(風)을 노래하는 데에, 반드시 너그러우면서도 고요한 것, 넓고 크면서도 고요한 것, 정직하면서도 고요한 것을 말하였으니, 음악의 도는 성품이 깊고도 고요한 자가 아니면 그 묘미를 알기에 부족한 것이다.

'사을장(師乙章)'에 대하여
고경(古經)에 착간과 연문이 많았는데, 정현이 이것을 바로잡았으므로 지금의 경(經)은 대체로 정현을 따른다. 그런데 살펴보건대, 고경에 '사직이자애(肆直而慈愛)' 이외에 또 '애자의가상(愛者宜歌商)'에도 '애(愛)' 자가 있으니,[225] 이 글자도 당연히 연문에 속한다.

공영달이 "《악기》에 있던 11편을 합해 1편을 만들었으니, 11편의 이름은 〈악본(樂本)〉·〈악론(樂論)〉·〈악시(樂施)〉·〈악언(樂言)〉·〈악례(樂禮)〉·〈악정(樂情)〉·〈악화(樂化)〉·〈악상(樂象)〉·〈빈모(賓牟)〉·〈가사을(賈師乙)〉·〈위문후(魏文侯)〉이다."라고 하였는데, 지금 문세를 가지고 살펴보니 참으로 옳은 말이다.

224 너그러우면서도……좋습니다 : 대본은 '寬而靜 止 歌風'인데, 생략된 부분 때문에 정확한 의미 전달이 어려워 《예기》〈악기〉에 의거하여 '歌' 앞에 '宜' 1자를 보충하여 번역하였다. 경문은 "寬而靜柔而正者宜歌頌 廣大而靜疏達而信者宜歌大雅 恭儉而好禮者宜歌小雅 正直而靜廉而謙者宜歌風"이다.

225 고경에……있으니 : 《예기정의》에는 지금 이 장에 있는 '굳세고 곧으면서도 자애로운 사람은 상을 노래하는 것이 좋습니다.〔肆直而慈愛者宜歌商〕'라는 구절이 앞뒤로 떨어져 있는데, 앞부분이 '사직이자애(肆直而慈愛)'로 되어 있고 뒷부분이 '애자의가상(愛者宜歌商)'으로 되어 있어서 '애(愛)' 자가 겹쳐 있다는 것이다.

잡기
雜記

그 수례 줄을 잡고 초혼한다.〔以其綏復〕

《예기유편》에 "수(綏)는 수레를 끄는 줄이다. 아마도 수레에 타고 있기 때문에 줄을 잡고 초혼하는 듯하다."라고 하였는데, 왕고(王考)께서 "그 글자를 가지고 살펴보건대, 수레의 줄이 맞는 것 같다."라고 하였다. 내가 생각건대, 《예기집설》에 있는 '깃발로써 초혼한다.'라는 말은 별 의미가 없으며, 수레의 줄로 본 다음에야 의미가 드러난다. 다만 《주례》〈천관총재(天官冢宰) 하채(夏采)〉에 "국가의 대상(大喪)을 관장하는 관리가 수레를 타고 깃발을 올려 사방의 교외에서 초혼한다.〔掌大喪 以乘車建綏 復于四郊〕"라고 하였는데, '건수(建綏)'의 건(建) 자를 살펴보니 《예기집설》의 주(註)의 설 또한 근거가 있는 듯하다.

사의 경우에 영구 수레의 덮개는 갈대 자리를 가지고 지붕 모양으로 만든다.〔士 輤 葦席以爲屋〕

천(輤) 자가 구(句)가 되어야 하니, 언두(諺讀)가 잘못되었다.[226]

귀하의 외국에 있는 지기〔吾子之外私〕

226 천(輤)……잘못되었다 : '천(輤)'과 '위석(葦席)' 사이를 끊지 않고 한 단어처럼 붙여 놓은 것이 잘못되었다고 보고, '천' 뒤에 '은' 토를 붙여야 한다고 말한 듯하다.

외사(外私)라는 말이 〈옥조(玉藻)〉에 나와 있으니 "사(士)는 대부(大夫)에게 외사라고 자칭한다." 하였다.

'대부차어공관장(大夫次於公館章)'에 대하여

'사차어공관(士次於公館)'에서의 '사(士)' 자는 연문(衍文)인 듯하다. 대부는 상기가 끝날 때까지 공관에 머물고 사는 연제(練祭)를 마치고 집으로 돌아가며, 공관에 머물 때, 대부는 의려(倚廬)[227]에 거처하고 사는 악실(堊室)[228]에 거처한다는 것을 말한 것이다.

형제의 죽음을 알려 왔을 때……고향 쪽을 향하고 곡한다.〔聞兄弟之喪……鄕而哭〕[229]

지금 문세(文勢)를 자세히 살펴보니, '문(聞)' 자는 '분(奔)' 자의 오류인 듯하다.[230]

율대(率帶)

이것이 바로 〈옥조〉에서 '띠는 꿰맨 곳이 있지만 마치 바느질하지 않은 것처럼 보인다.〔帶有率無箴功〕'라고 한 그 '율대(率帶)'이다. 진호

227 의려(倚廬) : 《예기집설》에서, 의려는 공궁(公宮)의 중문 밖 동쪽 벽에 나무에 의지하여 지은 집이라고 하였다.

228 악실(堊室) : 《예기집설》에서, 악실은 중문 밖에 흙벽돌을 쌓아서 지은 집으로, 벽을 칠하지 않았다고 하였다.

229 형제의……곡한다 : 경문은 "聞兄弟之喪 大功以上 見喪者之鄕而哭"이다.

230 문(聞) 자는……듯하다 : 만약 '분(奔)' 자로 본다면 그 해석이 '형제의 상을 당하여 달려갈 때'가 되어야 할 것이다.

가 〈옥조〉의 주에서는 "바느질한 곳이 매우 세밀하여 마치 바느질을 하지 않은 것처럼 보이는 것이다."라고 하고, 이곳의 주에서는 "단지 비단의 가장자리에 주름을 잡고 눌러서 납작하게 한 것으로, 바느질을 하지 않은 것이다."라고 하였으니, 앞뒤의 말이 어긋난다.

태자가 절하고 이마를 조아린다.〔子拜稽顙〕
여기에서의 자(子)는 군주가 죽었을 때 태자의 호칭으로 쓰이는 자이다.

장례를 마치고는 부들자리를 깐다.〔旣葬蒲席〕
함옥(含玉)[231]은 반드시 염하기 전에 도착하여야 하니, 장례 뒤에 어떻게 함옥을 쓰겠는가. 옛사람들이 아마도 이와 같은 쓸데없는 예는 행하지 않았을 것이다. 정현의 주에 "《춘추》에 장례를 마친 뒤에 함옥과 봉수(賵襚)[232]를 보낸 일이 나와 있는데, 그 일을 비난하지 않았다."라고 하였으나, 《예기정의》에서는 "살펴보건대, 《춘추좌씨전》 은공 원년의 '천왕이 재훤(宰咺)을 보내어 혜공(惠公)과 중자(仲子)를 위한 봉(賵)을 주었다.'라는 글은 혜공을 위한 봉을 준 것이 늦었다는 것이고, 《공양전(公羊傳)》에 또 '내(來)라고 한 것은 어째서인가? 장례의 일에 미치지 못하였기 때문이다.'라고 하였으니, 이는 《춘추좌씨전》과 《공양전》에서 모두 그 늦었음을 비난한 것이다. 정현의 주에 '비난하지 않았다.'라고 한 것은 《곡량전(穀梁傳)》의 뜻을

231 함옥(含玉) : 상례 때 사자(死者)의 입에 넣기 위한 옥을 말한다. 또 사자의 입에 옥을 넣는 일을 말하기도 한다.

232 봉수(賵襚) : 죽은 사람을 위하여 보내는 거마(車馬)와 수의(襚衣)를 말한다.

취한 것이다."라고 하였다. 이 말의 의미 역시 당연히 《춘추좌씨전》과 《공양전》이 옳다고 한 것이다.

수의를 가져온 사신이 당(堂)으로 내려가서, 문 안쪽의 처마에서 주인이 작변복을 받으면, 명을 전한다.〔襚者降 受爵弁服於門內霤 將命〕

이 문장은 '수자강(襚者降)'에서 구로 끊어야 한다. 작변복을 받는 것〔受爵弁服〕은 주인의 일이고, 전하는 것〔將〕은 수의를 가져온 사신의 일이다. 문세가 본시 저절로 분명한데도 진호의 주가 분명치 못하여, 언두(諺讀)에 전혀 조리가 없게 되었다.

집을 나와서 공궁에 머물며 제사를 기다리는 것이 예이다.〔出舍于公宮 以待事禮也〕

이 장은 〈증자문〉의 글이 거듭 나온 것이지만, '공궁(公宮)'이 〈증자문〉에는 '공관(公館)'으로 되어 있다. 위의 잡기 상편의 '공궁여공소위야(公宮與公所爲也)'라는 구절 역시 〈증자문〉의 글이 거듭 나온 것이지만, 〈증자문〉의 본래 글에는 '공관여공소위야(公館與公所爲也)'로 되어 있다. 모두 '관(館)' 자를 올바른 것으로 보는 것이 마땅하다.

악실에 있을 때에는……문 안으로 들어가지 않는다.〔在堊室之中……不入門〕[233]

악실(堊室)에 있을 때조차도 문 안으로 들어가지 않는다고 말하였으니, 의려(倚廬)에 있을 때 어떻게 하는지를 알 수 있다. 의려에 대해

233 악실(堊室)에……않는다 : 경문은 "在堊室之中 非時見乎母也 不入門"이다.

말하지 않은 것은 가벼운 일을 거론하여 무거운 일을 보인 것으로, 글을 생략한 것이다.

남의 부모의 죽음에 조상하거나……반드시 다른 사람과 다른 점이 있다.〔吊死……必有以異於人也〕[234]

상복을 막 벗었을 때, 부모가 죽었거나 질병이 있는 사람을 만나면, 역시 이와 비슷하였던 자신의 부모의 일을 생각하게 된다. 그러므로 어두운 안색과 슬퍼하는 모습이 나타나서 자신도 모르게 다른 사람과 다른 점이 있게 되는 것이다. 이것은 효자의 일이다.

시신의 얼굴을 천으로 덮고 반함(飯含)하는 것은, 공양가가 그렇게 한 것이다.〔鼈巾以飯 公羊賈爲之也〕

공양가(公羊賈)가 예의 의미를 알지 못하고 대부의 예를 함부로 썼으니,[235] 이는 합당하지 못한 예를 훔쳐서 쓴 것이다. 주(註)의 설은 너무 심하게 말하는 잘못을 면치 못하였다.[236]

234 남의……있다 : 대본은 '吊死 止 異於人也'인데, 생략된 부분 때문에 정확한 의미 전달이 어려워 《예기》〈잡기 하(雜記下)〉에 의거하여 '異' 앞에 '必有以' 3자를 보충하여 번역하였다. 경문은 "弔死而問疾 顔色戚容 必有以異於人也"이다.

235 공양가(公羊賈)가……썼으니 : 공양가는 노나라의 사(士)이다. 대부는 빈(賓)으로 하여금 반함하게 하는데, 빈이 시신의 얼굴을 보는 것을 싫어할까 염려하여 시신의 얼굴을 천으로 덮는다. 사는 상주가 직접 반함하므로 시신의 얼굴을 덮을 필요가 없는데도, 공양가가 대부가 하는 것처럼 천으로 시신의 얼굴을 덮고 반함한 것을 말한다.

236 주(註)의……못하였다 : 《예기집설》의 주에서 "이것은 사가 예를 어긴 유래를 기록한 것이다."라고 말함으로써, 공양가를 사가 예를 어기게 된 연원으로 지목한 것을 두고 말한 듯하다.

공최를 입게 되면 야채와 과일을 먹는다.〔功衰食菜果〕

공최(功衰)는 삼년상을 치르는 사람의 연복(練服)[237]으로, 대공복(大功服)과 베의 승수(升數 올의 굵기)가 같다. 이 글은 〈간전(間傳)〉에 나오는 '1년이 지나 소상이 되면 야채와 과일을 먹는다.〔期而小祥 食菜果〕'라는 글과 꼭 들어맞는다. 소주(小註)에 있는 남전 여씨(藍田呂氏)의 설은 의심스럽다.[238]

음식을 먹을 수 없으면 젓갈이나 유즙을 먹어도 된다.〔不能食 食醯酪可也〕

음식을 먹을 수 없다는 것은 먹어도 목으로 넘길 수 없다는 말과 같다. 《예기유편》에서 "'불능식(不能食)'이 구가 되는 것이 참으로 옳다."라고 하였는데, 그렇다면 아래의 '식(食)' 자 역시 음이 '식(息)'이라야 그 뜻이 통한다.

부역에 나간다.〔從政〕

이 장과 〈왕제〉에서 모두 서인(庶人)이 역역(力役 부역)에 나가는 것으로 풀이하였는데, 옳은지 의심스럽다. 살펴보건대, 위의 글에서 "수레바퀴를 담당하는 자가 자기의 상장(喪杖)을 바퀴통에 꽂아서 바퀴를 돌렸다."라고 하였으니, 이 역시 이러한 풀이를 공박(攻駁)할 하나의 단서이다.[239]

237 연복(練服) : 소상(小祥) 때부터 담제(禫祭) 때까지 입는 상복이다.

238 소주(小註)에……의심스럽다 : 《예기집설》의 소주에서 여씨가 "공최는 또한 졸곡에 입는 상복이다.〔功衰亦卒哭之喪服〕"라고 한 것을 가지고 말한 듯하다.

> 긴장시키기만 하고 늦추어 주지 않으면……문왕과 무왕이 행하지 않는다.〔張而不弛……文武不爲也〕[240]

진호의 주는 잘못되었다.[241] 소주(小註)의 임천 오씨(臨川吳氏) 설이 매우 훌륭하며, 고주(古註)의 뜻도 대개 이와 같다. 또 소주에서 엄릉 방씨(嚴陵方氏)가 풀이한 문(文)과 무(武) 두 글자의 뜻은 참으로 뜻밖이니, 진실로 괴이하다.[242]

> 양을 가지고 묘(廟)의 중앙으로부터 지붕 위로 올라가……닭의 귀 옆 털을 잘라 내어 천신하는 의식은 모두 지붕 아래에서 행한다.〔擧羊升屋……其衈皆於屋下〕[243]

239 위의……단서이다 : '위의 글'은 《예기》 〈잡기 하〉 '고자귀천개장장(古者貴賤皆杖章)'의 "숙손무숙이 조정으로 가다가 수레바퀴를 담당한 자가 자기의 상장을 바퀴통에 꽂아서 바퀴를 돌리는 것을 보고서, 이에 관작이 있는 자에 한해서 상장을 사용하게 하였다.〔叔孫武叔 朝見輪人以其杖關轂而輠輪者 於是有爵而後杖也〕"라는 구절을 말한다. 이 구절의 뜻으로 유추해 본다면, 예를 지키는 것은 관작이 있는 사람의 일이고 서인에게는 해당하지 않으므로, 위와 같은 풀이가 옳지 않다고 말한 것이다.

240 긴장시키기만……않는다 : 경문은 "張而不弛 文武弗能也 弛而不張 文武弗爲也"이다.

241 진호의 주는 잘못되었다 : 진호의 주에서는 '문무불능(文武不能)'을 '문왕과 무왕이라도 나라를 다스릴 수 없다.'라는 뜻으로 풀이하였다. 위의 본문의 해석은 임천 오씨의 설에 의거한 것이다.

242 소주에서……괴이하다 : 엄릉 방씨가 문과 무에 대해 풀이하기를 "무로 긴장시켜서 시작을 알리고, 문으로 늦추어서 끝마침을 이루었다.〔張之以武所以告始 弛之以文所以成終〕" 하였는데, 이 말이 괴이하다는 것이다.

243 양을……행한다 : 경문은 "擧羊升屋自中 中屋南面刲羊 血流于前 乃降 門夾室皆用鷄 先門而後夾室 其衈皆于屋下"이다.

《주례》에 "털 있는 희생을 '기(刉)'라고 하고 깃 달린 희생을 '이(衈)'라고 한다."라고 하였다. 이 글에서 이(衈)는 말하면서 기(刉)는 말하지 않고 양(羊)에 대해서는 지붕에 올라간 일을 말하면서 닭에 대해서는 이 일을 말하지 않은 것은 호문(互文)으로 서로 갖춘 것이다. 또 닭의 귀 옆 털을 잘라 내어 천신하는 의식을 모두 지붕 아래에서 행한다고 말하였으니, 닭을 잡는 의식은 지붕에 올라가서 행한다는 것을 알 수 있다.

진실로 전에 가르치지 못한 것을 사과합니다.〔固前辭不教〕

'불교(不教)'는 '가르치지 못하였다.〔不能教〕'[244]라고 말한 것이다. 아랫글에서 '자식이 어리석은 탓이니 분부를 기다리겠습니다.'[245]라고 한 것은, 자식을 벌하지 않고 내보내 준 것에 감사하고, 또한 감히 이미 내보낸 것으로 그 죄를 감당할 수 없어서 그 처분을 기다린다는 것이다.

감히 공손하게 분부를 기다리지 않을 수 있겠습니까.〔敢不敬須以俟命〕

이 한 단락의 말은 뜻이 좋으니, 우호를 영구히 단절하지 않을 뜻을

244 가르치지 못하였다 : 혼례의 납채(納采) 때 회답하는 서식에서 많이 쓰는 '저의 자식은 어리석은 데다가 잘 가르치지도 못하였습니다.〔弱息惷愚又不能教〕'라는 문구의 '불능교(不能教)'의 뜻이다.

245 자식이……기다리겠습니다 : 이 말은 바로 아래에 있는 '처출부사인치지장(妻出夫使人致之章)'에 나오는 "모의 자식이 어리석은 탓으로 감히 벌을 피할 수 없으니, 감히 공손하게 명을 기다리지 않을 수 있겠습니까.〔某之子不肖 不敢辟誅 敢不敬須以俟命〕"라고 한 말을 축약하여 인용한 것이다.

보이고 나아가 우호가 회복되기를 바란 것이다. 아랫글에서 '감히 공손하게 분부를 기다리지 않을 수 없습니다.'라고 한 것은, 자식을 벌하지 않고 내보내 준 것에 감사하고, 또한 감히 이미 내보낸 것으로 그 죄를 감당할 수 없어서 그 처분을 기다린다는 것이다.

형제와 고와 자매는 모두 당 아래에 선다.〔兄弟姑姊妹[246] 皆立于堂下〕
남편의 형제와 자매는 본시 신부의 시부모의 당 아래에 서는 것이 당연하다. 그러나 '고(姑)'는 시아버지의 자매인데, 어찌 당 아래에 선다고 하겠는가. 이것은 연문(衍文)이 아닌가 한다.

246 姊妹 : 대본에는 '娣妹'로 되어 있는데, 난외주에 의거하여 '娣'를 '姊'로 바로잡았다. 그 아래의 '娣妹'도 '姊妹'로 고치고 교감기는 달지 않는다.

상대기
喪大記

‘군배기공국빈장(君拜寄公國賓章)’에 대하여

진호의 주는 황씨(皇氏 황간(皇侃))의 설을 따랐는데, 잘못된 것이다. 이 장의 문세는 명백하고 알기 쉬우니, 군(君)은 부인(夫人)과 대칭되고, 기공국빈(寄公國賓)은 기공부인(寄公夫人)과 대칭되며, 대부사(大夫士)는 대부내자사처(大夫內子士妻)와 대칭되고 향대부(鄉大夫)는 명부(命婦)와 대칭되며, 사(士)는 중빈(衆賓)과 대칭되고 방삼배(旁三拜)는 범배(氾拜)와 대칭된다. 소(疏)에 있는 웅씨(熊氏 웅안생(熊安生))의 뜻이 또한 이와 같으니, 공씨(孔氏 공영달(孔穎達))는 황씨의 설을 취하지 않고 웅씨의 설을 따랐다.

옛 주인〔故主〕

진호의 주는 뜻이 분명치 않다. 정현의 주에서 “고주(故主)라고 말한 것은 대부 및 군주에 관한 것이다.”라고 한 것은 매우 잘 통한다. 대부를 주(主)로 칭한 경우는 《춘추좌씨전》에서 범선자(范宣子)가 “오(吳)를 섬기기를 어찌 감히 주(主)를 섬기는 것과 같이 하지 않겠습니까.”[247]라고 말한 것이 이것이다.

247 오(吳)를……않겠습니까 : 이 말은 《춘추좌씨전》 양공(襄公) 19년 조에 나오는 내용으로, 진(晉)나라의 대부 순언(荀偃)이 죽었을 때 범선자가 그에게 한 말이다. 여기에서 오는 순언의 아들 순오(荀吳)를 가리키고 주(主)는 순언을 가리킨다.

소렴의 의복은 19벌이다.〔衾十有九稱〕

'금(衾)'은 고경(古經)에 '의(衣)'로 되어 있으니, 따르는 것이 마땅하다. 언두(諺讀)에 '금(衾)' 아래에서 구를 끊은 것은 역시 잘못된 것이니, '개일(皆一)' 아래에서 구를 끊는 것이 마땅하다. 진씨(陳氏 진호)의 장(章) 아래 주에는 비록 분명한 해석이 없으나, 아래의 글[248]에서 "소렴하는 19벌을 모두 시신에 입히지는 않는다."라고 하였으니, 진호의 생각에도 이것을 의복 19벌로 여긴 것이다.

모든 진열하는 의복은 접히지 않게 한다.〔凡陳衣不詘〕

《의례》〈사상례(士喪禮)〉의 '방 안에 의복을 진열할 때는, 옷깃을 서쪽으로 하되 남쪽을 위로 하며, 접히지 않게 한다.〔陳襲事于房中 西領南上 不綪〕'라는 구절에서, 정현이 "천(綪)은 쟁(綪)으로 읽으며, 접힌다는 것이다."라고 하였으니, 이 말과 바로 부합된다. 대개 수의(襚衣)를 가진 사람이 왼손으로 옷깃을 잡고 오른손으로 허리 부분을 잡기 때문에 접히지 않는 것이다.

질제(姪娣)[249]

진호의 주에 "옛날에 제후는 한 번 장가들면 아홉 여자를 데려오는데, 두 나라[250]에서 각각 여자를 잉첩으로 보내 주어 제질(娣姪)이 되

248 아래의 글 : 뒤에 나오는《예기》〈상대기〉'소렴지의제복부도장(小斂之衣祭服不倒章)' 아래의 진호의 주에 있는 글을 말한다.

249 질제(姪娣) : 제후의 부인이 시집올 때, 잉첩으로 함께 따라오는 조카딸과 여동생을 말한다.

어 따르게 하였다."라고 하였는데 뜻이 매우 불분명하다. 살펴보건대, 《시경》 〈대아(大雅)〉 한혁편(韓奕篇)의 '한후취처장(韓侯娶妻章)'에 대한 주자의 주에 "제후는 한 번 장가들면 아홉 여자를 데려오는데, 두 나라에서 잉첩을 보내 주며, 그들에게 모두 제질이 있다."라고 하였으니, 윗부분이 진호의 주와 같다. 그러나 이 두 가지의 주에 모두 '제질(娣姪)'이라는 말이 있는데, 진호의 주에는 '위제질이종(爲娣姪以從)'이라고 되어 있으니, 그 뜻이 '여자를 잉첩으로 보내 주어 적처(嫡妻)의 제질이 되게 한다.'라고 한 것인지, 아니면 '여자를 잉첩으로 보내 주고 또 제질로서 그 잉첩을 따르게 한다.'라고 한 것인지를 모르겠다. 《의례》 〈사혼례(士昏禮)〉의 '비록 여동생 잉첩이 없어도 조카딸 잉첩이 먼저 먹는다.〔雖無娣媵先〕'라는 구절에 대한 가공언(賈公彦)의 소에서 "《춘추공양전》에 말하기를 '잉첩이란 무엇인가? 제후가 한 나라로 장가를 들면, 두 나라에서 잉첩을 보내는데, 질제를 딸려 보낸다.' 하였다."라고 하였다. 진호의 주는 이것을 따랐으나, 그 문장을 바꾸어 '위(爲)' 한 글자를 더 넣음으로서 글의 뜻이 의심스럽게 되었으니, 《예기보주》에서 이 점을 논박하였다. 다만 진호의 생각으로 말하면 '여자를 잉첩으로 보내 주어 적처의 제질이 되게 한다.'라고 한 것은 아닌 듯하다. 주자의 설이 가공언의 설과 부합한다.

장사 지내기 전부터 드러나지 않는 곳에 의려를 만든다.〔自未葬 以於隱者爲廬〕

250 두 나라 : 제후의 부인의 나라와 동성(同姓)인 두 나라를 말한다.

살펴보건대, 위의 글에서 "장사를 지낸 뒤에 기둥을 세워 상인방을 올리고 의려의 벽을 바르되, 드러난 곳에서 하지 않는다."라고 하였으니, 장사 지내기 전에는 의려가 드러난 곳에 있었음을 알 수 있다. 이것은 적자(適子)의 일이다. 적자가 아닌 자는 장사 지내기 전부터 이미 드러나지 않는 곳에 의려를 만든다. 이 글에서 '부터〔自〕'라는 글자가 매우 긴요하니, 소(疏)에서 "경문에 비록 '장사 지내기 전〔未葬〕'이라고 하였지만 실제로는 장사가 끝나도 역시 그러하다."라고 한 것은 군더더기 말이 아닐 수 없다. 또 살펴보건대, 정현의 주에 "남이 주목하기를 바라지 않은 것이다.〔不欲人屬目〕"라고 한 것은 참으로 옳다. '촉목(屬目)'은 《춘추좌씨전》에서 나온 말인데, "범문자가 말하기를 '국인들이 주목할 것이다.' 하였다.〔范文子曰 國人將屬目焉〕"[251]라고 한 것이 이것이다.

매월의 삭일과 기일〔朔日忌日〕

'삭일(朔日)'이 고경(古經)에는 '삭월(朔月)'로 되어 있는데, 그것이 더 나은 것 같다.

외명부[252]의 상에는 관 뚜껑을 덮고 나서 군주가 온다.〔於外命婦 旣加蓋而君至〕

251 범문자(范文子)가……하였다 : 《춘추좌씨전》 성공(成公) 2년 조에, 범문자가 "군대가 전공을 세워 국인들이 기쁨으로 맞이하는데, 먼저 들어온다면 반드시 이목이 나에게 쏠릴 것이다.〔師有功 國人喜以逆之 先入必屬耳目焉〕"라고 하였는데, 여기에서는 이 말을 줄여서 인용한 듯하다.

252 외명부(外命婦) : 여기서는 신하의 처를 가리킨다.

더러움을 싫어한 것이다. 그러므로 반드시 관 뚜껑을 덮고 난 다음에 오는 것이다. 정현의 주에 "신하의 처에 대해서는 예가 간략한 것이다.〔於臣之妻 略也〕"[253]라고 하였다.

축인을 보고서 용한다.〔視祝而踊〕

정현의 주에 "축인〔祝〕은 군주가 예를 행하는 것을 도우니, 마땅히 군주의 예가 절도에 맞도록 하여야 한다."라고 하였다. 정현의 주는 축인이 군주의 예를 돕는다는 것일 뿐으로, 축인도 용(踊)을 한다고 한 것이 아닌 듯하다. 소(疏)에서 "축인은 군주를 도우니 축인이 먼저 용을 한다.〔祝以相君 祝先[254]踊〕"라고 하였는데, 이것이 과연 정현의 뜻에 부합하는가? 진호의 주는 대체로 소에 바탕을 둔 것이다.

꿩을 그린 비단〔揄絞〕

소에 "'사(士)는 꿩을 그린 비단을 붙인다.'라고 하였으니, 대부(大夫) 역시 꿩을 그린 비단을 붙였음이 분명하다. 다만 대부는 꿩을 그린 비단을 지(池)[255]의 아래에 연결하여 진용(振容)[256]으로 삼지는 않았다. 그러나 황씨(皇氏 황간(皇侃))는 정현의 이러한 뜻을 이해하지

253 신하의……것이다 : 대본에는 '於從之妻路也'로 되어 있는데, 뜻이 통하지 않아 《예기정의(禮記正義)》의 정현의 주에 의거하여 '從'을 '臣'으로, '路'를 '略'으로 바로잡아 번역하였다.

254 先 : 대본에는 '相'으로 되어 있는데, 《예기정의》에 의거하여 바로잡았다.

255 지(池) : 장례용 수레의 덮개에 대나무로 만들어서, 집의 빗물받이처럼 매단 장식을 말한다.

256 진용(振容) : 수레가 움직일 때 흔들리는 장식을 말한다.

못하여, '대부는 꿩을 그린 비단을 붙이지 않고 구리로 만든 물고기를 매달았으며, 사는 구리로 만든 물고기를 매달지 않고 꿩을 그린 비단을 붙였다.' 하였다. 엉성하고 망녕됨이 어찌 이처럼 심한가."라고 하였다. 내가 생각건대, 황씨의 설 역시 일리가 있으니, 굳이 크게 배척할 것이 있겠는가. 다시 자세히 살펴보아야 할 것이다. 황씨의 설에서 '사는 진용(振容)을 쓸 수 있다.'라고 한 것은 잘못인 듯하다. 그러나 소에서 '꿩을 그린 비단을 지(池) 위에 연결하였다.'라고 한 것 역시 합당한지 모르겠다.

제법
祭法

황고[257]의 묘가 없다.〔皇考無廟〕

고경(古經)에는 '현고무묘(顯考無廟)'로 되어 있다. 정현이 "여기에서 적사(適士)에 대해 '현고[258]의 묘가 없다.〔顯考無廟〕'라고 한 것은 옳지 않으니, '현(顯)' 자는 당연히 '황(皇)' 자의 잘못이다."라고 하였다. 지금의 판본에는 대개 바르게 되어 있다.

하나라가 쇠하자 주나라의 기가 이를 계승하였다.〔夏之衰也 周棄繼之〕

기(棄)는 순(舜) 임금의 신하로 하나라 말의 인물이 아니니, 경(經)의 글이 의심스럽다. 소(疏)에서 "하나라 말에 탕(湯)이 큰 가뭄을 당하여[259] 사직(社稷)을 바꾸어 설치하고자 하였다. 그러므로 농(農)을 폐하고 기(棄)를 제사한 것이다."라고 하였는데, 일리가 있는 듯하다. 그러나 문세(文勢)로 미루어 보건대, 농과 기 모두 제사를 지낼 때 직(稷 곡신(穀神))으로 받들었던 것 같다.

요 임금은 능히 상을 공평하게 주고 형을 법도에 맞게 시행하였다.

257 황고(皇考) : 여기에서는 죽은 증조부를 가리킨다.

258 현고(顯考) : 여기에서는 죽은 고조부를 가리킨다.

259 큰 가뭄을 당하여 : 대본에는 '連大旱'으로 되어 있는데, 《예기정의》에 의거하여 '連'을 '遭'로 바로잡아 번역하였다.

〔堯能賞均刑法〕
상균(賞均)은 상을 공평하게 준 것이다. 형법(刑法)은 형을 법도에 맞게 시행한 것이다. 주(註)는 잘못되었다.[260]

곤이 홍수를 막다가 벌을 받아 죽었는데, 우가 곤의 업적을 이루었다.〔鯀鄣洪水而殛死 禹能修鯀之功〕[261]
곤이 치수(治水)를 맡았을 때에 물길을 막다가 죄를 지었으니, 이것은 공적이 이루어지지 않았기 때문이다. 비록 공적이 이루어지지는 않았지만, 9년 동안의 노력에 공로와 과실이 서로 대등하다고 할 수 있다. 이 때문에 사전(祀典 제사의 전적(典籍))에 오르고, 거기에 "우가 곤의 업적을 이루었다."라고 하였으니, 곤에게 업적이 없었던 것이 아님을 알 수 있다. 황제(黃帝)의 정사(政事)를 전욱(顓頊)이 잘 닦았으니, 이 역시 '정사가 바르게 되었다.'라고 말할 수 있으리라. 진호의 주는 말이 과중하고, 왕씨(王氏 석량 왕씨(石梁王氏))의 설은 뜻이 통하지 않으므로, 이와 같이 분명히 하였다. 그러나 이 역시 곤에게 죄가 없다고 말한 것이 아니니, 보는 사람들은 말을 가지고 뜻을 해치지 말아야 할 것이다.

황제가 이름을 바르게 하니……재물을 함께할 수 있게 되었다.〔黃帝

260 주(註)는 잘못되었다 : 주에서 '능상(能賞)'과 '균형법(均刑法)'으로 구를 끊어서 풀이한 것을 가리킨다.

261 곤(鯀)이……이루었다 : 대본은 '鯀鄣鴻水 止 之功'인데, 정확한 의미 전달을 위해 《예기》 〈제법(祭法)〉에 의거하여 '而殛死 禹能修鯀' 7자를 보충하여 번역하였다.

正名……共財〕[262]

정명(正名)은 《논어》에서 '반드시 이름을 바르게 하겠다.〔必也正名〕' 라고 했을 때의 정명과 뜻이 같으며, 백물이명(百物以明)은 《주역》의 '백관이 이에 다스려지고 백성이 이에 잘 살펴졌다.〔百官以治 方[263] 民以察〕'[264]라는 글과 문세가 같고, 또 〈제의(祭義)〉에 나오는 '많은 사람들이 이에 경외하고 만민이 이에 복종하였다.〔百衆以畏 萬民以服〕'[265]라는 말과도 문세가 같다. 그러므로 '정명'이 구(句)가 되어야 하고 '백물이명'이 구가 되어야 하니, 이 구절은 황제가 있어서 온갖 물건이 분명해지고 백성들이 재물을 함께할 수 있게 되었음을 말한 것이다.

백성들의 재앙을 없애었다.〔去民之菑〕

문왕은 문(文)으로써 잘 다스렸고, 무왕은 무(武)로써 공을 세웠으니, 두 사람 모두 백성들의 재앙을 없앤 공적이 있는 것이다.

262 황제가……되었다 : 경문은 "黃帝正名 百物以明 民共財"이다.

263 方 : 《주역》 〈계사전 하〉에는 '萬'으로 되어 있다.

264 백관이……살펴졌다 : 《주역》 〈계사전 하〉 제2장에 나오는 구절이다.

265 많은……복종하였다 : 《예기》 〈제의〉의 '인물지정장(因物之精章)'에 있는 구절이다.

제의
祭義

어버이가 아끼던 것을 보기를 마치 여색을 바라듯이 한다.〔如見親之所愛 如欲色然〕

진호의 주는 왕숙(王肅)의 설을 따랐으나 구차하고 간략하여 뜻이 통하지 않으니, 정현의 주를 따르는 것이 마땅하다. 대체로 사람의 진실한 마음이 발하면서 한 터럭의 허위도 없는 것은 오직 여색을 좋아하는 것만이 그러하다. 그러므로 성인(聖人) 역시 매양 여색을 좋아하는 것으로 비유하였으니 '나는 덕을 좋아하기를 여색을 좋아하듯이 하는 자를 보지 못하였다.〔吾未見好德如好色〕', '어진 사람을 어질게 여기되 여색을 좋아하는 마음과 바꾼다.〔賢賢易色〕', '좋아하기를 여색을 좋아하듯이 한다.〔如好好色〕'라는 것이 이것이다. 이 경(經) 역시 그 지극히 성실함을 색에 비유한 사례를 빌려 왔으니, 뜻에 해가 되지 않는다.

중니가 일찍이……그 바라보는 눈길이 정성스러웠다.〔仲尼嘗……其親也慤〕[266]

살펴보건대, 상(嘗)은 일찍이〔曾〕의 뜻이다. 기친야(其親也)와 기행야(其行也)를 비교해 보면 서로 대(對)가 되는데도 친(親) 자에는 그런 뜻이 없으니, 이것은 시(視) 자를 잘못 쓴 것이 아닌지 의심스

266 중니(仲尼)가……정성스러웠다 : 경문은 "仲尼嘗 奉薦而進 其親也慤"이다.

럽다. 아랫글에 나오는 '군주가 소를 불러들여서 살펴보았다.〔君召[267] 牛 納而視之〕'[268]라는 구절에 대한 소주(小註)의 방씨(方氏) 설에서 "군주가 소를 불러들여서 친히 살핀 것이다.〔君召牛 納而親之〕"라고 하였는데, 《예기보주》에서 "친(親)이 시(視)가 되어야 한다고 한 것이 참으로 옳다."라고 하였으니, 여기에서 시 자가 잘못되어 친 자가 되었다면, 저기에서의 친 자 또한 시 자의 잘못이 아님을 어찌 알겠는가.

포와 젓갈을 담은 조를 올린다.〔薦其薦俎〕
위의 '천(薦)' 자는 음식을 올리는 것〔饋獻[269]〕을 말한다. 아래의 '천(薦)' 자는 포와 젓갈〔脯醢〕을 말하는 듯하다. 〈잡기〉에 "천을 고수레하되 먹지는 않는다.〔祭薦而不食〕"[270]라고 한 것이 이것이다.

달은 서쪽에서 나타난다.〔月生於西〕
예로부터 이 구절을 '밝음이 테두리의 서쪽에서 생긴다.'라고 풀이한 것은 매우 교묘하다. 그러나 역가(曆家)에 오른쪽으로 돈다는 설〔右旋之說〕이 있는데, 이 역시 일리가 있으니, 밝음이 생긴다는 설〔生明

267 召 : 대본에는 '占'으로 되어 있는데, 《예기》 〈제의(祭義)〉에 의거하여 바로잡았다. 아래에 나오는 '占牛'도 '召牛'로 고치고 교감기를 달지 않는다.

268 군주가……살펴보았다 : 《예기》 〈제의〉의 '고자천자제후필유양수지관장(古者天子諸侯必有養獸之官章)'에 나오는 말이다.

269 獻 : 대본에는 '戲'로 되어 있는데, 난외주에 의거하여 바로잡았다.

270 천(薦)을……않는다 : 《예기》 〈잡기 하〉의 '범시제상자장(凡侍祭喪者章)'에 나오는 구절이다. 이 구절에 대한 진호의 주에서 "천은 포해(脯醢)이다."라고 하였다.

之說〕이 과연 본의(本意)에 맞는지 알지 못하겠다.

비록 기이하고 사악한 자가 있더라도, 다스려지지 않는 경우는 적을 것이다.〔雖有奇邪而不治者則微矣〕

'기사(奇邪)'가 구(句)가 되어야 하니, 이것은 비록 어그러지고 사특한 자가 있더라도 다스려지지 않는 경우가 드물다는 것을 말한 것이다. 주의 설[271]이 타당한지 모르겠다.

부자를 효자라고 말할 수 있겠군요.〔夫子可以爲孝乎〕

언문 토가 잘못되었다. 마땅히 '신저(時隱底)'가 되어야 한다.

단지 봉양하는 것일 뿐이다.〔直養者也〕

직(直)은 단지〔但〕의 뜻이니 "단지 봉양할 수 있을 뿐으로, 효라고 말하기에 부족하다."라고 말한 것이다.

다행이로구나. 이런 아들을 두었으니〔幸哉 有子如此〕

이것은 '어찌하여 다행하게도 이런 아들을 두게 되었는가.〔安得幸而有子如此〕'라고 말한 것과 같다. 소에서 "이 아들의 부모는 행운을 만났구나. 그래서 이런 효자를 두었구나.〔此子父母有幸遇哉 而有孝子如此〕"라고 풀이하였는데, 이것은 옳지 않다.

271 주의 설 : 진호의 주에서는 '불치자(不治者)'에서 구를 끊어서 "비록 기이하고 사특하여 다스려지지 않은 자가 있더라도 그 수가 적을 것이다."라는 뜻으로 풀이하였다.

이것이 후세에 베풀어지면 그 효용은 아침저녁이 따로 없을 것이다.〔施諸後世而無朝夕〕

장주(莊周)가 말한 '아침저녁으로 만나는 것이다.〔朝暮遇之〕'[272]라는 구절과 뜻이 같으니, 만고에 펼쳐지는 것이 하루와 마찬가지임을 말한 것이다.

반드시 인자의 곡식을 구하여 어버이의 제사를 지낸다.〔必求仁者之粟以祀之〕

속(粟)은 녹(祿)과 같으니, 인자(仁者)의 녹을 구하여 어버이의 제사를 지낸다는 것을 말한 것이다. 악인(惡人)의 조정에서 벼슬하여 그 녹을 받아 어버이의 제사를 지낸다면, 비록 오정(五鼎)의 성대한 예로 제사를 지낸다 하더라도, 이것은 효가 아닌 것이다.

272 아침저녁으로 만나는 것이다 : 《장자》 〈제물론(齊物論)〉에 "만세 후에라도 이 이야기의 뜻을 아는 대성인을 한번 만난다면, 이것은 아침저녁으로 만나는 것과 같다.〔萬世之後而一遇大聖 知其解者 是旦暮遇之也〕"라는 말이 나온다.

제통

祭統

곤충의 진미와 초목의 과실은 음양의 제물이 갖추어진 것이다.〔昆蟲之異 草木之實 陰陽之物備矣〕

소주(小註)에 있는 방씨(方氏)의 설은 이 글의 뜻에 어긋난다. 대개 곤충은 하늘이 낸 것으로 양에 속하고 초목은 땅이 낸 것으로 음에 속하므로, 그 음과 양의 제물을 말한 것이 이와 같은데, 방씨의 설은 사소한 것에 너무 얽매인 것이다.[273]

부인은 부휘 차림으로 동방 앞에 선다.〔夫人副褘立於東房〕

부휘(副褘)는 왕후의 복장으로, 제후 중에서 오직 노(魯)나라와 이왕(二王 우 임금과 탕 임금)의 후예만이 사용할 수 있다. 이 장에서 부인이 부휘 차림으로 제물을 올리는 것을 말하고 마침내 또 노나라에서 천자의 예악을 쓰는 것을 말하였으니, 이 편에서 말한 제사는 노나라의 제례가 아닌가 한다.

273 방씨의……것이다 :《예기》〈제통〉 본문에서는 제사에서 부부가 각각 남녀의 직분을 맡는 일을 말하였는데, 엄릉 방씨가 이것을 가지고 제사에서 음과 양이 갖추어지는 것으로 왜곡하여 설명하였다고 말한 것이다.

경해

經解

'예지어정국야장(禮之於正國也章)'에 대하여

방씨가 경중(輕重)과 곡직(曲直)과 방환(方圜)을 나누어서 예에 연결시킨 것은 너무 왜곡되었다. 소주에 있는 마씨(馬氏)의 설이 더 낫다.[274]

274 마씨(馬氏)의……낫다 : 방씨는 경(輕)을 사소한 예로 보고 중(重)을 중요한 예로 보는 등, 경중과 곡직과 방환을 각각 예의 특성으로 보았으나, 마씨는 이것을 사람의 마음에 비유하는 것으로 보았다.

애공문
哀公問

이런 것을 높이고 공경한다.〔以此之爲尊敬然〕

'연(然)' 자는 연문인 것 같다. 아래 문장의 '연후(然後)'라는 글자 때문에 겹쳐서 쓴 듯하다.

그 조루와 문장과 보불[275]을 다스려 그것으로 계승한다.〔治其雕鏤文章黼黻以嗣〕

왕고(王考)께서 이 구절에 대해 "교화하는 일이 이루어진 후에 문식(文飾)을 다스려 그것으로 계승한다고 말한 듯하니, 고주(古註)의 뜻도 이것과 같은 것 같다. 진호의 주는 이 구절의 뜻을 곡해(曲解)한 듯하다."라고 하였다. 살펴보건대, 이 장의 글은 먼저 예를 높이는 것을 말하고 뒤에 잘하는 것을 말하였는데, 잘한다는 것은 예를 높이기를 잘하는 것이다. 일을 이룬다는 것은 교화를 이루는 것이며, 그것으로 계승한다는 것은 문식을 가지고 일을 이루는 것을 계승하는 것이다. 그것에 순응한다는 것은 백성들이 존비귀천(尊卑貴賤)의 차등에 순응하는 것이다. '사(嗣)' 자의 의미는 매우 분명하여 이해하기 쉽다.

그리고 그 거처를 편안하게 한다.〔卽安其居〕

275 조루(雕鏤)와 문장(文章)과 보불(黼黻) : 조루는 제기에 새긴 장식을 말하고, 문장은 무늬나 문채를 말하며, 보불은 제복의 장식을 말한다.

진호의 주에서 "그 거처하는 곳마다 편안하게 여기는 것이다."라고 한 것은 타당치 않다. 대체로 이 장에는 순서가 분명하게 나와 있으니, 먼저 제사 지내는 일을 다하고 나서 그 거처를 편안하게 한다는 절차를 말한 것이다. 또 살펴보건대, '즉안기거(卽安其居)'의 구절은 하나의 구(句)가 되어야 한다. 명곡(明谷)의 설[276]이 이와 같다.

276 명곡(明谷)의 설 : 최석정(崔錫鼎, 1646~1715)이 지은《예기유편(禮記類編)》의 설을 말한다.

중니연거

仲尼燕居

자공이 물러나자 언유가 앞으로 나아갔다.〔子貢退 言游進〕
아랫글에서 "너희 세 사람은 내 말을 잘 들어라."라고 말하였으니, 여기서 말한 '퇴(退)'는 물러나서 밖으로 나간 것이 아니고, 바로 묻기 위해서 앞으로 나아갔다가 묻기를 마치고서 앉았던 자리로 도로 물러난 것으로, 〈공자한거(孔子閑居)〉에서 '자하가 벽을 등지고 섰다.〔子夏負墻而立〕'라고 한 것과 같다.

세 사람이 이 말을 부자에게서 듣고 나서〔三子者既得聞此言也於夫子〕
이어 읽어서 하나의 구가 되어야 하니, 언두(諺讀)에서 차언(此言) 아래에 하고(爲古) 토를 단 것은 옳지 않다.

공자한거
孔子閑居

이것을 삼무사라고 일컫는 것이다. 시에 나와 있으니〔此之謂三無私其在詩曰〕

윗글에서 자하(子夏)가 "감히 묻습니다. 어떤 시가 여기에 가깝습니까?"라고 하였기 때문에, 여기에서는 그 물음을 기다리지 않고 곧바로 시를 들어서 일러 준 것이다.

땅은 신령한 기운을 싣고 있으며……모습을 드러낸다.〔地載神氣……流形〕[277]

'신기풍정(神氣風霆)' 네 글자는 연문인 듯하다.

277 땅은……드러낸다 : 대본은 '地載 止 流刑'인데, 정확한 의미 전달을 위해 《예기》 〈공자한거(孔子閑居)〉에 의거하여 '載' 뒤에 '神氣' 2자를 보충하고, '刑'을 '形'으로 바로잡아 번역하였다. 경문은 "地載神氣 神氣風霆 風霆流形"이다.

방기
坊記

백성들이 난을 바라서 해독을 끼치는 것을 편안히 여기도다.〔民之貪亂 寧爲荼毒〕[278]

정현의 주에 "백성들 중에 난을 일으키기를 바라는 자가 해독을 끼치는 것을 말한다."라고 하였으니, 이것은 지금 주자의 전(傳)의 설과 합치된다. 진호의 주는 옳지 않다.[279]

《춘추》에서 초나라 왕과 월나라 왕의 상을 일컫지 않았다.〔春秋不稱楚越王之喪〕

공자 스스로 말을 하면서 《춘추(春秋)》를 인용하여 증거로 삼을 이치가 없을 듯하고, 또 아랫글에서 《논어》를 인용하였으니, 이것은 모두 공자의 말이 아니다.

백성은 오히려 죽은 사람을 배반하고, 울며 호소할 길이 없게 한다.〔民猶偝死而號無告〕

호(號)는 학(虐)을 잘못 쓴 것이 아닌가 한다.[280]

278 백성들이……여기도다 : 《시경》 〈대아(大雅) 상유(桑柔)〉에 나오는 구절이다.

279 진호의……않다 : 진호의 주에서는 "백성들이 난폭한 정치에 고통을 받아 그 정치가 망하기를 바랐으므로, 차라리 해독이 되는 행위를 하여 서로 침탈하고 돌보지 않은 것을 말한다."라고 하였다.

아랫사람은 윗사람의 베풂을 하늘로 여긴다.〔下天上施〕

여기서의 하늘〔天〕은 '임금은 백성을 하늘로 여기고, 백성은 먹는 것을 하늘로 여긴다.'[281]라고 할 때의 하늘과 같은 뜻이다.

그 옷은 입을 수가 없다.〔不可以衣其衣〕

이 의미를 잘 알 수 없다.

군자는 자기가 섬기는 임금이 있으면……두 임금을 일컫는다.〔君子有君……稱二君〕[282]

진호의 주는 비록 고주에 바탕을 둔 것이기는 하지만 너무 왜곡되었다.[283] 명곡(明谷)은 "이미 폐백을 바치고 신하가 되었다면 감히 다시 다른 나라에서 벼슬을 구하여서는 안 된다. 오직 도가 맞지 않고 간하여도 받아들여지지 않거나 임금이 자기를 내쫓으면 떠나가서 다른 나라에서 벼슬하는데, 갈 곳을 점칠 때 그 점치는 말에 '아무 나라의 신 아무는 임금께 죄를 지어 감히 편히 살 수 없어서 아무 나라로 가서[284] 폐백을 바치고 신하가 되고자 합니다.……'라고 하니, 이것이

280 호(號)는……한다 : 학(虐)이 되면 '학대를 당하여도'의 뜻이 된다.

281 임금은……여긴다 : 이 말은 《사기(史記)》 권97 〈역생열전(酈生列傳)〉에 나온다.

282 군자는……일컫는다 : 경문은 "君子有君不謀仕 唯卜之日稱二君"이다.

283 진호의……왜곡되었다 : 진호의 주에서는 군자를 임금의 아들로 보아, 임금이 자리에 있는 동안 임금의 아들이 정사를 담당하려고 하지 않아야 한다는 뜻으로 풀이하였다. 이것은 정현의 주를 따른 것이다.

284 아무 나라로 가서 : 대본에는 '將□于某國'으로 되어 있는데, 난외주에 근거하여 빠진 글자를 '適' 자로 보고 번역하였다.

이른바 불모사(不謀仕)와 칭이군(稱二君)이다."라고 하였다. 이 설이 더 낫지만 벼슬을 구하는 의리가 온당하지 못하니 억지로 풀이할 수가 없다.

믿을 만한 내용 없이 말을 하면서 마음대로 행한다.〔無辭而行情〕 진호의 주는 비록 고주에서 나온 것이지만 "사양함 없이 곧바로 자기 마음대로 행하는 것이다.……"라고 하였으니, 말이 중첩됨을 면치 못하였다. 내가 생각건대, '무사(無辭)'는 '믿을 만한 내용 없이 말을 한다.'라고 하는 것과 같으니, 믿을 만한 내용 없이 말을 하면서 단지 자신의 사사로운 마음으로 행하면 백성들이 다툰다는 것을 말한 것이다. 또 살펴보건대, 무사의 반대가 바로 유사(有辭)이니, 이를테면 '죽어 지하에 가서도 할 말이 있다.〔有辭於地下〕'라고 말한 것이 이것이다.

표기
表記

처신이 경박하여 하루도 계속하지 못하는 것 같다.〔儳焉如不終日〕[285]
그 의미를 잘 알 수 없다. 주(註)의 설[286]과 같이 본다면 말의 뜻에 분명치 않은 점이 있고 문세(文勢)상 쓸데없는 글자가 있다.

많은 수를 취하는 것이 인이다.〔取數多者仁也〕
정현의 주에 "취수다(取數多)는 천하의 도를 헤아릴 때 인이 그중의 많은 수를 차지한다는 말이다."라고 하였으니, 여씨(呂氏)의 설[287]보다는 나은 것 같다. 내가 생각건대, 하늘에 원(元)·형(亨)·이(利)·정(貞) 네 가지의 덕이 있고, 이 중의 원 하나가 전체를 통솔하니, '많은 수를 취한다.〔取數多〕'라고 한 것이 어쩌면 이 뜻이 아니겠는가.

절하고 스스로 그 몸을 바친다.〔拜自獻其身〕
배(拜)는 후(後) 자의 오기가 아닌가 한다.[288]

285 처신이……같다 : 작자는 이 구절의 의미를 잘 알 수 없다고 하였으나, 여기서는 일단 《예기집설대전》에 있는 응씨(應氏)의 설에 따른 번역을 제시하였다.

286 주(註)의 설 : 《예기집설대전》의 주에 수록된 응씨의 설을 가리킨다.

287 여씨(呂氏)의 설 : 여씨는 이 구절을 인에는 매우 많은 가짓수가 있다는 뜻으로 풀이하였다.

288 배(拜)는……한다 : 앞에 '먼저 그 말에 의지하고〔先資其言〕'라는 말이 있으므로, '후에 스스로 그 몸을 바친다.〔後自獻其身〕'라고 하는 것이 뜻이 더 순조롭다고 본 것이다.

임금은 그 신하에게 책임을 묻고 신하는 자신의 말에 죽음으로써 책임을 진다.〔君有責於其臣 臣有死於其言〕

그 신하가 먼저 그 말을 가지고 일을 아뢰면, 그 임금은 반드시 그 말이 이루어지는 데 대한 책임을 묻고, 그 신하 역시 그 말이 이루어지기를 기필하여 죽은 뒤에야 그만두니, 공명(孔明 제갈량)이 말한 국궁진췌(鞠躬盡瘁)[289]가 이것이다. 소주(小註)에 있는 방씨(方氏)의 설[290]은 잘못이다.

뜻을 얻으면……깊이 생각하여 임금의 명을 따른다.〔得志則……孰慮而從之〕[291]

공영달의 소(疏)에 "뜻을 얻는다는 것〔得志〕은 임금이 신하로 하여금 자기의 재주에 맞는 일을 담당하게 하는 것을 말하니, 비록 자기의 재주에 맞는 일을 담당하더라도 신중하게 생각하여 임금의 명에 따라 행하여야 하며, 그렇지 않다는 것〔否〕은 자기 본래의 재주에 맞지 않는 것을 말하니, 비록 자기 본래의 재주에 맞지 않더라도 임금의 명은 따르지 않을 수 없으므로 더욱 깊이 생각하여 임금의 명에 따라 행하여야 한다."라고 하였는데, 의미가 깊어서 여씨(呂氏)의 설[292]보다 낫다.

289 국궁진췌(鞠躬盡瘁) : 마음과 몸을 다 바쳐 나랏일에 이바지하는 것을 뜻한다. 제갈량의 〈후출사표(後出師表)〉에 "신은 몸과 마음을 나라에 다 바쳐 죽은 뒤에야 그만둘 것입니다.〔臣鞠躬盡瘁 死而後已〕"라는 말이 나온다.

290 방씨(方氏)의 설 : 방씨가 '배자헌기신(拜自獻其身)'의 '배(拜)'를 임금의 명을 받는 것이라 하고, '헌(獻)'을 자기의 재능을 바치는 것이라고 풀이한 대목을 가리킨 듯하다.

291 뜻을……따른다 : 경문은 "得志則愼慮而從之 否則孰慮而從之"이다.

오직 천자만이 하늘에서 명을 받는다.〔唯天子受命于天〕

정현의 주에 "'유(唯)'는 당연히 '수(雖)' 자의 오기이다."라고 하였다. 소주에 있는 방씨의 설에 '수천자(雖天子)'라는 말을 한 것은 여기에 바탕을 둔 듯하다.

복서는 거듭하지 않는다.〔卜筮不相襲〕

단지 《서경》 〈대우모(大禹謨)〉의 '점괘는 거듭 길하지 않은 법이다.〔卜不襲吉〕'라는 말의 의미와 같이 보아야 한다. 유씨(劉氏)는 〈홍범(洪範)〉의 말[293]을 인용하여 설명하였는데, '상(相)' 자의 뜻을 살리는 데 너무 구애된 듯하다. 살펴보건대, 〈곡례〉에도 이 글이 있는데, 그곳 진호의 주의 뜻도 유씨의 설과 같다.

제후는 자기 나라에서가 아니면……태묘에 거처한다.〔諸侯非其國……處太廟〕[294]

진호의 주가 매우 분명하고 적절하다. 고주(古註)에서 "제후가 천자에게 분봉을 받았을 때 선대의 나라를 계승하여 나라를 세웠으므로, 오직 고쳐 짓고자 하는 궁실에 대해서만 점을 칠 수 있다. 천자의 경우는, 나라를 세울 만한 장소를 점쳐서 길하였으니, 종묘가 길하다는 것을 알 수 있다."라고 하였는데, 이는 타당치 않다.

292 여씨(呂氏)의 설 : 여씨는 '득지(得志)'를 평범하게 임금의 신임을 얻는 것으로 풀이하였다.

293 홍범(洪範)의 말 : 〈홍범〉에서 거북점〔卜〕과 시초점〔筮〕이 합치될 경우와 어긋날 경우에 대해서 말한 것을 가리킨다.

294 제후는……거처한다 : 경문은 "諸侯非其國不以筮 卜宅寢室 天子不卜處大廟"이다.

치의
緇衣

충신(忠信)으로 돌아간다.〔行歸于周〕[295]

시(詩)의 본뜻과 같지 않으니,[296] 이것이 이른바 단장취의(斷章取義)이다.

섭공의 고명〔葉公之顧命〕

공자가 절대로 섭공의 말을 취하지 않았을 것이다.[297]

군자라야 짝을 좋아할 수 있으니, 소인은 짝에게 해독을 끼친다.〔君子能好其正 小人毒其正〕[298]

정(正)은 정현의 주에 따라 필(匹)이 되어야 한다. 소인에게는 벗이

295 충신(忠信)으로 돌아간다 : 진호의 주를 따라서 '주(周)'를 충신(忠信)으로 번역한 것이다.

296 시(詩)의……않으니 : 《시경》〈도인사(都人士)〉에 나온 '행귀우주(行歸于周)'에서의 '주(周)'는 옛날의 도읍이었던 호경(鎬京)을 가리키는 말이다.

297 공자가……것이다 : 섭공은 초나라 섭현(葉縣)의 장관이었던 심제량(沈諸梁)으로, 자는 자고(子高)이다. 그가 공(公)을 참칭하였으므로, 공자가 그런 사람의 고명을 취하여 말하지 않았을 것이라고 한 것이다. 고명은 죽음에 임하여 회고하여 남기는 말이다.

298 군자라야……끼친다 : 대본은 '好其正 止 毒其正'인데, 정확한 의미 전달을 위해 《예기》〈치의(緇衣)〉에 의거하여 '好' 앞에 '君子能' 3자와 '正' 뒤에 '小人' 2자를 보충하여 번역하였다.

있는 경우가 없고 오직 군자에게만 벗이 있을 수 있다. 소인이 말하는 벗이란 권세와 이익을 보고 사귀는 사람이니, 이것이 짝에게 해독을 끼치는 것이 아니겠는가.

옷이 있으면 반드시 그 덮인 것을 보아야 한다.〔苟有衣 必見其敝〕 폐(敝)는 폐(蔽) 자의 오기인 듯하다. 만약 폐(敝)가 되면 식(軾) 자와 서로 어울리지 않는다.[299] 생각건대 정현의 주에서 "식(軾)을 본다는 것은 수레에 타는 것을 말한다. 폐(敝)는 해진 옷이다. 옷의 안쪽 부분은 새 옷일 때는 보이지 않는다."라고 한 것이 여씨의 설[300]보다는 좀 낫지만, 역시 억지로 끌어댄 것이다. 뒤에 명곡(明谷)의 설을 살펴보니 역시 폐(蔽) 자로 보았다.

299 식(軾)……않는다 : 《예기》 〈치의〉의 이 구절 바로 앞에 '苟有車 必見其軾'이라는 대구가 있는데, 이 두 구절의 뜻이 서로 부합하지 않기 때문에 이렇게 말한 것이다.

300 여씨의 설 : 여씨는 이 구절을 '옷이 있으면 반드시 그 해진 곳을 보아야 한다.'라는 뜻으로 풀이하였다.

분상
奔喪

담 동쪽에서 수질을 두른다.〔襲絰于序東〕

습질(襲絰)은 한쪽 어깨를 드러내고 수질(首絰)을 두르는 것이다. 교대(絞帶)는 요질(腰絰)을 두르는 것이니,[301] 여기에서의 대(帶)는 바로 요질이다. 그러므로 소(疏)에서 "여기에서의 교대는 가죽 띠 모양의 삼 띠가 아니며, 틀림없이 요질을 풀어 드리워서 두른다는 말일 것이다."라고 하였다. 진호의 주는 대체로 여기에 바탕을 두었으나 충분히 밝히지 못하였다. 다시 살펴보건대, 애초에 산마(散麻)[302]를 했을 때는 띠 모양의 요질을 묶지 않았을 것이니, 어찌 먼저 두르고 뒤에 띠를 묶겠는가. 그렇다면 요질과 가죽 띠 모양의 삼 띠는 둘 다 같은 종류일 것이다.

3일에 성복하며, 5곡에 상을 돕는 자가 일이 끝났음을 알린다.〔三日成服 於五哭 相者告事畢〕

'3일에 성복한다.〔三日成服〕'라고 하고 나서 '5곡에〔於五哭〕'라고 하였으니, 성복 다음 날에 또 곡을 하고서 마침내 끝마치며, 이로써 일이

301 교대(絞帶)는……것이니 : '습질우서동(襲絰于序東)' 구절 바로 뒤에 있는 교대의 뜻을 풀이한 것이다.

302 산마(散麻) : 초상(初喪)에 요질을 두르되 묶지 않고 늘여 두는데, 이를 산마라고 한다.

끝났음을 알리는 것이다. 아랫글에 "3일 5곡에 끝마친다.〔三日五哭卒〕" 라고 말하였으니, 이는 조곡(朝哭)과 석곡(夕哭)을 모두 센 것이다.

문[303]을 하고 어깨를 드러내고 발을 구른다.〔免袒成踊〕

이 단락에 있는 두 개의 '단(袒)' 자[304]는 고주에서 이미 연자(衍字)라고 하였다. 내가 생각건대, '자최이하(齊衰以下)'라고 하고서 오히려 어깨를 드러내었다면 이 사람이 부모의 상에 달려온 사람임을 알 수 있으니, 이는 가벼운 경우를 들어서 무거운 경우를 보인 것이 아닌가 한다. 그러니 이것을 어찌 굳이 연자로 보겠는가.

303 문(免) : 관(冠)을 벗고 머리를 묶는 것을 말한다.

304 두……자 : 경문의 '於又哭 免袒成踊 於三哭 猶免袒成踊'에 있는 두 개의 '단(袒)' 자를 가리킨다.

문상
問喪

성인이 이를 위해 결단하였다.〔聖人爲之斷〕
단(斷) 자에서 구를 떼어야 한다.

여자는 곡하고 눈물을 흘리고……용모를 갖추지 못한다.〔女子哭泣……無容〕[305]
머리를 조아려 땅에 닿게 하는 것이 용모를 갖추지 못하는 것이면, 가슴을 치며 마음 아파하는 것 역시 용모를 갖추지 못하는 것임을 알 수 있다. 상주가 애통 중에 있어서 용모를 갖추지 못함이 이와 같으니, 이 일을 들어서 문(免)을 하여 용모를 갖추지 못하는 것이 예절에 해가 되지 않음을 밝힌 것이다.

시마복을 입은 자는 문을 한다.〔緦者其免也〕
이 한 단락의 의미는 끝내 알지 못하겠다. '불관자지소복야(不冠者之所服也)' 아래, '예왈(禮曰)' 위에 빠진 글이 있는 듯하다. '예왈' 이하의 글은 동자(童子)가 문(免)을 하는 예에 대해 별도로 물어서 답한 것인가? '시자기문야(緦者其免也)'는 '시마복을 입었다면 문을 할 수 있다.'라는 말인 것 같다.

305 여자는……못한다 : 경문은 "女子 哭泣悲哀 擊胸傷心 男子 哭泣悲哀 稽顙觸地無容"이다.

복문
服問

어머니가 집을 나갔으면……그 어머니의 친척을 위하여 복을 입는다.〔母出……其母之黨服〕[306]

어머니가 집을 나간 것과 어머니가 죽은 것이 글의 흐름에서 명백하게 상응하므로 본래 저절로 쉽게 이해가 되는데, 진호의 주는 어쩌면 그렇게 틀린 말을 하는가.[307] 소주에 있는 오씨(吳氏)의 설이 낫다.

삼 뿌리로 엮은 마질(麻絰)을 삼년상의 갈질(葛絰)로 바꾼다.〔麻之有本者 變三年之葛〕[308]

위 두 단락의 글을 총결한 것으로, 기년복(期年服)과 대공복(大功服)에서는 질(絰)을 바꾸지만 소공복(小功服)에서는 질을 바꾸지 않음을 밝힌 것이다.

부인은 외종이 임금을 위해 입는 복과 같이 한다.〔夫人如外宗之爲君也〕

언두(諺讀)가 잘못되었으니, '하고(爲古)'가 되어야 한다.[309]

306 어머니가……입는다 : 경문은 "母出則爲繼母之黨服 母死則爲其母之黨服"이다.

307 진호의……하는가 : 진호의 주에서 '모사(母死)'를 계모가 죽은 것으로 풀이한 것이 잘못이라고 한 것이다.

308 삼……바꾼다 : 대본은 '麻之有本 止 之葛'인데, 생략된 부분 때문에 정확한 의미 전달이 어려워 《예기》〈복문(服問)〉에 의거하여 '者 變三年' 4자를 보충하여 번역하였다.

309 언두(諺讀)가……한다 : 이 구절 뒤에 있는 '하니' 토를 '하고' 토로 바꾸어서, 뒤의 '세자불위천자복(世子不爲天子服)' 구절과 병렬로 이어야 한다는 것이다.

임금이 상주가 되는 것은 부인과 처, 태자와 적부[310]의 상을 당했을 때이다.〔君所主 夫人妻大子適婦〕

부인(夫人)과 처는 등차와 호칭이 본래 다르다. 임금에게는 부인이 있고 또 처가 있으니, 〈곡례〉에서 "공(公)·후(侯)에게는 부인이 있고 세부(世婦)가 있고 처가 있고 첩이 있다."라고 한 것이 이것이다. 소(疏)에서 "처를 말한 것은 대부(大夫) 이하도 처와 적자와 적부를 위해 상주가 된다는 것을 보이고자 한 것이다."라고 하였는데, 혹 일리가 있을 것 같기도 하다. 진호의 주는 매우 잘못되었다.[311]

310 적부(適婦) : 임금의 맏며느리, 곧 태자의 아내를 말한다.

311 진호의……잘못되었다 : 진호의 주에서 '부인처(夫人妻)'를 부인인 처로 보아, 한 사람으로 풀이한 것을 가지고 말한 것이다.

간전
間傳

문의 가로지른 나무를 받친다.〔柱楣〕

'주(柱)'는 고경(古經)에 '주(拄)'로 되어 있으니, 따르는 것이 마땅하다. 진호의 주에 "문의 가로지른 나무를 받친다.〔拄之於楣〕"라고 한 것이 이것이다.

가벼운 상복은 더하여 입고 무거운 상복은 하나만 입는다.〔輕者包重者特〕

남자는 수질(首絰)을 중히 여기고 부인은 요대(腰帶)를 중히 여기니, 참최(斬衰)의 상을 입고 있다가 자최(齊衰)의 상을 당하였을 때, 초상(初喪)에 자최의 수질과 요대를 착용하면,[312] 참최의 상복이 그 안에 있는 것이니, 이것이 가벼운 상복은 더하여 입는다는 것이다. 남자는 수질을 바꾸지 않고 부인은 요대를 바꾸지 않으니, 이것이 무거운 상복은 하나만 입는다는 것이다. '가벼운 상복은 더하여 입고 무거운 상복은 하나만 입는다.'라고 하고, '마와 갈을 겹쳐서 입고 마와 갈을 겸하여 입는다.〔麻葛重 麻葛兼〕'라고 한 것은 모두 한가지 뜻이면서 그 글을 바꾼 것으로, 서로를 분명히 하는 것이다.

312 자최의……착용하면 : 여기에서 남자는 자최상의 요대를 착용하고 여자는 자최상의 수질을 착용한다는 뜻으로 말한 듯하다.

겸하여 입는 것은 무거운 것을 입고 가벼운 것을 바꾸는 것이다.〔兼服之 服重者 則易輕者也〕

토는 "겸복지(兼服之)는(飛隱) 복중자(服重者)하고(爲古) 즉역경자야(則易輕者也)니라(尼羅)"가 되어야 하니, 이것이 윗글 '마갈겸복지(麻葛兼服之)'의 의미이다. ○ 또 살펴보건대, 소주(小註)에 있는 장자(張子)의 설에서 마질(麻絰)과 갈질(葛絰)을 함께 머리에 두른다는 뜻으로 보았는데, 이해하지 못하겠다.

삼년문

三年問

무리 지어 살면서도 어지럽지 않다.〔群居而不亂〕

이 편(篇)의 맨 앞에서 무리를 꾸미는 것〔飾群〕을 종지(宗旨)로 삼았으므로, 여기에서 무리 지어 살면서도 어지럽지 않은 것을 말하고, 마지막 장(章)에서 또 무리 지어 살면서 화합하는 것〔群居和壹〕을 말하여 끝을 맺었다.

어째서 기년으로 정하였는가.〔何以至期也〕

아래의 장에서 9개월 이하에 대해 물은 것을 보면, 이 장 또한 단지 정복(正服)으로 기년인 상에 대해 물은 것이며, 본생부모(本生父母)를 위한 복(服)의 상기(喪期)를 말한 것이 아니니, 소(疏)의 설은 따를 수 없다.[313] ○ 다시 살펴보건대, 진호의 주는 소의 설을 인용하였지만 너무 많이 줄이고 없애 버렸으므로, 소의 본문을 참고하여 이와 같이 말한다.

313 소(疏)의……없다 : 공영달의 소에서는 본생부모인 경우와 아버지가 생존하고 어머니가 죽었을 경우에 기년복이 되는 까닭을 묻는 것으로 풀이하였다.

심의

深衣

깃을 이어서 가장자리를 꿰맨다.〔續衽鉤邊〕

양씨(楊氏)의 설은 또 《가례(家禮)》의 주에 보인다. 주자가 처음에는 소(疏)의 설에 따라서 '임(衽)'을 옆쪽에 있는 휘어진 옷자락이라고 여겼으므로, 《가례》에 그 제도를 자세히 설명하고 도식(圖式)을 그려 놓았는데, 만년에 비로소 그것이 잘못된 것임을 알았지만 미처 고치지 못하였다. 생각해 보건대, 열두 폭 이외에 또 이른바 휘어진 옷자락이 있을 이치가 절대로 없으니, 이것을 단지 아래 자락 옆의 두 폭에 잇는 것이라고 하자니 '구변(鉤邊)'이 제대로 붙을 데가 없고, 열두 폭을 서로 엇갈리게 쪼개어 마름질한 것을 모두 '임(衽)'이라고 부르자니 〈옥조(玉藻)〉에 있는 '임은 몸 양쪽 가에 닿는다.〔衽當旁〕'라는 말의 뜻과도 부합되지 않는다. 이 단락은 매우 이해하기 어려워서 억지로 풀이할 수 없다. 속임(續衽)은 윗옷과 아래옷을 이은 것을 말하고, 구변(鉤邊)은 윗옷 가장자리의 늘어진 부분을 중심으로 양쪽 옆으로 갈고리 모양처럼 점차 크기를 줄여서 아래옷을 잇기 편하도록 한 것을 말한다. 마치 지금의[314]

열두 폭을 제정하였다.〔制十有二幅〕

살펴보건대, 《예기보주》에서 양오(楊梧)[315]의 설에 있는 "아래옷은

314 마치 지금의 : 대본의 '如今之' 아래의 글자가 없어져서 뜻을 알 수 없다.

여섯 폭의 베를 나누어 열두 쪽으로 만들었으므로 열두 폭이라고 하여서는 안 된다. 또 단지 아래옷의 폭만 말하고 윗옷의 폭을 말하지 않은 것은 더욱 옳지 않다. 윗옷과 아래옷이 각각 여섯 폭이니, 열두 달에 여섯 달의 음과 여섯 달의 양이 있음을 본뜬 것이다."라고 한 말을 인용하였는데, 이 설은 잘못되어도 크게 잘못된 것이다. 심의(深衣)를 비록 윗옷과 아래옷을 이어서 짓는 것이라고는 하지만, 이미 심의라고 하였으면 윗옷과 아래옷은 따로 나누어지는 것이 아니니, 경문에서 "열두 폭을 제정하였다.〔制十有二幅〕"라고 한 것은 단지 옷이 다 지어진 뒤의 폭 수를 센 것이지 옷이 다 지어지기 전에 그 폭이 몇 개인지를 말하는 것이 아니다. 그러므로《예기보주》에서 이 설을 기록한 것은 단지 다른 견해를 널리 알리려는 것으로, 결국은 주자의 설이 옳다고 하였다.

굽은 옷깃은 곱자처럼 만들어서 모난 것에 응하였다.〔曲袷如矩以應方〕 진호의 주는 오로지《가례》에 있는 주자의 설을 취하였다. 정현의 주에서는 "겁(袷)은 교령(交領)이다. 옛날의 방령(方領)이니, 지금의 어린아이 옷깃과 같다."라고 하였고, 공영달의 소에서는 "정현은 한(漢)나라 때의 옷깃은 모두 아래로 향해 교차하여 드리워졌으므로 '옛날의 방령'이라고 하였는데, 이것이 지금의 옹인(擁咽 턱받이)과 비슷하므로 '지금의 어린아이 옷깃과 같은데 다만 모나게 꺾이었다.' 하였다."라고 하였다. 살펴보건대, 정현의 주와 공영달의 소가 진호의 주와 다른 것에는 필시 그만한 이유가 있을 듯하지만, 옹인의 제도

315 양오(楊梧) : 중국 명나라의 학자로《예기설의집정(禮記說義集訂)》을 편찬하였다.

역시 상고할 수가 없다. ○ 겹(袷)은 홑겹의 베를 겹친 것이다. 옷깃을 겹이라고 하는 것은 윗옷과 아래옷은 홑겹이고 옷깃은 두 겹이기 때문에 이렇게 이름 붙인 것이다.

투호

投壺

사사가 중을 받든다.〔司射奉中〕

'중(中)'에 대해서, 방씨(方氏)는 "활쏘기에서 중(中 과녁에 맞히는 것)을 좋은 것으로 여기므로, 투호 살을 담는 그릇을 이렇게 이름 붙인 것이다."라고 하였다. 내가 생각건대, 좌우 양쪽에서 투호를 행할 때 가운데에서 투호 살을 뽑아 주므로 이렇게 이름 붙인 듯하다.

순투는 들어간 것으로 하되 비투는 점수로 세지 않는다.〔順投爲入 比投不釋〕

비투는 손님과 주인이 동시에 둘 다 투호 살을 넣는 것을 말하니, 이렇게 되면 좌우의 점수가 같으므로 이 투호 살을 세지 않는 것이다. 소(疏)의 설은 너무 교묘하여 따르기가 어렵다. 또 손님과 주인이 번갈아 던지는 것이 예이니, 어찌 다른 사람이 던지기를 기다리지 않고 투호 살을 던질 리가 있겠는가. 이것은 일러 줄 필요도 없는 일이다.

간격이 같도록 한다.〔間若一〕

한번 던지는 사이에 주악을 한번 울리되 그 간격이 같게 하여 절도가 있도록 하는 것을 말한다. 진호의 주는 오로지 시악(詩樂) 한쪽만을 위주로 하였으니, 타당하지 않다.

'졸투장(卒投章)'에 대하여

이 장에 언문 토가 잘못된 곳이 많으니, "청수(請數)이라 하고(伊羅爲古), 이산위전(二算爲純)이니(伊尼) 일전이취일산(一純以取一算)하야(爲也) 위기(爲奇)하고(爲古), 수이기산(遂以奇算)……"[316]이라고 하는 것이 마땅하다.

316 청수(請數)이라 하고……수이기산(遂以奇算) : 이 현토에 따르면 "'이제 수를 세겠습니다.'라고 하고, 산가지 두 개가 한 전(純)이 되니, 한 전에서 산가지 한 개씩을 취하여 그 남는 개수를 세고서, 마침내 그 남는 산가지 개수를 고한다."라는 뜻이 된다.

유행
儒行

크게 양보하는 것은 거만한 것 같고 작게 양보하는 것은 거짓 같다.〔大讓如慢 小讓如僞〕

소주에 있는 장자(張子)의 설이 제일 낫다.

그 나아가는 것은 어렵게 여기고 물러나는 것은 쉽게 여기며〔其難進而易退也〕

언문 토가 잘못되었다.[317] '하며〔爲旀〕'로 고쳐야 한다.

사나운 새와 짐승이 움켜쥐고 후려갈기는 것으로……그 힘을 가늠하지 않는다.〔鷙蟲攫搏……不程其力〕[318]

사나운 새나 짐승이 움켜쥐고 후려갈기는 것으로는 그 용맹을 가늠할 수 없고, 무거운 솥을 끄는 것으로는 그 힘을 가늠할 수 없다고 말한 것이다. 또는 그 용맹과 힘의 크기에서 사나운 새가 후려갈기는 것이나 무거운 솥을 끄는 것과 비할 바가 아니니, 선비가 어찌 자기의 힘을 헤아리지 않고 호랑이를 맨손으로 때려잡고 맨몸으로 하수를 건너는

317 언문 토가 잘못되었다 : '기난진이이퇴야(其難進而易退也)' 뒤에 '이(伊)' 토를 단 것이 잘못되었다는 것이다.

318 사나운……않는다 : 대본은 '鷙蟲攫搏 止 其力'인데, 생략된 부분 때문에 정확한 의미 전달이 어려워 《예기》 〈유행(儒行)〉에 의거하여 '其' 앞에 '不程' 2자를 보충하여 번역하였다. 경문은 "鷙虫攫搏不程勇者 引重鼎不程其力"이다.

것 같은 무모한 짓을 하겠는가. 주(註)의 설은 타당치 못하다.

그 과실을 은밀히 밝힐 수는 있지만 면전에서 따져서는 안 된다.〔其過失 可微辨而不可面數〕

의지가 굳센 사람은 잘못과 허물을 적게 할 수 있으며, 이른바 잘못이라는 것도 단지 어긋남이 조금 있는 정도일 것이므로, 그 잘못을 은밀히 밝힐 수는 있겠지만, 면전에서 따지고 드러내어 거론하여서는 안 된다고 말한 것이다.

예를 행하는 데는 조화가 귀하다.〔禮之以 和爲貴〕

이(以) 자에서 구를 끊어야 하고, 토는 는(飛隱)이 되어야 한다.

낮은 곳에서 스스로 높다고 여기지 않는다.〔不臨深而爲高〕

이것은 대체로 못난 사람들에게 견주어 스스로 훌륭하다고 여기는 것을 말하니, 호 문정공(胡文定公 호안국(胡安國))이 자제들이 자랑하는 마음이 있는 것을 보고서 "선비는 마땅히 성인에 뜻을 두어야 하니, 낮은 곳에서 스스로 높다고 여겨서는 안 된다."라고 한 것이 이것이다.

적게 가진 사람에게 많이 가졌다고 하여 뽐내지 않는다.〔不加少以爲多〕

가(加)는 '감히 부귀를 가지고 부형과 종족에게 뽐내어서는 안 된다.〔不敢以貴富加於父兄宗族〕'[319]라고 할 때의 가(加)의 의미와 같다.

319 감히……된다 : 〈내칙〉 '자제유귀기장(子弟猶歸器章)'에 나오는 구절이다.

방씨의 설에서 "작은 것을 더하여 도와준다.〔加少以相益〕"[320]라고 한 것은 크게 잘못된 것이다.

널리 배워 행할 바를 알고, 문장을 가까이한다.〔博學以知服 近文章〕
복(服) 자와 근(近) 자의 위치를 거꾸로 하여 보는 것이 옳을 듯하다. 근(近)은 가깝고 요긴한 것이니, 박학이지근〔博學以知近〕은 널리 배우면서도 능히 요긴한 것을 아는 것을 말한다. 복(服)은 옷을 입는 것이니, 복문장(服文章)은 문채가 겉으로 발현되는 것을 말한다.

방정함에 근본을 두고 의에 선다.〔本方立義〕
본방(本方)은 방정함에 근본을 두는 것〔本於方〕이고, 입의(立義)는 의에 서는 것〔立於義〕이다. 진호의 주는 이것을 분명히 밝히지 못하였다.

320 작은……도와준다 : 대본에는 '加少以相蓋'로 되어 있는데, 《예기》〈유행(儒行)〉의 방씨(方氏) 주에 의거하여 '蓋'를 '益'으로 바로잡아 번역하였다.

관의

冠義

관례를 동쪽 계단에서 행한다.〔冠於阼〕

〈교특생(郊特牲)〉에서 "적자(適子)는 관례를 동쪽 계단에서 행한다."라고 하였고, 《의례》〈사관례(士冠禮)〉에서 "서자(庶子)의 경우에는 관례를 방에서 행한다."라고 하였으나, 그 밖의 편의 기록에는 단지 적자의 예만 말하고 서자에 대해서는 애초에 언급하지 않았다. 그러므로 여기에서 '적자'라는 글자를 드러내지 않은 것이다. 어머니가 그에게 절을 하는 것〔母拜之〕 역시 적자를 위한 예이다.

관례를 하고 나서……도리이다.〔已冠……道也〕[321]

〈교특생〉에 "관례를 하고 나서 자로 일컫는 것은 그 이름을 소중히 여기기 때문이다.〔冠以字之 重其名也〕"라고 한 것은, 기록한 사람이 견해를 달리한 것이지만, 서로 의미를 밝혀 주는 데 지장이 없다.

어머니가 그에게 절을 한다.〔母拜之〕

경문에 이미 "성인이 되었으므로 그와 더불어 예를 행하는 것이다.〔成人而與爲禮〕"라고 하였으니, 그것이 옳은지는 비록 의심스럽다 하더라도, 일단은 따라야 할 것이다.

321 관례를……도리이다 : 경문은 "已冠而字之 成人之道也"이다.

성인이 되게 한 자〔成人之者〕

'지(之)' 자를 쓴 것이 의아하다. 아마도 '부형이 그를 성인이 되게 하였다.'라고 말한 것이 아니겠는가.

혼의

昏義

대개 부모로부터 직접 명(命)을 받는다.〔蓋親受之於父母也〕

부모로부터 직접 명을 받는 것을 말한 듯하다.

먼저 문밖에서 신부를 기다린다.〔先俟于門外〕

문은 사위집의 문을 말한다.

가르침과 순종으로 풍속을 이루니……나라와 집안이 다스려진다.〔教順成俗……國家理〕[322]

'교(教)'는 남자가 가르치는 것이고 '순(順)'은 여자가 순종하는 것이다. '외(外)'는 '밖이 다스려진다.〔外治〕'라고 할 때의 밖이고 '내(內)'는 '안이 다스려진다.〔內治〕'라고 할 때의 안이다. '국(國)'은 '나라가 다스려진다.〔國治〕'라고 할 때의 나라이고 '가(家)'는 '집안이 다스려진다.〔家治〕'라고 할 때의 집안이다.

천자가 남교를 닦는 것은……어머니의 도이기 때문이다.〔天子脩男教……母道也〕[323]

322 가르침과……다스려진다 : 경문은 "教順成俗 外內和順 國家理"이다.

323 천자가……때문이다 : 대본은 '天子脩男 止 母道也'인데, 생략된 부분 때문에 정확한 의미 전달이 어려워 《예기》〈혼의(昏義)〉에 의거하여 '男' 뒤에 '教' 1자를 보충하여 번역하였다. 경문은 "天子修男教 父道也 后修女順 母道也"이다.

이것은 천자와 후(后)가 스스로 닦는 것을 말하니, 앞 장의 다스리는 일과는 또 다른 것이다.

향음주의

鄕飮酒義

그러므로 성인이 도로써 그것을 제정한 것이다.〔故聖人制之以道〕
고경(古經)[324]에서 이 한 구절을 위 장(章)에 붙인 것이 참으로 옳다. 생각건대, 아랫글에 있는 '이 때문에 성인이 이에 힘썼던 것이다.〔是故聖人務焉〕'를 아래 장(章)에 붙이지 않은 것이 이와 다르지 않을 듯하다.

개와 준〔介僎〕[325]
준(僎)은 글자대로 새겨야 한다. 진호의 주에서 정현을 따라 준(僎)을 준(遵)이라고 한 것은 잘못이다. 아랫글에 "준을 동북쪽에 앉혀서 주인을 보좌하도록 한다."라고 하였는데, 《의례》 〈향음주례〉의 '손님에게 만약 따르는 자가 있으면〔賓若有遵者〕'이라고 한 구절에 대한 정현의 주에는 "준자(遵者)는 제공(諸公)[326]과 대부이다."라고 하였으니, 여기에서의 풀이와 매우 상반되어 의아스럽다. ○ 생각건대, 이 장은 〈소의(少儀)〉에 나오는 '준작(僎爵)'의 글과 서로 참조하여 보아야 한다.

324 고경(古經) : 《예기정의》를 말한다.

325 개(介)와 준(僎) : 개는 손님을 보좌하는 사람을 말하고, 준은 주인을 보좌하는 사람을 말한다.

326 제공(諸公) : 큰 나라에서 높은 벼슬에 있는 사람을 가리킨다.

달이 초사흗날에 백을 이루는 것을 본뜬 것이다.〔象月之三日而成魄〕
유씨(劉氏)가 풀이한 '성백(成魄)'의 뜻이 매우 좋다. 무릇 매달 초사흘이 되어 달에 희미한 빛이 생긴 다음에야 온전한 백(魄)을 볼 수 있으니, 이때에 이르지 않으면 너무 어두워서 분간하기가 어렵고, 이때를 지나면 밝은 빛으로 채워져서 백이 없어진다. 이 때문에 오직 초사흗날에라야 백이 이루어지는 것이다.

자리를 바르게 하는 것이……재물을 뒤로 한다는 뜻이다.〔是席之上……後財之義也〕[327]
정(正)[328]은 그 자리를 바르게 하는 것을 말한다. 자리를 베푸는 것은 바르게 하지 않으면 안 되므로, 베푸는 것은 말하지 않고 바르게 하는 것을 말한 것이다. 공영달의 소에 "앞의 글에서는 바로 자리를 베푸는 일을 논하였기 때문에 자리를 바르게 하는 것을 말하였고, 아랫글에서는 앞에 나온 자리를 거듭 말하였기 때문에 글자를 바꾸었으니, '언시석지상(言是席[329]之上)'에서의 '상(上)' 또한 바르게 한다는 뜻이다. 예를 먼저 하는 것은 예를 귀하게 여기는 것이요, 재물을 뒤로 하는 것은 재물을 천하게 여기는 것이니, 역시 위 구절과 아래 구절의 뜻이 서로 통한다."라고 하였다.

327 자리를……뜻이다 : 대본은 '是席之上 止 財之義也'인데, 생략된 부분 때문에 정확한 의미 전달이 어려워 《예기》〈향음주의(鄕飮酒義)〉에 의거하여 '財' 앞에 '後' 1자를 보충하여 번역하였다. 경문은 "是席之上 非專爲飮食也 此先禮而後財之義也"이다.

328 정(正) : 바로 위의 구절에 있는 '언시석지정(言是席之正)'에서의 '정' 자를 가리킨다.

329 席 : 대본에는 없다. 난외주에 의거하여 보충하였다.

군자에게 이른바 효라는 것〔君子之所謂孝者〕

진호의 주에서 '효(孝)'는 '교(敎)'가 되어야 한다고 한 것은 어디에 근거한 것인가?

향사에 모이게 하여 향음주의 예로 가르친다.〔合諸鄕射 敎之鄕飮酒之禮〕

향사(鄕射)도 가르치려고 모으는 것이고, 향음주(鄕飮酒) 역시 모아서 가르치는 것이니, 서로 드러내어 주는 것이다.

능히 어른에게 공손하게 하여 빠뜨림이 없음을 알 수 있다.〔知其能弟長而無遺矣〕

무유(無遺)는 은택이 허드렛일을 하는 비천한 사람에게까지 미쳐서 빠뜨림이 없는 것을 말하는 듯하다.

씻는 자리가 동쪽 계단에 있는 것과……씻는 자리의 동쪽에 있는 것〔洗之在阼……在洗東〕[330]

언문 토가 잘못되었다. "세지재조(洗之在阼)와(臥) 기수(其水)이(伊) 재세동(在洗東)……"이라고 하여야 한다.

330 씻는……것 : 경문은 "洗之在阼 其水在洗東"이다.

사의
射義

사의편의 머리글에 진씨(陳氏 진호)가 소(疏)의 설을 옮겨서 썼으나 줄이고 생략한 것이 너무 과하다. 소에서 《주역》〈계사전(繫辭傳)〉을 인용한 것은 활과 화살이 황제(黃帝) 시대에 나왔음을 밝히기 위한 것이며, 또 "휘(揮)와 이모(夷牟)는 황제의 신하이다."라고 하였다. 《서경》〈우서(虞書)〉를 인용한 것은 과녁을 쏘는 것이 요순(堯舜) 시대에 나타났음을 밝히기 위한 것이다. 진씨가 인용한 내용에는 전혀 맥락이 없다.

사는 제후를 위하여 활을 쏘는 것이다.〔射爲諸侯也〕
아랫글에서 '명위제후(明爲諸侯)'[331] 운운한 것을 가지고 살펴보면, '위(爲)' 자를 글자대로 읽는 것이 옳다. 소주에 있는 방씨(方氏)의 설은 '위(爲)' 자를 거성(去聲)으로 본 것 같아서, 흠이 있는 듯하다.

6, 7십 세의 노인으로서 예를 좋아한다.〔耆耋好禮〕
확상(矍相)에서의 사례(射禮)가 실제로 있었는지 의심스러우니, 이것은 아마도 후세 사람들이 견강부회한 것이 아닌가 싶다. 또 '6, 7십 세

331 명위제후(明爲諸侯) : 경문에는 이 말이 없고 '득위제후(得爲諸侯)'라는 말만 있으므로, '명(明)' 자는 '득(得)' 자의 오기로 보아야 할 듯하다. 그렇다면 이 말은 '제후가 된다.'라는 의미가 된다.

의 노인으로서 예를 좋아한다.'라는 말이나 '8, 9십 세나 100세의 노인으로서 도에 맞게 행동하여 어지럽지 않다.'라는 등의 말은 더욱 사리에 맞지 않는다.

남아 있는 자가 반이었다.〔處者半〕

앞에서 '들어오는 것〔入〕'을 말하였기 때문에 여기에서는 '남아 있는 것〔處〕'을 말하였다. 들어와서 떠나지 않았다면 남아 있는 것일 뿐이다.

활 쏘는 사람은 어떻게 쏘며, 어떻게 듣는가?〔射者何以射 何以聽〕

'활쏘기는 어떻게 하여야 하는가? 반드시 음악의 절도에 따라서 화살을 놓아야 한다. 음악을 듣는 것은 어떻게 하여야 하는가? 반드시 활 쏘는 절도에 맞게 하여야 한다.'라고 말한 것이다.

《시경》에 '활을 쏘아……봉양받는 것을 사양하는 것이다.〔詩云發彼……辭養也〕'[332]

'내가 과녁을 맞히기를 바라는 것은 이기기를 바라는 것이 아니요, 그대가 자리로 돌아가서 이 술잔을 들기를 바라는 것이다.'라고 한 것이다. 이 술잔은 벌로 받는 것이지만, 이긴 사람이 이것을 벌로 여기지 않고 봉양으로 여긴 것이다. '양(養)'은 〈투호〉의 '공경하여 봉양한다.〔敬養〕'라고 할 때의 '양'이다. 대체로 술에는 실제로 노인을 봉양하고 병자를 봉양하는 효용이 있으니, 이 말이 빈말은 아닌 것이다.

332 시경에……것이다 : 경문은 "詩云 發彼有的 以祈爾爵 祈 求也 求中以辭爵也 酒者所以養老也 所以養病也 求中以辭爵者 辭養也"이다.

연의
燕義

신하가 힘을 다한다.〔臣下竭力〕

이 구절 이하는 모두 '예에는 답하지 않음이 없다.〔禮無不答〕'라는 말의 의의를 밝힌 것이다. '임금의 예를 밝히는 것이다.〔明君上之禮也〕'라고 한 것은 임금의 예가 이와 같아야 함을 말한 것이다.

윗사람은 쓸 것이 넉넉하고 아랫사람은 궁핍하지 않다.〔上用足而下不匱〕

《주역》에서 "제도로서 절제하여 재물을 상하지 않으며 백성을 해치지 않는다.〔節以制度 不傷財 不害民〕"라고 하였으니, 그 뜻이 바로 이 구절의 뜻과 같다.

화목함과 편안함은 예의 쓰임이다.〔和寧禮之用也〕

'화(和)'는 '윗사람과 아랫사람이 화목하고 친하다.〔上下和親〕'라고 할 때의 '화'이고, '영(寧)'은 '나라가 안정되고 임금이 편안하다.〔國安而君寧〕'라고 할 때의 '영'이다.

빙의

聘義

수행원들이 이어서 임금의 명을 전한다.〔介 紹而傳命〕

'개(介)' 아래에서 구(句)를 떼어야 한다.

상복사제
喪服四制

귀한 이를 귀하게 여기고 높은 이를 높인다.〔貴貴尊尊〕
정현의 주에 "'귀한 이를 귀하게 여긴다.〔貴貴〕'라는 것은 대부에 대해서이다. '높은 이를 높인다.〔尊尊〕'라는 것은 천자와 제후에 대해서이다."라고 하였다.

무덤에 흙을 돋우지 않는다.〔墳墓不培〕
무덤은 방형(坊形)[333]으로 쌓는 것도 있고 둥글게 쌓는 것도 있는데, 각각에 그 등급이 있다. 처음 무덤을 쌓을 때 제도에 맞게 하였으면 다시 돋우거나 흙을 보태지 않는 것이니, 이것이 절도를 지키는 것이다.

땅에는 두 왕이 없고 나라에는 두 임금이 없다.〔土無二王 國無二君〕
왕(王)은 땅의 끝에 이르기까지 통솔하지 않는 것이 없으므로 땅〔土〕을 말한 것이다. 군(君)은 제후들로서, 단지 그 나라 안을 위주로 말하였으므로 나라〔國〕라고 한 것이다.

지팡이를 짚는다는 것은 무엇인가.……쇠약해진 사람을 돕기 위한 것이다.〔杖者何也……輔病〕[334]

333 방형(坊形) : 제방처럼 옆은 줄이고 위를 평평하고 길게 쌓은 모양을 말하는 듯하다.

이것은 임금의 상(喪)에서 지팡이를 주는 예를 기록한 것이다. 자(子)는 바로 임금의 아들이니, 〈잡기(雜記)〉에 "임금이 죽으면, 태자를 자(子)라고 부른다."라고 하고, 〈상대기(喪大記)〉에 "임금의 상(喪)에는 죽은 지 3일 만에 자(子)와 부인이 지팡이를 짚고, 5일 만에 빈(殯)을 하고 나서 대부와 세부(世婦)에게 지팡이를 준다."라고 한 것이 이것이다. 3일 만에 태자에게 지팡이를 주고 5일 만에 대부에게 지팡이를 준다는 것은 경(卿)에 대한 것을 겸하여 말한 것이며, 7일 만에 사(士)에게 지팡이를 주는 것은 차례로 보아 당연한 것이다. '담주(擔主)'에 대해서 명곡(明谷)이 "담(擔)은 글자대로 새겨야 한다. 담은 하(荷)의 뜻이니, 상주 노릇의 어려움을 말한 것이다."라고 하였으니, 이 말을 따르는 것이 마땅하다. '상주를 떠받치기 위해서 지팡이를 준다.'라고도 하고, '쇠약해진 사람을 돕기 위해서 지팡이를 준다.'라고도 하였으니, 지팡이를 주는 것이 비록 적자에 대해서 말한 것이 아닐지라도, 상을 입은 사람들에게는 어쨌든 쇠약해진 사람을 돕는 지팡이가 된다.

인자는 이것으로 그 사랑을 살필 수 있고……이것으로 그 지조를 살필 수 있다.〔仁者可以觀其愛焉……可以觀其志焉〕[335]

이 구절은 대체로 인자와 지자와 강자에 대해서 각각 그 살펴야 할

334 지팡이를……것이다 : 경문은 "杖者何也 爵也 三日授子杖 五日授大夫杖 七日授士杖 或曰擔主 或曰輔病"이다.

335 인자는……있다 : 대본은 '仁者可以 止 其志焉'인데, 생략된 부분 때문에 정확한 의미 전달이 어려워 《예기》 〈상복사제(喪服四制)〉에 의거하여 '以' 뒤에 '觀其愛焉' 4자와 '其' 앞에 '可以觀' 3자를 보충하여 번역하였다. 경문은 "仁者可以觀其愛焉 知者可以觀其理焉 强者可以觀其志焉"이다.

점이 있음을 말한 것이며, 한 사람에 대해서 인(仁)과 지(知)와 강(彊) 세 가지를 모두 기대하는 것을 말한 것이 아니다. 소주(小註)에 있는 여씨(呂氏)의 설은 내가 생각하기에 병통이 있는 듯하다.[336]

336 여씨(呂氏)의……듯하다 : 남전 여씨는 상례에서의 갖가지 행동을 보고 한 사람의 사랑과 도리와 지조를 살필 수 있다고 주장하였는데, 이것을 잘못이라고 생각한 것이다.

지은이 **서영보(徐榮輔)**

1759년(영조35)~1816년(순조16). 조선 후기의 문신으로, 본관은 달성(達城), 자는 경세(慶世), 호는 죽석(竹石)이다. 영의정 서지수(徐志修)의 손자이자, 대제학 서유신(徐有臣)의 아들이다. 1789년(정조13) 식년 문과에 장원하였다. 1790년 성절 겸 사은사(聖節兼謝恩使)의 서장관(書狀官)으로 청나라에 다녀온 뒤 함경도 암행 어사로 나갔으며 1794년 호남 위유사(湖南慰諭使)가 되었다. 1804년(순조4) 홍문관 부제학이 되고 1806년 대사헌 등을 거쳐 호조 판서가 되었다. 1808년 심상규(沈象奎)와 함께 어명으로 《만기요람(萬機要覽)》을 편찬하였다. 1809년 대제학이 되었고 그 뒤 이조 판서, 병조 판서, 수원 유수(水原留守), 지중추부사(知中樞府事) 등을 역임하였다. 문장과 글씨에 뛰어났다. 저서로 《죽석관유집》, 《풍악기(楓嶽記)》 등이 있다. 시호는 문헌(文憲)이다.

옮긴이 **허벽(許穡)**

1949년 밀양에서 태어났다. 서울대학교 전자공학과를 졸업하고 성균관대학교 대학원에서 철학박사 학위를 받았으며, 한국고전번역원 부설 고전번역교육원 연수 과정을 졸업하였다. 한국고전번역원 전문역자로 문집 번역에 참여하고 있다. 번역서로 《대산집》, 《향산집》(이상 공역) 등이 있다.

죽석관유집 3

서영보 지음 | 허벽 옮김

2017년 9월 30일 초판 1쇄 발행

발행인 신승운 | 발행처 한국고전번역원
등록 2008. 3. 12. 제300-2008-22호
주소 (03000) 서울시 종로구 비봉길 1
전화 02-6263-0464 | 팩스 02-6339-0724 | 홈페이지 www.itkc.or.kr

연구총괄 이기찬 | 연구기획 이신경
자문 임정기

책임편집 한문희 | 편집진행 박정열
편집교정 박성희 이승원 | 조판 이순미 김지현 | 제작 김형석
디자인 씨디자인 | 인쇄 ㈜완산정판

값 20,000원
ISBN 978-89-284-0423-0 94810
978-89-284-0220-5 (세트)
* 이 책은 2017년도 교육부 고전번역사업비로 출간한 것임.